從應仁之亂到大坂城炎上，亂世名劇由此揭開序幕

U0080687
国家安康
君臣豊楽
亂世豪傑1000人
戰國武將＆名家

瑞昇文化

戰國時代年表

戰國亂世始於1467年的應仁之亂，在1615年的大坂冬之陣畫上休止符。藉由約一百五十年間的年表，綜觀由眾多戰國武將編織而成的興亡史。

■西曆（和曆）■	■主要大事■
1467年（應仁1）	爆發應仁之亂
1477年（文明9）	應仁之亂的主戰況趨於平息
1485年（文明17）	山城國發生一揆
1486年（文明18）	太田道灌遭主君，扇谷上杉定正暗殺身亡
1488年（長享2）	加賀國發生一向一揆
1493年（明應2）	明應政變。北條早雲攻入伊豆國
1495年（明應4）	北條早雲奪下小田原城
1500年（明應9）	後柏原天皇即位
1506年（永正3）	九頭龍川之戰，朝倉貞景擊退一向一揆勢力
1507年（永正4）	爆發永正之錯亂
1516年（永正13）	北條早雲平定相模
1519年（永正16）	今川義元誕生於駿河
1521年（大永1）	武田信玄誕生於甲斐
1523年（大永3）	毛利元就繼承家督
1526年（大永6）	後奈良天皇即位
1530年（享祿3）	上杉謙信誕生於越後
1534年（天文3）	織田信長誕生於尾張
1536年（天文5）	今川義元於花倉之亂中獲勝。爆發天文法華之亂
1537年（天文6）	豐臣秀吉誕生於尾張
1538年（天文7）	第一次國府台之戰，北條氏綱擊敗足利義明
1541年（天文10）	武田信玄將父親・信虎放逐至駿河
	北條氏康繼承家督

■西曆（和曆）■	■主要大事■
1571年（元龜2）	織田信長發動第一次伊勢長島之戰
	織田信長燒殺比叡山
1572年（元龜3）	武田信玄開始上洛
	三方原之戰，武田信玄擊敗德川家康
1573年（元龜4）（天正1）	織田信長將足利義昭逐出京都，室町幕府滅亡
	一乘谷之戰，朝倉氏滅亡
1574年（天正2）	織田信長發動第二次伊勢長島之戰
	織田信長發動第三次伊勢長島之戰
1575年（天正3）	長篠之戰，織田・德川聯合軍擊敗武田軍
1576年（天正4）	織田信長修築安土城
1577年（天正5）	織田信長於安土城下町發布樂市令，頒布掟書
	手取川之戰，上杉謙信擊敗織田軍
	信貴山城之戰，松永久秀滅亡
1578年（天正6）	爆發御館之亂。荒木村重反叛織田信長
	耳川之戰，島津擊敗大友
1580年（天正8）	織田信長與本願寺休戰談和
1582年（天正10）	大友・大村・有馬三氏，派遣天正遣歐少年使節團前往羅馬
	天目山之戰，武田氏滅亡
	本能寺之變，明智光秀討滅織田信長
	山崎之戰，羽柴秀吉擊敗明智光秀
1583年（天正11）	賤岳之戰，羽柴秀吉擊敗柴田勝家
	長宗我部元親幾乎平定四國全境

年代	事件
1542年（天文11）	德川家康誕生於三河
1543年（天文12）	鐵炮傳入種子島
1546年（天文15）	河越夜戰，北條獲得勝利
1548年（天文17）	上田原之戰，村上義清擊敗武田信玄
1549年（天文18）	方濟・沙勿略於薩摩國上岸，天主教開始在日本傳布
1550年（天文19）	二階崩之變，大友宗麟繼承家督
1551年（天文20）	織田信長繼承家督
	大寧寺之變，陶晴賢討滅大內義隆
1552年（天文21）	北條氏康放逐關東管領・上杉憲政
	齋藤道三將主君・土岐氏逐出美濃國
1553年（天文22）	武田信玄將村上義清逐往越後。第1次川中島之戰
1554年（天文23）	甲斐、相模、駿河締結三國同盟
1555年（天文24）	嚴島之戰，毛利元就討滅陶晴賢
（弘治1）	第2次川中島之戰
1556年（弘治2）	長良川之戰，齋藤道三戰死
1557年（弘治3）	第3次川中島之戰。正親町天皇即位
1560年（永祿3）	桶狹間之戰，織田信長擊斃今川義元
1561年（永祿4）	上杉謙信繼任關東管領。第4次川中島之戰
1562年（永祿5）	織田信長與德川家康締結清洲同盟
1563年（永祿6）	織田信長將居城遷至小牧山城
1564年（永祿7）	第5次川中島之戰
1565年（永祿8）	松永久秀與三好三人眾，弒殺將軍・足利義輝
1566年（永祿9）	第2次月山富田城之戰，毛利元就擊敗尼子
1567年（永祿10）	織田信長於岐阜城下町，頒布樂市令
1568年（永祿11）	織田信長擁足利義昭上洛，義昭受任第十五代將軍
1569年（永祿12）	本國寺之變，三好三人眾襲擊將軍・足利義昭
1570年（元龜1）	姉川之戰，織田・德川聯合軍擊敗淺井・朝倉聯合軍
	石山之戰爆發

年代	事件
1584年（天正12）	小牧・長久手之戰，豐臣秀吉與德川家康交戰
	沖田畷之戰，龍造寺隆信戰死
1585年（天正13）	豐臣秀吉成為關白
	人取橋之戰，伊達政宗大勝
1586年（天正14）	岩屋城之戰，高橋紹運戰死。後陽成天皇即位
	豐臣秀吉成為太政大臣
1588年（天正16）	豐臣秀吉頒布刀狩令・海賊禁止令
1589年（天正17）	折上原之戰，伊達政宗擊敗蘆名義廣
1590年（天正18）	小田原之戰，豐臣秀吉討滅北條
	德川家康奉豐臣秀吉之命，移封至關東
1592年（文祿1）	文祿之役，日本出兵朝鮮
1593年（文祿2）	豐臣秀賴誕生
1595年（文祿4）	豐臣秀次被逼切腹自盡
1596年（慶長1）	慶長伏見大地震
1597年（慶長2）	慶長之役，日本再度出兵朝鮮
1598年（慶長3）	豐臣秀吉病逝
1599年（慶長4）	石田三成遭福島正則等七將襲擊，隨後蟄居
1600年（慶長5）	關原之戰，德川家康取得勝利
1603年（慶長8）	德川家康受任命為征夷大將軍，開創江戶幕府
1605年（慶長10）	德川秀忠受任命為第2代將軍
1611年（慶長16）	豐臣秀賴與德川家康於二條城會面
	後水尾天皇即位
1612年（慶長17）	江戶幕府發布天主教禁教令
1613年（慶長18）	支倉常長奉伊達政宗之命，啟航前往羅馬
1614年（慶長19）	方廣寺鐘銘事件。大坂冬之陣爆發
1615年（慶長20）	大坂夏之陣，德川家康討滅豐臣家
	江戶幕府制定武家諸法度、禁中並公家諸法度
1616年（元和2）	德川家康病歿

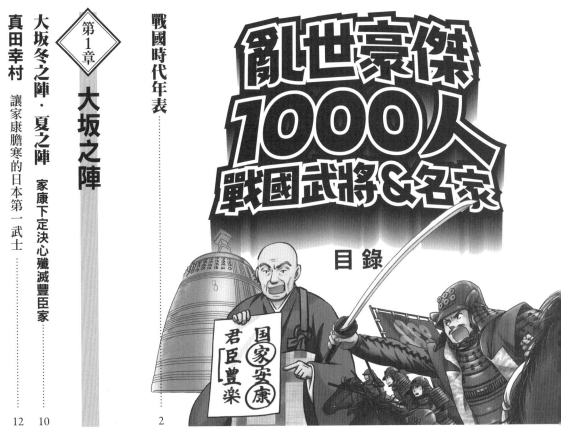

亂世豪傑1000人 戰國武將&名家

目錄

国家安康
君臣豊楽

第3章 群雄割據的時代

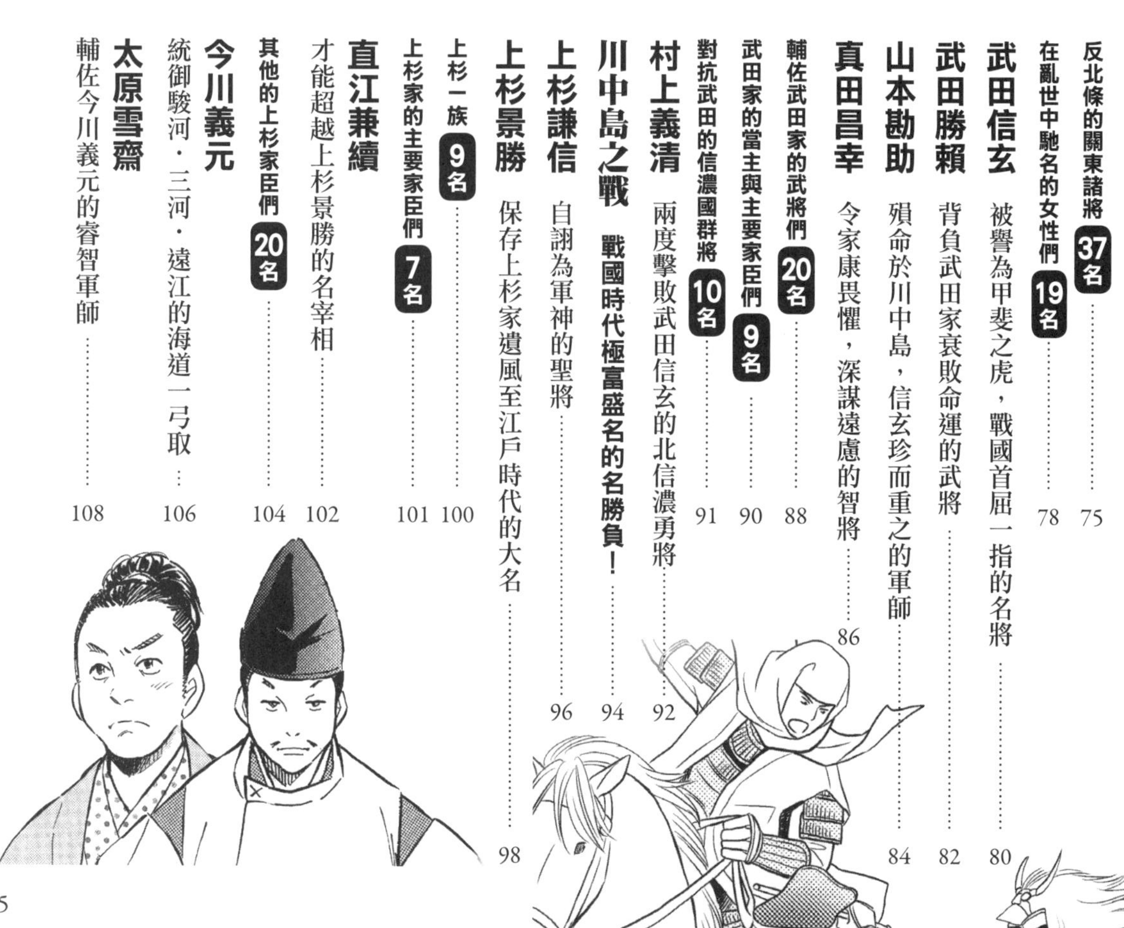

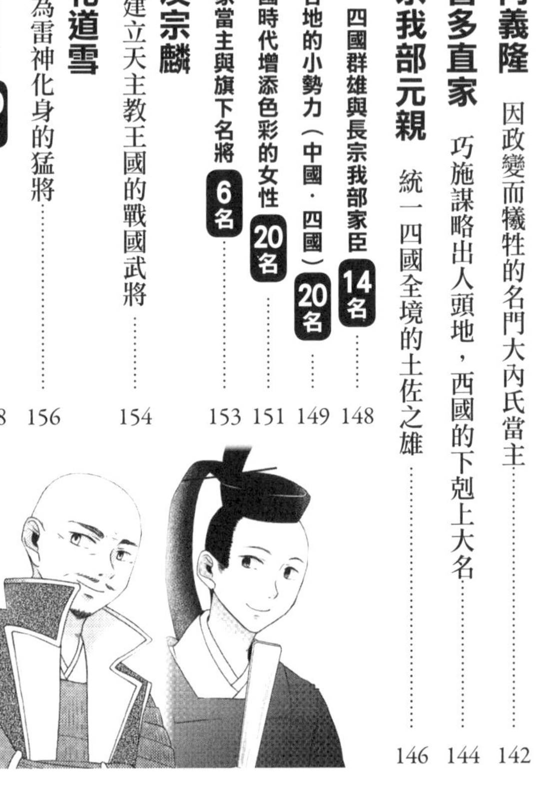

第5章 秀吉的時代

第6章 家康的時代

第7章 安土・桃山時代

第1章 【大坂之陣】

大坂冬之陣・夏之陣
真田幸村
「大坂冬之陣」最大激戰「真田丸之戰」
因議和導致無險可守的大坂城
戰國時代的終點「大坂夏之陣」
後藤又兵衛（基次）
淀殿
豐臣秀賴
千姬
大坂之陣的群像們
大坂之陣・東西兩軍的武將們
大坂之陣結束後…

家康下定決心殲滅豐臣家
—大坂冬之陣・夏之陣—

德川家康在關原之戰獲勝後成為天下人。
但是豐臣秀吉的遺兒・秀賴，仍然安居於大坂城。
家康為了開創德川的時代，決定展開殲滅豐臣家的軍事行動。

德川家康在「關原之戰」擊敗石田三成，為了要消耗秀吉留下來的龐大遺產「太閤遺金」，家康力勸豐臣出資建築並修復各地的寺廟。

但是秀吉留下的龐大遺產，仍然未見衰退，此事讓家康傷透腦筋。家康心中盤算，想藉由戰爭消滅豐臣家。

怎麼花不完……

德川家康

1614年（慶長19年）豐臣秀賴花費大量資金，重建京都的方廣寺大佛殿，並獻上一口梵鐘。

告怪於漢　救苦於唐　靈異惟夥　功用無量
所庶幾者　國家安康
君臣豐楽　子孫殷昌
英檀之徳　山高水張
慶長十九甲寅歳孟

但在這座梵鐘的銘文，刻著「國家安康　君臣豐樂」的文字

刻意找碴

將家康公名諱拆開，這是意圖詛咒家康公，祈求豐臣家繁榮的行為！

金地院崇傳

本多正純

国家安康
君臣豐楽

豐臣家家臣　片桐且元

此案便是有名的「方廣寺鐘銘事件」

歷史
小知識

向東大寺較勁？… 相傳秀吉建立的方廣寺大佛殿，挑高52.4公尺、縱深93公尺、寬幅58.2公尺。一說秀吉為了勝過東大寺，刻意建造比東大寺大佛殿更大的御堂。

家康提出下述條件「若想平息這次的紛爭。將淀殿交出作為人質，或是秀賴前往江戶參勤，或者是離開大坂城」

說什麼蠢話！

家康殿下的名諱，在銘文裡被截斷，只是強詞奪理的說法。

淀殿

片桐且元

毫無疑問，這只是想找理由開戰而已！
如果夫人真的前往江戶當人質，或是秀賴殿下離開大坂城，這樣做只會正中家康下懷！
我們有秀吉大人修築的名城大坂城。
以此城為據點，號召反德川勢力的軍隊，一定能讓家康嚇得驚慌失措！

除此之外，受到豐臣家恩顧的大名，想必會協助我們吧。
這樣一來，豐臣家就能再度執掌天下。
嗯嗯

據說浪人們陸續聚集在大坂城內！
終於等到這一天，能把豐臣家送上黃泉路了。

好極了！下令準備出兵！

歷史小知識

魁梧巨漢…傳說秀吉的遺孤．豐臣秀賴身高6尺5寸（約197公分），體重43貫（約160公斤），是個超乎常人的巨漢。秀賴的母親．淀殿身材高大，也許秀賴是遺傳到母親也不一定。

真田幸村

讓家康膽寒的日本第一武士

生卒年 1567~1615年（永祿10～慶長20）

出身地 信濃國（長野縣）

身分 武將

事蹟 幸村在關原之戰，與父親真田昌幸一起加入西軍陣營。戰後被判處流放紀伊國九度山，後來受到豐臣秀賴招募參加大坂之陣。突擊家康本陣而名聲大噪。

真田幸村與父親昌幸，在關原之戰加入石田三成陣營。

真田昌幸

在信州上田城，成功牽制德川秀忠率領的三萬五千軍隊，讓德川軍主力部隊無法趕上關原之戰。

真田幸村

因為幸村與昌幸所屬的西軍戰敗。身為敗軍之將幸村與昌幸，靜待理所當然會發生的嚴厲處罰。

我情願拿自己的生命，為父親跟弟弟求情！

嗯…

真田信之

因為幸村的兄長・信之在關原之戰臣從於德川陣營。多虧信之拼命為父親與弟弟求情。昌幸與幸村撿回一條命，改而流放紀伊國九度山。

名將昌幸，曾在「第一次上田合戰」以及「第二次上田合戰」，兩度以寡敵眾讓德川軍大吃苦頭。
經歷了65年波瀾壯闊的人生，昌幸在1611年（慶長16）靜靜地迎向人生的終點

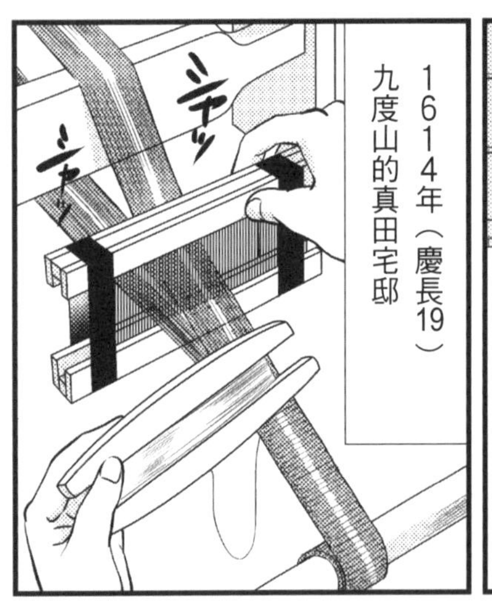
1614年（慶長19）九度山的真田宅邸
シャッ
シャッ

歷史小知識

本名為信繁… 戰國時代的當代史料，或是傳世的自筆書信，都未曾記載真田幸村這個名字。「幸村」這個名字首見於1672年成書的《難波戰記》。他實際使用的署名為「真田信繁」。

原來如此，
大坂已經
硝煙四起了嗎？
真田幸村

奉豐臣秀賴之命，
大野治長派遣使者
造訪九度山
為了要殲滅德川，
請幸村殿下務必
助我們一臂之力。
相傳豐臣家招募幸村
進入大坂城的條件是
「授予閣下黃金兩百枚與白銀三十貫
作為軍資金。戰勝之後賜予50萬石封地」

原本以為自己
會老死在九度山，
身為武士，
只求能夠死得其所！

幸村用計
瞞過負責監視的
紀州・淺野長晟家臣，
順利逃出九度山。

真田軍進入大坂城的情報，
讓家康又是生氣又是驚恐
可惡的真田！
竟然敢恩將仇報！
有一說認為，
家康在前後兩次「上田合戰」都無法贏過真田。
而且是因為信之求情，幸村才能免於一死，
讓家康不禁勃然大怒。

歷史小知識

貧困的生活… 幸村與父親・昌幸在關原之戰後，被流放到紀伊國的九度山。因為沒有什麼收入，據說他們過著貧困的生活。昌幸曾寫信催促信之提供金援，那封信被保存至今。

「大坂冬之陣」最大的激戰「真田丸之戰」

真田幸村與後藤又兵衛，兩人主張發兵前往宇治與勢多，迎戰遠道而來的德川軍。卻被遭到否決。
不能採取守城戰！
絕對不行！
後藤又兵衛
守城戰沒問題！城池可是固若金湯
大野治長
不僅如此，就連奇襲德川秀忠的提案也遭駁回。最後採用大野治長的主張，以大坂城為根據地打守城戰。
幸村巡視大坂城周遭的防禦狀況，認為應該加強大坂城南邊的防禦弱點。
真田丸
幸村建造的前線城砦，被稱為「真田丸」

德川軍以大坂城為中心，展開龐大的包圍網。德川軍與豐臣軍的戰鬥於1614年（慶長19）正式揭開序幕
德川軍在11月19日的「木津口之戰」，接連攻下今福、嶋野等城砦。
德川與豐臣兩軍在29日，於野田、福島展開激戰，由德川軍獲得勝利。豐臣軍放棄大坂城外的所有城砦，全軍撤回大坂城。

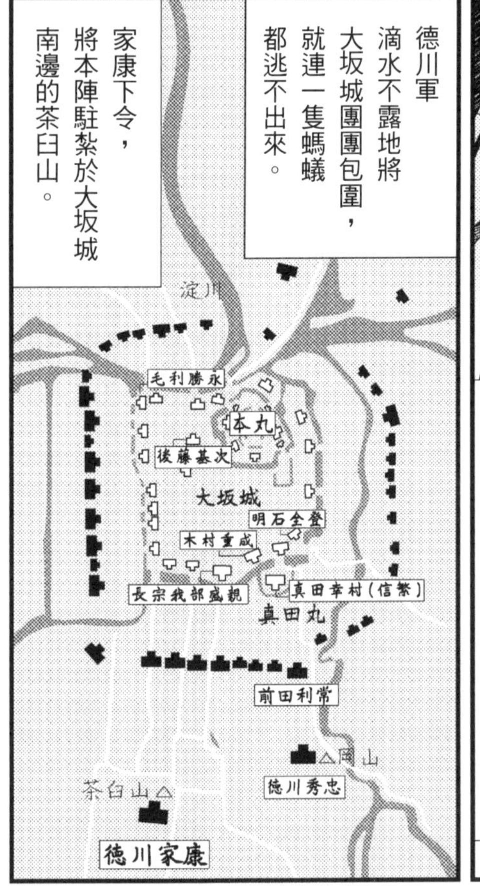
德川軍滴水不露地將大坂城團團包圍，就連一隻螞蟻都逃不出來。
家康下令，將本陣駐紮於大坂城南邊的茶臼山。
淀川
毛利勝永
本丸
後藤基次
大坂城
明石全登
木村重成
真田幸村（信繁）
長宗我部盛親
真田丸
前田利常
岡山
茶臼山
德川秀忠
德川家康

歷史小知識

真田丸… 幸村下令建造的前線城砦「真田丸」，城廓形狀為半圓形，東西寬約180公尺左右。除了北側之外，其他三個方向設有壕溝，更在外側設置三重柵欄。真田丸遺址位於縣在的大坂市三光神社境內。

那就是真田丸嗎？
全軍繞道進攻，不許攻擊那座城砦！

前田利常等將領，率領2萬6千大軍駐紮在真田丸前，等待家康的軍令
幸村派軍在真田丸前的篠山，對前田軍發動挑釁射擊。滿肚子火的前田軍在12月4日夜襲篠山，卻發現山上空無一人。
前田軍

箭在弦上不得不發的前田軍，趁勢向真田丸發動總攻擊。
德川軍的其他部隊為了爭功，前仆後繼地攻向真田丸。
嚴陣以待的真田軍，向德川軍發動齊射，給予德川軍迎頭痛擊。

前田軍攻打真田丸慘敗，加上寒冬，還有大坂城遠比想像還堅固難攻，家康決定提議停戰議和
死傷者1萬人…
但是豐臣方拒絕停戰議和

在家康的命令下，12月16日從大坂城北側的備前島，使用100門大砲直接砲擊大坂城。
淀殿目擊數名侍女遭到砲擊而死，大驚失色的淀殿決定接受家康提出的停戰議和。

歷史小知識

家康的心理戰術… 家康下令砲擊大坂城，成功讓駐守在城中的淀殿等人心生恐怖。大坂城是太閤豐臣秀吉竭心盡力建造的名城，家康認為與其力攻大坂城，不如採用外交議和的方式來攻略。

因議和導致無險可守的大坂城

阿茶局
12月18日。雙方為了停戰議和，德川軍派出家康的側室・阿茶局
常高院
豐臣軍則派出淀殿之妹・常高院，雙方針對停戰議和展開交涉
其一…大坂城僅保留本丸
拆毀二之丸、惣堀（三之丸）
其一…淀殿無須擔任人質
由織田長益、大野治長提交人質
其一…保障秀賴的領地，
不追究城中將士責任
雙方在12月22日交換誓書，正式決定停戰

雙方決定由豐臣方負責拆毀二之丸，德川軍負責拆毀三之丸並填平外壕。
真田丸也被拆了
但是德川軍竟然以驚人的速度執行拆除工作
德川方採取日夜趕工的輪班制度，加緊速度填平外壕。並以協助豐臣趕工的名義，擅自填平二之丸的壕溝。

豐臣派人提出抗議。但是德川的工程負責人本多正純，則稱病不出，拒絕跟豐臣的使者見面。
這跟說好的不同！
你說什麼？聽不到～
本多正純

歷史小知識

米價暴漲… 大坂冬之陣開戰之時，畿內的米價暴漲。根據紀錄，戰前米價一石價格1.7～1.8兩銀，大坂的米價竟然漲到12兩銀。豐臣為了守城戰，大量採購米糧導致暴漲。

一切都照著家康的盤算進行，堅固的大坂城如今毫無防備，再也無法打守城戰
雖然家康返回駿府，但他命令國友的鐵匠鑄造大砲，著手準備下一場戰爭
空蕩蕩…
幸村的叔父·真田信尹加入德川陣營，某天叔父前來拜訪幸村
真田信尹
內府大人（家康）對你的奮戰讚賞不已
如果你願意加入德川軍，內府大人願用10萬石封地聘用你。

德川派本多政重與真田信尹，繼續遊說幸村倒戈
最後加碼到信濃國40萬石，但是幸村仍然不為所動
豐臣家給我能夠死得其所的戰場。就算一死也要報答豐臣家的恩義

幸村寫信給姊夫小山田茂誠，陳述自己置生死於度外的心意

歷史小知識

真田十勇士… 江戶時代結束，進到明治時代之後，說書人可以公然把德川家康描述成壞人。真田十勇士侍奉真田昌幸、幸村父子的故事大受好評，他們成為明治時代少年們心中的英雄。

戰國時代的終點「大坂夏之陣」

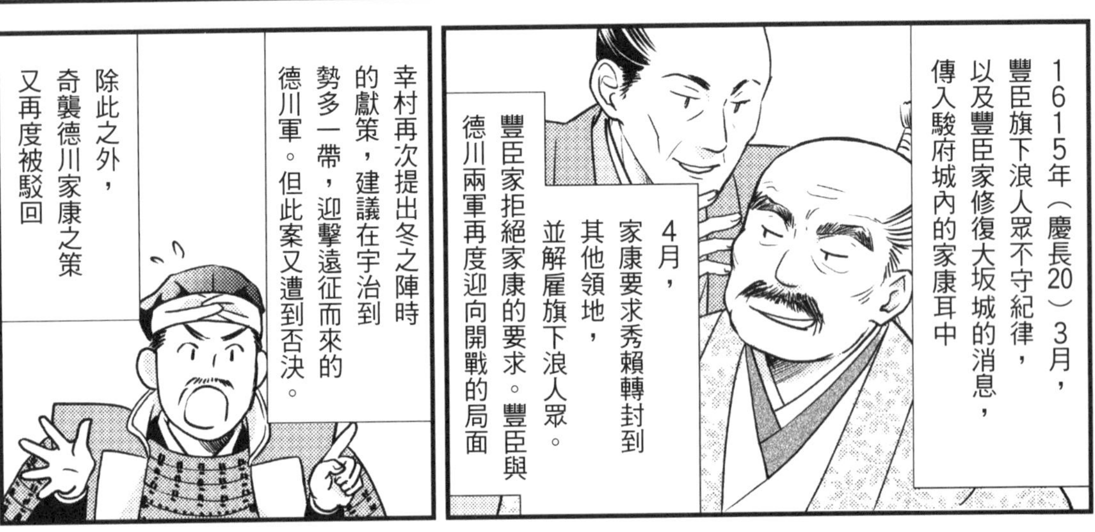

1615年（慶長20）3月，豐臣旗下浪人眾不守紀律，以及豐臣家修復大坂城的消息，傳入駿府城內的家康耳中
4月，家康要求秀賴轉封到其他領地，並解雇旗下浪人眾。豐臣家拒絕家康的要求。豐臣與德川兩軍再度迎向開戰的局面
幸村再次提出冬之陣時的獻策，建議在宇治到勢多一帶，迎擊遠征而來的德川軍。但此案又遭到否決。
除此之外，奇襲德川家康之策又再度被駁回

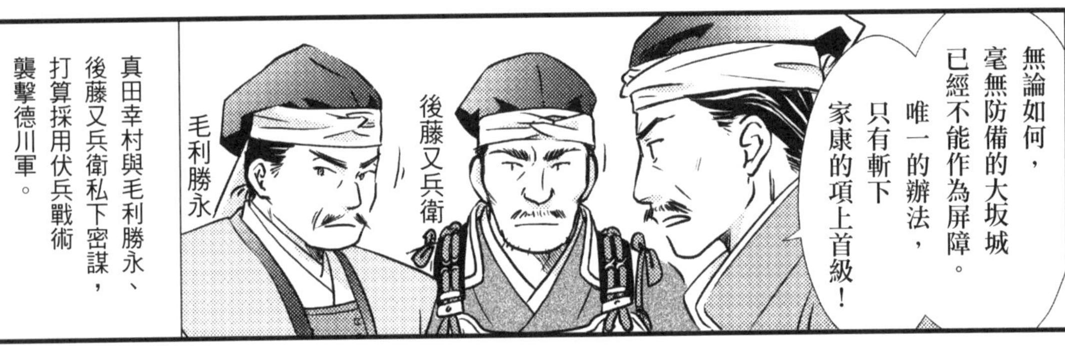

無論如何，毫無防備的大坂城已經不能作為屏障。
唯一的辦法，只有斬下家康的項上首級！
後藤又兵衛
毛利勝永
真田幸村與毛利勝永、後藤又兵衛私下密謀，打算採用伏兵戰術襲擊德川軍。

豐臣軍約7萬8000兵力，德川軍約15萬4000兵力兩軍即將面臨最終決戰
只要準備三天分的兵糧即可！
大坂城
平野川
真田丸跡
鉢山
茶臼山
岡山
紀州街道
德川家康

1615年（慶長20）4月26日，在大和郡山城揭開序幕
但是因為兩軍兵力相差懸殊，無力回天的豐臣軍在各戰局都被逼入絕境

歷史小知識

繼三方原之戰以來… 真田幸村率兵，對家康本陣發動三次猛攻，是大坂之陣最為人熟知的橋段。繼1572年家康在三方原之戰慘敗給信玄以來，象徵家康的馬印又再次被拋在地上。

5月6日的「道明寺之戰」，後藤又兵衛迎擊伊達軍而戰死

雖然幸村計畫跟後藤又兵衛聯手迎擊敵人，但幸村受到大霧阻攔而未能實現

後藤軍被擊潰後，幸村率兵擊退伊達軍，隨後鳴金收兵

5月7日，豐臣軍諸將抱持著戰死沙場的覺悟，在戰場上英勇奮戰

毛利勝永率先開戰，他率兵突擊本多忠朝軍，斬獲本多忠朝的首級

身披赤備的真田軍突破敵軍包圍，三度向家康本陣發動突襲。一度讓家康認為大勢已去，被逼到差點切腹自盡。

真田幸村出類拔萃的奮戰，贏得敵方德川軍的讚賞。讚譽幸村為「真田乃日本第一武士，古來流傳至今的英勇故事也無法與之匹敵」

據守大坂城的淀殿與豐臣秀賴母子，最終自盡而死
如此一來，「大坂夏之陣」終於畫下句點。德川家康正式掌握天下。

歷史小知識

悲慘的大坂庶民… 大坂之陣結束之後，德川方的雜兵進行大規模的掠奪。黑田長政命繪師繪製的「大坂夏之陣屏風」，記錄當時的慘況。此幅屏風現今收藏於大坂城天守閣。

後藤又兵衛（基次）

譽為源平合戰以來的「槍之又兵衛」

生卒年 1560~1615年（永祿3～慶長20）

出身地 播磨國（兵庫縣）

身分 武將

事蹟 由亡父的好友黑田孝高扶養成人，日後成為黑田家臣。雖然立下許多戰功，但因為他跟第2代當主長政交惡而出奔。身為浪人的又兵衛接受豐臣秀賴的邀請參加大坂之陣，他顯赫的武名流傳至今。

後藤又兵衛的生父早逝，由黑田孝高撫養長大
又兵衛與黑田孝高之子・黑田長政一起長大，不過又兵衛年長八歲
黑田孝高
長政與又兵衛雖然是君臣，但是兩人關係不睦
明明我才是主子吧
勝就是勝，敗就是敗

又兵衛出仕黑田孝高、長政父子，在豐臣秀吉時代的「九州征伐」與「文祿之役」戰場上立功
1600年（慶長5）「關原之戰」，黑田軍加入東軍陣營，又兵衛擔任黑田長政軍先鋒大出鋒頭
關原之戰後，又兵衛的軍功獲得肯定。受封1萬6000石並且身兼大隅城主

歷史小知識

被刻意找碴… 又兵衛出奔之後，他的前任主君・長政寫信要求其他大名，不得聘用又兵衛仕官。這種阻撓前任家臣另謀仕官的行為稱為「奉公構」。導致又兵衛出奔後成為浪人。

但是又兵衛與黑田長政關係交惡
又兵衛決定帶著家族離開大隅城
出奔
不明事理的主君！

黑田長政出手反制，對外發出「奉公構」阻撓又兵衛，讓又兵衛無法另謀出路仕官。
可惡的又兵衛！我才不會讓你稱心如意！
請各位不要聘用後藤又兵衛！
元主君黑田長政

1614年（慶長19）「大坂冬之陣」，又兵衛受到豐臣家禮聘進入大坂城
他與真田丸的真田幸村聯手，讓德川軍吃盡苦頭

1615年（慶長20）「大坂夏之陣」，又兵衛與真田幸村、毛利勝永揮軍前往道明寺，但軍隊遲遲無法會合，又兵衛決定獨自發動攻擊
又兵衛與伊達政宗軍激戰之時，遭到槍擊而戰死沙場

專欄

後藤又兵衛是天主教徒嗎？

在戰國時代，信仰天主教的武將被稱之為切支丹大名。後藤又兵衛的主君黑田孝高便是其中一人。孝高是著名的切支丹大名，他將自己的洗禮名「SIMON」刻在印章上。這樣說來，難道後藤又兵衛也是天主教徒嗎？日本研究家兼法國外交官的里昂．佩奇斯（Léon Pagès）撰寫的《日本切支丹宗門史》有非常有趣的紀錄。大坂冬之陣、夏之陣的大坂城內武將。

真田幸村	異教徒
明石全登	基督徒
後藤又兵衛	棄教者

根據這份紀錄來看，所謂棄教者是曾經信教，但又背棄信仰之人。說不定又兵衛受到主君黑田孝高的影響，曾一度信仰天主教也不一定。

歷史
小知識

戰後生存說⋯ 有一說認為，又兵衛並未死在大坂夏之陣。現今奈良縣宇陀市的一處宅邸遺跡，據說是又兵衛在戰後居住的地方，這裡有一株名為「又兵衛櫻」的櫻花樹。

淀殿

秀賴的生母，也是掌握實權的女城主

淀殿的幼名為「茶茶」

她是近江的大名・淺井長政與織田信長之妹・阿市，兩人生下的三姊妹的長女。

茶茶（日後的淀殿）

阿初

阿江

父親長政與信長原本是同盟關係。後來兩家敵對交戰，淺井家在1573年（天正1）滅亡。

1582年（天正10）本能寺之變，信長遭明智光秀襲擊身亡。羽柴秀吉與柴田勝家，為了爭奪信長接班人的地位，展開權力鬥爭。

羽柴秀吉

柴田勝家

勝家迎娶了阿市，但他在1583年（天正11）於近江國賤岳之戰，敗給羽柴秀吉，在北之庄城與阿市一同自盡

但是在戰後，茶茶為首的三姊妹受到秀吉的庇護

後來茶茶受到秀吉的寵愛而成為側室，因為她居住在山城國淀城，故被稱為「淀殿」

1589年（天正17）長男・鶴松誕生，但年幼夭折。但是在1593年（文祿2），產下二男・秀賴。

秀吉擁有許多側室，唯有淀殿生下兩名男孩。因此她格外受到秀吉的寵愛。

生卒年 ？～1615年（？～慶長20）

出身地 近江國（滋賀縣）

身分 豐臣秀賴的生母

事蹟 淺井長政的長女。成為天下人豐臣秀吉的側室，並生下嫡子秀賴。秀吉死後，淀殿與德川家康對立。最終在大坂夏之陣時，與秀賴一同自盡。

歷史小知識

第一個抽煙草的人？… 煙草在戰國時代，經由南蠻貿易傳入日本。喜歡嘗新的秀吉開始吸菸，據說淀殿也受到秀吉的影響而嘗試。因此可以推斷，淀殿是日本第一個女性吸菸者。

1598年（慶長3）
豐臣秀吉病逝之後，
德川家康展現出奪取天下的野心。
企圖挑動豐臣家臣之間的分裂與不合。
1600年（慶長5）9月15日，
期盼讓豐臣的天下長治久安的石田三成
率領西軍，與德川家康為首的東軍，
在關原爆發爭奪天下的大戰。
關原之戰由東軍獲得勝利，
德川家康在戰後掌握治理天下的實權

德川家康打算滅絕
豐臣家，在1614年
（慶長19）發動
「大坂冬之陣」
淀殿堅決反對向家康低頭，
但在德川大軍的重重包圍下，
最終接受停戰議和的要求。

一心想要滅絕豐臣家的
家康，以及心高氣傲
不願屈服的淀殿。
兩人最後一場交鋒是
1615年（慶長20）的
「大坂夏之陣」，
最後在淀殿與豐臣秀賴的
自盡宣告落幕。

淀殿的一生當中，曾經
歷過三次城池遭攻陷的
命運。最終她與母親阿
市遭逢相同的命運。

茶茶的憂鬱
織田家代代
都是帥哥美女
←織田信長
←妹・阿市
茶茶（淀殿）
繼承了織田家的
優秀血統
年齡與身高
都不匹配的夫婦
→秀吉
比起長的像猴子的天下人，
我寧可選真正的猴子。

專欄

位在淀的兩座城池

山城國南端地區，自古以來稱為「淀」，是桂川、宇治川、木津川等河川匯流之地，因水流緩慢而得名。自古以來就是企圖掌握京畿者的必爭之地。曾有兩座城池位在這個重地。一個是江戶時代的城池，另一座是源於室町時代的古城，為了避免混亂稱後者為「淀古城」。淀古城的名人，除了淀殿別無他人。在1589年前後，天下人豐臣秀吉為了讓身懷六甲的淀殿靜養，命令同父異母的弟弟・秀長修復此城。因為她曾居住在此城，世人稱她為「淀殿」。淀殿產下的幼兒鶴松，年僅三歲就夭折，隨後此城遭受廢城的命運。目前現存的淀城石垣遺跡，是屬於江戶時代重新建築的城池，位於淀古城北方約500m之處。

歷史小知識

華麗的大鎧… 據說淀殿是個高大且剛強的女性。根據《御庵物語》有一段內容記載，淀殿在大坂夏之陣時穿著大鎧，帶著一群女武者激勵守城的士兵。

豐臣秀賴

生卒年 1593~1615年（文祿2～慶長20）

出身地 攝津國（大阪府）

身　分 武將

事　蹟 豐臣秀吉與淀殿的二男。秀吉的長男鶴松早逝，秀賴的誕生讓秀吉欣喜若狂，但秀吉在秀賴六歲時病逝。秀賴可說是日暮西山的豐臣家的象徵，在大坂之陣遭到家康的攻擊而滅亡。

千姬

生卒年 1597~1666年（慶長2～寛文6）

出身地 山城國（京都府）

身　分 豐臣秀賴的正室。本多忠刻的正室。

事　蹟 二代將軍德川秀忠的女兒，家康的孫女。在7歲與豐臣秀賴成親，但在大坂之陣時，在祖父家康的命令下被救出大坂城。戰後成為桑名藩主．本多忠刻的正室。

豐臣秀賴，
是掌握天下政局的豐臣秀吉
與淀殿夫婦所生的次男。
豐臣秀賴
豐臣秀吉
因為長男鶴松
在虛歲三歲時夭折。
秀賴的誕生，
讓老來得子的秀吉大暢老懷。
秀賴成為豐臣家的繼承者。

秀賴誕生前，秀吉曾收姊姊
與三好吉房之子．秀次為養子。
秀吉曾將關白讓給繼承者秀次。
明明秀吉殿下
讓我成為關白，
我還以為自己能成為
下一個天下人…
豐臣秀次
但是秀吉打算讓自己的親生兒子．
秀賴成為繼承人。秀次被冠上謀反的嫌疑，
被迫自殺身亡。

1600年（慶長5）的
「關原之戰」，
德川家康獲得勝利，豐臣家
反而降格變為一介大名。
德川家康
我才是上位
可惡～
淀殿
秀賴

一心想要滅絕豐臣家的德川家康，
發動1614年（慶長19）的
「大坂冬之陣」與隔年的
「大坂夏之陣」，終於攻滅豐臣家。
豐臣家
就到此為止了嗎？
真不甘心……
回絕家康提出的條件。
秀賴與母親一起自盡身亡，
結束23年短暫的人生

歷史
小知識

五歲就舉行成人禮？… 在豐臣秀吉的眼中，彷彿只有兒子秀賴的存在。秀吉在1597年為秀賴舉辦元服（成人禮），當時秀賴只是五歲的幼兒。元服儀式通常在15歲左右舉辦。

千姬
秀賴
千姬出生於1597年（慶長2），她是德川家康的後繼者・德川秀忠的長女。
1603年（慶長8）千姬嫁給豐臣秀吉的嫡男・豐臣秀賴。成親之時，千姬芳齡7歲，秀賴11歲。
這場婚姻是政治聯姻，目的是為了加強豐臣家與德川家之間的友好關係。
雖然兩人的婚姻是政治聯姻，相傳這對夫婦的感情非常融洽。
1615年（慶長20）「大坂夏之陣」，大坂城遭攻陷。
相傳千姬為了替淀殿與秀賴求情，事先就離開大坂城。
傳說武將坂崎直盛搭救千姬離開大坂城。後來千姬改嫁給本多忠刻時，憤怒的坂崎直盛襲擊千姬隊伍。
坂崎直盛
據說原本約定要將千姬嫁給坂崎，但卻遭毀約。

千姬改嫁一年之後，本多忠刻與父親・忠政轉封到播磨國姬路。
轉封到姬路的隔年，千姬生下長女勝姬，隨後又生下繼承人幸千代。
但是幸千代在3歲時夭折，千姬的丈夫本多忠刻在31歲辭世。
千姬帶著女兒勝姬回到江戶，「落飾」※之後法號天樹院，在竹橋御殿度過餘生。
※身分高貴者剃度出家的意思
1666年（寬文6）千姬結束了波瀾壯闊的人生，享壽70歲。

專欄

千姬是女性的守護者

千姬在大坂城被攻陷前夕獲救。對草創期的德川幕府而言，她扮演重要的角色。在千姬的說情之下，豐臣秀賴的女兒逃過一劫，以千姬養女的身分在鎌倉東慶寺出家，日後成為第20代住持，法號天秀尼。千姬積極援助天秀尼，並為了重建寺廟而奔走。在東慶寺內梁柱的木板上，至今仍留有墨書，寫著千姬的法號「天樹院」。

有一段逸話證明千姬與東慶寺的關係匪淺。會津藩主加藤明成派人前往東慶寺，要逮捕躲在寺內的家老・堀主水的妻兒。千姬決定協助天秀尼，保護堀主水妻兒的性命。千姬向幕府說情，導致加藤明成被沒收領地。可以看出千姬在德川家中具有影響力。往後東慶寺成為女性的緣切寺，庇護尋求離婚的婦女。

歷史小知識

家康的信… 千姬順利逃離大坂城後，祖父家康非常欣喜，父親秀忠則斥責她「為何不敢殉死」。戰後千姬曾臥病在床。德川家康在大坂之陣隔年病逝，相傳家康生前最後一封書信，是慰問千姬病情的信。

大坂之陣的群像

真田信之

生卒年／1566～1658
出身地／信濃國（長野縣）

真田昌幸的長子，幸村的兄長。昌幸身為信濃國上田城主時生下信之，信之童年在甲斐國擔任人質，一生充滿許多苦難。1600年關原之戰前夕，信之加入家康的東軍，父親昌幸與弟弟幸村則加入石田三成的西軍陣營。西軍戰敗後，昌幸與幸村被流放九度山，信之對窮困的父親與弟弟提供援助。隨後信之從信濃上田藩，轉封成為松代藩第一代藩主。享壽93歲，比同時代的武將長壽。他身為戰國時代的老將，在江戶時代備受尊崇。信之的施政手腕獲得高度評價，他打造松代藩的基礎，讓藩能延續到明治時代。

木村重成

生卒年／？～1615
出身地／山城國（京都府）

木村重成與豐臣秀賴是同乳兄弟，兩人情同手足。據說他成年之後容貌秀麗，氣質高雅出眾。話說如此，但他並非是個文弱青年。大坂冬之陣，他聽說今福砦陷入苦戰，立刻從城中率兵前往救援，斬下佐竹義宣家臣澀江政光的首級。除此之外，在冬之陣停戰和談之際，他出言批評家康按在書信上的血指紋顏色太淡，要求家康重按。可說是兼具美形及膽識的年輕武將。重成在冬之陣後刻意減少飯量，面對大惑不解的妻子，他回答「不希望自己哪天被敵人斬首時，食物竟從傷口流出」。他在夏之陣奮戰藤堂高虎隊，被增援的井伊直孝隊擊斃而戰死。

大野治長

生卒年／？～1615
出身地／山城國（京都府）

豐臣家的譜代家臣。他的母親大藏卿局，是秀吉側室淀殿的乳母。他因此受到提拔被編入馬迴眾。秀吉死後，他擔任秀賴的近臣。在1599年因為涉嫌暗殺德川家康，被判流放下總國。他在隔年的關原之戰，加入家康的東軍立下戰功，在關原之戰後，將功贖罪回到豐臣家。豐臣家重臣片桐且元在1614年離開大坂城後，主戰派的大野治長受到重用。他招募浪人參加大坂之陣，為秀賴、淀殿母子盡忠到生命最後一刻。1615年夏之陣戰況已成定局之際，他主張將家康孫女，同時也是秀賴正室的千姬送回德川家，打算藉此保住主君秀賴性命，但是未能如願。最後在大坂城殉主自盡。

塙直之

生卒年／1567～1615
出身地／遠江國（靜岡縣）？

受到說書故事的影響，比起本名直之，「團右衛門」這個通稱更有名。大坂冬之陣結束前夕的1614年12月17日，直之率領軍隊，夜襲包圍在城外的蜂須賀至鎮旗下部將中村重勝，此事讓他聲名大噪。相傳直之坐在軍凳上指揮士兵，命士兵把寫著「夜襲大將塙團右衛門」的小木牌撒在戰場上，成為敵我兩方知名人物。據說直之本來就是個性奇特之人，年輕的時候受到織田信長的賞識，但因酒品不好而被放逐。1600年的關原之戰，他身為鐵炮大將，卻留下部下單騎衝鋒沙場，遭主君加藤嘉明斥責。他在大坂夏之陣，向淺野長晟軍發動神風式突擊壯烈戰死。

真田十勇士

甲賀流忍者猿飛佐助、伊賀忍術高手霧隱才藏、怪力無雙的三好清海與伊三入道兄弟、擅長製作火藥炸彈的望月六郎、軍師海野六郎、槍術達人穴山小助、鐵炮達人筧十藏、海賊出身的根津甚八、鎖鏈達人由利鎌之助，以上十位豪傑合稱真田十勇士。被流放到九度山的真田幸村，派遣少年忍者猿飛佐助帶著密令與三好清海遊歷各國，在各地結交特立獨行的英雄豪傑的故事。1914年立川文庫發售第40篇「真田三勇士忍術名人　猿飛佐助」之後，當時的年輕讀者瘋狂沉迷於真田十勇士的世界。雖然故事純屬虛構，他們被描寫成對抗德川家康的超級英雄。

大坂之陣・東西兩軍的武將們

松平忠直

生卒年／1595～1650
出身地／攝津國（大阪府）

結城秀康的長男，誕生於攝津國。父親病死後不久，成為藩主繼承越前福井藩75萬石。大坂冬之陣因作戰不利，遭到祖父德川家康斥責。在夏之陣擊敗真田幸村立下戰功。

明石全登

生卒年／？～？
出身地／備前國（岡山縣）

宇喜多秀家旗下部將，在關原之戰以西軍身分作戰。戰後因宇喜多家沒落而成為浪人。接受秀賴的聘用進入大坂城協助守城，在大坂夏之陣遭受松平忠直軍的突擊而戰敗。他與父親景親一同受洗成為天主教徒，洗禮名為喬凡尼．胡斯托。夏之陣後行蹤不明，據說他逃離戰場後病逝。

淡輪重政

生卒年／？～1615
出身地／？

出身和泉國淡輪莊的豪族，他的姊姊（一說為妹妹）是豐臣秀吉外甥秀次的側室。由於秀吉命令秀次切腹自盡，他因連坐處分被沒收領地。隨後出仕小西行長，在關原之戰後成為浪人。接受秀賴的聘用進入大坂城。夏之陣時隨大野治長出兵攻打紀州，在樫井之戰遭到淺野長晟隊擊斃。

大野治房

生卒年／？～1615
出身地／？

大野治長之弟，與兄長一起出仕秀吉，秀吉死後成為秀賴的近臣。大坂冬之陣後，大坂城化為毫無防備的裸城。他主張徹底抗戰，與穩健派的兄長治長對立。夏之陣的最終決戰，擔任岡山口軍勢總指揮奮勇作戰，一度讓德川秀忠軍陷入混亂，最後寡不敵眾撤退。戰後帶秀賴之子國松逃亡，遭逮捕而被斬首。

薄田兼相

生卒年／？～1615
出身地／？

前半生不詳。擔任豐臣秀吉的馬迴眾，隨後成為秀賴的近臣。在大坂冬之陣擔任博勞淵砦的守將。當他在遊廓尋歡時，城砦遭到敵軍趁機攻下，因此他與大野治胤被嘲笑是中看不中用的「橙武者」。夏之陣的道明寺之戰率先殺入敵陣，遭水野勝成隊擊斃。在說書講談，經常與知名武者岩見重太郎混為一談。

大野治胤

生卒年／？～1615
出身地／？

大野治長、治房之弟。在大坂冬之陣的野田、福島之戰，防守豐臣軍的水軍船倉。遭到德川軍奇襲，他選擇棄船而逃，遭到大坂城內眾人嘲笑是中看不中用的「橙武者」，因為橙是樣貌好看卻不能食用的果實。他在夏之陣燒毀堺市城鎮，據說在戰後遭堺市町眾報復，被處以火刑而死。

水野勝成

生卒年／1564～1651
出身地／三河國（愛知縣）

勝成的父親是德川家康的叔父水野忠重。但他跟父親的關係不佳，遭責罰而出奔。前後出仕豐臣秀吉、佐佐成政、小西行長、加藤清正、黑田長政，在關原之戰前夕回歸德川家。在大坂夏之陣立下軍功，戰後成為大和郡山藩主，隨後轉封福山藩10萬石。在87歲操作鐵炮精準擊中目標，技驚全場。

毛利勝永

生卒年／？～1615
出身地／尾張國（愛知縣）

父親是豐臣秀吉的家臣森勝信，後來以毛利為姓。關原之戰後被流放到土佐國，受秀賴聘用進入大坂城。他與真田幸村、長宗我部盛親合稱「大坂三人眾」。在大坂冬之陣主張出擊，但未受採用。相傳在夏之陣後隨侍秀賴，擔任秀賴的介錯人。勝永的妻子鼓勵他進入大坂城，在二戰前被譽為是賢妻典範。

小笠原秀政

生卒年／1569～1615
出身地／山城國（京都府）

昔日的信濃國守護小笠原長時之孫。他出生時，小笠原家已經被武田信玄逐出信濃國。幼年成為德川家康的人質，日後繼承家督並迎娶松平信康之女為妻。在大坂夏之陣的若江之戰，未能及時取得戰功。為了爭功，他率軍趕赴天王寺口戰場作戰，身受重傷隨後逝世。

本多忠朝

生卒年／1582～1615
出身地／三河國（愛知縣）

德川四天王本多忠勝的次男。他隨父親參加關原之戰，相傳他一刀將敵將斬為兩半後，在馬上把砍彎的刀扳正之後，再殺入敵陣的猛將。他在大坂冬之陣因作戰不利受到家康的斥責。為了挽回自己的名譽，決定參加夏之陣，迎戰毛利勝永隊，最後激戰而死。

掌握天下的德川家康

—大坂之陣結束後⋯—

消滅豐臣家的家康，成為名符其實的天下人。
隨後家康為了更進一步掌握日本全國，導入許多新制度。
讓江戶幕府維持260年基業的政策是什麼呢？

1615年（元和1）那一年，德川家康在「大坂夏之陣」攻滅豐臣家，創造了太平盛世。
※1615年7月13日，日本的年號由慶長改為元和
江戶城

多虧殿下的力量，天下終於歸於一統。
沒錯
這樣一來不只是武士，就連庶民也能安心生活了

庶民能安居樂業最好。
但是如果想讓日本真的天下太平，不壓制另外兩股勢力，恐怕德川家的天下會有危險。
金地院崇傳
ハッ

這倒不可輕忽，崇傳。事情辦得如何了？
是的，還需要一點時間。

歷史小知識

家康的智囊⋯ 德川家康擁有各式各樣的智囊團。負責宗教政策的僧侶是天海與崇傳。商業政策則是富商・茶屋四郎次郎。此外家康還收了威廉・亞當斯，以及耶楊子等外國人為家臣。

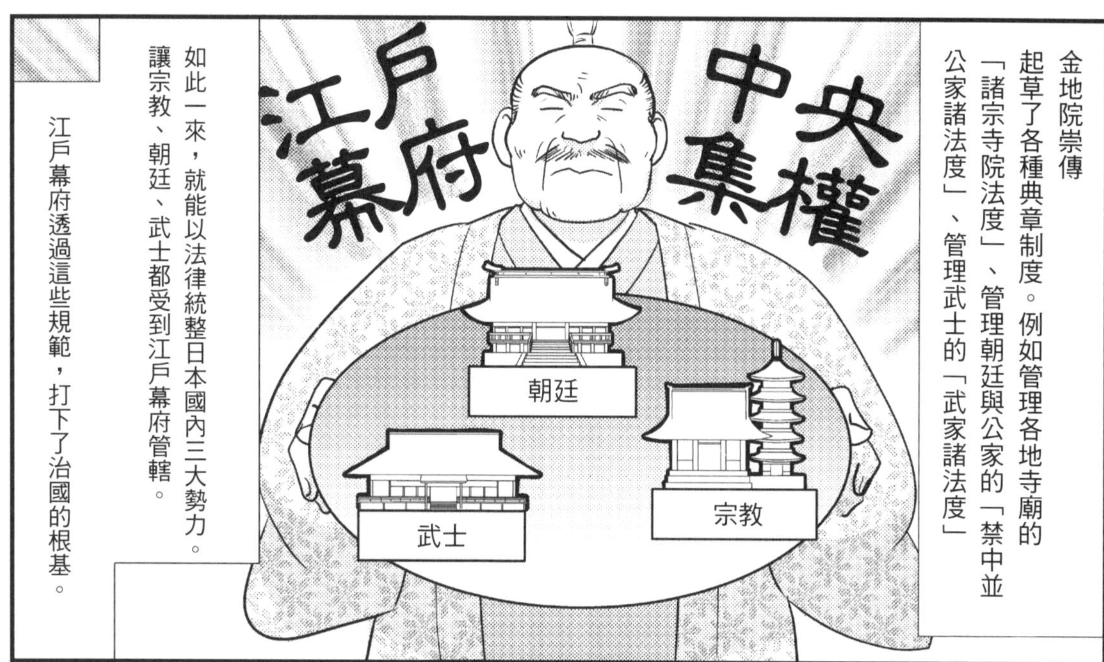
金地院崇傳
起草了各種典章制度。例如管理各地寺廟的「諸宗寺院法度」、管理朝廷與公家的「禁中並公家諸法度」、管理武士的「武家諸法度」
中央集權
江戶幕府
如此一來，就能以法律統整日本國內三大勢力。讓宗教、朝廷、武士都受到江戶幕府管轄。
江戶幕府透過這些規範，打下了治國的根基。
朝廷
宗教
武士

崇傳殿下，為了讓德川的天下長治久安。您有什麼對策嗎？
戰國亂世持續的其中一個原因，是因為室町幕府沒有穩固的根基，讓其他勢力趁機而入。
首先要學習戰國亂世的歷史，活用於今後的治國方針。

原來如此！崇傳殿下，為了德川家著想，請教導我戰國亂世的歷史。
如此甚好。
那麼

說來話長…

歷史小知識

元和偃武… 德川家康在大坂夏之陣討滅豐臣家之後，將元號改為「元和」。所謂的「元和偃武」指的就是這一段歷史。偃武的意思是收起武器，也就是象徵時代進入太平盛世。

天下無敵的真田十勇士

長久以來受到孩童歡迎的「真田十勇士」，源自明治末期到大正時代發售的立川文庫讀本。十位充滿魅力與個性的英雄豪傑，保護幼小的豐臣秀賴，在真田幸村的麾下對抗強大的德川家康，即使時代流轉，他們仍然是牢牢抓住孩童心中不變的英雄。讓我們看看這些英雄人物吧。

猿飛佐助

十勇士的領袖人物，師承戶澤白雲齋。施展甲賀流忍術大出風頭。

三好清海入道

擁有50人之力的豪傑。以97歲高齡，在夏之陣突擊德川本陣後戰死。

霧隱才藏

伊賀流忍者。原本是大盜石川伍右衛門的部下，成為幸村的家臣。

三好伊三入道

清海之弟，同樣身為豪傑的他，在夏之陣潛入將軍秀忠本陣後自盡。

穴山小助

武田重臣穴山梅雪的外甥。擔任幸村的影武者，在大坂夏之陣戰死。

望月六郎

他和幸村都出身海野一族，是擅長火藥的專家，活躍於戰場上。

筧十藏

沉默寡言的鐵炮高手。在大坂城被攻陷之後，伴隨幸村逃往薩摩。

海野六郎

真田家譜代重臣，負責戰略調度。在大坂夏之陣隨同幸村逃往薩摩。

根津甚八

原本是海賊首領。成為幸村家臣後，在大坂夏之陣擔任幸村影武者。

由利鎌之助

原本是山賊首領，擅長諜報情資。在大坂夏之陣隨同幸村逃往薩摩。

第2章【應仁之亂】

ふーっ

以實力決勝負，進入以下剋上的亂世！

—戰國亂世的序幕—

應仁之亂的引爆點，是室町幕府第8代將軍・足利義政的繼承人之戰。
長達11年的戰亂，讓京都化為灰燼。室町幕府與將軍的權威墜地，
取而代之的是以一己之力，登上亂世舞台的戰國武將。

1467年（應仁1）細川勝元為總大將的東軍，以及山名宗全為總大將的西軍，在京都展開戰鬥。
這就是動搖天下局勢的「應仁之亂」

室町幕府第8代將軍・足利義政不理政務，將重心放在振興文化，建造了京都的慈照寺銀閣
此時的文化被稱為「東山文化」

話說回來，室町幕府本來就是由強大的守護大名，建構起來的聯合政權。守護大名源自鎌倉時代的守護，進一步掌握軍事警察權以及經濟，達到支配領國全境的權力。
ぐら
ぐら
有力的守護大名，權勢甚至凌駕於幕府將軍之上。
如西軍的總大將・山名宗全，權勢涵蓋中國地區境內7國。

西陣織… 應仁之亂時，西軍總大將山名宗全的本陣所在地，現今稱為「西陣」。這裡發展的紡織品稱為「西陣織」，是揚名全國足以代表京都的傳統產業。

應仁之亂爆發的主因，是將軍家的繼承人之爭，以及有力大名家中的家督之爭。
有力大名的畠山氏分為義就與政長兩派。斯波氏則分為義廉與義敏兩派
畠山氏
斯波氏
將軍下令更換家督造成大混亂
是兄長拜託我繼承將軍之位
義政之弟 義視
將軍家
義政與日野富子的子嗣・義尚
比較重要！
日野富子
將軍家則是義視與義尚兩派爭奪家督。各種鬥爭交纏在一起
演變成細川勝元與山名宗全的對立。

由於中央施政偏離軌道，心生不滿的民眾發起了一揆
大家團結起來

1488年（長享2）前後，一向一揆的門徒在加賀國建立了真宗王國
淨土真宗
加賀本願寺最強
這個王國竟能抗拒幕府與武士的介入，時間長達一百年
加賀守護 富樫政親
不久之後，地位低下的人扳倒了地位高貴之人。「下剋上」的行動開始蔓延，進入了戰國亂世的時代

歷史小知識

下剋上之時代… 1485年山城國境內的國人眾團結起來，抗拒守護大名畠山氏的統治權。史稱山城國一揆。興福寺的《大乘院寺社雜事記》記載「下剋上之時代」。

足利義政

缺乏政治能力，卻帶給日本文化重大影響

生卒年 1436～1490年（永享8～延德2）

出身地 山城國（京都府）

身分 室町幕府第8代將軍

事蹟 身為將軍卻不理政務，醉心於自己感興趣的藝術世界。他無法妥善處理繼承者問題，成為應仁之亂爆發的原因。

室町幕府第8代將軍・足利義政，是第6代將軍・足利義教之子。
義政在1449年（寶德1）元服之後，成為征夷大將軍，正式成為第8代將軍。

但是政局被乳母・大館氏（今參局）、近臣・有馬持家、以及母親日野重子的表弟・烏丸資任所把持

當時這三人的權勢薰天，人們戲稱「幕府政事任由三魔擺布」

對政治感到厭煩的義政，將心力灌輸在長期心醉的文學與宗教藝術
隨你高興吧
讓你當下一任將軍，趕快還俗喔
欸？
義政想要提前隱居退位，但是由於膝下無子，他決定讓弟弟義視接班

但是義政的正室・日野富子生下義尚

呵呵太好了

事情演變成義視派、義尚派的家督繼承權之爭

咦，這個節骨眼

歷史小知識

兄弟的忌日在同一天… 足利義政的弟弟，也就是約定成為下一任將軍，卻無法實現的義視。他在兒子・義稙成為第10代將軍後，於隔年1月7日逝世，正好跟一年前去世的哥哥・義政的忌日是同一天。

將軍家的家督之爭，加上
細川勝元與山名宗全的政治鬥爭，
還有斯波、畠山兩管領家的內鬥，
引爆了「應仁之亂」
義政身為將軍，但是他
既無領導能力也沒有責任感，
始終冷眼旁觀這場大戰

1473年（文明5）義政讓義尚
繼承將軍之後，在1483年（文明15）
於東山建立山莊，兩年之後出家。
躲進藝文的世界逃避現實，被稱為「東山殿」
ふーっ

1490年（延德2）
義政結束了55年的人生
雖然義政是一個失職的政治家，
但他打造以銀閣寺為代表的「東山文化」。
為日後的日本文化留下許多影響，
卻是不爭的事實。

專欄

最糟糕的將軍，也是最棒的藝術家？

身為藝術家的義政，為後來的日本文化帶來不可計量的影響。舉例來說，義政建造的慈照寺東求堂裡的「同仁齋」，是日後茶道茶室的原型。日本學者唐納德．基恩在著作《足利義政與銀閣寺》中提到「他是史上最無能的將軍，卻也是留給所有日本人永恆遺產，獨一無二的偉大將軍」。

如此評價兩極的義政，他留下許多歌詠「月」的詩歌，讓人格外感興趣。「回首前塵苦，暗自嘆蒼涼。而今望明月，心中無點瑕」從這首詩歌來看，義政很明白自己對於政治束手無策。明知自己缺乏治國的能力，卻身不由己成為將軍。面對這樣的處境，也許義政透過歌詠明月，聊以慰藉自己心中的無奈也不一定。

歷史小知識

不是銀色的銀閣寺… 足利義政下令修建的慈照寺觀音殿，後來被稱為銀閣。原本以為這座佛寺仿造金閣寺，用銀箔來裝飾。但是根據近年的研究發現，這棟建築物應該是以白色為主。

細川勝元

應仁之亂的東軍總大將

細川勝元誕生於名門，室町幕府三管領・細川家的宗家。1442年（嘉吉2）13歲的他繼承家督，成為執掌攝津、丹波、讚岐、土佐共計四國的守護。

此時幕府的施政，由畠山持國把持。
人生的巔峰期♪
不想點辦法不行……
山名宗全
細川勝元

勝元成為守護大名．山名宗全的女婿。他藉由跟山名家合作，來維持細川家的勢力版圖
岳父
女婿

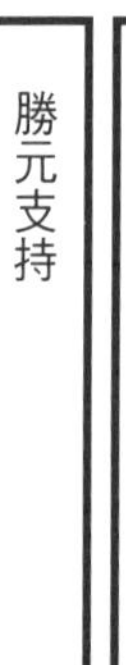

但是山名宗全的勢力急速成長，讓勝元產生危機感
明明細川的家格比較高！
快速上升
山名氏勢力
細川氏

勝元支持赤松家振興家業，與反對方的宗全產生對立
感激不盡
赤
欸～我好不容易才平亂

當將軍家發生繼承人之戰時，勝元支持足利義政之弟・義視
宗全則支持足利義政之子義尚，以及義尚之母日野富子

生卒年 1430～1473年（永享2～文明5）

出身地 攝津國（大阪府）

身分 武將

事蹟 三度擔任管領，合計長達21年的室町幕府重臣。擔任應仁之亂的東軍總大將。皈依禪宗，建立京都的龍安寺。親自研究醫術並著有醫書《靈蘭集》。

歷史小知識

勝元是幻術師？… 某日幾個盜賊闖入龍安寺，突然在寺廟內室出現一隻巨大的蛤蟆。傳說盜賊們嚇得落荒而逃的時候，蛤蟆突然消失，只見勝元安坐於內室。

1467年（應仁1）山名宗全企圖獨攬朝政，對足利義政施壓，要求管領畠山政長下野，讓斯波義廉擔任管領。

比起細川家支持的畠山不如選山名家支持的斯波

隨你高興啦～

勝元對宗全的行動產生反感，召集諸將進入京都備戰

另一方面，宗全也號召各地將領上洛反抗。眼見戰事一觸即發

兩軍曾在一月於洛北的上御靈交鋒。同年5月26日，東軍細川陣營攻打西軍山名陣營。
以此戰為導火線，兩軍進入全面對決的局勢。「應仁之亂」的戰況越發激烈。

戰況陷入長期泥沼化，山名宗全在1472年（文明4）提議停戰，遭到細川勝元回絕。
也該停戰了吧？
停戰案
充耳不聞

隔年3月山名宗全逝世。就像追隨宗全的腳步，細川勝元在同年5月病逝。

專欄

精明幹練的勝元之女

應仁之亂的東軍總大將細川勝元，膝下有位饒富趣味的女兒。傳聞她的樣貌稱不上美麗，本來在父親修築的龍安寺出家為尼。因為被安排嫁給赤松政則，而突然還俗。此時她年過30歲，在當時是非常晚婚的年紀。街頭巷尾流傳打油詩「疑似是天仙，堺浦鬼瓦下凡間」，嘲笑這段婚姻。

說來實在可憐，她的容貌被京都的街頭巷尾當作笑柄。在她結婚三年後，丈夫政則猝死。依照當時的禮俗，她以「洞松院」為號二度出家為尼。但是她並不甘於青燈禮佛，逐漸在赤松家中嶄露頭角。當時赤松家擁有播磨、備前、美作共三國的領地，關於境內的領地分配事宜，都要先取得洞松院的許可。以掌管實權的女性大名身分，君臨於赤松家。

歷史小知識

關係惡化的原因… 細川勝元的正室是山名宗全的養女。除此之外，勝元還收宗全之子為養嗣子。從這些事例來看，兩者一開始關係良好。但就在政元生下親生兒子．實元之後，兩者的關係開始惡化。

山名宗全

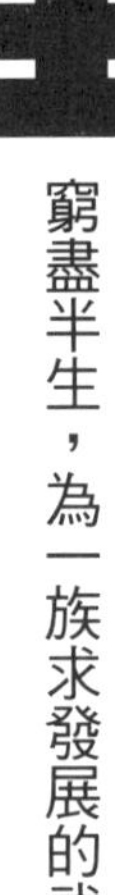

窮盡半生，為一族求發展的武將

生卒年 1404～1473年（應永11～文明5）

出身地 山城國（京都府）

身分 武將

事蹟 因討伐赤松家有功，成功振興山名家，成為統治七國的守護。晚年接受日野富子委託，成為義尚的後見人。在應仁之亂擔任西軍總大將，在戰亂結束前夕病逝。

1453年（永享7）山名宗全繼承山名一族的宗家地位
但在兩年後，他的兄長．持熙不滿宗全繼承家督，在備後舉兵
宗全鎮壓家中內戰，穩固了領國支配權
1440年（永享12）宗全成為室町幕府的侍所所司，穩固了政治地位
宗全的使命，是要重振在「明德之亂」沒落的山名家

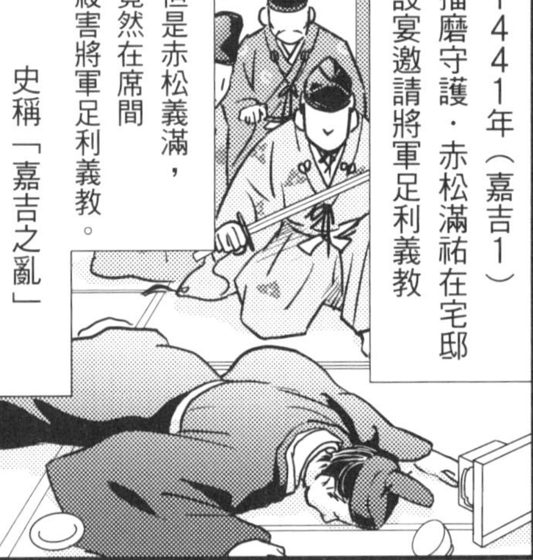

1441年（嘉吉1）播磨守護．赤松滿祐在宅邸設宴邀請將軍足利義教
但是赤松義滿，竟然在席間殺害將軍足利義教。
史稱「嘉吉之亂」

宗全擊敗赤松滿祐，平定了嘉吉之亂

山名宗全的領國與赤松接壤，宗全成為幕府旗下的赤松討伐軍主力

戰後論功行賞，宗全除了接收赤松家的遺領播磨國，加上石見、備前、美作、備後、安藝、伊賀，成為七國守護

歷史小知識

謎之帝王… 東軍的細川勝元在應仁之亂，擁立了當時的土御門天皇。為了抗衡東軍，山名宗全擁立了具有南朝血脈的皇室後裔。但這位名為西陣南帝的人物，卻是一個生平不明的謎之人物。

山名宗全發揮了軍事指揮的才能，打造山名家的全盛期。他的蠻橫作風，引起世人的反感，被稱為「赤入道」。

此時宗全將女兒嫁給細川勝元，謀求兩家攜手合作。但是勝元的族人為了協助赤松家復興，向將軍・足利義政說情。此事造成宗全與勝元的對立。

除此之外，斯波、畠山兩管領家，以及將軍家中的繼承權問題。山名家與細川家的對立日益激烈。

1467年（應仁1）1月18日，山名宗全號召諸將上京，在洛北上御靈舉兵
日本全國的將領分別加入宗全與勝元兩大陣營，京都化為長達十餘年的戰場。
史稱為「應仁之亂」
眼見戰局陷入膠著，宗全在1472年向勝元提出停戰議和
但是提案遭到回絕。失意的宗全，隔年在軍帳中逝世。

專欄

比起「先例」更在乎「時機」的宗全

1550年代成書的語錄《塵塚物語》記載一段關於山名宗全的軼事。應仁之亂期間，曾有一位公卿拿曾經發生的「先例」，向宗全講述自己的意見。宗全自信滿滿地回答「今後請閣下陳述意見之時，將『先例』一詞換成『時機』。所謂的先例在當今世道已經不管用。以為萬事會依先例而行，可是大錯特錯」。

在山名宗全這一代，山名家的領地從原本的三國擴展到七國。他可以說是戰國亂世揭開序幕時的風雲人物，而且還是個現實主義者。他一語道破公卿沒落的原因，是因為拘泥於「先例」而沒辦法洞察「時機」的變化，並且主張要「認清現實」。從這一點可以看出，他是一個不拘於傳統與規範的人物。

歷史小知識

面色赤紅… 山名宗全的外號叫做「赤入道」。據說宗全在世的時候，這個外號就很有名。以機智聞名的一休宗純對宗全的印象是「毘沙門天轉世」，因為宗全有一張紅色的臉孔。

應仁之亂的關鍵人物

斯波義廉

生卒年／？～？
出身地／山城國（京都府）？

曾任室町幕府關東執事的澀川義鏡之子。因斯波本家當主義敏與朝倉孝景、甲斐長治等重臣產生對立，義廉受到朝 倉孝景等人擁戴，繼承斯波本家，就任尾張、遠江、越前三國守護。1467年以山名宗全為靠山，就任管領。後因斯波義敏向細川勝元尋求協助，義廉與義敏的家督之爭發展成應仁之亂。晚年生涯不明。

日野富子

生卒年／1440～1496
出身地／山城國（京都府）

第8代將軍足利義政的正室。義政決定讓弟弟義視接班後，她才生下義尚，與義視為繼承權交惡，爆發應仁之亂。在應仁之亂最激烈之際，義尚以9歲幼齡成為第9代將軍，幕府政務實際掌握在富子手中。

斯波義敏

生卒年／1435～1508
出身地／山城國（京都府）？

以斯波義健養子的身分，繼承斯波本家的家督，但是因為他跟甲斐長治等重臣對立，遭第八代將軍足利義政罷免守護職位。曾經一時逃往周防，尋求大內教弘的協助。在應仁之亂中加入東軍而戰，但因為朝倉孝景從西軍倒戈東軍，義敏逐漸失去影響力。後來義敏為了彰顯自己的正統性重整《斯波家譜》。

足利義尚

生卒年／1465～1489
出身地／山城國（京都府）

室町幕府第9代將軍。在應仁之亂最激烈的1473年就任將軍，但因實權掌握在母親日野富子手中，義尚將重心放在學習和歌與典籍。義尚為了向天下宣示將軍的權威，在1487年下令攻打違反幕府命令的六角高賴。義尚親自出陣，眾人皆稱讚「天下壯觀之物，無人能出其右」，但義尚不幸病歿於軍營。

細川政元

生卒年／1466～1507
出身地／山城國（京都府）？

應仁之亂的東軍總大將細川勝元之子。勝元死後，八歲的政元繼承家督，由於年紀幼小由族人政國擔任後見人。成為管領後掌握幕府實權，傳說晚年沉迷於幻術而無心政務。膝下無子的政元收了幾位養子，反而讓家中內鬥更加惡化。最後被捲入家督繼承戰風波而遭到殺害。

足利義視

生卒年／1439～1491
出身地／山城國（京都府）

第6代將軍足利義教之子。早年以義尋之名，在淨土寺出家為僧。因為義政膝下無兒，義視被要求還俗並且被指定為下一任將軍。但是義政之子義尚出生之後，兩人關係一變，傳聞他不僅遭到疏遠甚至有被暗殺的危險。第9代將軍義尚病逝之後，義視的兒子義材（義稙）接任第10代將軍之位。義視晚年出家自號道存。

山名政豐

生卒年／1441～1499
出身地／山城國（京都府）？

應仁之亂的西軍總大將山名宗全之孫。1473年山名宗全與東軍總大將細川勝元相繼辭世後，政豐與勝元的後繼者細川政元和解，隨後大內政弘也與東軍和解，應仁之亂終於平息。應仁之亂後，政豐退到但馬國，鎮壓鄰國的因幡、伯耆境內的叛亂，致力於領國的安穩。曾經一度將播磨、備前、美作納入旗下，隨後沒落。

畠山政長

生卒年／1442～1493
出身地／河內國（大阪府）？

室町幕府管領畠山持國的養子。持國逝世後，他與持國的親生兒子義就爭奪家督，在1454年獲得細川勝元的支持，成功繼承家督。隨後政長成為管領，但因為義就倚仗山名宗全的支持上洛。政長陷入不利的局勢，被迫卸下管領之職。心生不滿的政長在京都洛北上御靈舉兵，成為應仁之亂的導火線。

畠山政長
畠山義就

畠山義就

生卒年／？～1490
出身地／河內國（大阪府）？

室町幕府管領畠山持國的親生兒子。因為持國將養子政長給廢嫡，導致畠山家中發生內鬥。後來因為第八代將軍足利義政判定義就有罪，義就被放逐到河內國。1467年政長在洛北上御靈舉兵，義就順利擊敗政長的軍隊。由於此戰績，義就在應仁之亂時被西軍譽為「名大將」並活躍於戰場。

應仁之亂・東西兩軍的武將們

土岐成賴

生卒年／1442～1497
出身地／尾張國（愛知縣）？

相傳為尾張國知多郡的分郡守護一色義遠之子。受到守護代齋藤利永的支持繼承土岐氏的家督，成為美濃守護。應仁之亂時加入西軍，率軍上洛並轉戰各地。應仁之亂後，足利義視與其子，也就是後來第十代將軍義材前往美濃，受到成賴的庇護。晚年成賴與守護代齋藤氏對立，失勢後隱居。

京極持清

生卒年／1409～1472
出身地／？

室町時代中期的守護大名。在1438年的永享之亂，奉命攻打鎌倉公方足利持氏的命令而率兵出陣。在1441年的嘉吉之亂，負責京都的警備工作並出兵播磨立下戰功，藉此成為了幕府侍所※的頭人。在1467年的應仁之亂中加入細川勝元的東軍，在戰亂中病逝。

※「侍所」是幕府的職位，負責保護都城治安。主管者稱為「頭人」。

六角高賴

生卒年／1462～1520
出身地／？

室町時代中期的守護大名。1441年嘉吉之亂，第六代將軍足利義教遭到赤松滿祐暗殺。六角高賴出兵攻打赤松立下功勞。應仁之亂時加入西軍，與東軍的京極氏交戰。應仁之亂後，他因為強佔領地，曾遭到幕府派兵攻打。晚年陷入與筆頭家臣伊庭貞隆的鬥爭。

京極政高

生卒年／1453～1502
出身地／山城國（京都府）

室町時代後期守護大名。身為持清的三男，1471年繼承家督，成為出雲、隱岐、近江、飛驒守護。政高與兄長政光、外甥高清，發生了家督繼承之爭。1467年應仁之亂，他參加東軍在近江與西軍的六角等勢力交戰。卒年有異說，一說認為他在1508年將家督讓給孫子吉童子丸之後，在出雲的安國寺逝世。

赤松政則

生卒年／1455～1496
出身地／？

室町時代中期的守護大名。因為赤松家的遺臣們從南朝奪回神璽的功勞，幕府允許赤松延續家名。應仁之亂時加入細川勝元為首的東軍。奪回原本屬於赤松家的播磨、備前、美作的守護職位。隨後驅逐播磨國境內的山名氏勢力，中興赤松家，可說是建造赤松全盛期的功臣。

武田信賢

生卒年／1420～1471
出身地／？

室町時代中期的守護大名。1440年奉第六代將軍足利義教之命，與兄長信榮一起討伐一色義貫。在1441年的嘉吉之亂，將軍義教遭赤松滿祐暗殺，武田信賢攻打赤松立下功勞。在應仁之亂中加入東軍攻打一色家，藉此戰功得到了一色家的領地丹後國。

斯波義寛

生卒年／？～？
出身地／？

幼名為松王丸，是室町時代後期的守護大名。相傳他的父親義敏，觸怒了第八代將軍足利義政，父親被免族遠江、越前、尾張三國守護的職位，由年僅三歲的義寛繼任，幾年後又被義政下令廢嫡。義寛一度在相國寺出家，後來獲准還俗。應仁之亂時，他加入細川勝元為首的東軍，攻打斯波義廉。

細川成之

生卒年／1434～1511
出身地／？

1449年繼承家督，成為阿波、三河的守護。在應仁之亂時加入東軍參戰，在細川勝元死後，成之將三河守護讓給一色義直。1478年因喪女而決定出家，將家督讓給嫡男政之。隨後展開遊歷各國之旅。

骨皮道賢

生卒年／？～1468
出身地／？

他是室町幕府侍所所司代多賀高忠的部下，擔任「目付」負責拘捕盜賊。相傳在1467年開始的應仁之亂，他被提拔為東軍的足輕大將，立下讓人刮目相看的戰功。為了截斷西軍的糧道，他在1468年壓制京都的下京區域。後來遭到山名宗全為首的西軍攻打而戰死沙場。

一色義直

生卒年／？～1498
出身地／？

室町時代中期的守護大名。父親為義貫。義直在1451年成為丹後、伊勢守護，同時成為一色家嫡流的當主。因為他在應仁之亂加入西軍，被支持東軍的第八代將軍足利義政解除守護的職位。丹後國守護的職位被武田信賢奪走。在應仁之亂結束之後，義直的嫡男義春再度才取回守護職位。

室町時代的宗教家

古市澄胤

生卒年／1452～1508
出身地／大和國（奈良縣）

室町時代後期的僧侶、詩人、武將。1475年接替兄長胤榮，繼承家督之位，統整大和國興福寺的信眾，擴張勢力平定大和國。相傳他是有名的茶人村田珠光的弟子，擅長謠曲以及管樂器尺八。雖然他熱衷賭博，一擲千金購買名馬，雖然行為豪奢，但也是當代文人的代表。

桂庵玄樹

生卒年／1427～1508
出身地／長門國（山口縣）

室町中期的臨濟宗僧侶。1467年到明學習朱子學。返國後為避開應仁之亂，遊歷於石見、筑後、肥前等國。晚年受島津忠廉邀情，至薩摩教儒學，與伊地知重貞刊行《大學章句》，努力普及朱子學。

日親

生卒年／1407～1488
出身地／上總國（千葉縣）

室町時代中期的日蓮宗僧侶。他曾經嘗試過當面說服第六代將軍足利義教，捨棄其他佛教宗派改信日蓮宗，但是未被將軍採納。他寫了《立正治國論》打算再度上陳，遭到幕府嚴厲的迫害。相傳日親被處以頭戴燒燙鐵鍋的刑罰，別名為「戴鍋日親」、「戴鍋上人」。

尋尊

生卒年／1430～1508
出身地／山城國（京都府）

室町時代中期的法相宗僧侶。關白一條兼良的五男，擔任興福寺、藥師寺的別當。以博學與文采而聞名，留下許多相關的紀錄。他從戰火中保護父親兼良的日記，並且留下五十餘年的日記《尋尊大僧正記》，是今日研究應仁之亂前後社會背景的重要史料。

願阿彌

生卒年／？～？
出身地／越中國（富山縣）

出生於越中國漁師家庭，領悟殺生的因果報應之後進入時宗教團，成為信眾景仰的勸進僧。相傳他在1460年大飢荒的時候，施粥救人並積極遊說幕府協助，拯救京都苦於飢荒的百姓。他勸募資金修復荒廢的京都五條大橋、以及南禪寺佛殿。

季瓊真蘂

生卒年／1401～1469
出身地／？

室町時代前中期的臨濟宗僧侶。師承京都相國寺雲頂院的叔英宗幡，後擔任相國寺蔭涼軒的蔭涼職，成為第八代將軍足利義政的近侍。1441年的嘉吉之亂時曾一度引退，隨後再次任職並參與幕府施政。他身為義政的政治顧問，一說認為他是應仁之亂的導火線之一。在戰亂最激烈的時候，他為了躲避戰火而移居近江。

荒木田氏經

生卒年／1402～1487
出身地／伊勢國（三重縣）？

室町時代中期伊勢神宮內宮的神官。在1462年由內宮宜彌晉升為主管級的一宜彌。當時伊勢神宮的財務窘困，難以維持自古流傳下來的宗教儀式與祭祀活動，荒木田氏經為了傳統的復興與傳承而奔走。所著《氏經卿神事日次記》成為後代神職人員的心靈依歸。

吉田兼俱

生卒年／1435～1511
出身地／山城國（京都府）

室町時代中後期的神道家，原姓卜部。他積極接觸朝廷與幕府的重要人物，為了傳播自己信仰的神道教而努力。他是吉田神道的創始者，將陰陽五行說融入神佛思想。建構位階制度，用來賜予各地神社祭神的神位、以及神職人員的位階。為日後的吉田神道打下根基，死後供奉於現在京都左京區的吉田神社。

橫川景三

生卒年／1429～1493
出身地／播磨國（兵庫縣）

室町時代中後期的臨濟宗僧侶。四歲侍奉京都相國寺常德院的英叟，十三歲那年的1441年3月出家。在英叟之師曇仲道芳圓寂三十三年忌時接受傳法。因為跟「3」有緣分，例如十三歲、三十三年忌、三月，因此法名為「景三」。後來成為相國寺與南禪寺的住持，是代表五山文學中期的文筆僧。

萬里集九

生卒年／1428～？
出身地／近江國（滋賀縣）

室町時代中期的臨濟宗僧侶、詩人。相傳出身是近江的速水氏。上京進入京都相國寺雲頂院修行，師承一山派的大圭宗价。日後還俗往詩歌創作發展。1485年受太田道灌的邀請，前往關東暫居於江戶城。紀錄旅途所作詩歌的《靜勝軒記》為代表作，是五山文學後期的代表詩人。

名僧・文化人・風雅之士

一休宗純

生卒年／1394～1481
出身地／山城國（京都府）

有一說認為一休是後小松天皇的私生子，幼名為千菊丸。據《一休和尚年譜》記載，他的母親是藤原氏血脈的高官之女。他六歲時拜於京都安國寺僧侶象外集鑑門下，以周建為名修行禪道，年紀輕輕富有詩才，十三歲作漢詩<長門春草>與兩年後的<春衣宿花>讓他在京都享譽盛名。他在琵琶湖岸邊的小船上聽聞深夜烏啼之聲而悟道，隨後走向癲狂之道。他輾轉於各地的佛庵，反抗流於形式化的禪學，以破戒僧自在地活在世間，享年88歲。行事作風自由奔放、特立獨行，後因許多機智問答的傳說成為家喻戶曉的人物。

蓮如

生卒年／1415～1499
出身地／山城國（京都府）

蓮如在1431年於京都青蓮院出家，青年時代過著貧困潦倒的生活。當時的本願寺教派勢力非常衰敗，前來參拜的信眾稀稀落落。43歲時，他的父親存如圓寂，蓮如成為本願寺第八世宗主，積極在近江、三河等地傳教。但是在1465年，大谷本願寺遭到延曆寺信眾破壞，蓮如嘗盡各種苦難，一路逃向近江的金森、堅田、大津。蓮如在1471年，在興福寺的經覺的介紹下，前往越前吉崎，建立了吉崎御坊，成功地在北陸地區建立了淨土真宗的基業。隨後因為介入加賀守護職位之爭，一度離開吉崎轉向攝津、河內、紀伊等地，振興本願寺勢力。蓮如為了傳教，向各地發出的文書稱為「御文」。

雪舟

生卒年／1420～1506？
出身地／備中國（岡山縣）

被後世譽為畫聖的雪舟，在1420年出生於備中赤濱。少年時代在寶福寺出家，後進入當時畫壇的中心地京都相國寺。雪舟在寬正年間（1460～65）受周防的大內氏禮聘，以畫僧身分出名， 在1467年搭乘從博多出發的遣明船渡明，遊歷各地研究水墨畫的正規畫法。最終在應仁之亂期間回到日本，隨後遊歷日本全國各地精進畫技，曾在北九州、美濃、出羽留下足跡。雪舟讓日本的水墨畫風大為轉變，雪舟的代表作《山水長卷》、《天橋立圖》等作品受到後世模仿。卒年有各種說法，有83歲逝世、88歲各種說法。

一條兼良

生卒年／1402～1481
出身地／山城國（京都府）

室町時代的公卿及古典學者。他的兄長經輔因病在1412年隱居，兼良繼承家督。他後來窮極榮華，晉升到太政大臣、關白。兼良以古典學者的身分聲名大噪，是在1453年辭退關白之後的事。此時他獲得第八代將軍足利義政的許可得以出席《源氏物語》的御講進，有許多機會參與公家及武家舉辦的詩歌會。1467年再度被任命為關白，由於同一年發生了應仁之亂，他在隔年前往大和國避禍。兼良研究自古以來朝廷與武家的禮儀及典故，精通有職故實※與古典，同時也是擅長和歌的文人，被譽為「五百年來的才子」。著有《日本書紀纂疏》、《文明一統記》、《伊勢物語愚見抄》。

※「有職故實」是朝廷典章制度與官位升遷等禮儀。

宗祇

生卒年／1421～1502
出身地／近江國（滋賀縣）？

宗祇的少年時代有各種說法，目前尚無定論。出生地有紀伊、近江諸說。他年過30後，有志於連歌，求教於宗砌、心敬、專順。他向一條兼良學習古典、飛鳥井雅親學習和歌。傳聞他在40歲後才展露頭角。隨後遊歷關東，得到東常緣教授「古今傳授」。1472年回到京都，出席公武在京都、奈良舉辦的連歌會。他在上京地區搭建種玉庵，度過後半生。1488年出任北野連歌會所的奉行，期間與畿內的有力國人眾、各地的有力大名交流，在1495年完成《新撰菟玖波集》。將連歌原有的傳統技法，加入中世的美學意識，迎來日後的連歌黃金時期。

名僧・文化人・風雅之士

土佐光信

生卒年／？～1522？
出身地／？

室町時代中期的土佐派畫家。據第八代將軍義政的御教書記載，1469年他成為「繪所預」（承接宮廷繪畫的民間外包工坊），後成為室町幕府御用繪師，繼承土佐行光傳下的道統，樹立土佐派的地位。

狩野正信

生卒年／1434～1530
出身地／？

室町時代中期畫家，狩野派的始祖。他向幕府御用繪師小栗宗湛學習，受到第八代將軍足利義政認可成為御用繪師。嘗試擴大作畫領域，包含肖像畫、佛畫、山水畫。相傳他也有參與相國寺雲頂院與東山山莊的障壁畫。代表作為《周茂叔愛蓮圖》、《山水圖》。

如拙

生卒年／？～？
出身地／？

室町時代前期的畫僧。生平有許多不明之處，根據《本朝畫史》記載他出身九州，在應永年間（1394～1428）居住在京都相國寺。奉第四代將軍足利義持之命繪製《瓢鯰圖》，為了尋找夢窗疏石的碑銘而前往四國。被稱為是日本的漢畫之祖。

後藤祐乘

生卒年／1440～1512
出身地／美濃國（岐阜縣）

室町世代中期的裝劍金工家，是金工後藤家的始祖。侍奉第八代將軍足利義政時，受到同僚的中傷而入獄。他在獄中雕刻木像，精湛的技藝讓義政大為讚賞而獲得赦免。他將當時流行於美濃的古老金工藝術，加上自己的技藝開創了新境界。在義政的保護下，製作刀裝具以及三所物（目貫、笄、小柄）。

周文

生卒年／？～？
出身地／？

室町時代前期畫僧。相傳他在京都相國寺負責總務以及會計，拜如拙為師。他擔任將軍家的御用繪師，能夠定期取得俸祿。他的弟子是雪舟、小栗宗湛。雪舟所繪製的《破墨山水圖》的序文中，並列著如拙與周文兩人的名字。他建立了詩畫軸的表現方式，以及日本的水墨畫風格。

村田珠光

生卒年／1423～1502
出身地／？

室町時代後期的茶人。少年時在大和國的稱名寺出家為僧，後來還俗移居到京都，拜一休宗純為師參禪，受到一休授予印可。他是佗茶的創始者，將原本流行於武家書院的茶道，加上庶民文化與禪的精神。他與水墨畫家能阿彌素有交流，相傳他學習了花道以及唐物的鑑定方法。

金春禪竹

生卒年／1405～？
出身地／？

室町時代中期能樂演員。他與觀世座的音阿彌的活躍時期大致相同。他身為世阿彌的女婿，傳承了世阿彌的能劇理論書《六義》、《拾玉得花》。相傳世阿彌逝世時，他也陪侍於一旁。他與一條兼良、志玉等當代一流文人往來，將佛教與歌道融入能樂，是金春座中興之祖。

池坊專慶

生卒年／？～？
出身地／？

室町時代中期的僧侶兼花道家。在京都頂法寺負責寺務時開始研究花道，後來成為京洛知名的花道家。1462年他受到室町幕府的侍所頭人近江佐佐木氏的邀請，將數十支花草裝飾在金瓶內。相傳京都的風雅之士偷看作品後讚不絕口。根據東福寺僧侶月溪聖澄的《百瓶華序》記載，他是花道池坊之祖。

三條西實隆

生卒年／1455～1537
出身地／山城國（京都府）

室町時代中後期的公卿及和學家。誕生於京都武者小路的宅邸，精於書寫以及校對，受到後土御門天皇以及第八代將軍足利義政庇護。他向飛鳥井榮雅學習和歌，受宗祇傳授「古今傳授」，為中世的和學發展而努力。他的日記《實隆公記》記載了63年間的龐大資料，是研究當時京都情況的重要史料。

小栗宗湛

生卒年／1413？～1481？
出身地／？

室町時代中期畫僧。傳聞是出身為常陸小栗氏。出家之後以宗湛為號，進入京都相國寺，向周文學習水墨畫。受到室町幕府第八代將軍足利義政認可，成為幕府御用繪師，隨後以漢畫領域的權威活躍於世。就連狩野派之祖狩野正信也是他的門徒之一。代表作《蘆雁圖》是他與兒子宗繼聯手繪製的作品。

東北・北海道的關鍵人物

蘆名盛滋

生卒年／？～1521
出身地／陸奧國（福島縣）

蘆名盛高之子。武勇過人，在1501年隨父親一起出陣攻打豬苗代盛賴。但因為父子關係惡化，盛滋在1505年得到重臣松本氏的協助下與父親交戰。戰敗之後逃往投靠伊達尚宗。後來盛滋與父親盛高和解，正式繼承家督成為蘆名氏當主。

伊達成宗

生卒年／1435～1487？
出身地／？

室町時代中期的奧州伊達家當主。由於兄長義宗是庶出，無法繼承家業，身為次男的成宗成為嫡子，接替父親持宗成為當主。在應仁之亂後的1483年上洛，向足利將軍獻上馬95匹、太刀23振、砂金380兩以及錢5萬7000疋。對中央政府展示了伊達家的財力與威信。

葛西晴胤

生卒年／1493～1551
出身地／陸奧國（宮城縣）？

室町時代後期的武將。在1536年將根據地從陸奧國石卷城，遷移到寺池城。後來伊達稙宗與嫡男晴宗發生內戰時，晴胤參加晴宗陣營。他依照當時武家慣例，在1549年拜領室町幕府第十二代將軍足利義晴的偏諱，是打造戰國大名葛西家基業的人物。

安東政季

生卒年／？～1488
出身地／？

室町時代中期的武將。在1453年在大浦鄉與南部氏交戰，敗戰之後偕同武田信廣一起逃往蝦夷地。此後為了挽回勢力，出兵攻打現在的秋田縣西北部，建立檜山城。為了奪回失地，在1470年攻下藤崎城，但終究無法奪回津輕。相傳在1488年遭到家臣謀反而自盡身亡。

相馬高胤

生卒年／？～1492
出身地／陸奧國（福島縣）

室町時代中期陸奧相馬家第十二代當主。由於父親早逝而飽受辛酸。在1439年繼任家督。當鎌倉公方滅亡之時，奧州全境受到影響而陷入混亂。他發揮卓越的手腕，消滅反抗勢力、與鄰近豪族締結同盟來渡過難關。雖然被評為武勇之人，但在討伐陸奧標葉郡的平清隆時戰死。

大崎教兼

生卒年／？～？
出身地／陸奧國（岩手縣）？

室町時代中期的守護大名，陸奧大崎氏當主。相傳他在1460年間，以奧州探題的身分在陸奧、出羽擁有呼風喚雨的權勢。隨後與葛西氏為了爭奪權力而數次交戰，導致一族勢力衰退。名字「教兼」來自室町幕府第六代將軍足利義教的偏諱。

武田信廣

生卒年／？～？
出身地／若狹國（福井縣）？

若狹國的守護大名武田信賢之子。在1451年從若狹移住到陸奧國田名部，隨後渡海前往蝦夷地，成為花澤館主蠣崎季繁的養子。1457年胡奢麻尹發動戰爭，他率軍平亂有功，成為松前氏的始祖。

小野寺泰道

生卒年／1403～1477
出身地／出羽國（山形縣）？

室町時代中期出羽小野寺氏的當主。1458年從屬於秋田泰賴與南部三郎麾下。由於家臣佐藤忠繼的活躍，從1465年起，他花了四年的時間打贏南部氏，順利奪回領土並進駐仙北的本城出羽橫手城。由於以上的事蹟，他被譽為是小野寺氏的中興之祖。

相馬盛胤

生卒年／1476～1521
出身地／陸奧國（福島縣）

室町時代中期陸奧相馬氏當主。在1492年滅了平清隆、隆成父子，取得陸奧標葉郡，後來將宇多郡、行方郡合計三郡都納入旗下。他與近鄰的有力勢力聯姻，謀求領地的安定，成功讓陸奧相馬氏晉升為戰國大名。1521年逝世，由嫡男顯胤繼承家業。

蘆名盛高

生卒年／？～1517
出身地／陸奧國（福島縣）？

室町時代中後期會津蘆名氏的當主。在1466年接替父親盛詮繼任家督，成為黑川城主。此後攻滅了高田城主澀川氏，在會津境內不斷與其他國人領主交戰。蘆名能從國人成長為戰國大名，盛高首居其功。1505年，由於他跟兒子盛滋不合，曾經導致家中分裂，後來和解。

太田道灌

文武兼備的名家宰

太田道灌出生於1432年（永享4），是扇谷上杉家的家老．太田資清的長男
1455年（康正1）繼承家督

1456年（康正2）著手建築江戶城，在1457年（長祿1）竣工

隨後又修築河越、岩槻兩城

1473年（文明5）上杉政真逝世，上杉定正繼承扇谷上杉家

道灌輔佐定正對抗古河公方．足利成氏，立下了耀眼的功績

道灌奉堀越公方．足利政知的命令，出兵鎮壓今川家的內鬥。但是在出兵期間，山內上杉顯定的家臣．長尾景春發動叛亂。道灌為了平亂轉戰各地，立下顯赫的戰果。

五十子
用土原
鉢形城
古河城
日野城
河越城
岩槻城
練馬城
平塚城
境根原
石神井城
小沢城
小机城
江戸城
臼井城
溝呂木城
江古田・沼袋
小磯城
鎌倉
長南城
真里谷城

長尾景春之亂
1476-1480年
■ 兩上杉
□ 景春・古河公方

生卒年 1432～1486年（永享4～文明18）

出身地 相模國（埼玉縣）

身分 武將

事蹟 擔任扇谷上杉家的家宰，持續與古河公方、山內上杉氏交戰，讓主家的聲望大振，是個文武兼備的名將。以江戶城築城者而聞名。

歷史小知識

秀逸之才… 少年時代的道灌，曾在足利學校以及鎌倉五山研習學問，他因博學多聞被譽為「五山無雙的學者」。能在當時一流的教育機關求學，證明他是個有才華的人。

道灌自幼就在
鎌倉五山研習學問，
他邀請當代的和歌家・
萬里集九來江戶城。
數次召開詩歌會，
被讚譽為
一流的文化人

卓越的個人魅力
道灌的政治手腕與聲望，
不只讓山內上杉顯定畏懼，
就連道灌的主君・
扇谷上杉定正也對他產生猜忌

道灌受主君・扇谷上杉定正
的邀請，前往相模國糟屋館時
遭到殺害。他在死前大喊
「主家滅亡」
「主家滅亡」

如同道灌死前的預言，
後來扇谷上杉家
被北條消滅。
山內上杉家
也被逐出關東

山吹花
唉呀！
下雨了
姑娘，能借
簑衣一用嗎？
好的好的，
非常感謝♪
用這個山吹花
來遮雨……
不對吧~!!
大叔
你真會搞笑耶!!

專欄

道灌的山吹花傳說

相傳道灌某次前往山谷時，突然之間天降大雨，道灌向一戶農家商借簑衣。但農家的少女只是默默拿出一朵山吹花。道灌當下非常惱怒，事後才知道農家女借用古和歌來，婉轉表達自己的情況。

「山吹綻如錦　妾心悲苦暗自傷　奈何未能結一實（發音跟「簑衣」相同）」。

原來農家女借由古和歌的典故，來表達自己沒有簑衣能出借的致歉之意。經過這件事情之後，道灌對自己的才疏學淺感到羞愧，往後努力學習和歌，終於成為和歌名人而享譽於世。關於「道灌山吹傳說」的發生地有各種說法。目前最有力的說法是東京都豐島區高田附近，或是埼玉縣越生町這兩地。

歷史小知識

在江戶築城是因為魚？… 某次道灌的船航行在品川出海口時，有一條鱸魚跳進船裡。道灌認為這是好兆頭，所以決定建築江戶城。這個故事出自《關八州古戰錄》。

關東的關鍵人物

長尾景春

生卒年／1443～1514
出身地／？

室町時代中後期的武將。出生於1443年，是長尾景信之子。長尾家打從祖父景仲的時代以來，以山內上杉家筆頭家老的身分擴張勢力。1476年叔父忠景擔任家宰，心生不滿的景春掀起叛亂。後來景春與扇谷上杉家的家宰太田道灌數度在關東交戰，敗給了道灌。他在道灌死後與北條早雲締結同盟。

足利成氏

生卒年／1438～1497
出身地／？

第五代鎌倉公方，也是初代古河公方，他的幼少時期有許多不明之處。他的父親持氏，在1438年爆發的永享之亂中自盡身亡。三年後的結城之戰被俘，年幼的他得以保全性命。1454年討伐父親的仇人關東管領上杉憲忠。自立為古河公方的成氏與室町幕府對抗，打了將近30年的享德之亂。

結城氏朝

生卒年／1402～1441
出身地／？

室町時代前中期的武將。1438年的永享之亂，鎌倉公方足利持氏敗給第六代將軍足利義教的幕府軍而自盡身亡，關東納入室町幕府的掌控之下。氏朝不願屈服，他迎接持氏的遺兒春王丸與安王丸進入結城城，公然反抗幕府。史稱結城合戰。城池遭到幕府方的上杉清方攻陷，氏朝戰死沙場。

上杉定正

生卒年／1443～1494
出身地／？

室町時代中期的守護大名。在1473年繼承扇谷上杉，協助關東管領山內上杉顯定，對抗古河公方足利成氏。因為家宰太田道灌的活躍，成功地擴大勢力。但他擔心功高震主，下令派人暗殺道灌。後來他與顯定對立，在武藏、相模等地開戰。北條早雲在1493年攻入伊豆，聽說有受到定正的協助。

佐竹義俊

生卒年／1420～1477
出身地／？

室町時代中期的守護大名。父親義人在1438年左右將家督傳給他，但實權仍握在父親手中。由於父親寵愛弟弟實定，導致兄弟兩人不合，義俊不得不離開常陸國太田城。等到義俊的父親與弟弟都逝世後，義俊成功放逐姪兒義實，成功奪回太田城。但也因為佐竹家中內鬥，讓江戶氏有崛起的機會。

上杉顯定

生卒年／1454～1510
出身地／？

室町時代中期的關東管領。1466年繼承山內上杉家，以上野國平井城為據點，數次與古河公方足利成氏交戰。後來因為旗下家臣長尾景春叛變，雙方決定談和。顯定的弟弟房能，遭到長尾為景謀反而死，他為了報仇出兵越後，反而戰死沙場。相傳新潟縣魚沼市史蹟公園裡的管領塚，就是顯定的墓地。

宇都宮正綱

生卒年／1447～1477
出身地／？

室町時代中期的守護大名。正綱原本繼承了父親等綱出身的武茂家，因為兄長明綱膝下無子，他在1463年繼承宇都宮宗家的家督。1454年後，關東的古河公方足利成氏與關東管領上杉家對立（享德之亂），正綱在成氏麾下轉戰關東各地，相傳他在1477年駐紮在上野國時，病逝於軍帳中。

小山持政

生卒年／？～？
出身地／？

室町時代中期的守護大名。他在元服時，拜領鎌倉公方足利持氏的名諱，以「持政」為名。他在永享之亂、結城合戰中參加室町幕府陣營，在關東各地立下戰功。在這一連串的戰鬥後，他取代沒落的結城氏，成為下野國守護。由於他的嫡子氏鄉與嫡孫虎犬丸早逝，相傳他晚年仍然在第一線奮戰。

長尾景仲

生卒年／1388～1463
出身地／？

室町時代前中期的武將。1401年成為上野國白井城主，繼承白井上杉家。後來成為山內上杉家的家宰，侍奉上杉憲實。他在1455年的武藏國分倍河原之戰敗給足利成氏。景仲精通文武兩道。敘述關東歷史的《鎌倉大草紙》稱景仲為「東國無雙的智者」。

上杉持朝

生卒年／1416～1467
出身地／？

應仁之亂前的守護大名。上杉氏定的次男持定是他的父親。因為父親與兄長相繼辭世，他在堂兄弟上杉定賴的輔佐之下繼承家督。關東管領山內憲忠遭到鎌倉公方足利成氏暗殺，持朝也在武藏國分倍河原之戰敗給成氏。後來持朝在武藏國河越築城對抗成氏，建立了扇谷上杉家興隆的基礎。

東海・甲信越的關鍵人物

齋藤妙椿

生卒年／1410～1480
出身地／美濃國（岐阜縣）

室町時代中期的武將。在1467年的應仁之亂，他參加山名宗全領軍的西軍陣營，藉機掃蕩了領國內屬於東軍的東氏、長江氏。「妙椿」是他出家後的法名，真實的名諱不詳。一般認為他是土岐成賴的守護代，為了安穩領地而努力。近年的研究學說，則認為他並未擔任守護代。

長尾賴景

生卒年／1390～1469
出身地／越後國（新潟縣）

賴景出身於越後守護代的庶流。叔父邦景繼承了長尾家的嫡流，賴景則侍奉守護上杉房朝。在房朝死後，賴景輔佐上杉房定成為守護。他的叔父邦景與房定對立，邦景遭到處刑而死。邦景的嫡男實景憤而謀反，最後賴景奉房定的命令討伐同族的實景。上杉謙信是賴景的玄孫。

吉良義真

生卒年／？～1481
出身地／三河國（愛知縣）？

室町時代中期的武將，三河西條吉良氏第四代當主。相傳他侍奉第八代將軍足利義政，負責禪寺的寺領地紛爭問題。1467年的應仁之亂，由於他的妻子是細川勝元的叔父細川持賢的女兒，因此加入東軍。義真與加入西軍的吉良義藤對立，義藤前往三河時，義真將京都交給兒子義信後，繼續追往三河。

朝倉氏景

生卒年／1449～1486
出身地／越前國（福井縣）

室町時代中期的武將。朝倉氏第8代當主。1467年應仁之亂，他與父親孝景都加入山名宗全領頭的西軍陣營，在東軍挖角之下，父親返回越前，氏景以人質的身分留在京都。1481年父親逝世後，氏景整合一族勢力平定越前。即使室町幕府在戰國亂世中威勢日益低落，氏景仍對幕府保持敬意。

今川範忠

生卒年／1408～？
出身地／？

室町時代中期的守護大名，駿河今川家的當主。1433年就任駿河守護前往領地，面對反對範忠的國人勢力，範忠採取武力鎮壓。1438年的永享之亂，他出兵鎌倉討伐鎌倉公方足利持氏立下戰功。後來持氏之子成氏舉兵，範忠被幕府任命為討伐軍的大將。

小笠原家長

生卒年／？～？
出身地／？

室町時代中期信濃國小笠原氏分家的當主。1467年應仁之亂時，他身為侍奉足利義政、義尚父子的國眾參加東軍。1473年出兵攻打美濃國守護土岐成賴立下了戰功。面對尾張國織田敏定的邀請，決定派出援兵協助。由於小笠原家內鬥，最後被本家的堂兄弟小笠原政秀斬殺。

土岐持益

生卒年／？～1474
出身地／美濃國（岐阜縣）？

由於父親猝死，持益在9歲那年繼承家督。1422年成為美濃國守護，擔任了43年的守護。1428年後南朝的北畠滿雅在伊勢舉兵，持益出兵協助伊勢國守護土岐持賴。他侍奉數代足利將軍，在1439年被任命為侍所頭人，後來陷入後繼問題而引退。土岐氏在他死後，勢力逐漸衰退。

今川義忠

生卒年／1436～1476
出身地／駿河國（靜岡縣）

室町時代中期的守護大名。1461年繼承家督，成為駿河國守護。1467年應仁之亂爆發，他加入細川勝元東軍陣營，奉勝元的命令回國煽動遠江。義忠率兵攻打遠江時，遭到國人領主勝間田氏、橫地氏攻擊，在側退時戰死沙場。他是今川義元的祖父，義元在1560年桶狹間之戰敗給信長而戰死。

一色義貫

生卒年／1400～1440
出身地／？

室町時代中期的守護大名。1409年成為丹後、若狹、三河守護，後來又兼任山城守護。拜領室町幕府第四代將軍足利義持的偏諱，最初組合了父親滿範的名諱而取名「義範」，後來改名「義貫」。他在1415年攻打伊勢的北畠滿雅，隨後討伐播磨守護赤松滿祐。遭到第六代義教下令圍攻而自盡。

富樫政親

生卒年／1455？～1488
出身地／加賀國（石川縣）

幼名鶴童丸。後來拜領室町幕府第八代將軍足利義政的偏諱，取名為「政親」。1458年赤松政則佔領加賀北部，政親奮力奪回領地。他在應仁之亂加入東軍陣營。他在戰後與本願寺勢力聯手，成為加賀國的守護。但是他無法控制境內的一向一揆，於1488年在高尾城自盡身亡。

畿內的關鍵人物

朝倉孝景（敏景）

生卒年／1428～1481
出身地／越前國（福井縣）

室町時代前期的武將，1467年應仁之亂爆發時，他隨主君斯波義廉加入西軍，成為戰場活躍主力軍，但1471年又受細川勝元勸誘跳槽至東軍，並得到第8代將軍足利義政的御內書，保障他在越前的統治權。掌握越前國後，搬遷根據地到一乘谷，打下朝倉氏繁榮基礎。

六角定賴

生卒年／1495～1552
出身地／近江國（滋賀縣）

室町時代中後期的守護大名，1504年進入京都相國寺的慈照院為僧，後因兄長氏綱戰傷身亡，便還俗繼承家督。他身為近侍輔佐第10代將軍足利義稙，討伐細川政賢立下戰功，又因擁立第12代將軍足利義晴的功績，晉升到從四位下，是建立近江六角氏全盛時期的功臣。

畠山持國

生卒年／1398～1455
出身地／？

室町幕府的管領兼守護大名。因為在1449年擁立第8代將軍足利義政有功而就任管領。畠山氏的勢力曾一度擴大，最後因為山名宗全、細川勝元的崛起而沒落。畠山持國的養子政長與親生兒子義就之間引發的家督繼承戰，成為應仁之亂爆發的原因。

細川高國

生卒年／1484～1531
出身地／？

室町時代後期的管領。細川政元的兩位養子細川澄之與細川澄元爆發家督爭奪戰，他加入澄元陣營，擊潰澄之。隨後又驅逐澄元勢力，協助室町幕府前任將軍足利義稙復辟，晉升成為管領執掌政權。但是晚年遭到澄元之子晴元的攻擊而自盡身亡。

山名教豐

生卒年／？～1467
出身地／？

室町時代中期的守護大名，山名宗全的嫡男。他拜領了第6代將軍足利義教的偏諱與父親宗全（持豐）的名字，名為「教豐」。他在1450年接替父親繼承家督，與父親一起出戰，驅逐侵入領地的赤松則尚。應仁之亂時屬西軍陣營，1467年戰死京都，比父親更早逝世。

朝倉孝景

筒井順尊

生卒年／1451～1489
出身地／大和國（奈良縣）

室町時代大和國的國人眾。他在應仁之亂接近尾聲的1476年繼承家督。應仁之亂結束後，大和國陷入畠山氏分為兩派內鬥的局面，越智黨藉著內鬥崛起，大和陷入混亂。筒井順尊在游擊戰中戰敗而失勢，據說在京都逝世。筒井順慶是他的第四代子孫。

京極高清

生卒年／？～？
出身地／？

室町後期的守護大名，應仁之亂時加入東軍細川勝元的陣營，與六角高賴交戰。後與叔父政經爭權失敗，逃往越前敦賀。1492年室町幕府認定他京極氏領的地位，一度統一近江國，後來敗給淺井亮政而失去領地。卒年眾說紛紜，《寬政重修諸家譜》記載為1517年。

北畠教具

生卒年／1423～1471
出身地／？

室町時代中期的武將。他在7歲喪父，由叔父大河內顯雅代替年幼的教具執掌政務。元服後成為伊勢國司，拜領第6代將軍足利義教的名諱，名為「教具」。足利義教在嘉吉之亂遭到暗殺，主謀者之一的赤松教康逃往伊勢，遭到教具誅殺，教具藉此對幕府表示恭順之意。

越智家榮

生卒年／？～？
出身地／大和國（奈良縣）？

室町中期大和國的豪族，當山政長與義就內鬥時，他加入義就陣營，與北大和的筒井氏及興福寺對立。應仁之亂期間，他在大和國境內壓制筒井勢力，使得越智氏迎來全盛期。但晚年遭到筒井氏反擊而沒落。據說他保護世阿彌之孫觀世十郎大夫，首創越智觀世。

武田國信

生卒年／1442～1490
出身地／？

安藝國武田氏當主武田信繁的三男。在應仁之亂加入東軍陣營，奮戰立下戰功。他的兄長信賢在戰事正酣的1471年逝世，由他繼承家督。國信被尊為掌握若狹與安藝半國的若狹武田氏之祖。國信擅長文武兩道，數次舉辦連歌與和歌會，1490年於若狹的小濱逝世。

波多野元清

生卒年／？～？
出身地／？

室町時代中後期的武將。因拜領室町幕府第10代將軍足利義稙的偏諱，別名為波多野稙通。原本只是盤據西丹波的國人眾，藉由整合丹波其他國人眾而嶄露頭角。1526年他的胞弟香西元盛遭到謀殺，元清舉兵謀反，將主家細川氏逐出丹波。被譽為智勇雙全的名將。

中國・四國的關鍵人物

吉川經基

生卒年／1428～1520
出身地／安藝國（廣島縣）

室町時代中後期的安藝國人眾。應仁之亂加入細川勝元的東軍陣營立下戰功，將領地擴大到石見、安藝國。因為勇猛善戰，又被稱為「鬼吉川」、「俎板吉川」。吉川氏的領地，從經基的時代開始急速擴大，他因此被譽為「中興吉川氏的明君」。他擅長文學與書道，通曉有職故實。

大內政弘

生卒年／1446～1495
出身地／周防國（山口縣）

應仁之亂西軍主力武將之一。在應仁之亂爆發不久後，他率領數萬軍隊從周防國上洛，協助西軍總大將山名宗全並活躍於沙場。應仁之亂尾聲的1477年返國，將勢力延伸到安藝、石見。除此之外，他致力於貿易與文化活動，將山口打造成為具有「西之京」美名的文化都市。本身也擅長和歌。

武田元綱

生卒年／1441～1505
出身地／安藝國（廣島縣）

室町時代中後期的武將。在應仁之亂，最初參加細川勝元的東軍陣營，隨後倒戈西軍。大內義興在戰亂後的1498年入侵安藝，他與兒子元繁一同奮戰，擊退敵人保衛領地。但是大內並未放棄進攻，他一生苦於應付大內的攻勢。1505年病逝後，由兒子元繁繼承家督。

益田兼堯

生卒年／？～1485
出身地／石見國（島根縣）

室町時代中期的武將。石田的國人領主益田氏當主兼第15代益田城主。他在1461年奉第8代將軍足利義政之命，與畿內的畠山義就交戰，因戰功而獲賞寶刀與名馬。相傳他晚年在益田領地創建大熊庵，將餘生獻給了信仰。由於他與水墨畫大師雪舟關係良好，留下雪舟繪製的兼堯肖像畫。

浦上則宗

生卒年／1429～1502
出身地／？

浦上氏的君主赤松氏，是執掌美作、備前、播磨的守護。赤松氏在1441年的嘉吉之亂，暗殺第6代將軍足利義教而沒落。則宗擁立赤松政則，為了重振日暮西山的赤松家而努力。應仁之亂後，赤松氏成功奪回失去的三國守護之職。政則死後，則宗身為後見人輔佐少主義村。浦上的聲望凌駕主家之上。

尼子清定

生卒年／？～？
出身地／出雲國（島根縣）？

室町時代後期的出雲國守護代。他就任守護代的時間，推測是應仁之亂爆發的1467年前後。他在戰亂前統合了主君京極家的家臣，調停出雲大社與日御碕神社的社領糾紛。應仁之亂期間，他擊退了入侵出雲國的西軍勢力，強化了出雲東部的影響力。晚年紀錄不多，《雲陽軍實記》記載他客死異鄉。

一條房家

生卒年／1475～1539
出身地／？

室町時代中後期的公卿，是戰國時代的公家大名土佐國一條氏之祖。一條氏在房家父親教房的年代，搬遷到土佐國幡多郡成為在地領主。房家是從二位的貴族，以他的權威約束土佐境內國人眾。一條家在1508年沒落之後，受到長宗我部國親的保護而復興。

河野教通

生卒年／？～1500
出身地／伊予國（愛媛縣）

室町時代中後期的守護大名。1441年的嘉吉之亂後，他因為河野家的主導權之爭，與分家的河野通春陷入長年內鬥。兩人在應仁之亂期間仍然處於對立。1473年東軍總大將細川勝元逝世後，他被任命伊予守護。1479年阿波的細川義春攻入伊予國，他與長年為敵的通春暫時和解一起抵禦外敵。

毛利豐元

生卒年／1444～1476
出身地／？

室町時代中期的武將。應仁之亂的西軍總帥山名宗全，與兒子山名是豐不合。毛利豐元跟隨山名是豐，參加細川勝元的東軍，在京都作戰。豐元對東軍心生不滿而倒戈西軍，與昔日的主人山名是豐交戰。西軍的大內政弘將西條盆地中心部賞賜給他。豐元努力擴大勢力，但在1476年病逝，年僅33歲。

河野通春

生卒年／？～1482
出身地／伊予國（愛媛縣）

室町時代中期的武將。他繼承了伊予河野家的分家，與本家的河野教通為了爭奪主導權與伊予守護而激戰。兩者的內鬥造成伊予國境內陷入混亂。在應仁之亂加入西軍，戰後仍然繼續與教通鬥爭。1482年戰死於伊予國湊山城。河野氏長年以來的內鬥，加速了河野氏的衰敗。

九州・沖繩的關鍵人物

伊東祐堯

生卒年／？～1485
出身地／日向國（宮崎縣）

室町時代中期的武將。他身為日向伊東氏當主，在文安年間（1444～49）在日向國中以武力擴大勢力範圍，統合鄰近豪族。他向京都有力人士疏通，希望能成為守護，但未能如願。他與薩摩的島津氏關係還算良好，曾經與島津立久在鵜戶山達成和議。於1485年逝世。

少貳政資

生卒年／1441～1497
出身地／？

室町時代中期的守護大名。在應仁之亂時，少貳政資偕同對馬國守護宗貞國一同出兵筑前，擊敗大內氏奪回失土。但是他後來與宗貞國產生嫌隙，加上大內政弘出兵筑前。少貳政資只能逃往肥前，隨後不斷與大內軍交戰。在1497年遭到大內義興進攻，少貳政資兵敗自盡。

島津立久

生卒年／1432～1474
出身地／薩摩國（鹿兒島縣）

室町時代中期的守護大名，島津氏第10代當主。他的父親忠國擔任守護，在1470年逝世。因此立久實際掌權的時間僅有短短4年。相傳他在繼承家督之前，就擅自執行屬於守護的權責。他與父親一樣，與日向國的伊東氏保持良好關係。應仁之亂名義上屬於東軍陣營，但是並未出兵。

菊池重朝

生卒年／1449～1493
出身地／肥後國（熊本縣）？

菊池重朝是以肥後國為根據地的菊池氏當主。1467年爆發應仁之亂，他參加東軍，企圖奪回筑後國守護之職，但是未能如願。戰後他專注於管理寺社勢力，在1477年邀請臨濟僧桂庵玄樹前來，致力領國的教育。他曾經招集旗下武將舉辦連歌會，以文人武將的身分聞名。

宗貞國

生卒年／1422～1494
出身地／對馬國（長崎縣）

對馬國的守護大名，宗氏的當主，幼名為彥七。他在1468年繼承家督，但當時宗氏一族陷入分裂。貞國以武力壓制族人，統一對馬島奠定了統治權。此外他與朝鮮交流頻繁，曾經一度將版圖擴張到北九州。但是筑前的領地，最後遭到大內政弘奪取。他在1492年隱居。

相良為續

生卒年／1447～1500
出身地／肥後國（熊本縣）

室町時代中期的肥後相良氏當主。1467年，他代替父親長續繼承家督，成為人吉城主，年僅21歲。他與鄰近勢力名和氏交戰不休，奪下八代古麓城與豐福城，但又敗給菊池能運而退回人吉城。他不但是個武將，並且富有文采，特別擅長和歌與連歌。他頒定「相良氏法度七條」。

千葉元胤

生卒年／？～1464
出身地／肥前國（長崎縣、佐賀縣）

室町時代中期的武將。在1455年繼承家督，領有肥前國的小城、杵島、佐賀三郡。他在小城城舉辦猿樂、犬追物等活動，獲得領民的支持。以財富與權勢在領地呼風喚雨。在他掌政的時期，千葉氏擴大勢力版圖。有能的家臣中村播磨守居功厥偉。

大友親繁

生卒年／1411～1493
出身地／？

室町時代中期的守護大名。在1444年成為大友氏第15代當主。應仁之亂時參加東軍陣營，與西軍的大內氏交戰。他終結了大友家中，同宗族人輪流擔任家督的內部紛爭，強化對家臣團的統御來謀求領國安定。此外他重視海外貿易，積極向朝鮮派遣使節。以83歲高齡在1493年逝世。

尚圓

生卒年／1415～1476
出身地／琉球國（沖繩縣）

原本是名為「金丸」的農民。他的主君尚泰久，是統一琉球的第一尚氏王統。尚泰久去世之後，尚圓曾經一度引退。但是泰久的繼承人尚德早逝，琉球諸侯擁立尚圓成為琉球王，創立了第二尚氏王統。但是第一尚氏王統轉移到第二尚氏王統的歷史，有一說認為是尚圓發動政變。

大友政親

生卒年／1444～1496
出身地／？

室町時代中期的守護大名。政親在1473年，接替父親大友親繁成為大友氏當主。「政親」之名，來自拜領室町幕府第8代將軍足利義政的偏諱。足利義政在1477年正式認同他繼承家督，並任命他為豐後國、筑前國守護。晚年他將家督之位讓給兒子義右，但父子不合陷入對立局面。

第3章【群雄割據的時代】

伊達政宗
片倉景綱
北條早雲
武田信玄
武田勝賴
真田昌幸
村上義清
上杉謙信
上杉景勝
直江兼續
今川義元
齋藤道三
朝倉義景
松永久秀
毛利元就
大內義隆
宇喜多直家
長宗我部元親
大友宗麟
島津義弘　等等

勢力變遷（勢力變化圖）①

1545年前後 象徵舊勢力衰退的「河越夜戰」

在關東地區，以武藏國入間郡的河越城為中心爭戰不休。關東管領．山內上杉憲政與古河公方．足利晴氏為首的舊勢力，敗給新興勢力北條氏康。新勢力在各地逐漸擴張。

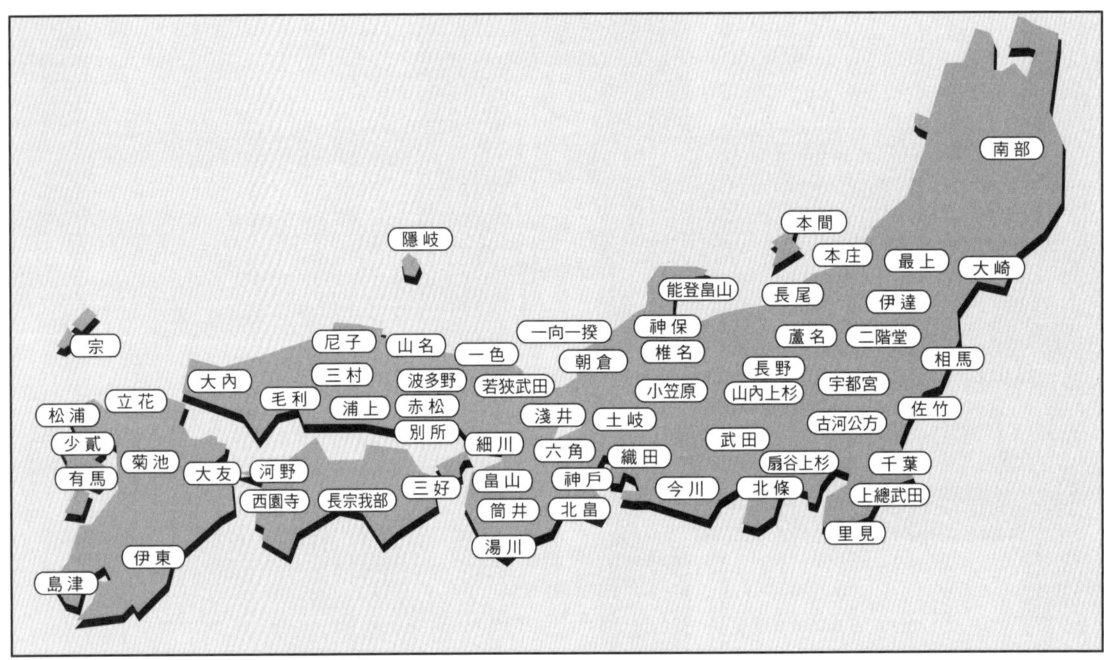
南部
本間
隱岐
本庄
最上
大崎
能登畠山
長尾
伊達
宗
尼子
山名
一色
一向一揆
神保
蘆名
二階堂
相馬
大內
三村
波多野
朝倉
椎名
長野
宇都宮
立花
毛利
浦上
赤松
若狹武田
小笠原
山內上杉
松浦
淺井
土岐
古河公方
佐竹
少貳
別所
細川
六角
織田
武田
扇谷上杉
千葉
菊池
大友
河野
有馬
三好
畠山
神戶
今川
北條
上總武田
西園寺
長宗我部
筒井
北畠
里見
湯川
伊東
島津

1560年前後 今川家沒落，織田信長崛起

在關東被譽為東海道一弓取的守護．今川義元入侵尾張。他是擁有龐大勢力，懷抱大志要上洛輔佐足利將軍的大名，卻在桶狹間之戰敗給織田信長而陣亡。

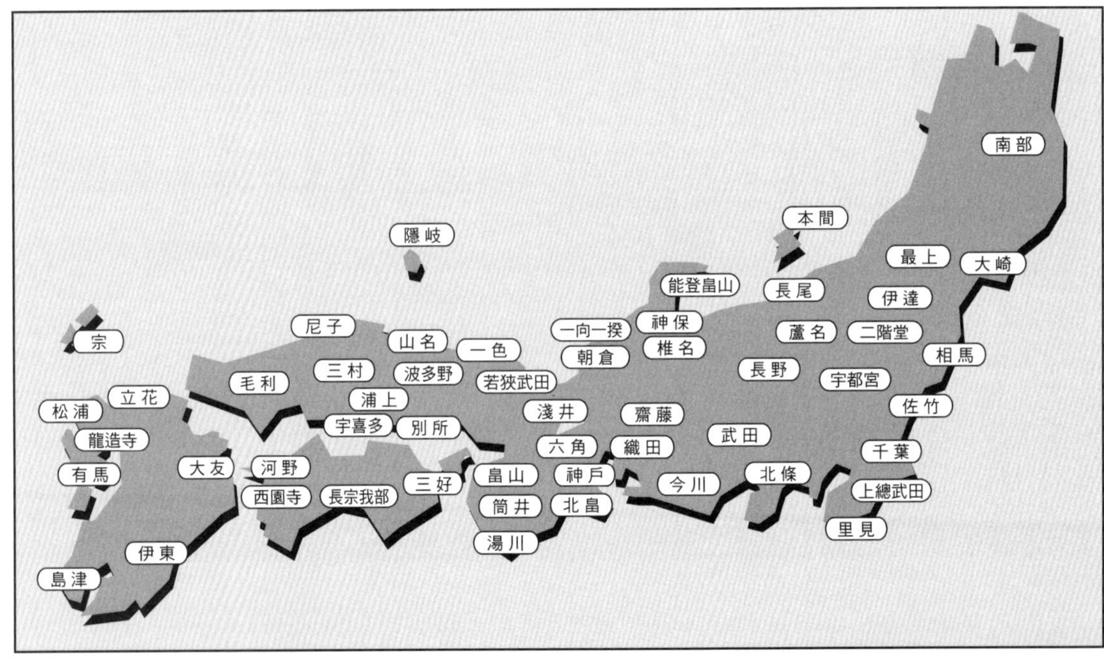
南部
本間
隱岐
最上
大崎
能登畠山
長尾
伊達
神保
尼子
宗
一向一揆
蘆名
二階堂
山名
一色
椎名
朝倉
相馬
三村
波多野
長野
宇都宮
毛利
若狹武田
立花
浦上
淺井
齋藤
佐竹
松浦
宇喜多
別所
武田
龍造寺
六角
織田
千葉
大友
河野
有馬
畠山
神戶
北條
三好
今川
上總武田
西園寺
長宗我部
筒井
北畠
里見
湯川
伊東
島津

從戰國時代到關原之戰的

1572年前後 武田信玄的上洛戰

武田信玄以甲斐為核心蓄積實力，毅然發動上洛戰爭。他在遠江國濱松的三方原之戰，粉碎了織田・德川聯合軍。隨後信玄在包圍野田城時病情惡化，在撤退回甲府的途中，病逝於信濃國駒場。

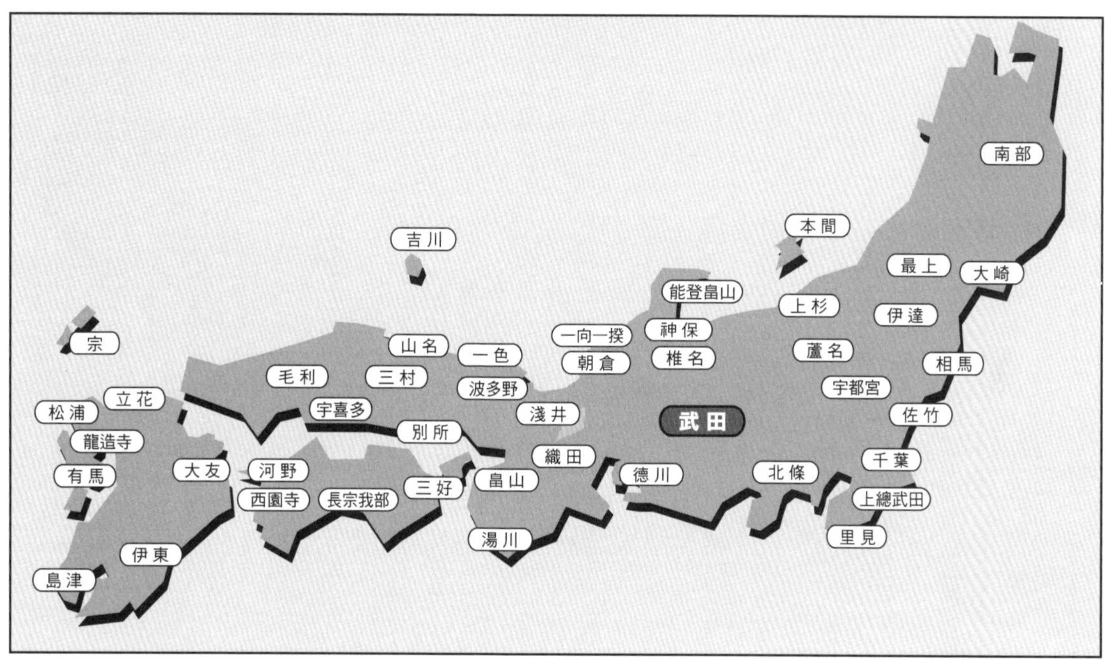

南部
本間
吉川
最上
大崎
能登畠山
上杉
伊達
宗
一向一揆
神保
山名
一色
朝倉
椎名
蘆名
相馬
毛利
三村
波多野
宇都宮
立花
宇喜多
淺井
武田
佐竹
松浦
別所
龍造寺
織田
千葉
有馬
大友
河野
德川
北條
三好
畠山
西園寺
長宗我部
上總武田
湯川
里見
伊東
島津

1582年前後 織田信長死於本能寺之變

出身尾張的織田信長，打著天下布武的旗號致力於統一天下。信長改革社會制度，擊敗無數的強敵並掌握中央政權，卻在統一天下的前夕，遭到家臣明智光秀謀反而殞命於本能寺。

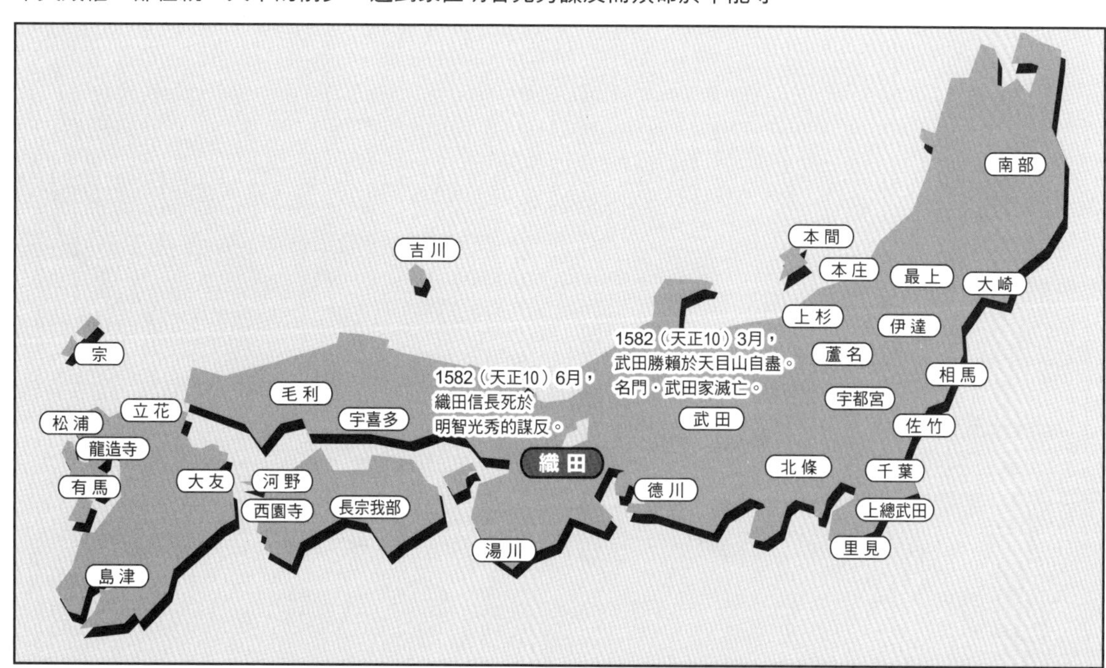

南部
本間
吉川
本庄
最上
大崎
上杉
伊達
1582（天正10）3月，
武田勝賴於天目山自盡。
名門・武田家滅亡。
宗
蘆名
1582（天正10）6月，
織田信長死於
明智光秀的謀反。
相馬
毛利
宇都宮
立花
宇喜多
武田
松浦
佐竹
龍造寺
織田
北條
千葉
有馬
大友
河野
德川
西園寺
長宗我部
上總武田
湯川
里見
島津

勢力變遷（勢力變化圖）②

1583年前後 羽柴秀吉朝天下人寶座奮進

羽柴秀吉繼承織田信長遺志，朝著統一天下的目標邁進。雖然在國內還有不少大名擁有極大勢力，秀吉憑藉著外交手段與強大的兵力，逐一平定了敵對勢力，朝著統一日本的方向邁進。

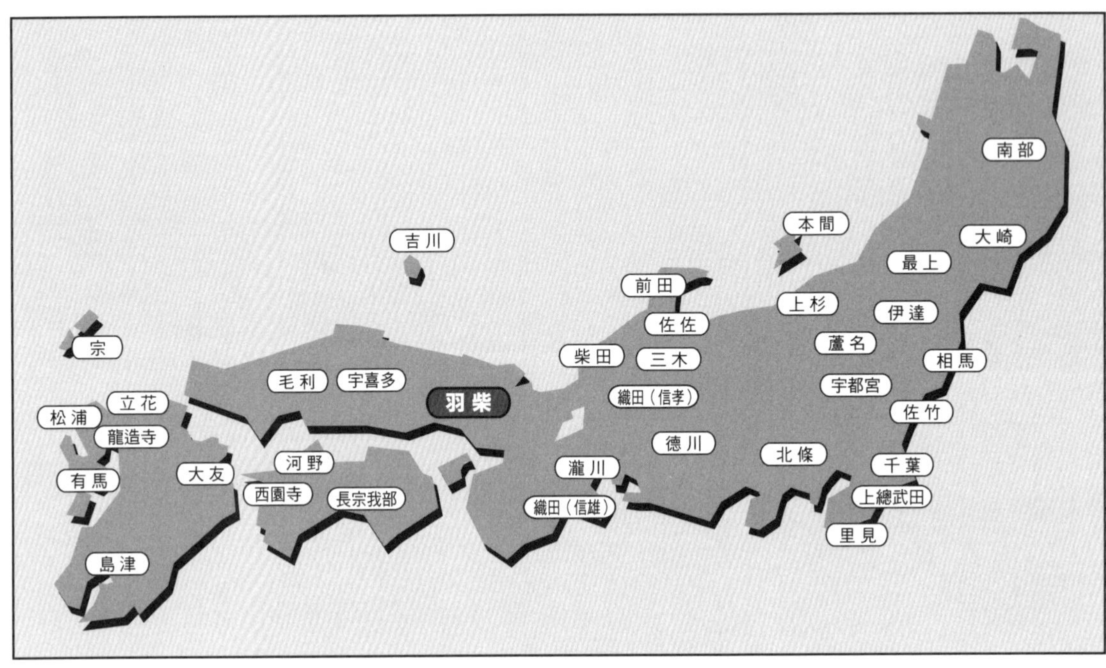
南部
本間
吉川
大崎
最上
前田
上杉
伊達
佐佐
宗
蘆名
柴田
三木
相馬
毛利
宇喜多
羽柴
宇都宮
立花
織田（信孝）
佐竹
松浦
龍造寺
德川
北條
河野
千葉
有馬
大友
瀧川
西園寺
長宗我部
上總武田
織田（信雄）
里見
島津

1590年前後 豐臣秀吉統一天下

豐臣秀吉平定四國，讓九州島津氏俯首稱臣，終於在1590年（天正18）降伏了最後的敵對勢力．北條氏，完成統一天下的霸業。秀吉將日本國土分封給臣服於他的大名。

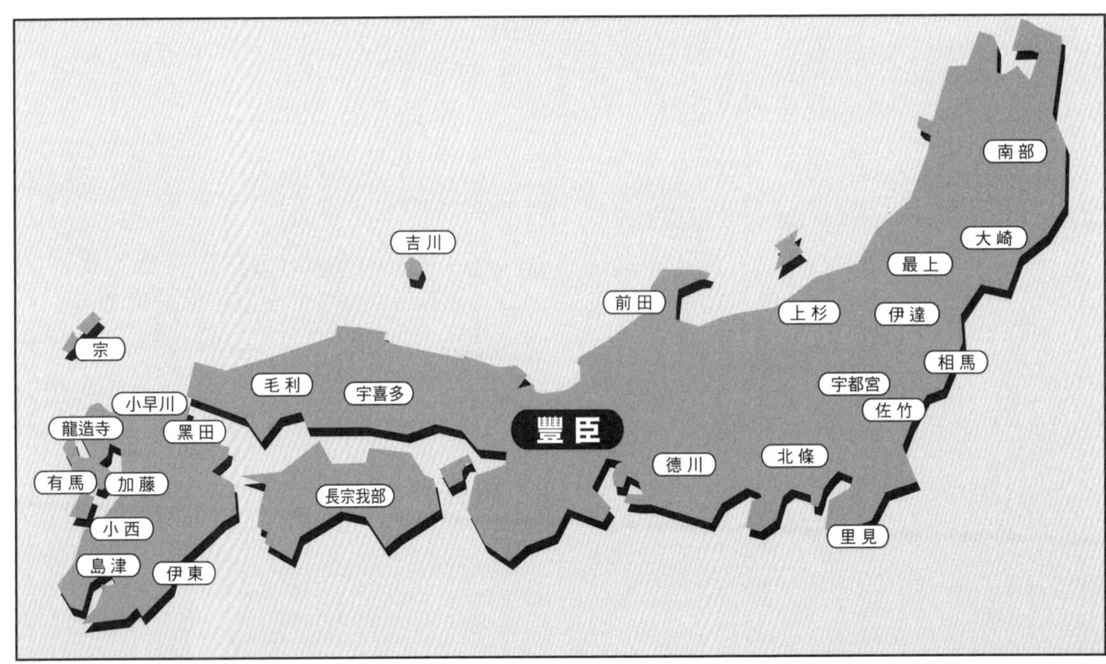
南部
吉川
大崎
最上
前田
上杉
伊達
宗
相馬
毛利
宇喜多
宇都宮
小早川
佐竹
龍造寺
黑田
豐臣
德川
北條
有馬
加藤
長宗我部
小西
里見
島津
伊東

從戰國時代到關原之戰的

1600年間 關原之戰前夕的局勢

1598年（慶長3）豐臣秀吉病逝後，德川家康謀取天下的野心越來越明顯。日本全國大名分為兩派，跟隨家康陣營，或是跟隨誓言守衛豐臣家的石田三成，在關原展開決定天下局勢的大戰。

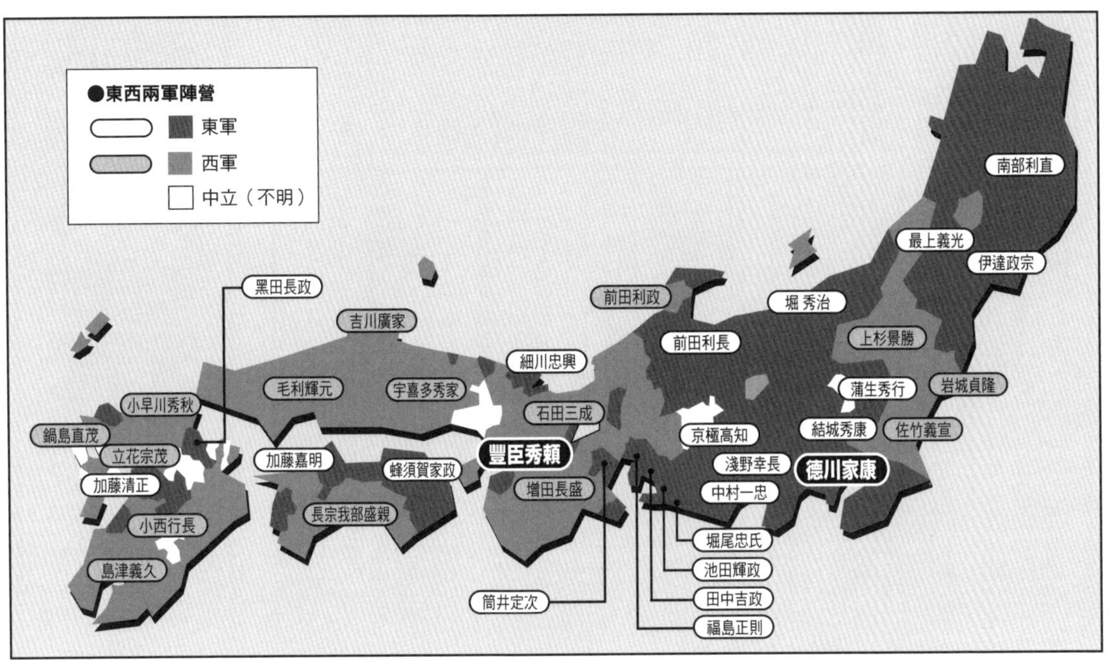

●東西兩軍陣營
東軍
西軍
中立（不明）
南部利直
最上義光
伊達政宗
黑田長政
前田利政
堀 秀治
吉川廣家
前田利長
上杉景勝
細川忠興
毛利輝元
宇喜多秀家
蒲生秀行
岩城貞隆
小早川秀秋
石田三成
鍋島直茂
立花宗茂
京極高知
結城秀康
佐竹義宣
加藤嘉明
豐臣秀賴
加藤清正
淺野幸長
德川家康
蜂須賀家政
增田長盛
中村一忠
小西行長
長宗我部盛親
堀尾忠氏
池田輝政
島津義久
田中吉政
筒井定次
福島正則

1600年前後 關原之戰後的局勢

德川家康在關原之戰取得壓倒性的勝利。加入德川陣營的大名獲封廣大的新領地，加入豐臣陣營的大名則被改易※，或遭到大規模減封。全國各大名的領地任由家康安排。

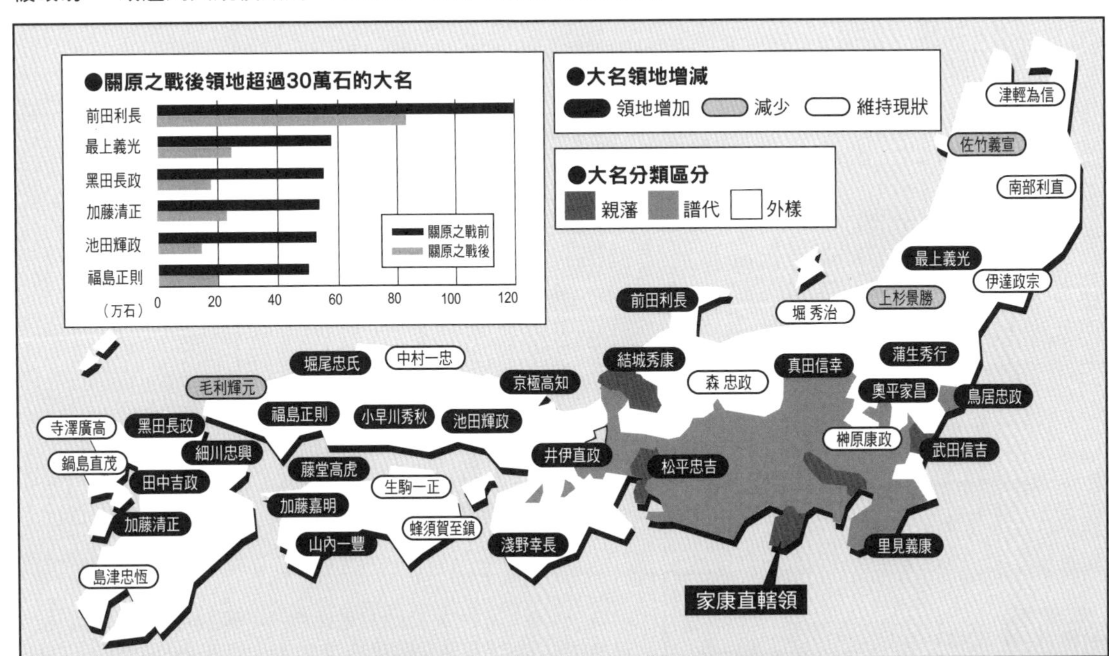

●關原之戰後領地超過30萬石的大名
前田利長
最上義光
黑田長政
加藤清正
池田輝政
福島正則
（万石）
0
20
40
60
80
100
120
關原之戰前
關原之戰後
●大名領地增減
領地增加
減少
維持現狀
●大名分類區分
親藩
譜代
外樣
津輕為信
佐竹義宣
南部利直
最上義光
伊達政宗
前田利長
上杉景勝
堀 秀治
堀尾忠氏
中村一忠
結城秀康
真田信幸
蒲生秀行
京極高知
森 忠政
毛利輝元
奧平家昌
鳥居忠政
寺澤廣高
黑田長政
福島正則
小早川秀秋
池田輝政
榊原康政
武田信吉
細川忠興
井伊直政
松平忠吉
鍋島直茂
藤堂高虎
田中吉政
生駒一正
加藤嘉明
加藤清正
蜂須賀至鎮
山內一豐
淺野幸長
里見義康
島津忠恒
家康直轄領

※「改易」是指被沒收所有領地，並失去大名地位的處罰。

伊達政宗

稱霸東北的獨眼龍

1567年（永祿10年）

伊達家的嫡男．伊達政宗誕生

他幼年罹患皰瘡，導致右眼失明

伊達政宗（幼名．梵天丸）

母親．義姬

母親比較寵愛他的弟弟竺丸

竺丸真可愛啊

伊達輝宗

……

片倉景綱

父親輝宗與近臣片倉景綱，看重政宗身為武將的才能與器量

1577年（天正5）

在梵天丸的元服儀式上，輝宗為他取名「藤次郎政宗」

這是昔日伊達家中興之主的名諱，足見輝宗對子的期望之深

1579年（天正7）

愛姬

政宗迎娶三村城主田村清顯之女，愛姬為正室

1581年（天正9）

隨我進攻！

政宗在15歲初次上陣，18歲繼承家督後陸續進攻周遭勢力

オオオ

政宗在24歲成為領地百萬石的大大名，

然而豐臣秀吉幾乎已經掌握天下大勢

1589年（天正17）在「摺上原之戰」大破會津蘆名氏，幾乎統一奧州全境

1590年（天正18）秀吉下令全國大名出兵，攻打小田原的北條氏。

豐臣秀吉

生卒年 1567～1636年（永祿10～寬永13）

出身地 出羽國（山形縣）

身分 武將

事蹟 在18歲繼承家督。縱使掌握了奧羽地區66郡中的30餘郡，終究還是臣服於天下人豐臣秀吉。成為仙台藩60萬石之祖。

歷史
小知識

圓點造型的陣羽織… 伊達政宗以時尚聞名。相傳政宗使用的「水玉模樣陣羽織」，是在紫色的布料上縫製紅、藍、黃、綠、白五色圓點，設計非常具有時尚感。

政宗下定決心率兵前往小田原之戰。

他在出兵之前識破母親的陰謀，被迫狠下心腸斬殺胞弟並放逐母親

結果由於太晚出兵，無法謁見秀吉並遭到囚禁

為了向秀吉辯解，政宗向千利休學習茶道

千利休

呵呵，有膽識的傢伙

秀吉欣賞他的膽識。僅沒收會津3郡的領地就饒恕政宗

後來政宗被懷疑是煽動奧州葛西、大崎一揆的幕後黑手

關白・豐臣秀次因企圖謀反而自盡，政宗受到此案牽連

1600年（慶長5）

石田三成與德川家康，展開了決定天下局勢的「關原之戰」

政宗投身家康陣營，與參加三成陣營的會津的上杉景勝交戰

政宗巧妙地洞察秀吉的心思，順利脫身自保

1613年（慶長18）

為了開拓海外貿易，政宗派支倉常長前往羅馬。其格局遠遠超過一介地方大名。

聖胡安・包蒂斯塔號

如果政宗與信長、秀吉身處相同時代的話

憑藉他的智謀以及武勇，也許足以爭奪天下吧。

專欄

自稱「奧州王」的政宗

伊達政宗派遣慶長遣歐使節團前往歐洲。使節搭乘的聖胡安・包蒂斯塔號，在1613年9月15日從石卷的月浦港出發，時間大約是大坂冬之陣開戰的一年之前。政宗到底抱著什麼想法，派遣使節團出海呢？

兩年後的1615年1月30日，使節團長・支倉常長謁見西班牙國王腓力三世並發表演說。特別值得注意的是，常長以「奉奧州王之名」的名義演講。政宗派遣使節的時候，已經是江戶幕府統治權穩定下來的江戶時代。說不定政宗心中的想法，是要以東北的獨立權力者向歐洲世界進行交涉。歐洲留下的史料記載「政宗企圖成為日本皇帝」，從這裡可以看到政宗心中仍然野心勃勃。

歷史
小知識

政宗還不放棄嗎？… 當豐臣家滅亡之後，政宗似乎打算跟德川軍交戰。他築堤阻斷名取川，引水淹沒仙台南部地區來阻止敵軍進攻。據說他曾打算採用煽動一揆的戰術。

片倉景綱

輔佐伊達政宗的忠臣

片倉小十郎景綱生於1557年（弘治3），是米澤八幡宮的神主．片倉景重之子。
1575年（天正3）受到重臣的推舉，成為政宗的近侍。
梵天丸（日後的政宗）
片倉景綱

有看到少主，因為皰瘡而突起的右眼嗎？
啊啊，真是醜陋啊。

梵天丸大人
……

來人啊，誰來把這個眼珠給摘下！

請交給在下！

從此以後，片倉景綱成為政宗的股肱重臣

1586年（天正14）景綱在陸奧二本松城攻略戰立下戰功
被任命為陸奧大森城城主

生卒年 1557～1615年（弘治3～元和1）

出身地 出羽國（山形縣）

身分 武將

事蹟 19歲成為伊達政宗近侍。數次跟隨政宗參與重要戰役，立下戰功。擔任白石城主，子孫也成為輔佐仙台藩的支柱。

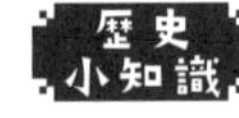

貼心的政宗… 片倉景綱晚年相當肥胖。根據《伊達家世臣家譜》記載，政宗以「景綱年事已高且肥胖，不適合穿著重鎧」為由，贈送輕便的鎧甲給景綱。

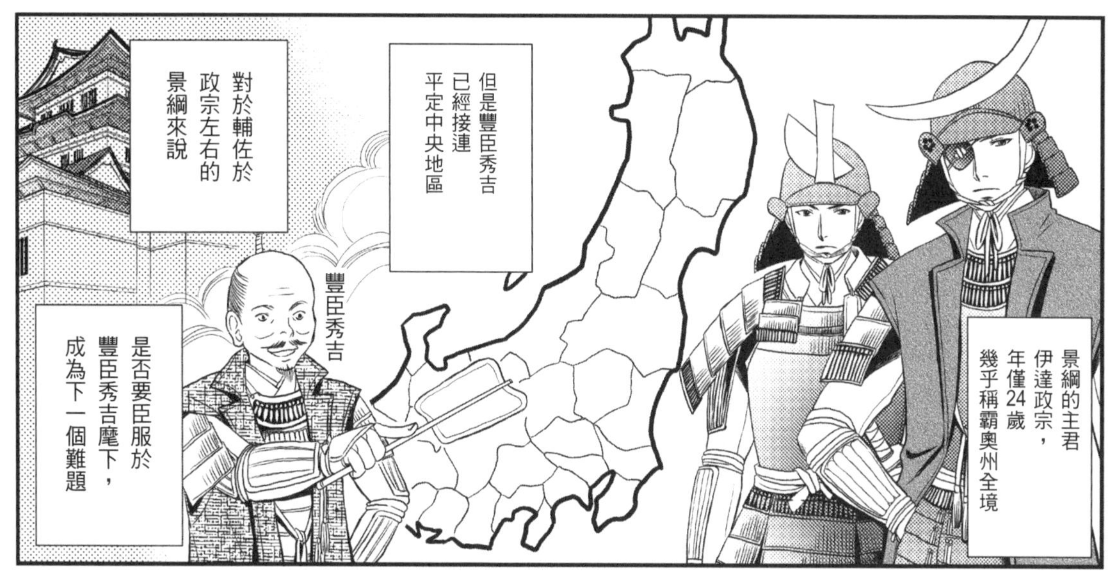
景綱的主君
伊達政宗，
年僅24歲
幾乎稱霸奧州全境
但是豐臣秀吉
已經接連
平定中央地區
對於輔佐於
政宗左右的
景綱來說
豐臣秀吉
是否要臣服於
豐臣秀吉麾下，
成為下一個難題

是否
要向秀吉
臣服，
伊達家中
分裂為
兩派
景綱說服政宗，
向秀吉俯首稱臣

1600年（慶長5）
的「關原之戰」，
伊達加入
德川家康陣營
上杉景勝
伊達政宗
德川家康
石田三成
在東北戰區
與上杉軍交戰，
順利攻下白石城

由於對抗上杉
軍有功，
他在1602年
（慶長7）
獲封白石城
1萬3000石。
片倉氏
在江戶時代，
以白石城主的身分
輔佐仙台藩
白石城

專欄

景綱受封的白石城

片倉景綱在1602年，受封仙台藩刈田郡白石地區1萬3000石的領地。景綱治理的白石城是座怎樣的城池呢？

白石城位於藏王連峰與阿武隈丘陵之間的盆地，是一個可以阻擋大軍入侵的樞紐地。若白石城這個軍事要地被攻陷，仙台藩便會面臨存亡危機。景綱被任命為重要區域的城主，可見政宗多麼信賴他。

江戶幕府在1615年頒布《一國一城令》，規定全國的大名只能保有一座城池。但是仙台藩特別獲准保有仙台城與白石城，城池維持了260餘年直到明治維新。可惜白石城因明治初期的廢城令被拆毀。在1995年忠實重建了天守閣、大手一之門、大手二之門，可以遙想景綱時代的景色。

歷史小知識

擔任替身… 政宗在人取橋之戰中過於深入敵陣，遭到敵軍包圍而孤立。景綱大喊「政宗在此！」來吸引敵軍注意，讓政宗能夠脫離險境。

伊達成實

曾對伊達政宗刀兵相向的硬漢

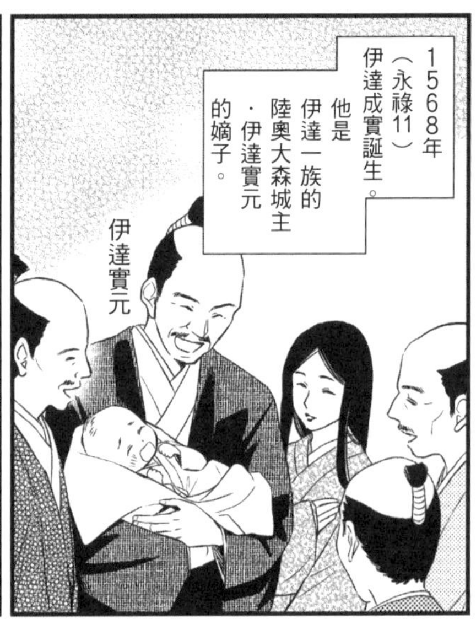
1568年（永祿11）伊達成實誕生。
他是伊達一族的陸奧大森城主・伊達實元的嫡子。
伊達實元

伊達成實與片倉景綱兩人
伊達政宗
片倉景綱
伊達成實
一同成為伊達政宗的近侍而活躍

成實勇猛善戰，是伊達家首屈一指的猛將
沖啊！
成實所用的頭盔上，毛蟲造型的前立盔飾
象徵著成實絕不後退的決心

1585年（天正13）伊達在「人取橋之戰」對上蘆名、佐竹聯合軍
成實率領少數士兵阻擋敵軍，讓主君伊達政宗能夠撤離戰場
1585年（天正13）攻陷小手森城後
成實奉政宗之命，屠殺城內男女800多人。向反伊達勢力宣示殺雞儆猴之意。

生卒年 1568～1646年（永祿11～正保3）

出身地 陸奧國（宮城縣）

身分 武將

事蹟 伊達政宗的重臣。數次跟隨政宗出兵，參與重要戰役立下戰功。但對論功行賞的結果不滿而出奔，後來回歸擔任亘理城主。

拒絕勸誘的理由… 在關原之戰時，上杉景勝以5萬石俸祿，聘請浪人的伊達成實出仕。但成實以「（上杉）理應成為伊達家臣，我無意出仕」的理由拒絕。

正當
伊達政宗
即將統一
奧州之際
掌握畿內的
豐臣秀吉，
也正在努力
建立政權
主張臣服
豐臣的
片倉景綱
主張全面
決戰的
伊達成實
伊達家中
因此
一分為二
政宗選擇向秀
吉俯首稱臣。
秀吉攻打
北條的小田
原城時，
政宗親自
前去歸順

1593年
（文祿2）
成實不滿意
論功行賞的結果，
無預警地
離開伊達家

德川家康
與上杉景勝
欣賞勇猛善戰
的成實，想用
厚祿聘用他
但成實顧慮
政宗的感受，
拒絕他們的
邀請
1600年（慶長5）
在片倉景綱的勸說下，
成實返回伊達家

1602年
（慶長7）成實擔任
亘理城主，
回歸伊達一門眾

專欄

京都小童讚嘆的伊達軍裝

政宗奉豐臣秀吉的命令，率領3000士兵出兵朝鮮。軍隊從京都聚樂第出陣，途中行軍經過大宮通。

伊達成實撰寫的《成實記》記載當時的情況。軍隊最前列手持大軍旗，上面染著竹裏雀造型的仙台笹家紋。接著是30面貼著金箔製日之丸圖形的紺青色旗幟，緊接在後是井然有序的足輕隊伍，共有鐵炮100支、長槍100把、弓50把。最讓京都小童訝異的是足輕的軍裝，足輕們統一穿黑色具足，在胸口與背後裝飾著金色的日之丸。腰間插著朱色刀鞘的刀劍，頭上戴著張貼的金箔，高達三尺的尖帽形陣笠。素來喜歡誇張派頭的秀吉，看到伊達軍華麗的裝扮也大吃一驚。

有一說認為，日本從這件事開始用「伊達者」來形容時髦男子。

歷史小知識

毛蟲造型前立盔飾… 成實頭盔的前立盔飾，造型是毛蟲的模樣。藉由毛蟲只會前進而不後退的習性，表達上戰場之後絕不背對敵人而逃的決心。

當主與家臣

伊達稙宗

生卒年／1488～1565
出身地／陸奧國（宮城縣）

伊達政宗的曾祖父。1514年繼承家督成為第14代伊達家當主。上洛祝賀室町幕府第10代將軍足利義稙，並進奉了大量貢品，獲得將軍的偏諱改名「稙宗」。1522年獲任陸奧國守護。居城從固有的伊達郡梁川搬到伊達郡桑折西山，與週邊各地區的豪族領主結親來擴大勢力。於1536年制定了171條家法「塵芥集」，此為各地戰國大名所定的分國法之中規模最大者。1542年與嫡男晴宗之間發生內鬥（洞之亂）。起初形勢對晴宗不利，最後恢復了主導權。打下往後伊達家興盛的基礎。

伊達輝宗

生卒年／1544～1585
出身地／陸奧國（宮城縣）

伊達晴宗的次男，後來成為伊達家當主。正室為最上義守之女義姬，兩人生下伊達政宗。1555年獲室町幕府第13代將軍足利義輝賜予偏諱，名為輝宗。繼承家督的1565年左右，伊達家無論內外皆是情勢不明的狀況。輝宗發現了謀反的徵兆，而處罰了重臣中野宗時與其一族等，試圖穩住對家中的掌控力。很早就看出政宗的才能，在政宗18歲時便引退讓出家督之位。1585年輝宗遭到詐降的二本松城主畠山義繼綁架，家臣追到了阿武隈河畔。據說他命令家臣將自己連同義繼一起殺死，享年42。因為輝宗突然的死亡，讓伊達家和鄰近諸勢力的關係惡化，政宗陷入苦境。

鬼庭良直

生卒年／1513～1585
出身地／陸奧國（宮城縣）

出仕伊達政宗之父輝宗並受到重用的武人。1577年稙宗的五男彥九郎要前往陸奧國宮城郡，成為國分盛氏的繼承人時，他提前打點好一切，因此得到輝宗莫大的信賴。輝宗死後，他雖然從第一線退下並自號左月齋，但作為伊達政宗的輔佐表現十分出色。參加了1585年的二本松城攻略戰，在人取橋之戰中揮舞著政宗賜予的金色采配奮戰。最後在撤退時擔任殿軍，以73歲高齡戰死沙場。

鬼庭綱元

生卒年／1549～1640
出身地／陸奧國（宮城縣）

鬼庭良直的嫡男。行政手腕毫不遜於其父，1586年伊達政宗任命他為奉行。因為父的隱居，綱元繼承家督，成為長井郡川井城主。1585年的人取橋之戰，他和父親一起擔任殿軍，成功讓主君政宗逃離險境，但父親因此戰死。1591年爆發葛西大崎一揆之亂，政宗被秀吉懷疑是幕後黑手而陷入險境。政宗為了洗清嫌疑，專注於鎮壓一揆。此時，綱元代替政宗上洛澄清，得到豐臣秀吉認可，並獲賜秀吉的愛妾。秀吉勸他將姓氏從「鬼庭」改為「茂庭」。但因為他與秀吉關係急速拉近招致政宗猜忌，沒多久便離開了伊達家。到了1597年才回歸伊達家。

支倉常長

生卒年／1571～1622
出身地／陸奧國（宮城縣）

通稱六右衛門。伊達政宗的家臣。跟隨政宗渡海出兵朝鮮，擔任足輕及鐵砲隊長。據說政宗大約在此時發現他的才能。1613年，在政宗授意之下，他搭上蓋倫帆船聖胡安．包蒂斯塔號從月浦港（現石卷港）出發，航向歐洲。目的是要交涉通商事宜。在西班牙時謁見了當時的國王菲利普三世，之後在羅馬覲見了羅馬法王保羅五世。1620年回到了日本。然而那時日本已開始打壓天主教。據說他晚年常感懷才不遇。回國2年後病逝。

伊達家的

亘理元宗

生卒年／1530～1594
出身地／？

伊達稙宗的12男。稙宗娶了亘理宗隆之女為妻，再將兩人所生之子過繼給無嗣子的亘理宗隆。後來嗣子綱宗戰死，於是再次將同母弟元宗過繼去繼承亘理家家督，成為陸奧亘理郡的亘理城主。1574年擔任輝宗的名代，促成了伊達氏與最上氏的和睦。一生為伊達本家盡心盡力，被列為伊達的一門眾。

片倉重長

生卒年／1584～1659
出身地／？

伊達政宗的家臣。片倉景綱的嫡男。1600年的白石城攻略戰是他的初陣。1615年的大坂夏之陣時，代替臥病的父親出陣，和大坂方的後藤基次小隊展開激鬥。雖然因為此事遭父親叱責「一軍之將豈可輕易上前與敵搏命交鋒」，但卻也得到世間極高評價，被稱為「鬼之小十郎」。

遠藤基信

生卒年／1532～1585
出身地／陸奧國（福島縣）

據說原本是陸奧國信夫郡西光寺中的孩子。據說年少遊歷各國，後來出仕伊達晴宗的家臣中野宗時。因為宗時涉嫌謀反遭到伊達輝宗討滅，基信在事後歸順輝宗。與織田信長、德川家康、北條氏照等人有私交，負責伊達家的外交工作。1585年隱居，同年輝宗被綁架遭到殺害之後，基信跟著殉死。

石川昭光

生卒年／？～1622
出身地／陸奧國（宮城縣）

伊達晴宗的四男，過繼給陸奧石川郡蘆城主石川晴光做養子。養父引退後繼承家督。一開始跟隨佐竹氏，與姪子伊達政宗對立，後來從屬於政宗麾下。1590年豐臣秀吉攻打小田原時，因遲未參戰而被沒收領地。後來還是回到了伊達家內。

大內定綱

生卒年／？～？
出身地／陸奧國（福島縣）？

原本是安達郡的鹽松城主。一度從屬於蘆名氏、佐竹氏，在1584年祝賀伊達政宗繼承家督之時，表達歸順之意。不過翌年卻再度向蘆名氏靠攏，而遭到政宗攻擊，逃到了會津。1588年起加入政宗麾下，在摺上原之戰等戰事中表現活躍。

石母田景頼

生卒年／？～？
出身地／陸奧國（福島縣）

陸奧國石母田城主。石母田家代代是伊達家的重臣。在1580年豐臣秀吉的「奧州仕置※」命令下，伊達政宗被大幅削減領地，據說景頼也被趕出居城，許多家臣也因此逃亡流失。1614年大坂冬之陣後，伊達政宗的長男秀宗成為初代宇和島藩主，讓景頼出任家老。

※「奧州仕置」是秀吉重新決定奧州的領地歸屬權，並藉此確認主從關係。

中野宗時

生卒年／？～？
出身地／？

出仕稙宗、晴宗、輝宗三代的伊達家重臣。次男久仲成為伊達家宿老牧野家的養嗣子，親子二人同掌伊達家的大權。行為漸漸愈發專橫。到了輝宗一代，因為被質疑謀反而逃亡到相馬。據說後來父子二人請求回歸伊達家，卻遭到拒絕，最後流浪餓死。

白石宗實

生卒年／1553～1599
出身地／？

出仕伊達輝宗、政宗父子的猛將。在政宗稱霸奧州的幾場重要戰役立下戰功，如1584年對相馬氏的戰鬥，以及1585年人取橋之戰、1589年摺上原之戰。獲政宗賜予1萬5000石，成為水澤城主。在文祿慶長之役渡海前往朝鮮，歸國後沒多久逝世。

後藤信康

生卒年／？～？
出身地／出羽國（山形縣）

本姓湯目。成為後藤信家的養子，後來繼承家督。臣從伊達政宗，擔任軍奉行或仙台城的築城總奉行等職務。他勇猛善戰的形象廣為人知。據說因為在戰場上常揹著黃色母衣，有著「黃後藤」的渾名。文祿之役中跟著政宗渡海。在1600年則和上杉景勝交戰。

留守政景

生卒年／1549～1607
出身地／？

伊達晴宗的三男，伊達政宗的叔叔。成為陸奧宮城郡的留守顯宗繼承人，擔任高森城主。不時與政宗合作，甚至也多次代為指揮伊達軍。在豐臣秀吉的「奧州仕置」命令下，領地遭到沒收，隨後成為政宗的家臣。長男宗利成為水澤城主，成為仙台藩的一門水澤伊達家之祖。

有力武士

蘆名盛氏

生卒年／1521～1580
出身地／陸奧國（福島縣）

蘆名盛舜之子，蘆名氏當主。1553年他迎娶伊達稙宗之女為正室，約於同時繼承家督。以會津黑川城主之身分，掌控會津地區。其後積極地進攻周邊諸地區，打造蘆名氏的全盛期。1561年左右隱居，將家督讓給嫡長子盛興，但十五年後盛興去世，他又回到黑川城再度執掌政務。直到1580年病死之前，仍然野心勃勃地企圖擴大領土。

小野寺義道

生卒年／1566～1645
出身地／出羽國（山形縣）？

小野寺景道之子。出羽國橫手城主。通稱孫十郎。在1590年獲得豐臣秀吉安堵所領※，1600年關原之戰，加入西軍的上杉景勝陣營，戰後被沒收領地。他被流放到石見國津和野，在該地去世。

最上義光

生卒年／1546～1614
出身地／出羽國（山形縣）

出羽國山形城主。最上氏第11代當主。歷經了爭奪家督的內鬥，藉由討滅親族及周遭勢力，逐漸擴大領國。在1600年的關原之戰中參加東軍陣營，使最上氏在戰後成長為57萬石的大大名。他的外甥是伊達政宗。

大崎義隆

生卒年／1548～1603
出身地／陸奧國（宮城縣）

陸奧國玉造郡名生城主。奧州探題大崎氏的末代當主。雖於在天正年間與伊達氏對立，最後抵抗不住伊達政宗的壓迫，最終歸順於伊達麾下。因為沒有參加小田原征伐戰，遭到豐臣秀吉究責，領地被沒收。

南部信直

生卒年／1546～1599
出身地／出羽國（山形縣）

南部氏第26代當主。他的生父是南部氏的族人石川高信，養父則是陸奧三戶城主南部晴政。他透過前田利家的介紹，與豐臣秀吉往來。他因秀吉的「奧州仕置」命令領地得到保障，是後來陸奧國盛岡藩的藩祖。

鮭延秀綱

生卒年／？～？
出身地／出羽國（山形縣）

佐佐木貞綱之子。出羽國鮭延城主。1581年受到最上義光攻擊而降伏。後來出仕最上氏，得以安堵所領。1622年義光死後發生了最上氏內亂，他被沒收領土，成為下總佐倉藩主土井利勝的家臣。

津輕為信

生卒年／1550～1607
出身地／陸奧國（青森縣）

奧州堀越城主武田守信之子。後來成為叔父大浦為則的養子繼承大浦氏，企圖從南部氏獨立。很早就跟豐臣秀吉往來，在秀吉的「奧州仕置」命令下，得到秀吉認可獲得津輕3郡。初代弘前藩主。

畠山義繼

生卒年／？～1585
出身地／陸奧國（福島縣）

陸奧二本松城主。1585年敗給伊達政宗，雖然成功議和，但對議和條件裡的內容心生不滿，在雙方會面的筵席中挾持了政宗之父輝宗。逃亡到阿武隈河畔的高田，被伊達家臣追上，連同輝宗都遭到殺害。

相馬盛胤

生卒年／1529～1601
出身地／陸奧國（宮城縣）

陸奧小高城主。相馬氏第15代當主。他的母親是伊達稙宗的女兒，妻子論輩份算稙宗的姪女輩，因此跟伊達家有著深厚的血緣關係。但是稙宗與親生兒子晴宗內鬥之時，他站在稙宗那一方，導致跟伊達家的關係惡化。

戶澤盛安

生卒年／1566～1590
出身地／出羽國（秋田縣）

以角館為中心建構地盤，與安東氏和小野寺氏爭戰不休。他是個名聲顯赫，讓敵人害怕的沙場戰將，有著鬼九郎、夜叉九郎等等渾名。雖然前途不可限量，但是年僅25歲就病死了。

田村清顯

生卒年／？～1586
出身地／陸奧國（宮城縣）

陸奧國田村郡三春城主。田村氏被認為是平安時代前期的征夷大將軍坂上田村麻呂的後裔。田村氏在戰國時代與蘆名或佐竹等等各勢力對抗。將女兒愛姬嫁給伊達政宗，利用種種外交策略強化與伊達氏的關係。

二階堂盛義

生卒年／？～1581
出身地／陸奧國（福島縣）

陸奧國須賀川城主。從1566年開始，臣從於蘆名氏。當時他將兒子送往蘆名氏作為人質，這個兒子就是後來繼承蘆名氏的盛隆。1581年盛義過世後，由妻子阿南夫人擔任城主。城池在1589年被伊達政宗攻下。

葛西晴信

生卒年／？～？
出身地／陸奧國（宮城縣）

陸奧國登米郡寺池城主。晴胤之子。因為兄長義重病逝而繼承家督。與伊達政宗同盟，和鄰接的大崎義隆對立。1590年因為領地不穩，未能參加小田原征伐戰，受到豐臣秀吉的懲罰，領地遭到沒收。

※「安堵所領」指的是承認並保障領地的所有權，並藉此確定主從關係。

奧州的

葛西義重
生卒年／1547～1567
出身地／？

葛西晴胤之子，陸奥葛西氏第16代當主，又稱葛西親信。1555年其父過世後，以9歲之齡繼承家督。但自己也因為身體病弱，十二年後就病歿。之後由弟弟晴信繼承葛西家。

結城晴綱
生卒年／？～？
出身地／陸奧國（福島縣）

陸奧國白河城主。初名為直廣，在1542年被任命為左京大夫時改名晴廣，後又改名晴綱。晴綱與小田原的北條氏等勢力合作，對抗長年以來的敵人佐竹氏。但在晴綱死後，結城氏勢力衰退而沒落。

濱田廣綱
生卒年／1523～1592
出身地／陸奧國（宮城縣）

葛西氏的支族。東館城、米崎城主。1588年氣仙沼的熊谷黨鬥爭，引發了名為「濱田兵亂」的戰爭。但是他對戰後的處置感到不滿，曾經發兵一度奪回被敵軍占據的米崎城。

武藤義氏
生卒年／1551～1583
出身地／出羽國（山形縣）？

出羽國田川郡尾浦城主。他跟大泉氏、大寶寺氏也有淵源，也曾因為與越後的上杉謙信交好，一度改姓上杉。因為採用強硬手段擴大領地，導致人心離散而被稱為「惡屋形」。最後遭到家臣背叛而自盡。

豬苗代盛國
生卒年／？～？
出身地／陸奧國（福島縣）

會津的土豪，豬苗代城主。雖是蘆名氏的家臣，但不時反叛蘆名氏。1585年左右將家督讓給兒子盛胤，但三年後父子不合，他又把豬苗代城搶回。翌年引伊達政宗入城，對政宗的摺上原之戰勝利作出重大貢獻。

岩城常隆
生卒年／1567～1590
出身地／陸奧國（福島縣）？

陸奧國岩城平城主。與父親親隆一起臣從佐竹義重，對抗伊達政宗。1590年參加豐臣秀吉的小田原征伐戰。雖獲得秀吉安堵，得以保有領地，因病返回陸奧的途中死於鎌倉。

秋田實季
生卒年／1576～1659
出身地／出羽國（秋田縣）

安東愛季之子。1587年以12歲之齡繼承家督。但是堂兄弟道季的舉兵反對，發展成局部地區動亂。3年後平定動亂，得到豐臣秀吉安堵，保有秋田3郡領地。晚年轉封到常陸宍戶郡。

松前慶廣
生卒年／1549～1616
出身地／蝦夷（北海道）

蠣崎季廣的三男。1593年，文祿之役期間，前往豐臣秀吉駐紮的肥前名護屋城參陣，秀吉賜與他朱印狀，認可他在蝦夷地的支配權。1599年由蠣崎改姓為松前。松前藩初代藩主。

黑川晴氏
生卒年／1523～1599
出身地／陸奧國（宮城縣）

陸奧國黑川郡鶴楯城主。黑川氏原為大崎氏的一族。據說在晴氏的時代，黑川與伊達強化了友好關係。不過在1588年，當伊達氏與大崎氏相爭之時，黑川氏加入了大崎陣營與伊達氏作戰。

南部晴政
生卒年／1517～1582
出身地／出羽國（山形縣）？

南部氏第24代當主。將戶澤氏趕出鄰接的岩手郡，並將安東氏逐出津輕郡。更進一步將勢力擴展到鹿角郡。不過在他死後，家中爆發了爭奪家督戰。因為後繼者之間相互爭鬥，導致家道中落。

九戶政實
生卒年／？～1591
出身地／陸奧國（青森縣）

陸奧國三戶的南部氏的支族。九戶城主。1591年與南部信直對立，和葛西大崎一揆聯合起來抵抗豐臣秀吉。秀吉為了平亂，派遣蒲生氏鄉率軍前往東北，最後九戶政實落敗遭到斬首。

安東愛季
生卒年／？～1587
出身地／出羽國（秋田縣）

安東舜季之子。通稱安東太郎。安東氏過去分為檜山和湊兩系，在他手中統合為一。他與織田信長和豐臣秀吉交好，統一了出羽北部。打造了安東氏成為戰國大名的基礎。別名為「北天之斗星」。

蘆名盛隆
生卒年／1561～1584
出身地／？

二階堂盛義的嫡男。幼年被當作人質送往蘆名氏，後來繼承了蘆名氏。盛義死後，他兼任二階堂氏第19代當主，同時統領蘆名與二階堂。然而到了1584年，盛隆遭到暗殺，兩家後來都被伊達政宗討滅。

氏家吉繼
生卒年／？～1591
出身地／？

氏家氏代代擔任大崎氏的宿老，然而吉繼舉兵對抗主君大崎義隆，導致大崎家中陷入內鬥。他在1588年向伊達求援，反而給了政宗機會介入大崎家的內鬥。大崎氏在1590年滅亡後，他轉仕於政宗。

北條早雲

在東國宣示下剋上的戰國武將

相傳北條早雲是伊勢盛定之子，父親是備中荏原莊（岡山縣井原市）的領主
早雲的妹妹嫁入駿河的今川氏，
此時今川氏為了家督繼承問題產生內亂。
早雲在妹妹．北川殿的邀請之下，前往駿河
1487年（長享1）解決了今川氏的繼承問題
妹．北川殿

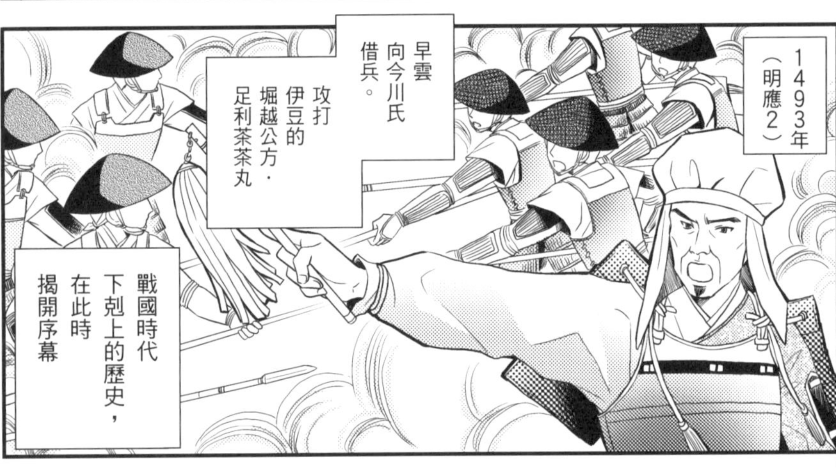
1493年（明應2）
早雲向今川氏借兵。
攻打伊豆的堀越公方．足利茶茶丸
戰國時代下剋上的歷史，在此時揭開序幕

早雲壓制了伊豆，下一個目標是小田原城的大森藤賴

早雲送禮給藤賴，先培養不可或缺的友好關係
呵呵，藤賴竟然來信「為了獵鹿，希望我派勢子入箱根山」
輕鬆得到出兵的理由

※勢子：協助圍捕鳥獸的輔助者

にや
很好
受驚嚇的牛群在山中狂奔，牛角上火把的火光，看起來就像大軍進駐箱根山
當晚士兵們假扮成勢子，在牛角上綁火把，放狗驅趕牛群
箱根山

生卒年 1432～1519年（永享4～永正16）

出身地 備中國（岡山縣）

身分 武將

事蹟 年過50歲才嶄露頭角，統領伊豆、相模等國。打造後來北條氏五代的基業。

早雲的姓並非北條… 北條早雲出身伊勢氏，是室町幕府中樞的名門武家。改姓北條是在第2代氏綱的年代。早雲在世時並未使用北條姓。

長壽武將
戰國時代下剋上的代表人物
北條早雲
他與織田信長豐臣秀吉等人相比
知名度卻差了一截
只因為我是老爺爺嗎？
健康又長壽的老爺爺錯了嗎？

潛伏於各地的伏兵在城鎮放火，驚慌失措的藤賴棄城而逃
隨後早雲利用上杉家內部鬥爭，趁山內與扇谷對立，伺機攻略相模國全境
山內上杉家
vs
扇谷上杉家
相模原
1512年（永正9）早雲攻打相模岡崎城主・三浦道寸
やあああ
道寸死守在三浦半島前端的新井城。
1516年（永正13）道寸開城門突擊。道寸為主的許多將士戰死。
早雲經歷了20年，終於征服相模國
早雲是第一個實施檢地的戰國大名
實施減稅等領先群雄的治國政策
以早雲為始祖的北條5代，在關東地區稱霸近百年

專欄

早雲的靈夢

北條早雲參拜三嶋神社時，做了一個不可思議的夢。在夢中有一片原野，聳立著兩棵巨大的杉木。不知從哪裡冒出一隻老鼠，開始啃咬杉樹。老鼠最後咬斷的兩棵杉樹，變成了威風凜凜的老虎。

早雲如此解析這個夢境「兩棵杉樹是威震關東的山內、扇谷兩上杉家。而老鼠則是子年出生的自己」。現實如同夢境一般發展，早雲打倒兩上杉家在關東建立霸權。順道一提，從早雲的兒子氏綱那一代開始，北條使用的公文印章則是老虎的紋樣。

這個故事最早來自三浦淨心所著的《慶長見聞集》，被收錄進《北條五代記》。

歷史小知識

原諒盜馬賊… 某次早雲在領地內逮捕一個盜馬賊。在審判的時候，盜馬賊向早雲說「我不過是偷了一匹馬，而你竊取了一國領地」。早雲認為盜馬賊的話有道理，所以釋放他。

北條氏康

深入關東核心的北條氏中興之祖

生卒年 1515～1571年
（永正12～元龜2）

出身地 相模國（神奈川縣）

身分 武將

事蹟 在河越夜戰打倒扇谷、山內兩上杉家與古河公方聯合軍，建立北條在關東的霸權。將勢力擴及到北關東，打造北條氏全盛時代版圖。

北條氏康是北條氏第三代

初代早雲

被譽為是北條氏中興之祖

2代氏綱

3代氏康

北條氏康壓制山內、扇谷兩上杉家，以及古河公方等勢力，成為君臨關東的霸者

關東舊勢力沒落的關鍵點，便是「河越夜戰」

北條氏康繼承家督之後不久，1545年（天文14）今川義元在氏康背後舉兵，與關東管領上杉憲政連成一氣

氏康發兵前往駿河，打算跟義元一戰。武田晴信（信玄）此時也出兵呼應義元

此時收到消息，氏綱的女婿．北條綱成駐守的河越城。

受到山內、扇谷兩上杉，以及足利公方足利晴氏聯合軍包圍

氏康在武田晴信的斡旋下，向義元讓步並達成和議
為了救援綱成

率領8000援軍，前往救援河越城

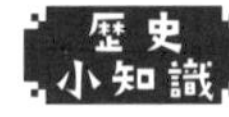
歷史小知識

沒有石垣的城池… 河越城是河越夜戰的舞台，也是當時關東代表性的名城。但是河越城沒有石垣，是以一圈土壘作為防禦的城。相傳堅固的土壘，在防禦面上甚至勝過石垣。

1546年（天文15）4月，氏康對著包圍河越城的聯合軍發動夜襲
「河越夜戰」

氏康向聯合軍提出詐降，不斷發出道歉信
河越城
北條的援軍不但不發動攻擊，反而退往府中。聯合軍充滿著此戰必勝的氣氛。

守在城內的綱成軍，呼應氏康的夜襲。
守軍打開城門，一起攻向聯合軍
ゴゴゴゴ

氏康在1554年（天文23）與今川、武田締結「甲相駿三國同盟」，盡力謀求關東地區的穩定
武田信玄
武田
北條
今川
今川義元
北條氏康
北條氏的勢力版圖，在氏康一代擴展到北關東。成為名實相符的關東霸者

扇谷上杉的當主·上杉朝定戰死在這場戰役
山內上杉的當主·上杉憲政狼狽逃離戰場，古河公方軍敗逃回古河。聯合軍在此戰宣告瓦解

第3章 群雄割據的時代

專欄

少年時代的氏康是個膽小鬼？

北條氏康繼承祖父·早雲與父親·氏綱的「新九郎」之名。氏康12歲那年，他被家臣操練鐵炮的聲響嚇得驚恐不已。家臣見到他驚恐的模樣，私下嘆道「真是不像樣的少主，持續了兩代的北條家恐怕要滅亡了」。

氏康聽到消息，羞恥地想要切腹自盡。氏康的師傅鼓勵他「古人說良馬不會對野鼠放鬆警戒。少主會感到驚慌，正是優秀的表現」。氏康在4年後的16歲那年迎來初陣，與河越城主·扇谷上杉朝興一戰而勝。軟弱的少年成長為勇者，將北條氏的勢力推上關東的首席。

歷史小知識

童謠的起源… 有一說認為，童謠《通過吧》的發祥地是河越城內的三芳野神社。以前庶民只能在正月或小孩七歲時能入城參拜。符合「為了慶賀這孩子七歲」歌詞。

北條一族

北條氏綱

生卒年／1487～1541
出身地／伊豆國（靜岡縣）

北條早雲之子，他將姓從「伊勢」，改為關東名門的「北條」。為了拉攏人心，花十年時光修建鎌倉的鶴岡八幡宮，展示想成為關東霸者的企圖心。氏綱積極擴張版圖，成功攻下昔日早雲未能掌握的關東平原中心區域，將根據地由韮山城移往相模國小田原城。他的遺言是知名的「戰勝也要束緊頭盔綁帶」。

北條氏規

生卒年／1545～1600
出身地／相模國（神奈川縣）？

北條氏康的4男，少年時代作為人質被送到今川的駿府。在那段時間理，跟同在今川家的德川家康交好，晚年擔任負責連絡家康的外交窗口。小田原之戰期間，他長時間駐守在韮山城內。

北條氏政

生卒年／1538～1590
出身地／相模國（神奈川縣）

北條氏康的次男。兄長新九郎在1551年逝世後，氏政成為第四代家督。今川、武田、織田滅亡之後，他與德川家康保持良好的外交關係。但他導致豐臣秀吉攻打小田原城，投降秀吉後被迫切腹自盡。

北條氏秀

生卒年／？～1583
出身地／？

氏秀是北條氏綱的女婿北條綱成的二男。初名為康元。他與兄長氏繁，都獲准使用北條宗家的通字「氏」，在元服後改名為氏秀。後來以武藏國江戶城代*的身分獨立自主。

北條氏直

生卒年／1562～1591
出身地／相模國（神奈川縣）

北條家第5代當主。豐臣秀吉要求北條氏上洛，氏直卻屢次拒絕。導致秀吉以違反總無事令為藉口，攻打小田原。北條傾全力抵抗仍不敵秀吉，在1590年7月開城投降，北條滅亡。戰後氏直被判處蟄居高野山。

北條為昌

生卒年／1520～1542
出身地／？

北條氏綱的3男，名為彥九郎。叔父北條氏時逝世後，年僅12歲的為昌接任玉繩城主。為了輔佐北條宗家數次出陣，但在23歲英年早逝。他死後由氏綱的女婿北條綱成，接任玉繩城主。

北條幻庵

生卒年／1493～1589
出身地／山城國（京都府）？

北條早雲的3男。年少期在近江的三井寺出家，一般認為他非常長壽，據說以97歲高齡逝世。經歷了早雲到北條氏滅亡前夕的各個時代，他逝世的9個月後北條氏滅亡。

北條氏堯

生卒年／？～1590
出身地／？

北條氏綱的4男。兄長為昌逝世後，他身為氏康唯一的弟弟而受到重視。他接受叔父幻庵的指導，擔任小機城主。當上杉謙信揮軍攻來時，他成功守住武藏國河越城。

北條氏繁

生卒年／1536～1578
出身地／？

北條氏綱的女婿綱成的嫡男。初名為康成。他迎娶北條氏康的女兒為正室，強化與北條本家的關係。擔任對抗上杉家的前線的武藏國岩槻城代，氏康賜予他「氏繁」之名。曾經成功抵擋上杉謙信的攻勢。

北條氏舜

生卒年／？～？
出身地／？

北條氏繁的長男。據傳在氏繁逝世後，接任玉繩北條家的家督。史料上只留下1578年6月到1580年8月之間的紀錄，詳細的生平不明。能確認他在1580年8月為止，曾擔任武藏國岩槻城代。

北條氏勝

生卒年／1559～1611
出身地／？

北條氏繁的次男。一般認為他在兄長氏舜逝世後，繼承玉繩北條家的當主。1590年豐臣秀吉發動小田原之戰，他駐守的伊豆山中城被攻陷，隨後駐守在玉繩城。他在北條投降之後出仕德川家康。

北條氏忠

生卒年／？～？
出身地／？

相傳他是北條氏康的6男。在1582年本能寺之變後，為了爭奪無主地甲斐與德川家康交戰。在1586年繼承下野佐野氏的家督。小田原之戰期間駐守在小田原城，戰後被判處蟄居高野山。

北條氏邦

生卒年／？～1597？
出身地／？

北條氏康的3男。母親是今川氏親之女。武藏國天神山城主藤田康邦收氏邦為養子，並讓氏邦繼承家督。北條宗家將上野地區交給他統治。他在小田原城之戰期間，駐守於缽形城對抗豐臣軍。

※「城代」為代理城主，僅具有軍事及部分的內政權限，有別於城主。

北條家的家臣們

石卷家種

生卒年／？～？
出身地／三河國（靜岡縣）？

詳細生平不明，石卷家的祖先來自三河國八名郡石卷鄉，據傳北條早雲寄居駿河時，他就成為早雲的譜代家臣。據傳他從早雲到第四代的氏政，都臣從北條宗家。曾擔任相模西郡郡代、馬迴眾、評定眾等職務。

北條綱成

生卒年／1515～1587
出身地／？

據說他是今川家臣福島正成之子，喪父後在小田原被撫養長大。受到北條宗家氏綱的青睞，成為氏綱的女婿。擔任相模國軍事要地玉繩城主。身為代表北條一門的武將轉戰各地。在1571年左右隱居，將家督傳給嫡男氏繁。

垪和氏續

生卒年／？～1580
出身地／？

北條氏康的家臣，是北條宗家旗下家臣團中，唯一可以使用「氏」字的武將。擔任過武藏國松山城代、駿河國興國寺城代。1571年在興國寺城抵擋武田軍的猛攻。氏政在戰後將自己的愛刀賞賜給他。

大道寺政繁

生卒年／1533～1590
出身地／相模國（神奈川縣）

北條宗家的家臣。曾擔任相模鎌倉的代官、武藏河越城主、武藏岩槻城代。本能寺之變後進攻西上野、信濃等無主地帶，進駐信州小諸城，隨後北條與家康協定退兵。小田原之戰後被判處切腹，在江戶城下的櫻田自盡身亡。

垪和康忠

生卒年／？～？
出身地／？

北條氏康的近侍，拜領氏康的偏諱改名為康忠。擅長對外交涉，曾經促成北條與武田信玄、上杉謙信的同盟。當北條取得北關東領地之後，下總關宿、武藏岩槻、上野等新領地曾交由他治理。

松田憲秀

生卒年／？～1590
出身地／相模國（神奈川縣）

松田氏是從早雲的時代開始，追隨北條的名門。松田家領地的石高與地位，在北條家中首屈一指。1589年隱居，小田原之戰時駐守在小田原城內，企圖暗通豐臣被發現，長男政堯遭到斬殺。他在小田原城開城投降後自盡身亡。

石卷康保

生卒年／？～？
出身地／？

他與山角康定、垪和康忠，都是拜領北條氏康偏諱的重臣。很有可能是石卷家種的次男。由於長男繼承板部岡家的家督，次男的康保成為家中嫡男。卒年不詳，據說是在1579年後病逝。隨後由胞弟康敬繼任家督。

遠山綱景

生卒年／？～1564
出身地／相模國（神奈川縣）？

北條宗家的肅老。他接替父親直景成為家督，擔任江戶城代。後來被任命為葛西城主。在1564年的第二次國府台之戰，率領江戶眾與里見氏交戰。北條贏得此戰，但是綱景的嫡男隼人佐與女婿舍人恆忠都戰死沙場。

山角康定

生卒年／？～1590
出身地／相模國（神奈川縣）？

從北條氏康的時代開始侍奉北條宗家。據說他擔任氏政的近侍，輔佐政務。曾擔任馬迴眾，俸祿約為200貫文左右。豐臣秀吉攻打小田原城時，他駐守在小田原城中。開城後的1590年7月18日逝世，死因不明。

板部岡江雪齋

生卒年／1537～1609
出身地／？

原姓為田中，奉北條氏政之命繼承板部岡家的領地。年輕時代便以奉行身分展現才能，天正年間後期負責北條對德川家康、豐臣秀吉的外交交涉。小田原開城後，改侍秀吉並改姓為岡野。子孫是江戶幕府的旗本。

松田憲秀
小田原城

石卷康敬

生卒年／1534～1613
出身地／？

北條家的馬迴眾、奉行、評定眾。1589年被任命為使者，向豐臣秀吉解釋北條奪取名胡桃城之事，但是外交任務失敗。返國時在駿河被德川家康逮捕。北條滅亡後蟄居在相模，後來接受家康聘僱成為江戶幕府的旗本。

北條家的家臣們

御宿勘兵衛

生卒年／?～1615
出身地／?

接連出仕今川氏、武田氏、北條氏。1582年武田滅亡之後，接受德川家康之子結城秀康以1萬石高祿聘用。但是秀康在1607年逝世後，勘兵衛成為無主浪人。在1615年大阪夏之陣參加豐臣陣營，戰死。

宇田川喜兵衛

生卒年／1533～1620
出身地／武藏國（埼玉縣）?

原本是臣服於上杉氏的江戶在地領主。當北條氏奪下江戶城後，他被編入北條家臣團。北條滅亡後，改仕入主江戶的德川家康。他的子孫是現今東京都江戶川區周遭的名主，宇田川町這個地名來自他的家族。

伊勢貞運

生卒年／?～1590?
出身地／?

出身於北條氏一門眾，同時是北條氏康、氏政的家臣。據說精通有職故實與儀式的典故禮儀。有一說認為他的家系來自京都的有職故實家。1576年指揮關宿城修建工程。傳說在小田原之陣時戰死，詳細情況不明。

安藤良整

生卒年／?～?
出身地／?

侍奉北條氏康、氏政、氏直三代的北條宗家的家臣。根據紀錄曾擔任野庭關城的城將，相傳擔任過小田原城的糧倉奉行。擔任糧倉奉行時制定北條的公訂穀枡而聞名。他所制定的枡又稱為「安藤枡」。

內藤綱秀

生卒年／?～?
出身地／相模國（神奈川縣）?

內藤家代代都是擔任相模國津久井城主的名門，城池位在相模與甲斐邊境。據說他的正室是松田憲秀的女兒。當秀吉下令攻打小田原時，他修繕城池並奮勇抵擋敵軍攻擊。但他在津久城被攻陷後，行蹤不明。

梶原景宗

生卒年／?～?
出身地／紀伊國（和歌山縣）

北條氏政、氏直的家臣。以三浦半島的小坪為根據地，他與安藤良整一同操練北條水軍眾。《北條記》稱他為海賊，《北條五代記》稱他為「船大將首領」。小田原之戰時防守西伊豆安良里城，遭到本多重次攻陷。

豬俣邦憲

生卒年／?～1590
出身地／武藏國（埼玉縣）?

武藏缽形城主北條氏邦的家臣。本名為富永助盛，被豬俣家收為養子並繼承家督，據傳此時拜領氏邦的偏諱。豐臣與北條交涉後的1589年7月，他擔任沼田城代。他攻打真田的名胡桃城，成為秀吉出兵攻打小田原的藉口。

狩野泰光

生卒年／?～?
出身地／?

北條氏康、氏照的家臣，評定眾的筆頭重臣。1569年之後，史料不見泰光的紀錄，很有可能跟狩野一庵宗圓是同一個人。宗圓擔任氏照的近臣活躍於家中。秀吉攻打小田原時，他駐守在八王子城中戰死。

富永直勝

生卒年／1509～1564
出身地／?

除了祖先傳下的伊豆國西土肥領地之外，直勝獲封相模國西郡飯田的領地。他率領北條五色備的青備軍，被認為是家老等級的重臣。他是江戶眾的成員，據說擔任過江戶城代。戰死於1564年的第2次國府台之戰。

近藤綱秀

生卒年／?～1590
出身地／?

最初出仕北條氏康、氏政，據說北氏照被任命為武藏國川城主時，他曾一起陪同入府。氏照進攻下野國時，他擔任榎本城代。他與伊達政宗的家臣片倉景綱，交涉同盟事宜。在1590年的小田原之戰駐守八王子城，最終城破並戰死。

名胡桃城
沼田城
豬俣邦憲

上田朝直

生卒年／1494～1582
出身地／武藏國（埼玉縣）?

武藏國松山城主。原本是扇谷上杉的家臣，拜領上杉朝興的偏諱。北條滅亡扇谷上杉之後，朝直歸順北條氏康麾下。但在上杉謙信攻打小田原城時，曾經一度倒戈從屬謙信。強韌地在戰國亂世求生存。

反北條的關東諸將

結城政朝

生卒年／1479～1547
出身地／下總國（茨城縣）

結城氏是起源於鎌倉時代的名門。雖然在戰國時代一度中落，在政朝的時代奪回大名的權勢。他繼承家督時年僅3歲，家中實權旁落家臣多賀谷和泉守。政朝成年後誅殺和泉守，重新取回權力，被譽為結城氏中興之祖。

上杉憲政

生卒年／？～1579
出身地／武藏國（埼玉縣）

關東管領山內上杉家實質上的末代當主。1545年率8萬大軍圍攻武藏河越城，遭到北條軍夜襲慘敗。隨後在北條氏的壓迫下，投靠越後長尾景虎（上杉謙信），將上杉姓氏與關東管領讓給他。

足利義明

生卒年／？～1538
出身地／下總國（茨城縣）

古河公方足利政氏的次男。幼年出家在鎌倉鶴岡八幡宮若宮擔任別當。由於兄長高基跟父親政氏反目成仇，義明跟父兄不同調，決定還俗起兵，並得到上總守護代真里谷氏支援。自稱小弓公方，與古河公方對立。

佐竹義重

生卒年／1547～1612
出身地／常陸國（茨城縣）

佐竹義重是關東反北條陣營中，最頑強的武將。義重跟北條氏政、伊達政宗等強敵在戰場上周旋，渾名「鬼義重」。1590年小田原之戰時，他將家督交給嫡男義宣之後隱居。佐竹轉封秋田之後，在1612年逝世。

上泉信綱

生卒年／？～1573
出身地／上野國（群馬縣）？

上野國箕輪城主長野業正、業盛的家臣。以劍豪身分聞名。他向陰流創始者愛洲移香齋學劍，加上自己的創意開創新陰流。長野氏滅亡後曾出仕武田信玄，後來為了修練武藝而流浪。相傳他曾教第13代將軍足利義輝劍術。

佐竹義宣

生卒年／1570～1633
出身地／常陸國（茨城縣）

佐竹義重的嫡男。父親義重在1586～1590之間隱居，由他繼承家督。1600年的關原之戰前夕，他支持素來交好的石田三成，拒絕向家康提交人質。戰後被究責，被改封到秋田。

上山朝良

生卒年／？～1518
出身地／？

上杉朝昌之子，被扇谷上杉家當主上杉定正收為養子繼承上杉家。長年跟山內上杉顯定交戰，一度與北條早雲聯手合作。但在1504年武藏國立河原之戰敗北，隔年投降上山顯定並隱居。

足利政氏

生卒年／1466～1531
出身地／下總國（茨城縣）

初代古河公方足利成氏之子。1497年從父親繼承家督，他與父親一樣拜領室町幕府第8代將軍足利義政的偏諱。他企圖維持古河公方的勢力，跟兩個兒子理念不同而對立。晚年隱居在武藏國久喜。

上杉朝興

生卒年／1488～1537
出身地／？

扇谷上杉家的上杉朝寧之子。他成為叔父上杉朝良的養子，在朝良隱居後繼承家督。一說認為朝良死後，他殺害朝良之子藤王丸來穩固自己的權利。日後將家督讓給自己的兒子朝定。敗給北條氏綱、氏康，江戶城被北條奪走。

大森氏賴

生卒年／1418～1494
出身地／相模國（神奈川縣）

氏賴最初出仕關東公方足利持氏，當持氏兵敗於永享之亂後，他改投扇谷上杉家。在太田道灌死後，實質上支撐起扇谷上杉家的武將。剛正不阿的氏賴，曾經寫諫言書《大森教訓狀》勸戒主君上杉定正。

太田資正

生卒年／1522～1591
出身地／上野國（群馬縣）？

太田道灌的曾孫，號三樂齋。是個不輸給道灌的名將，據說他曾使用軍犬來傳遞情報，是個富有謀略之人。終其一生反北條。傳說因為跟兒子氏資意見不合而被逐出城外，親眼見證宿敵北條滅亡之後病逝。

三浦道寸

生卒年／？～1516
出身地／相模國（神奈川縣）

本名為義同，被稱為「文武雙全的良將」。源自平安時代的名門三浦氏收他為養子後發生內亂。道寸平定三浦家中內亂，接收了三浦城與相模守護之職。道寸在新井城抵抗北條早雲長達三年，最終耗盡兵糧而戰死。

關東諸將

多賀谷重經

生卒年／1558～1618
出身地／常陸國（茨城縣）？

多賀谷氏曾是獨立大名，後來從屬於結城、佐竹的特殊定位。重經在父親逝世後，1576年繼承家督，企圖獨立自主並與北條交戰。為了跟天下人建立關係，曾獻上名馬給信長、信長死後獻上大雁給秀吉，但在關原之戰後沒落。

難波田憲重

生卒年／？～1546
出身地／？

扇谷上杉氏的家臣。當河越城被北條攻下之後，他迎接上杉朝定進入松山武藏城繼續對抗北條。相傳當時他曾與北條的追兵山中主膳以和歌對答（松山城風流歌合戰）。1546年敗於河越夜戰，跌落古井而喪命。

小田政治

生卒年／1492～1548
出身地／？

堀越公方足利政之的兒子，他出生時，生父已經逝世。他後來成為常陸的豪族小田成治的養子。具備武將應有的器量，一邊與古河公方、結城氏交戰一邊擴大勢力。1546年河越夜戰參加古河公方陣營，戰敗後勢力衰退。

長尾景長

生卒年／1527～1569
出身地／下野國（櫪木縣）

下野國足利城主。主君上杉憲政敗給北條而流亡越後，他仍然繼續對抗北條。苦撐到上杉憲政與上杉謙信一起出兵關東，他立即出兵呼應。就任上野館林城主。後來為了上杉、北條之間的同盟而奔走。

那須資晴

生卒年／1557～1610
出身地／下野國（櫪木縣）

下野國烏山城主。雖然是小勢力，與宇都宮氏、結城氏、佐竹氏對等往來擴大勢力。1590年小田原之戰，未能及時臣服秀吉而被剝奪領地。兒子資景受封故土，建立那須藩的基礎。據說是源平時代神射手那須與一的後人。

大森藤賴

生卒年／？～1498
出身地／相模國（神奈川縣）？

他在父親氏賴逝世後，繼承家督成為小田原城主。他才能平庸，不如他的父親。他在1495年中了伊豆山城主北條早雲的計，小田原城被奪下。隨後投靠三浦道寸，在相模的真田城繼續對抗北條，一族在此地滅亡。

宇都宮廣綱

生卒年／1543～1580
出身地／下野國（櫪木縣）

因為戰國時代的下野國流行伊勢信仰，他幼名伊勢壽丸。父親尚綱在他7歲那年敗給那須高資而戰死，他逃出居城宇都宮城，由家臣芳賀高定撫養長大。後來向那須高資報了父仇，在15歲奪回宇都宮城。

上杉憲房

生卒年／1467～1525
出身地／？

關東管領山內上杉顯定的養嗣子。顯定死後，另一名養子上杉憲實奉遺言接任關東管領。憲房起兵爭權獲勝，在1512繼承山內上杉家。後來成為關東管領，但遭到家臣長尾景春謀反而家中大亂。他被認為在亂事期間逝世。

小山高朝

生卒年／1508～1574
出身地／下野國（櫪木縣）

結城政朝之子，是下野國猛將的代表。因此拜領古河公方足利高基的偏諱。他與父兄合力攻打宇都宮氏，贏得數場勝利。最初支持上杉謙信，但謙信出兵關東時兩人反目。後來謙信攻打他的居城小山城。高朝投降之後隱居。

長野業正

生卒年／1499～1561
出身地／上野國（群馬縣）？

上野國箕輪城主。主君上杉憲政流亡越後，隨後武田信玄屢次出兵攻打西上野，業正成功守住箕輪城。信玄對長野業正的武勇驚嘆不已，相傳信玄曾說「只要業正還在，就無法攻下上州」。

宇都宮國綱

生卒年／1568～1607
出身地／下野國（櫪木縣）

父親廣綱死後，他成為宇都宮家的當主。他苦於北條軍的侵略並陷入劣勢，他迅速跟豐臣秀吉建立關係。出兵參加小田原征伐戰，北條滅亡後得以安堵領地。但在1597年突然被剝奪領地，原因眾說紛紜沒有定論。

藤田康邦

生卒年／？～1555
出身地／武藏國（埼玉縣）？

原本是關東管領山內上杉家的家臣，掌握武藏國天神山城與花園城。但是當山內上杉開始衰退之時，他衡量局勢決定改而親向北條。北條氏邦成為他的女婿並繼承藤田家。隨後他前往用土城，改稱為用土氏。

反北條的

酒井胤治
生卒年／1536～1577
出身地／上總國（千葉縣）

上總土氣城主。因為主君千葉氏從屬北條，胤治被編入北條旗下。但北條氏康不信任胤治，造成胤治心生反感。終於在1564年的第2次國府台之戰前夕，倒戈投向里見。後來又投降北條。

梁田晴助
生卒年／？～？
出身地／下總國（千葉縣）

下總國關宿城主。出仕古河公方，在足利晴氏、藤氏父子敗給北條氏康時，駐守在古河城中。當上杉謙信攻入關東之時，晴助從屬謙信旗下與北條作戰。後來歸順武田信玄麾下。

結城晴朝
生卒年／1534～1614
出身地／下總國（茨城縣）

小山高朝之子，結城政勝的養子。當上杉謙信出兵關東之際，搖擺於上杉方與北條方之間。後來他跟宇都宮及佐竹聯手對抗北條。小田原征伐戰時加入豐臣陣營，收秀吉的養子秀康為養子。

真壁氏幹
生卒年／1550～1622
出身地／常陸國（茨城縣）？

常陸國真壁城主。早年出仕佐竹義重，在對北條戰線的最前線奮勇作戰。據說他是塚原卜傳的弟子，在戰場上揮舞著長樫棒作戰威震敵軍。他的渾名「鬼真壁」廣為人知。

千葉重胤
生卒年／1582～1633
出身地／下總國（千葉縣）？

千葉氏第32代當主兼下總佐倉城主。父親邦胤遭到家臣殺害，重胤作為人質被送到北條宗家。由於豐臣秀吉攻打小田原，北條氏滅亡。重胤的領地遭到沒收，成為浪人。

大田原晴清
生卒年／1567～1631
出身地／下野國（櫪木縣）

下野大田原城主。當豐臣秀吉發動小田原征伐戰時，雖然主君那須資晴拒絕出兵，晴清代替主君向秀吉低頭道歉，得以保全自己的領地。後來成為下野大田原藩的初代藩主。

第1次國府台之戰
國府城
江戶城
足利（敗）
國府台
北條（勝）
江戶灣
小弓城
足利義明

佐野宗綱
生卒年／？～1585
出身地／下野國（櫪木縣）？

下野國唐澤山城主。他與常陸的佐竹聯手對抗北條。1585年與北條軍武將長尾顯長在彥間對戰之際，受到敵人的挑釁單騎出陣，被敵軍的火槍擊斃。宗綱死後，佐野從屬於北條旗下。

佐竹義舜
生卒年／1470～1517
出身地／常陸國（茨城縣）

常陸國佐竹氏第16代當主。他是讓佐竹氏從常陸守護，轉變為戰國大名的功臣。太田城在1490年被山入氏以奇襲奪下，日後義舜成功奪回城池並滅了山入氏。他長年對抗白河結城氏，藉戰爭擴展領土。

佐竹義昭
生卒年／1531～1565
出身地／常陸國（茨城縣）

常陸國佐竹氏第18代當主。為了統一常陸國，跟小田氏、江戶氏交戰。山內上杉憲政在河越夜戰敗給北條，戰後憲政以讓出關東管領與上杉氏家名為條件，希望佐竹義昭提供庇護。但遭到佐竹義昭拒絕。

由良成繁
生卒年／1506～1578
出身地／上野國（群馬縣）？

最初是新田岩松家的家臣，他以下剋上壓倒主君。奪取了上野國的新田金山與新田領地。由良成繁同時與上杉謙信、北條氏康交好。後來為了締結越相同盟而奔走。

里見義堯
生卒年／1512～1574
出身地／安房國（千葉縣）

出身里見家的旁流，因為獲得北條的支援成功奪取家督，平定安房國。為了上總國的領地，他跟北條陷入全面抗戰。因為在戰場上處於劣勢，他跟出兵關東的上杉謙信聯手來打破僵局。被稱為「關東無雙的大將」。

里見義弘
生卒年／1530～1578
出身地／安房國（千葉縣）

里見義堯的嫡男。他讓小弓公方足利義明的遺女青岳尼還俗，並娶她為妻。後來迎娶古河公方足利晴氏的女兒為續絃。雖然在第2次國府台之戰吞敗，但在上總三船山之戰獲勝，將北條的勢力逐出上總國。

成田長泰
生卒年／？～？
出身地／武藏國（埼玉縣）

武藏國忍城城主。最初出仕上杉憲政，後來上杉謙信出兵關東時，他改投謙信麾下。當謙信在鶴岡八幡宮舉辦關東管領就任儀式時，成田長泰未下馬，被謙信用扇子打掉他的烏帽子。不甘受辱的長泰決定反抗上杉。

馳名的女性們

小松姬

生卒年／1573～1620
出身地／？

本多忠勝之女。為了要拉攏信州上田城主真田昌幸，德川家康收小松姬為養女，並讓她嫁給昌幸之子真田信之。關原之戰爆發時，她與夫君信之加入東軍、公公昌幸則加入西軍。

妙印尼

生卒年／1514～1594
出身地／？

由良成繁之妻。夫君是以下剋上，奪取上野新田金山城的武將。《由良家傳記》記載，北條以她的長男國繁與次男顯長為人質，要求讓出金山城。她用大砲守城並奪回兩個兒子。擁立孫子貞繁臣服於豐臣，確保5400石領地。

立花誾千代

生卒年／1569～1602
出身地／筑後國（福岡縣）

大友氏重臣立花道雪之女。她奉父親之命正式繼承立花的家督，後來由夫君立花宗茂以婿養子的身分繼承家督，她則成為女城主。由於宗茂在關原之戰加盟西軍，戰後被沒收領地，據說誾千代後來在肥後國隱居。相傳宗茂出兵遠征時，天下霸主豐臣秀吉趁機喚誾千代進城，誾千代命侍女們攜帶鐵炮隨行，才讓秀吉打消壞念頭。

北之夫人

生卒年／？～？
出身地／？

宇喜多家的家臣之女。她的夫君富田信高最初侍奉豐臣氏，在1600年的關原之戰加入德川家康為首的東軍。夫婦駐守在伊勢國的安濃津城，抵抗西軍的毛利、長束聯合軍進攻，在奮戰之後開城投降。傳說北之夫人穿戴緋威編製的鎧甲、頭戴二重黑革頭盔、手持片鎌槍，威風凜凜地在戰場上拯救自己的夫君。

波

生卒年／？～？
出身地／？

曾擔任河內守護大名的畠山昭高之女，嫁給播磨的別所義親為妻。夫君義親與外甥別所長治，堅守三木城對抗豐臣秀吉，死守城池兩年。義親打算切腹自盡，來保全城內士兵性命，卻被拒絕。據說他被城內的自己人殺害。波親手殺了自己的子女之後殉夫。

鶴姬

生卒年／1536～1575
出身地／備中國（岡山縣）

備中鶴首城主三村家親的長女，嫁給備前常山城主上野肥前守隆德。因為她的父親遭到宇喜多直家暗殺，隆德反抗宇喜多毛利聯軍。1575年常山城遭毛利軍包圍，隆德自盡。鶴姬率領城內30多名侍女殺出城外，最後在城內自盡。

黑木家永之女

生卒年／？～？
出身地／？

黑木家永是筑後國上妻郡貓尾城主，城池位於筑後要衝。周圍有大友、島津、龍造寺等有力戰國大名爭戰不休，黑木家雖然是擁有15城的名門，也得接連臣服於大友、龍造寺旗下。1584年被大友包圍，13歲的女兒為父親擔任介錯。

妙林尼

生卒年／？～？
出身地／？

豐後的大友宗麟家臣吉岡鑑興之妻。1583年夫君跟隨宗麟遠征日向，與島津軍交戰陣亡。後來她的兒子甚吉率兵支援宗麟，妙林尼下令加速加強城防，據城與島津對峙。一度開城讓敵軍放鬆警備，隨後趁著秀吉攻打島津，出兵追擊島津軍獲得戰果。

安

生卒年／？～？
出身地／？

能登末森城主奧村永福之妻。夫君原本是歷代侍奉前田家的家臣，因為織田信長命令利家繼承家督，夫君一度成為浪人，後來再度回歸前田家。當1584年佐佐成政攻打末森城，據說安煮粥鼓舞士兵，親自拿薙刀負責城內警備。

井伊直虎

生卒年／？～1582
出身地／遠江國（靜岡縣）

以男性名字自居的女城主。遠江井伊谷城主井伊直盛之女，被命名為象徵嫡男的「次郎法師」。她雖與直盛的養子直親締結婚約。直親戰死後，她擁立直親的兒子直政，以直虎之名成為城主。又稱為女地頭。直政是日後的德川四天王之一。

在亂世中

鶴姬

生卒年／1526～1543？
出身地／伊予國（愛媛縣）

伊予國大山祇神社的大宮司大祝安用之女。大內義隆為了掌握瀨戶內海，出兵攻打伊予河野氏，大祝氏出兵協助河野。兄長安房死後，16歲的鶴姬以陣代身分率一族出戰。她的戀人越智康成戰死後，她殉情自盡。在大山祇神社藏有鶴姬曾用過的鎧甲。

於市夫人

生卒年／？～？
出身地／？

奧州南津輕郡的田舍館城主千德政武之妻。政武高尚的人品受到領民的敬愛。意圖統一津輕的津輕為信，逼迫政武投降，政武在1585年自盡而死。於市夫人殉夫不成。成為弘前藩主的津輕為信，在1601年舉辦供養戰死者法會時，據說於市夫人在為信面前自盡。

阿南姬

生卒年／？～1602
出身地／陸奧國（宮城縣）？

伊達晴宗的長女。嫁給須賀川城主二階堂盛義，生下日後的蘆名盛隆。夫君盛義在1581年逝世，兒子盛隆在1584年遭家臣謀殺。她與外甥伊達政宗對立。蘆名氏滅亡後，政宗曾幾度勸她投降，都遭她拒絕。但須川城被攻陷後，她依舊受到政宗的庇護。

壽桂尼

生卒年／？～1568
出身地／山城國（京都府）

出身於藤原北家勸修寺流的中御門家。她成為駿河的守護大名今川氏親的正室，生下氏輝、義元等7子。夫君氏親早逝，她剃髮出家，號壽桂尼又稱大方殿。富有內政才能，前後輔佐氏親、氏輝、義元、氏真4代的今川家政務。又被稱為女大名、尼御台。

土田御前

生卒年／？～？
出身地／尾張國（愛知縣）

尾張清洲土田城主土田政久之女。成為織田信秀的側室，生下信長、信勝、阿市等子女。她厭惡被稱為大傻瓜的信長，寵愛品行端正的信勝。在織田家爆發家督爭奪戰時，她向信長求情希望能饒恕信勝，遭到信長拒絕。本能寺之變後，在信長次男信雄的庇護下渡過晚年。

慶誾尼

生卒年／？～1600？
出身地／肥前國（佐賀縣）？

龍造寺宗家的胤和之女。嫁給分家的龍造寺周家為正室，生下嫡男龍造寺隆信。1570年的今山之戰，隆信在佐賀城遭大友軍包圍。據說慶誾尼激勵隆信說「男兒應該視生死於度外而奮戰」。相傳卒年為1600年享壽92歲，但卒年有其他異說。

千代

生卒年／1557～1617
出身地／美濃國（岐阜縣）

美濃國郡上八幡城主遠藤氏之女。閨名有「千代」或「松」兩種說法。嫁給山內一豐，曾育有一女但是早夭。她撫養孤兒出身的名僧湘南宗化長大。為了讓夫君一豐出人頭地，拿出私房錢讓夫君買名馬，留下許多幫夫賢妻的故事。據說夫君死後，她隱居在湘南宗化居住的京都。

甲斐姬

生卒年／1572～？
出身地／武藏國（埼玉縣）

武藏國忍城城主成田氏長的長女。在豐臣秀吉攻打小田原之戰時，嫻熟武藝的甲斐姬駐守於忍城。她親上戰場，對抗進攻忍城的石田三成軍。傳說她在戰後成為豐臣秀吉的側室，但是後半生事蹟不明。一說她在大坂之陣時駐守城內，在城池被攻陷前逃出生天，在鎌倉東慶寺度過餘生。

鶴姬

義姬

生卒年／1548～1623
出身地／出羽國（山形縣）

山形城主最上義守之女。嫁給伊達輝宗生下政宗。比起政宗，她更寵愛政宗的弟弟小次郎（幼名竺丸）。據說她曾企圖下毒殺害政宗，有一說認為此事導致政宗未能即時前往小田原歸順秀吉。但是義姬晚年與政宗留下許多書信，許多人因此質疑毒殺逸話的真實性。

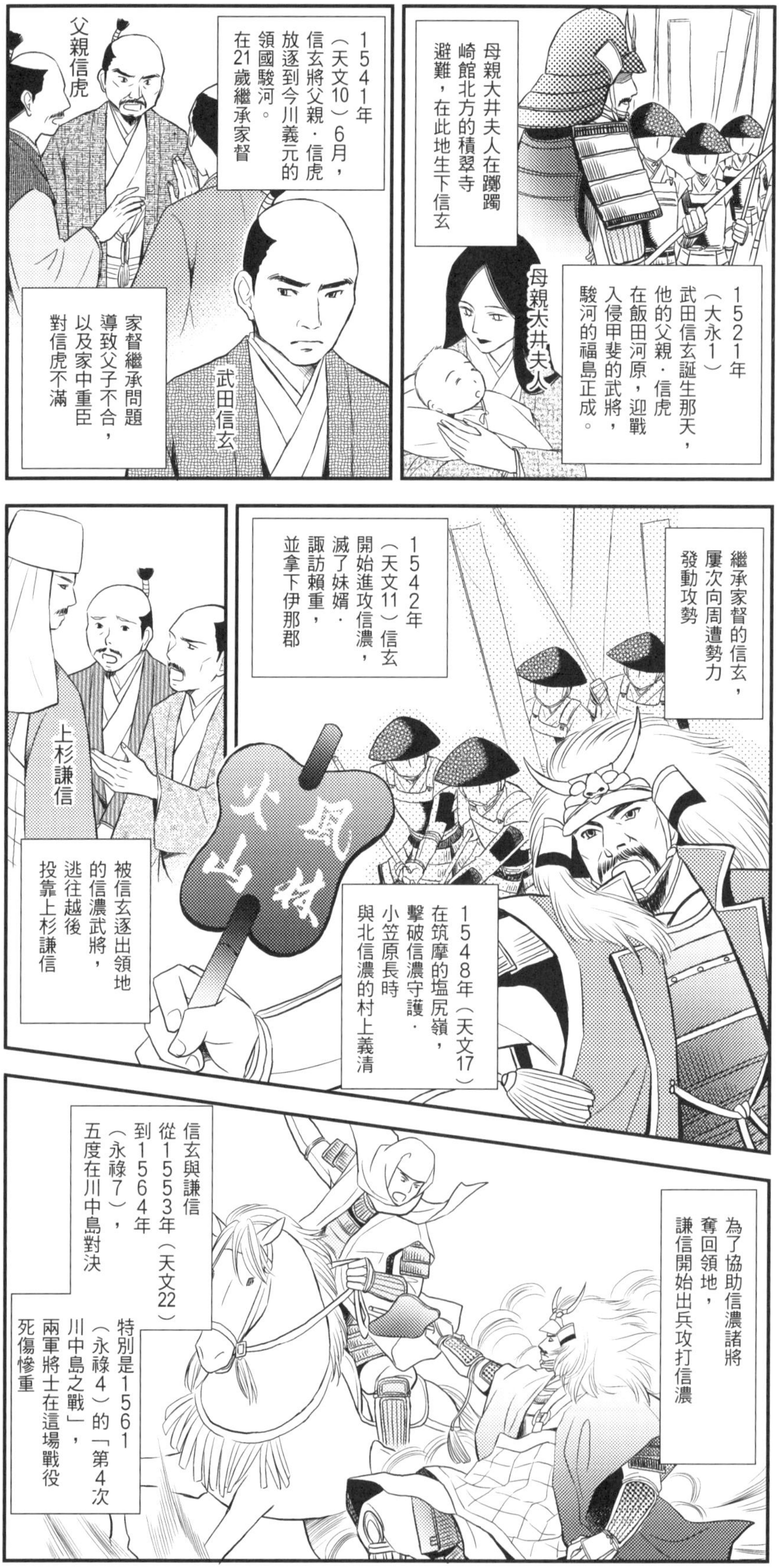

武田信玄

被譽為甲斐之虎，戰國首屈一指的名將

1521年（大永1）武田信玄誕生那天，他的父親・信虎在飯田河原，迎戰入侵甲斐的武將，駿河的福島正成。
母親大井夫人在躑躅崎館北方的積翠寺避難，在此地生下信玄
母親大井夫人

1541年（天文10）6月，信玄將父親・信虎放逐到今川義元的領國駿河。在21歲繼承家督
父親信虎
武田信玄
家督繼承問題導致父子不合，以及家中重臣對信虎不滿

繼承家督的信玄，屢次向周遭勢力發動攻勢

1542年（天文11）信玄開始進攻信濃，滅了妹婿・諏訪賴重，並拿下伊那郡

1548年（天文17）在筑摩的塩尻嶺，擊破信濃守護・小笠原長時與北信濃的村上義清

上杉謙信

被信玄逐出領地的信濃武將，逃往越後投靠上杉謙信

為了協助信濃諸將奪回領地，謙信開始出兵攻打信濃

信玄與謙信從1553年（天文22）到1564年（永祿7），五度在川中島對決

特別是1561（永祿4）的「第4次川中島之戰」，兩軍將士在這場戰役死傷慘重

生卒年 1521～1573年（大永1～元龜4）

出身地 甲斐國（山梨縣）

身分 武將

事蹟 放逐父親信虎繼承家督。積極地擴大領地。他與越後的上杉謙信在川中島展開五場激戰，被譽為是戰國時代首屈一指的名戰役。

歷史小知識

信玄的廁所… 武田信玄使用的廁所足足有六疊大（譯註約三坪）。採用水洗系廁所，引浴槽的水來使用，信玄稱之為「山」。家臣詢問理由時，信玄回答「山中草木（與臭味同音）不絕」。

名將的弱點
甲斐之虎
武田信玄！
其疾如風
其徐如林
ささっ
侵略如火
不動如山
いけー
唉啊！毒毛蟲！
這不是動了嗎

越後
越中
上野
飛驒
武田
美濃
信濃
甲斐
信玄攻打信濃木曾郡，藉以進攻飛驒
越過碓冰嶺攻打西上野

1565年（永祿8）信玄的嫡男．義信謀反之事敗露
1567年（永祿10）信玄下令命義信自盡

1572年（元龜3）信玄展開西上作戰
12月在「三方原之戰」擊敗德川．織田聯合軍

信玄強化家臣團組織，制定了分國法《甲州法度之次第》。長達33年的治世與廣大的勢力版圖，受到後人稱頌

武田軍團勢如破竹，但信玄在1573年（元龜4）正月，包圍野田城時發病
返回甲斐的途中，在信濃駒場病逝

專欄

擁有水軍的信玄

甲斐國雖然是不靠海的山國，但是戰國大名武田信玄卻擁有水軍。

1560年桶狹間之戰，今川氏敗給了織田信長而逐漸沒落，武田信玄藉機進攻駿河，在沿海地區與北條氏對峙。信玄拉攏了原本屬於舊今川水軍的伊丹氏、岡部氏，接著從伊勢挖角小濱氏、向井氏等水軍大將，組成了武田水軍。

以駿河的江尻城、袋城、持舟城作為武田水軍的基地。

《甲陽軍鑑》記載武田信玄、勝賴父子兩代，甲州武士的理念、事蹟、戰爭。此書記載武田水軍曾和北條水軍在駿河灣發生數次海戰。但在1582年信長進攻甲斐滅了武田之後，據說武田水軍勢力就此分崩離析。

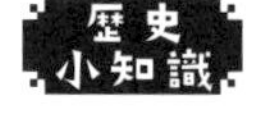
歷史小知識

善於用人的名將… 信玄曾說「自己的用人之道，並非使喚人物，而是利用這個人的特長」。信玄的部下岩間大藏左衛門是個膽怯的武士，信玄則適才任用地任命他為軍監。

武田勝賴

背負武田家衰敗命運的武將

武田勝賴是
武田信玄的4男，
繼承母親的
諏訪氏家名
1562年
（永祿5）成為
伊那郡高遠城主
但在1565年
（永祿8）因為信玄的
嫡男・義信企圖謀反之事
敗露。勝賴取代義信，
成為武田的繼承者

1572年（元龜3）
武田信玄發動
西上作戰，著手攻略
遠江、三河地區
同年12月的
「三方原之戰」，
武田軍擊敗織田・德川
聯合軍，勢如破竹般進擊
風林火山
但在1573年
（元龜4）正月，
信玄病逝於信濃駒場。
勝賴繼承武田

武田軍
所向無敵!!
出兵壓制
周邊諸國!!
勝賴數次
向東美濃、
奧三河、
遠江出兵

1575年（天正3）
武田勝賴與織田・德川聯合軍，
為爭奪三河國長篠城展開戰爭。
史稱「長篠之戰」
武田勝賴軍在聯合軍的
馬防柵，與鐵炮隊※的集中
攻擊下慘敗

生卒年 1546～1582年（天文15～天正10）

出身地 甲斐國（山梨縣）

身 分 武將

事 蹟 武田信玄的4男。信玄死後背負起武田氏，雖然領國比信玄時代更廣大。但敗給織田信長而滅亡。

※近年日本學界認為，鐵炮戰術並非決定長篠之戰勝敗的主因。

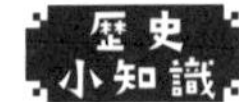
歷史小知識

死前舉辦元服… 在天目山之戰畫下人生句點的勝賴，先為嫡男・信勝行著鎧之禮後才自盡。因為信勝還沒執行元服儀式，勝賴在死前特地為兒子行初次著鎧儀式。

武田的版圖
在長篠之戰後
逐漸縮小，
沉重的軍役
導致領地凋敝，
家臣陸續倒戈
1582年（天正10）
木曾義昌暗通
織田信長、
穴山信君暗通德川家康

信玄時代的許多重臣
戰死於此戰役

勝賴接受
小山田信茂的提案，
打算撤退到岩殿城
（山梨縣大月市）
小山田信茂

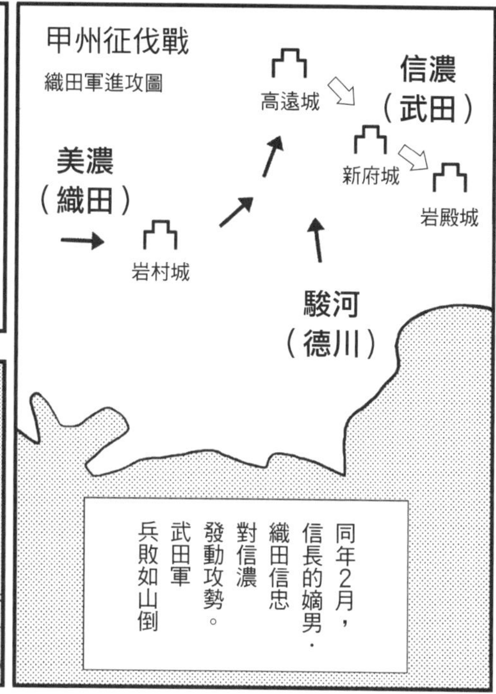
甲州征伐戰
織田軍進攻圖
信濃
（武田）
高遠城
新府城
岩殿城
美濃
（織田）
岩村城
駿河
（德川）
同年2月，
信長的嫡男．
織田信忠
對信濃
發動攻勢。
武田軍
兵敗如山倒

但因為信茂背叛，
進退維谷的勝賴在田野
（甲州市）與妻兒
一同自盡
戰國時代的名門．
武田氏，在勝賴父子的
自盡畫下句點

專欄

流傳到江戶時代的信玄後人

1582年3月，織田信長攻打甲州，戰國時代首屈一指的名門武田氏滅亡。其實武田信玄的血脈，仍然延續到江戶時代。

1582年武田氏滅亡之時，有兩位信玄的直系血親倖免於難。那就是信玄的次男．龍芳之子信道，與信玄的7男．信清。

信清一度藏身於高野山，隨後到昔日的敵人上杉氏的領國．越後避禍，受到上杉景勝的庇護成為上杉家臣。此外，信道曾受到武田遺臣．大久保長安的保護。但在長安死後，他生前的罪被揭發於世（冤獄事件），信道受連坐被流放到伊豆大島。後來信道的子孫得到幕府的寬恕，以高家身分復興。

一度認為已經滅絕的武田氏血脈，其實綿延到江戶時代之後。

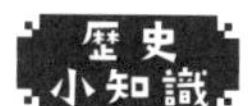
歷史小知識

太強反而遭到負評？… 根據《甲陽軍鑑》評論，勝賴是個過於強大的大將，反而招來武田的滅亡。主要原因是過於強大而缺乏慎重。

山本勘助

殞命於川中島，信玄珍而重之的軍師

以武田信玄的軍師而聞名的山本勘助，生平充滿了謎團
關於他的出身，有三河國牛窪鄉，或是駿河國富士郡山本鄉等說法

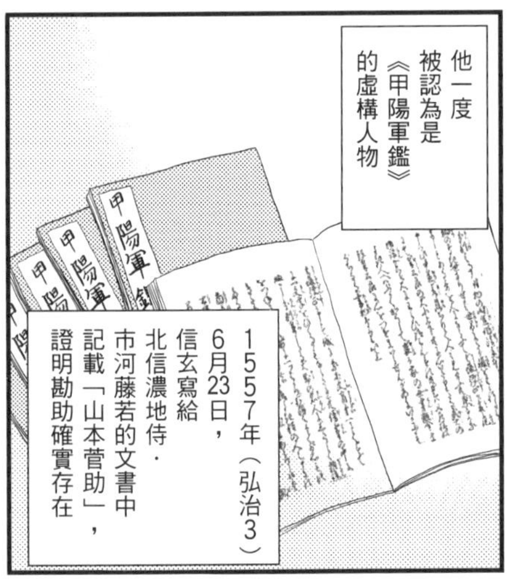
他一度被認為是《甲陽軍鑑》的虛構人物
1557年（弘治3）6月23日，信玄寫給北信濃地侍・市河藤若的文書中記載「山本菅助」，證明勘助確實存在

據說勘助流浪於各國，收集戰國大名的情報

1543年（天文12）勘助透過諏訪城代・板垣信方介紹，得以出仕信玄
武田信玄
信玄認同他的實力，任命他為足輕大將

此外勘助精通兵法，據說信玄奉他為軍師並予以重用

「甲斐之虎」武田信玄與「越後之龍」上杉謙信，在第4次川中島之戰激戰
武田軍依照勘助的戰略行動

生卒年 ?～1561年（?～永祿4）

出身地 三河國（愛知縣）

身分 武將

事蹟 流浪諸國後出仕武田家。以信玄的軍師在各地築城並且規劃戰略。戰死在第4次川中島之戰。

歷史小知識

遭到野豬攻擊？… 山本勘助除了樣貌醜惡，單目失明且手指不靈活，一隻腳還跛足的身障者。傳說山本勘助狩獵野豬時受傷，導致一隻眼睛失明，其中一隻腳也因此受傷。

即使特地露出破綻，也沒辦法把他引出來嗎？
武田軍為了引誘上杉軍出兵，特地橫向越過上杉軍本陣。但上杉軍不為所動
引不出來的話，就把他趕出來吧

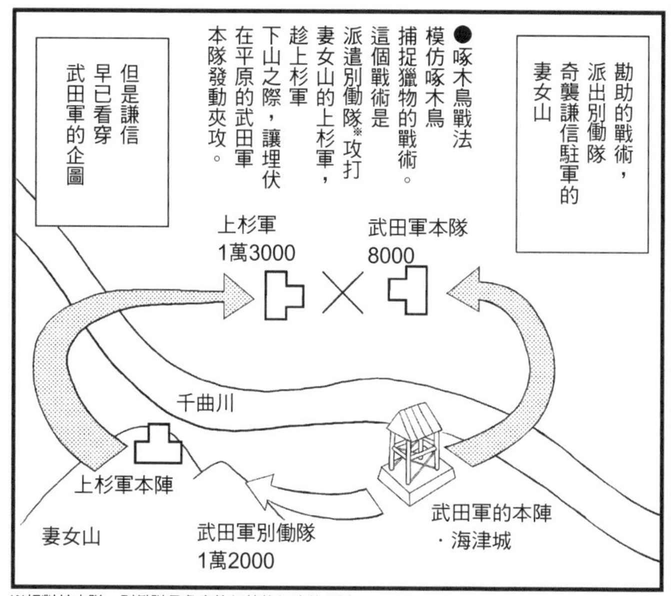

勘助的戰術，派出別働隊奇襲謙信駐軍的妻女山
●啄木鳥戰法
模仿啄木鳥捕捉獵物的戰術。這個戰術是派遣別働隊※攻打妻女山的上杉軍，趁上杉軍下山之際，讓埋伏在平原的武田軍本隊發動夾攻。
但是謙信早已看穿武田軍的企圖
武田軍本隊
8000
上杉軍
1萬3000
千曲川
上杉軍本陣
妻女山
武田軍別働隊
1萬2000
武田軍的本陣
．海津城

※相對於本隊，別働隊是負責執行其他任務的分隊。

妻女山那邊沒有戰鬥的跡象
當武田軍佈陣在八幡原時，周邊被河霧所覆蓋
當河霧散開的同時，才發現上杉軍早已嚴陣以待
這是怎麼回事！
我的計策失敗了！事到如今只能硬上了！

勘助知道自己的戰術失敗，據說他親自殺入重圍壯烈戰死

專欄

戰國時代軍師的職責

不只是山本勘助，有名的戰國武將幾乎都有軍師在身旁。雖然軍師的工作，主要是向主君獻策給予建議，或是規劃戰略，除此之外還有其他重要的工作。

對戰國武將來說，決戰日的天氣對於戰術的影響非常大。晴天或是雨天、風向、風的強弱，這些天候要素都會影響作戰的方法。特別是使用鐵炮，事前的天氣預測就更加重要。雖然能用物品覆蓋槍身、或是採用雨天也能發射鐵炮的輔助方法，但還是沒有比掌握空氣濕度更好的方法。

從以上的情況來看，許多軍師都具備預測天氣的技巧，稱為「觀天望氣」。戰國時代的軍師，同時身兼氣象預報員的身分呢。

歷史小知識

被今川家拒絕… 山本勘助出仕武田之前，曾是今川家的老臣．庵原安房守的食客。但是今川義元不願聘用勘助，據說理由是因為勘助的容貌過於醜陋。

真田昌幸

令家康畏懼，深謀遠慮的智將

真田昌幸之父·真田幸隆，是信濃國小縣郡真田的領主。敗給村上義清之後逃往上野國
後來出仕武田晴信（信玄）得以收復故土
武田信玄
真田昌幸（幼名·源五郎）
真田昌幸是幸隆的3男，在7歲成為信玄的近習

昌幸在信玄麾下發揮才能
得以繼承甲斐的名門·武藤家
但在1575年（天正3）的長篠之戰，武田對上織田·德川聯合軍
昌幸的兩位兄長·信綱與昌輝戰死，昌幸返回真田家

1582年（天正10）武田氏滅亡後，真田從屬於織田
本能寺之變後，真田改從屬於北條、德川氏

德川家康跟北條氏政和解，要求昌幸把真田奪下的沼田城還給北條

生卒年 1547～1611年（天文16～慶長16）

出身地 信濃國（長野縣）

身分 武將

事蹟 因為兩位兄長戰死而繼承真田家督。在武田滅亡後獨立。曾經兩度在上田合戰重挫德川軍。

歷史小知識

父親還是兒子？… 1614年大坂冬之陣爆發。德川家康聽聞「真田進入大坂城」，立刻詢問「是父親還是兒子？」。因為昌幸曾兩度擊退德川軍，讓家康甚為恐懼。

這是我們
拚死得到的領土，
不是德川
恩賞的土地！
昌幸
回絕家康
的要求
德川家康
從屬我
德川的傢伙，
竟然敢反抗！
立刻出兵教訓他！

1585年（天正13）
第一次上田合戰爆發。
憤怒的家康
派兵攻打上田城，
遭昌幸擊退
上田城
1587年
（天正15）昌幸
與家康和解，
從屬於秀吉旗下

1600年
（慶長5）
關原之戰，昌幸與
次男幸村（信繁）
堅守在上田城
絆住正要前往
關原參戰的
德川秀忠大軍，史稱
「第二次上田合戰」

昌幸與幸村
改判流放
九度山，
昌幸在
1611年
（慶長16）逝世
昌幸的嫡男
真田信之加入東軍。
關原之戰後，
多虧真田信之
拚死求情

專欄

眞田父子是庶民的英雄

真田昌幸、幸村父子，是從江戶時代就廣受庶民百姓歡迎的人氣武將。特別是大坂人大多同情豐臣，據說父子兩人在大坂的人氣更旺。

真田昌幸與幸村參加日暮西山的豐臣家，挺身對抗德川的大軍，他們活躍的形象讓人大呼痛快。關於他們的傳說，當然有許多是後世虛構。但不管任何時代，弱者竭盡智慧與勇氣對抗強敵的故事，總是能引起百姓的共鳴。成立於江戶中期的軍記物《真田三代記》、《難波戰記》，讓他們成為廣為人知的英雄。

隨著時間進入大正時代，立川文庫再次描寫真田父子的活躍。侍奉幸村的「真田十勇士」在此時登場，讓當時的孩童們深深著迷，奠定了真田父子的高人氣。

真田與忍者？… 真田一族麾下有許多忍者。真田的領地通往信州修驗道的聖地．四阿山。據說真田家自古以來跟山中的修行者有密切的關係，因此能驅使許多忍者。

武將們

小幡昌盛

生卒年／1534～1582
出身地／甲斐國（山梨縣）

小幡虎盛之子。侍奉信玄、勝賴兩代。根據《甲陽軍鑑》記載，他的父親虎盛1561年逝世，他繼承家督，據說他跟父親負責輔佐春日虎綱。他曾經多次上書希望成為信玄旗本，反而被命切腹。後來勝賴赦免他，並命他為足輕大將。他的兒子小幡景憲是甲州流軍學者。

秋山信友

生卒年／1531～1575
出身地／甲斐國（山梨縣）

甲斐武田家的譜代家老眾。1541年武田家當主從信虎變成信玄，他在同一年元服。根據《甲陽軍鑑》記載，隔年攻打諏訪賴重是他的初陣。他後來擔任信濃國伊那郡代、信濃高遠城主、美濃岩村城主。長篠之戰後，岩村城受到織田信忠攻擊，他以讓出城池為條件投降，反而遭到信長處以磔刑。

小山田信有

生卒年／？～1552
出身地／甲斐國（山梨縣）

甲斐國都留郡的領主。迎娶信玄父親武田信虎之妹為正室。1535年北條軍越過籠坂嶺攻打都留郡，他與勝沼的地方勢力一起抗敵。此外，武田信玄正式展開信濃攻略戰時，他率軍出征在信濃打了好幾場戰爭。1547年攻打志賀城時立下戰功，據說娶了城主笠原清繁之妻。

穴山信君

生卒年／？～1582
出身地／甲斐國（山梨縣）

他的名號梅雪極富盛名。他身為甲斐武田氏的一門眾，母親是信玄的姐姐南松院，正室是信玄的女兒見性院，因此他跟武田宗家關係密切。以下山館為居城兼任駿河江尻城主。在武田滅亡後臣從於德川家康。1582年本能寺之變發生時，他跟家康都在堺港。後來個別行動時遭到殺害。

高坂昌信

生卒年／1527～1578
出身地／甲斐國（山梨縣）

信濃海津城主。根據《甲陽軍鑑》記載，他是甲斐八代郡石和鄉的豪農春日大隅之子。又稱源五郎、彈正忠，最有名的是高坂彈正。他奉信玄的命令繼承高坂家。1561年的第4次川中島之戰，據說他擊敗上杉軍的殿軍。此外據說他是編撰《甲陽軍鑑》的人物。

甘利虎泰

生卒年／？～1548
出身地／甲斐國（山梨縣）

甘利家是武田一條氏的後裔。他侍奉信虎、信玄兩代，在1547年信濃佐久郡的志賀城攻略戰立下戰功。但在隔年武田對村上義清的上田原之戰，他跟板垣信方雙雙戰死。

葛山信貞

生卒年／？～1582
出身地／甲斐國（山梨縣）

武田信玄的六男，又稱十郎，母親是油川夫人。他迎娶駿河駿東郡的領主的女兒阿淵為妻，以婿養子的身分繼承葛山家的家督，後來奉命防守小田原北條氏。1582年織田信長出兵攻打甲州，相傳葛山信貞在甲斐善光寺自盡身亡，葛山氏因此滅亡。

海野幸貞

生卒年／？～1583
出身地／信濃國（長野縣）

海野氏是信濃國小縣郡的領主，是信州滋野一族的主流家系。他自稱為三河守。當武田信玄進攻信州時，他向信玄輸誠並被納入武田麾下。在長野縣上田市的生島足島神社，保有武田家臣團向信玄提出的誓書。根據誓書的內容，海野幸貞是海野12人眾的首席。

木曾義昌

生卒年／？～1595
出身地／信濃國（長野縣）

信濃木曾的領主。他侍奉武田信玄、勝賴兩代。迎娶信玄之女真龍院為正室。在1582年叛離勝賴，倒戈投向織田軍。此事成為信長攻打甲州的導火線。戰後除了木曾之外，他得到安曇、筑摩2塊新領地。本能寺之變後從屬於德川家康。但在1600年，他的兒子義利那一代被改易。

小幡虎盛

生卒年／？～1561
出身地／遠江國（靜岡縣）

出身於遠江，跟隨父親虎次一起前往甲斐。父親戰死後，他在14歲繼承家督。侍奉武田信繩、信虎、信玄三代。信虎賜予他偏諱「虎」字，改名為虎盛。他跟原虎胤在1521年迎戰駿河的福島正成軍，斬下敵將的首級立下戰功。武田五名臣的一員。

輔佐武田家的

御宿友綱

生卒年／？～？
出身地／駿河國（靜岡縣）？

原本是駿河駿東郡御宿的領主，今川義元的家臣葛山氏元的姪子。據說從武田信玄年輕的時候就侍奉信玄。除了武將的身分之外還是個醫生，據說曾經治療臥病在床的信玄。在1580年隱居，將家督讓給兒子御宿政友。一說認為他在武田滅亡後被處刑，也有一說認為武田滅亡後他倖免於難。

原虎胤

生卒年／1497～1564
出身地／下總國（千葉縣）？

武田五名臣之一。侍奉武田信虎、信玄兩代。據說他在1521年的甲斐飯田河原之戰，斬殺今川武將福島正成。後來因為觸犯武田制定的法律而出奔，一度投身北條，後來又重新回到信玄旗下。原虎胤勇猛善戰，有鬼美濃、夜叉美濃等稱號。

仁科盛信

生卒年／？～1582
出身地／甲斐國（山梨縣）

武田信玄的5男。他繼承信濃安曇郡的仁科氏，1581年成為高遠城主。隔年織田信忠率軍進攻甲斐，曾要求仁科盛信投降被拒。盛信在城外奮戰後自盡身亡。

原昌胤

生卒年／？～1575
出身地／甲斐國（山梨縣）

原昌俊的嫡男，是武田二十四將其中一員。他身為信玄的宿老，名列為譜代家老眾之一。信玄攻下駿河之後，他以奏者的身分聞名，負責許多關於治理駿河的朱印狀。被任命為侍大將，渾名「鬼美濃」。信玄幾場重要的戰爭，他都有參陣同行。在信玄病逝後，他戰死於1575年的長篠之戰。

兩角虎定

生卒年／？～1561
出身地／？

早年的經歷事蹟不明。他的姓也可寫作「諸角」、「室住」。身為信玄的重臣，據說曾擔任信濃國柏鉢城代。在1561的第4次川中島之戰陣亡。死後由他的兒子昌守繼承家督。但在1570年，昌守與原昌胤相爭，據說兩角家恐怕被沒收領地。此後史料中再也沒有兩角一族的紀錄。

武田信廉

生卒年／？～1582
出身地／甲斐國（山梨縣）

武田信玄的弟弟，據說長相跟信玄一模一樣。他曾經好幾次擔任信玄的影武者，據說就算信玄的近侍也分辨不出來。1573年信玄在西征途中病逝，信廉隱瞞了他的死訊撤回甲斐。信廉出家後號「逍遙軒」，擅長繪畫。他畫父親武田信虎的畫像，以及母親大井夫人畫像都流傳至今。

保科正俊

生卒年／1509～1593
出身地／信濃國（長野縣）

原本是信濃國高井郡的國人領主。武田信玄攻打信濃時，他一開始反抗信玄後來轉為臣服。一生中曾經37次立下戰功，善於使用長槍，被稱為「槍彈正」。在《甲陽軍鑑》中，他跟高坂昌信、真田幸隆並稱「戰國三彈正」。他扶持日益衰退的武田氏，他的兒子正直後來臣服德川家康。

內藤昌豐

生卒年／？～1575
出身地／甲斐國（山梨縣）？

原本姓工藤，出仕信玄之後改姓內藤。他的父親工藤虎豐是信玄的父親信虎的家臣。《甲陽軍鑑》記載，他在第4次川中島之戰※，身為大將率領別働隊，攻打妻女山上的上杉軍。1563年武田攻下箕輪城，這座西上野的戰略要地。內藤昌豐被任命為箕輪城代，主要負責上州主奉行等職務。

長坂光堅

生卒年／？～1582
出身地／甲斐國（山梨縣）

甲斐武田氏的譜代家老眾，出身小笠原氏庶流。侍奉武田信玄、勝賴兩代。又稱長閑齋、釣閑齋。1582年織田信長攻打甲州時，他選擇殉主，跟隨武田勝賴自盡而亡，據說他的兒子筑後守在甲斐古府中被殺害。他受到勝賴重用，在《甲陽軍鑑》被寫成一個奸臣。

初鹿野昌次

生卒年／1545～1624
出身地／甲斐國（山梨縣）

因為初鹿野忠次戰死於1561年的第4次川中島之戰，由他來繼承初鹿野家。他的陣羽織上面寫著將棋的「香車」，背面則寫著「成金※」，因此又被稱為香車傳右衛門。侍奉信玄、勝賴兩代。在武田滅亡之後出仕德川家康。據說他老年參加大坂之戰，立下了戰功。

※在將棋規則中，殺入敵陣的香車能夠升級，稱為成金。

※一般認為內藤昌豐未參加第４次川中島之戰。當時他駐守信濃深志城。

武田家的當主與主要家臣們

武田信繁

生卒年／1525～1561
出身地／甲斐國（山梨縣）

武田信玄的弟弟，因為他的官職是左馬助，唐名稱為「典廄」。被稱為「典廄」的他是武田二十四將的副大將。當信玄在1541年放逐父親信虎時，信繁就已經決定跟隨兄長，避免此事造成甲斐國內產生混亂。他在信玄麾下，活躍於各個戰役。他在1561年的第4次川中島之戰，奮戰之後戰死。

武田義信

生卒年／1538～1567
出身地／甲斐國（山梨縣）

武田信玄的嫡男，生母為三條夫人。義信在1552年迎娶今川義元的女兒為正室，他也是歷代武田氏中第一個拜領室町幕府將軍偏諱的人。身為武田家的嫡男，未來無可限量。但因為今川在桶狹間之戰後衰敗，他與父親信玄產生衝突。1565年企圖謀反被發現，被幽禁在東光寺之後自盡身亡。

飯富虎昌

生卒年／？～1565
出身地／甲斐國（山梨縣）

甲斐國巨摩郡飯富村的領主。侍奉武田信虎、信玄兩代，擔任信玄的嫡男義信的傅役※。他曾經一度跟諏訪氏連手反抗信虎，後來得到寬恕。但在1565年義信謀反事件被揭露後，他被認定為主謀，被判處切腹自盡，飯富家因此斷絕。據說舉發這件事的人，是他的弟弟源四郎（山縣昌景）。

武田信虎

生卒年／1494～1574
出身地／甲斐國（山梨縣）

武田信玄之父。在武田宗家的家督爭奪戰中獲勝，統一甲斐全境。將居館從世居的石和搬遷到甲府。信虎在1541年被嫡男晴信（信玄）放逐到駿河，不過他比信玄更長壽。1573年他受邀前往信濃高遠城，在武田的重臣面前拔刀，嚇壞了周遭群臣。

小山田信茂

生卒年／1539～1582
出身地／甲斐國（山梨縣）

甲斐武田氏譜代家老眾之一。都留郡主小山田信有的次男。1582年織田信長攻打甲州時，武田勝賴將居城新府城燒毀之後，出發前往小山田信茂的岩殿城。信茂卻半途後悔，拒絕讓勝賴入城。進退維谷的勝賴，前往天目山的途中自盡身亡。因為信茂背叛武田的不忠行為，後來被織田信忠問責殺害。

板垣信方

生卒年／？～1548
出身地／信濃國（長野縣）

侍奉武田信虎、信玄兩代的股肱重臣。武田二十四將其中一名成員。當信玄放逐父親信虎，繼承家督之後，板垣信方處於武田家臣團的首席地位。活躍於信玄的信濃攻略戰，被信玄任命為諏訪城代，率領諏訪眾活躍於沙場。但在1548年的上田原之戰，敗給村上義清而戰死。

山縣昌景

生卒年／？～1575
出身地／甲斐國（山梨縣）

武田四天王之一。原本名為飯富源四郎，是飯富虎昌的弟弟。1565年信玄的嫡男義信的謀反事件中，他的兄長虎昌被認定是主謀，遭信玄判處自盡。這件事是源四郎本人向上通報，事件之後他改姓山縣，名列侍大將、譜代家老眾。信玄死後仍忠心輔佐勝賴，在1575年長篠之戰，戰死沙場。

馬場信春

生卒年／1515？～1575
出身地／信濃國（長野縣）

出身教來石氏，繼承馬場之後成為武田家的譜代家老眾。從信玄的父親信虎的時代就侍奉武田家。相傳他參加了信玄的初陣，攻打海之口城並斬殺城將平賀玄心。據說也參加了1541年，信玄放逐信虎的計畫。在1575年的長篠之戰，負責斷後而戰死沙場。

武田信繁
板垣信方
山縣昌景

真田幸隆

生卒年／1513～1574
出身地／信濃國（長野縣）

信濃國小縣郡的豪族海野氏的分支。1541年的海野平之戰，因為戰敗一度失去領地。後來出仕武田信玄，得以收復昔日領地。後來以信濃先方眾的身分活躍於沙場。在幾次的川中島之戰中，經常擔任武田軍的前鋒。他是打造真田氏根基的人物，也是真田幸村的祖父。

※傅役是教育、指導並保護貴人的子嗣。通常由家中重臣擔任。

對抗武田的信濃國群將

若槻清尚

生卒年／？～1548
出身地／信濃國（長野縣）？

北信濃的國人村上氏的家臣。受領名為左京亮。當1538年越後守護代長尾晴景進攻北信濃時，他在稻附村奮戰，斬下敵軍13人首級。追隨村上義清，屢次對抗武田信玄。但在1548年的上田原之戰，雖然武田軍兵敗撤退，但是清尚卻在此戰陣亡。

小笠原長時

生卒年／1514～1583
出身地／信濃國（長野縣）

信濃國守護，同時也是深志城主。人稱右馬助、信濃守，官位是從五位上。治理信濃國中央地帶的安曇、筑摩兩郡，但在1548年的塩尻嶺之戰敗給武田信玄，撤退到根據地的林城。但在1550年，林城也被武田軍攻陷而沒落。1583年，他受到蘆名盛氏的庇護，但被自己的家臣給殺害。

笠原清繁

生卒年／？～1547
出身地／信濃國（長野縣）

信濃國佐久郡的國人，志賀城主。據說出身源自諏訪氏。當甲斐的武田信玄宮打佐久時，他得到西上野豪族的支援，用行動表現出反武田的立場。但是信玄在1547年攻打志賀城，歷經激戰之後志賀城被攻陷，清繁也戰死。而清繁的夫人得以生還，後來嫁給小山田信有。

藤澤賴親

生卒年／？～？
出身地／信濃國（長野縣）

信濃國伊那郡福与城主。正室是小笠原長時的妹妹。1542年遭到武田信玄的攻擊而投降，後來幾度背叛又投降。據說他晚年前往京都，臣從於三好長慶，但是確切的時間不明。當長慶勢力沒落後，他前後替鞍臣從武田、織田。織田信長死後，他打算臣從北條氏直但不被允許，最後自盡而死。

須田信賴

生卒年／？～？
出身地／信濃國（長野縣）

信濃國高井郡須坂鄉的領主，以須田城作為根據地。臣從於北信濃的國人村上義清旗下，與甲斐的武田信玄交戰。後來接受真田幸隆的勸誘，轉降於武田信玄。《甲陽軍鑑》記載他的軍役為70騎。信玄死後，他轉而從屬上杉景勝。後來因為涉嫌勾結德川，被上杉的島津淡路守斬殺。

清野信秀

生卒年／？～1565
出身地／信濃國（長野縣）

出身是信濃國的國人村上氏的旁流。自稱為伊勢守，鞍骨城主。他臣從於村上義清旗下，與甲斐的武田信玄交戰。在1550年的戶石城之戰，倒戈投向武田，後來又再次從屬村上義清。當村上義清敗給信玄之後，他跟義清一起逃往越後。在1559年再次臣從武田，得以拿回昔日領地。

高遠賴繼

生卒年／？～1552
出身地／信濃國（長野縣）

信濃國伊那郡的領主，諏訪氏的族人。雖然他娶諏訪賴滿的女兒為正室，但他野心勃勃地想要取代諏訪賴重，贏得諏訪氏惣領職位。他與信玄連手擊敗諏訪賴重，但是卻無法獲得諏訪的惣領職位，因此起兵反武田。後來想要向信玄投降，卻被迫在甲府自盡身亡。

諏訪賴重

生卒年／？～1542
出身地／信濃國（長野縣）

信濃國一之宮諏訪大社的大祝。他迎娶武田信玄的妹妹彌彌為正室，與武田保持良好關係，但在信玄正式攻打諏訪的時候，雙方成為敵對狀態。他戰敗後從上原城逃往桑原城，向信玄投降卻被迫在甲府的東光寺切腹自盡。他是武田勝賴的外公，他的女兒諏訪御料人成為信玄的側室，生下勝賴。

平賀玄心

生卒年／？～1536
出身地／信濃國（長野縣）

信濃國佐久郡平賀城主。又稱為源心、玄信。他出家法號「玄心」，俗家名是平賀成賴。他與武田信玄的父親信虎相爭。根據《甲陽軍鑑》記載，1536年武田攻打佐久郡的海之口城，玄心率領城內士兵堅守一個多月。但是這座城卻被初次上戰場的信玄用計策奪下，玄心戰死。

雨宮正利

生卒年／？～1548
出身地／信濃國（長野縣）？

信濃國鞍骨城主清野信秀的兒子。他成為雨宮昌秀的養子，擔任唐崎城主。自稱刑部、三郎兵衛。由於出身是村上一族，他跟隨村上義清，對抗進攻信濃的武田信玄。1548年的上田原之戰，村上聯軍擊敗武田軍，但是正利在這場戰爭中陣亡。

村上義清

兩度擊敗武田信玄的北信濃勇將

村上義清是信濃埴科郡的葛尾城主
村上義清
他的家系可以追溯到名門・信濃村上源氏。幼名武王丸，成年後通稱左衛門佐
1541年（天文10）他與武田信虎、諏訪賴重聯手攻打小縣郡海野氏，擴大勢力版圖
武田信虎
諏訪賴重

但是當武田信玄消滅諏訪氏之後，他與信玄產生對立

1548年（天文17）上田原之戰，義清擊敗武田軍。武田損失了板垣信方、甘利虎泰、初鹿野傳右衛門等重臣

1550年（天文19）

義清在砥石城之戰，再次擊敗武田軍

武田軍在此戰，折損武將橫田高松與1200名士兵

可恨！難道就拿村上義清沒辦法嗎？

幸隆！

交給在下來辦吧。

真田幸隆

很好

將這封信還有黃金，交給義清的家臣……

遵命

生卒年 1503～1573年（文龜3～天正1）

出身地 信濃國（長野縣）

身分 武將

事蹟 以北信濃為根據地的武將。在武田信玄剛開始攻略信濃時，曾經兩度擊退信玄，後來兵敗逃往越後，成為謙信的家臣。

歷史小知識

笄之渡口… 1553年葛尾城被攻陷時，村上義清的妻子乘船從千曲川河畔逃往力石地區。當時她將頭上的笄送給船夫做為謝禮，此地稱為「笄之渡口」。

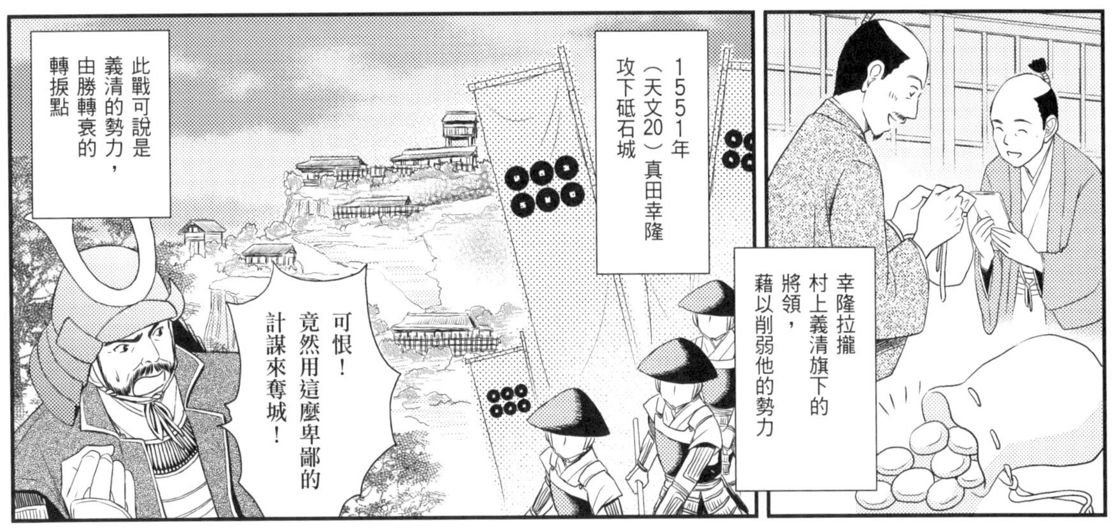
幸隆拉攏村上義清旗下的將領，藉以削弱他的勢力
1551年（天文20）真田幸隆攻下砥石城
可恨！竟然用這麼卑鄙的計謀來奪城！
此戰可說是義清的勢力，由勝轉衰的轉捩點

1553年（天文22）根據地葛尾城也被攻陷

上杉謙信
葛尾城
砥石城
躑躅崎館
武田信玄

義清試著奪回城池卻未能成功，被步步逼入絕境

1561年（永祿4）

一說村上義清在第4次川中島之戰，斬下信玄之弟・武田信繁的首級

義清前去投靠越後的上杉謙信

義清投靠謙信，這件事是引發川中島之戰的原因之一

後來義清移居越後的頸城郡根知，在此地病逝

專欄

制定劃時代戰術的村上義清

村上義清可以說是武田信玄前半生最大的勁敵。信玄一生曾經參與70多場戰役，有3場戰役確定是信玄吞敗。而其中2場則是敗給了村上義清。甚至可以說，村上義清等同於武田信玄在戰場上的老師。

義清的武勇在當時赫赫有名。據說他在戰場上，總是身先士卒突擊敵軍。話雖如此，但他絕非只知道往前衝的猛豬型武將，而是利用長槍施展了名為「槍衾」的卓越戰術。懂得有效率地使用長槍的武將，在當時還不多。從這一點來看，義清是個不受刻板印象束縛，思考很靈活的武將。但由於義清跟信玄的國力差距懸殊，他才會逃亡到越後投靠上杉謙信吧。

歷史小知識

供養塔… 江戶時代前期1657年，奉行長谷川安左衛門利次建造村上義清的供養塔。他是管理越後高田藩的坂本5000石的奉行。供養塔現存於長野縣埴科郡坂城町。

戰國時代極富盛名的名勝負！

川中島之戰

甲斐的武田信玄與越後的上杉謙信，兩人都是戰國時代首屈一指的名將。
兩雄在信州・川中島展開決戰。
兩位名將在同一個地點纏鬥10年，交鋒多達5次，可說是戰國時代的特例。

甲斐的武田信玄向信濃展開攻勢
川中島
信濃
越後
甲斐
疾如風徐如林掠如火不動如山
織田信長最畏懼的最強軍團，武田軍，打著風林火山的旗號，只差一步就要稱霸信濃全境
武田信玄

被信玄奪走領地的信濃國領主們前去投靠越後的上杉謙信
上杉謙信的個性，非常重視義理……
從信玄的角度來看，他的下個目標就是我的領地越後吧！
上杉謙信

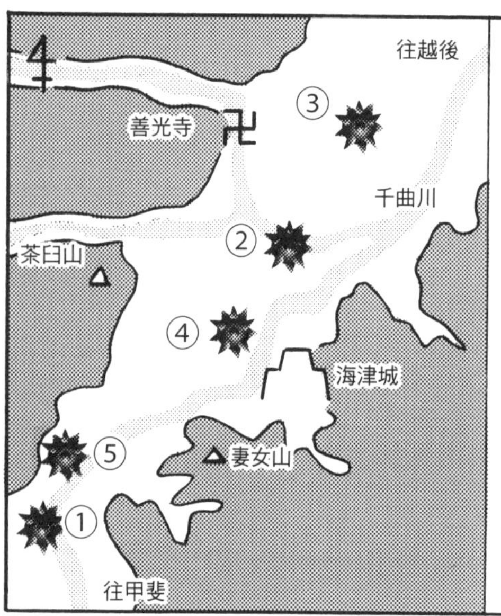

往越後
③
善光寺
千曲川
②
茶臼山
④
海津城
⑤
妻女山
①
往甲斐

如此一來，武田信玄與上杉謙信為了信濃的霸權，在川中島展開了激戰

①1553年（天文22）「第1次 八幡之戰」
經歷小規模交戰之後，兩軍撤兵

②1555年（弘治1）「第2次 犀川之戰」
兩軍對峙長達120天，雙方在今川義元的調停下撤兵

③1557年（弘治3）「第3次 上野原之戰」
武田信玄率軍進逼，上杉謙信展開反攻
雙方在足利義輝的命令下談和

④1561年（永祿4）「第4次 八幡原之戰」
兩軍對峙60天後展開大戰，雙方都傷亡慘重打成平手

⑤1564年（永祿7）「第5次 塩崎對陣」
雙方率軍對峙，雙方都不戰而撤兵

歷史小知識 **善光寺…** 位在善光寺平的名剎・善光寺，是川中島之戰的舞台。寺院受到戰亂的影響而一度荒廢。憂心忡忡的信玄，將善光寺供奉的佛像本尊移置甲府。創立了甲斐善光寺。

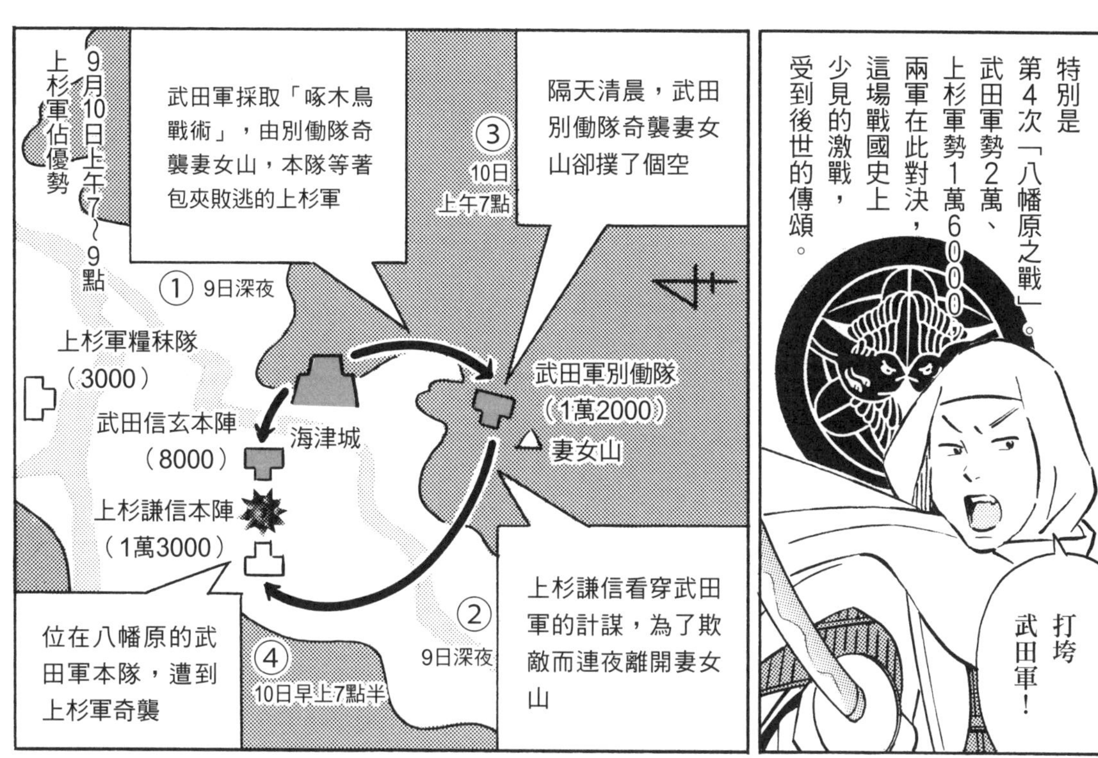
特別是第4次「八幡原之戰」。
武田軍勢2萬、上杉軍勢1萬6000，
兩軍在此對決，這場戰國史上少見的激戰，受到後世的傳頌。
打垮武田軍！
9月10日上午7～9點
上杉軍佔優勢
武田軍採取「啄木鳥戰術」，由別働隊奇襲妻女山，本隊等著包夾敗逃的上杉軍
③ 10日上午7點
隔天清晨，武田別働隊奇襲妻女山卻撲了個空
① 9日深夜
上杉軍糧秣隊（3000）
武田信玄本陣（8000）
海津城
武田軍別働隊（1萬2000）
妻女山
上杉謙信本陣（1萬3000）
② 9日深夜
上杉謙信看穿武田軍的計謀，為了欺敵而連夜離開妻女山
④ 10日早上7點半
位在八幡原的武田軍本隊，遭到上杉軍奇襲

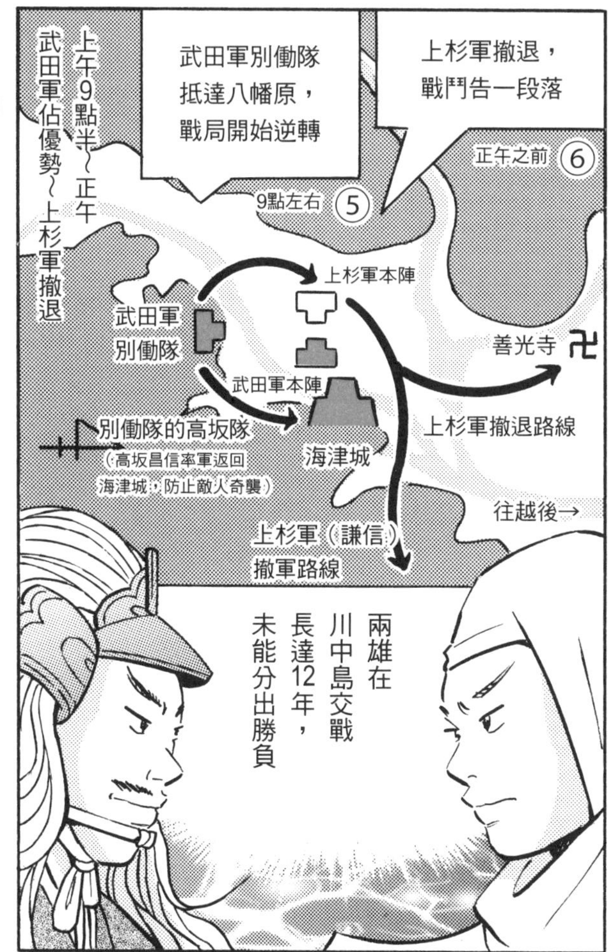
上午9點半～正午
武田軍佔優勢～上杉軍撤退
武田軍別働隊抵達八幡原，戰局開始逆轉
上杉軍撤退，戰鬥告一段落
⑥ 正午之前
⑤ 9點左右
上杉軍本陣
武田軍別働隊
善光寺
武田軍本陣
別働隊的高坂隊
（高坂昌信率軍返回海津城，防止敵人奇襲）
海津城
上杉軍撤退路線
往越後→
上杉軍（謙信）撤軍路線
兩雄在川中島交戰長達12年，未能分出勝負

面臨突如其來的上杉軍，武田軍陷入大混亂……
上杉軍將計就計取得優勢。
信玄之弟・信繁與山本勘助戰死，武田軍陷入危機。
在此同時，奇襲妻女山的別働隊終於趕抵八幡原戰場
合力夾擊上杉軍！
戰場局勢一口氣產生逆轉

歷史小知識
河川改道…第4次川中島之戰，上杉軍悄聲從妻女山撤退，在半夜於「雨宮渡口」渡河。這裡是賴山陽「鞭聲肅肅夜渡河」歌詠川中島之戰的名場景。

上杉謙信

自詡為軍神的聖將

生卒年 1530～1578年（享祿3～天正6）

出身地 越後國（新潟縣）

身分 武將

事蹟 取代兄長成為長尾家的家督。接納流亡的上杉憲政，後來繼承了上杉的姓氏與關東管領職，轉戰各地。在戰場上無人能出其右。

1530年（享祿3）越後守護代長尾為景之子・虎千代（日後的上杉謙信）誕生

越後

為景

為景生前將守護代職位，交給虎千代的兄長・長尾晴景

當時的越後處於豪族割據的局面，長尾晴景沒有統御豪族的能力

キリッ…

晴景

虎千代（日後的謙信）

虎千代（改名為長尾景虎）雀屏中選取代兄長

就交給我來辦！

景虎不負期待，他憑藉戰鬥天才與人望，讓豪族們降服，統一越後全境

他的武功以及人品廣受矚目，就連其他國家的人也來拜託他

在甲斐的武田信玄的攻勢下，許多信濃的領主前來求助於他

ペコリ

請務必助我們一臂之力！

這就是1553年（天文22）川中島之戰的開端

無法饒恕武田信玄！

後世將景虎（謙信）與信玄視為勁敵，稱謙信為「越後之龍」，稱信玄為「甲斐之虎」

歷史
小知識

小時候就好戰… 上杉謙信在幼年時代就喜歡玩戰爭遊戲。據說他少年時代在林泉寺修行之時，曾製作山的模型，喜歡將人偶分為攻守兩軍來進行模擬戰。

1557年（弘治3）關東管領上杉憲政，敗給相模的北條氏康，逃往越後投靠景虎

※關東管領：室町幕府任命，負責輔佐鎌倉公方管理東國的職位

1560年（永祿3）景虎與上杉憲政一同攻入關東，隔年包圍北條氏康的居城小田原城。但因為受到北條軍的反擊以及武田信玄趁機進攻信濃，最終不得不撤軍

越後
進攻
信濃
甲斐
北條
小田原城

由你來繼承關東管領吧

上杉憲政

在上杉憲政的懇託之下，長尾景虎改名為上杉政虎。結束包圍小田原城，在歸途上繼承了關東管領的職位

務必阻止跋扈的北條，讓關東恢復原有的秩序。

ぐっ…

我會為了朝廷、將軍家、以及百姓而努力！

1570年（元龜1）改名為上杉謙信。在1578年準備出兵攻打關東的前夕，謙信因為腦溢血而猝逝。

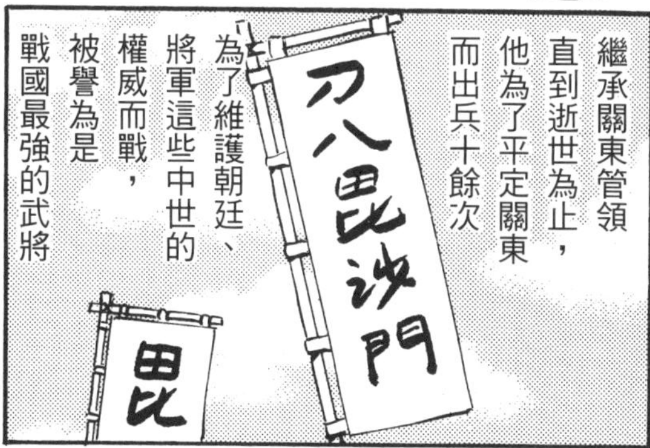
繼承關東管領直到逝世為止，他為了平定關東而出兵十餘次
刀八毘沙門
為了維護朝廷、將軍這些中世的權威而戰，被譽為是戰國最強的武將
毘

專欄

謙信是毘沙門天的化身？

上杉謙信向來篤信毘沙門天，出陣前習慣在春日山城的毘沙門堂誦經。話說回來，毘沙門天是怎樣的神明呢？

毘沙門天原本是佛教的守護神之一。據說是將梵文的Vaiśravaṇa，用同音字寫成「毘沙門」。祂的佛像大多呈現憤怒相，右手持戟、左手托著寶塔，身披鎧甲的武將模樣。

日本從中世以來，將祂供奉為戰神。除了謙信之外，有許多武將也信仰祂。不過只有謙信，認為自己就是毘沙門天的化身。據說曾有幾位家臣表示想要信奉毘沙門天，謙信回答「沒有這個必要。因為毘沙門天就在你們的眼前」。

歷史小知識

好酒的謙信… 謙信是有名的愛酒家。在山形縣米澤市的上杉神社，藏有謙信實際使用過的馬上盃，大小跟碗差不多。想必謙信在戰場上用它來飲酒吧。

上杉景勝

保存上杉家遺風至江戶時代的大名

生卒年 1555～1623年（弘治1～元和9）

出身地 越後國（新潟縣）

身　分 武將

事　蹟 上杉謙信的養子。在御館之亂獲勝後繼承家督。被任命為豐臣政權的五大老。關原之戰投身西軍，戰後被改封至出羽米澤。

1555年（弘治1）越後坂戶城主・長尾政景的次男，上杉景勝誕生。景勝10歲那年，成為越後守護上杉謙信的養子

長尾政景　仙桃院　謙信（景虎）

景勝　景虎　景勝

養子

謙信膝下無子，另外還收養了北條氏康的7男景虎為養子

※另有一說認為是氏康的3男

謙信大人

景勝

但謙信在1578年（天正6）猝逝。導致景勝與景虎爭奪家督繼承權，史稱「御館之亂」

我跟景虎都是謙信大人的養子，誰會繼承家督呢……

う〜ん…

謙信大人沒有親生兒子

景虎

一開始是景虎占上風，他有北條氏與伊達氏等有力大名做後盾。景勝則居於劣勢

主公，如果向武田勝賴大人討救兵呢？
說到武田勝賴，他不就是武田信玄的兒子，同時是武田家當主嗎？
上杉家跟武田家，是「川中島之戰」的宿敵。竟然向宿敵之子求援？
咦？
直江兼續
景勝苦思之後，接受直江兼續的建議。先發制人出兵佔據春日山城，贏得御館之亂的勝利

歷史小知識

不笑的景勝… 據說景勝幾乎不會將自己的感情表露出來。終其一生，只曾在家臣面前笑過一次。據說是景勝看到飼養的猴子，坐在他的位子模仿他的模樣。

在豐臣政權之下，
景勝在1598年
（慶長3）
從越後春日山，
移封到陸奧會津
120萬石。
成為豐臣五大老之一。
豐臣秀吉
五大老
景勝
德川家康
毛利輝元
前田利家
宇喜多秀家

豐臣秀吉死後，
景勝與企圖奪取
政權的德川家康對立
長谷堂城
1600年（慶長5）
爆發「關原之戰」。
此時景勝參加西軍陣營，
在東北地區的
「長谷堂城之戰」
對抗伊達政宗、
最上義光等東軍將領。
此戰稱為
「東北的關原之戰」。
當西軍在
「關原之戰」
主戰場敗北，
景勝決定撤兵

隔年景勝
向德川家康謝罪。
家康下令減封，
命景勝從陸奧會津，
轉封到出羽米澤30萬石
ペコリ
德川家康

移封之後，
上杉家的領地
縮小到只剩4分之1
在江戶幕府政權下，
景勝努力打造米澤藩的基業

專欄

謙信的遺體在米澤落腳

景勝在御館之亂贏得勝利，他對於聖將上杉謙信的尊敬之意非常深厚。

謙信逝世後，家臣讓他的遺體披上鎧甲後入棺，為了要保持遺體端正，將漆灌入棺木來固定。後來景勝在文祿之戰等戰役立下功勞，名列五大老之一，並從越後轉封到會津，在關原之戰後又轉封到米澤。謙信的棺木也跟著上杉家，一起搬運到米澤。據說上杉落腳米澤之後，在米澤城本丸的高台上興建了佛堂，中央放置謙信的靈柩，兩邊則配祀佛像。

米澤城在明治時代被拆解，謙信的遺體搬遷到現在的御廟所。現在位於米澤市內的上杉家御廟所，中央是謙信的祠堂，兩邊則是歷代米澤藩主祠。

對天主教寬容… 江戶幕府公布禁教令後，景勝向幕府回報「領地內並無天主教徒」，實際則保護領地內的基督徒。此事被記載於《日本切支丹宗門史》。

上杉一族

長尾重景

生卒年／？～1482
出身地／越後國（新潟縣）

室町時代後期的武將，擔任越後守護代，是上杉謙信的曾祖父。原本是越後長尾家的分家，在本家滅亡後，被守護上杉房定拔擢為守護代。他跟隨房定轉戰關東，立下戰功。上杉房定的次男上杉顯定在1482年繼任關東管領。重景協助上杉顯定，促成幕府與古河公方和解。

上杉景虎

生卒年／1552～1579
出身地／相模國（神奈川縣）？

北條氏康的七男，初名為氏秀。原本成為武田信玄的養子，因為甲相駿三國同盟破局，被送回北條。後來北條與上杉締結越相同盟，他成為越後的上杉謙信的養子，並且迎娶上杉景勝的妹妹為妻。他在御館之亂敗給景勝，逃跑到鮫尾城後，面臨四面楚歌的困境決定自盡而死。

長尾房景

生卒年／？～？
出身地／越後國（新潟縣）

長尾房景出身栖吉長尾氏，栖吉城主。上杉景信之父。在1495年前後，房景的父親孝景隱居，將家督交給年幼的他。越後守護代長尾為景以下剋上，逼死越後守護上杉房能。關東管領上杉顯定是房能的親哥哥，他進攻越後為弟報仇。此時房景加入為景陣營。謙信的母親虎御前的出身是栖吉長尾氏。

長尾能景

生卒年／1459～1506
出身地／越後國（新潟縣）

上杉謙信的祖父，侍奉越後守護上杉房定、房能兩代。雖然職位是守護代，但等到房定死後，他一手掌握越後的實權。1504年，能景出兵武藏，去解救在立河原之戰大敗而陷入危機的關東管領上杉顯定。1506年，能景出兵越中攻打一向一揆，戰死於沙場。

長尾為景

生卒年／？～1536
出身地／越後國（新潟縣）

上杉謙信之父。為景的父親長尾能景在般若野之戰喪命，他繼任長尾家的家督，成為越後守護代，同時是春日山城主。1507年的天水越之戰，他戰勝越後守護上杉房能，另立新守護上杉定實。為景晚年將家督交給嫡男晴景，但反而引起越後國內混亂，最後失意而死。

長尾房長

生卒年／？～1552
出身地／越後國（新潟縣）

上田長尾氏之祖，坂戶（南魚沼市）城主。他是上杉謙信的姊夫長尾政景的父親。房長跟謙信的父親為景不合。關東管領上杉顯定攻打越後的時候，他加入顯定陣營擊敗為景。後來為景重振聲勢，房長歸順為景成為家臣。1552年逝世，由嫡男政景繼承家業。

長尾義景

生卒年／？～？
出身地／越後國（新潟縣）

他是坂戶城主長尾政景之子，母親是上杉謙信的姊姊仙桃院。雖然身為嫡男，似乎在10歲左右就夭折。義景的卒年不詳，他的父親政景在1564年猝死，而他的弟弟顯景就是後來的上杉景勝。政景跟仙桃院還育有兩女，分別嫁給上杉景虎、上條政繁。

上杉景信

生卒年／？～1578
出身地／越後國（新潟縣）

他是長尾房景之子，古志長尾氏的當主兼栖吉城主。1561年，關東管領上杉憲政在鎌倉的鶴岡八幡宮，將上杉姓賜給景虎（後來的謙信）。景信在此時也改姓上杉，成為一門眾。根據《上杉家軍役帳》，景信的軍役排名第三，僅次於謙信的養子景勝以及山浦國清，是家中的重臣。戰死於御館之亂。

上杉景虎
御館之亂

長尾晴景

生卒年／？～1553
出身地／越後國（新潟縣）

長尾為景的嫡男，同時也是上杉謙信的哥哥。拜領室町幕府第12代將軍足利義晴的偏諱「晴」字。父親為景將家督之位交給他，但因為他體弱多病，無法駕馭旗下諸將，導致越後陷入混亂。也許因為這個原因，他跟弟弟景虎（謙信）對立。1548年，他在守護上杉定實的調停下，將家督交給景虎。

上杉家的主要家臣們

前田慶次

生卒年／？～？
出身地／？

前田利家的哥哥利久的養子。一說認為他是瀧川一益之子，本名為前田利益。因為叔父前田利家繼承前田家宗家的家督，慶次跟養父離開荒子城，據說一度成為浪人。後來慶次前往金澤，利家賜予他6000石領地，但他出奔離開。隨後出家，自稱「穀藏院忽之齋」居住在京都。又前往陸奧會津出仕上杉景勝，俸祿2000石。當時他以傾奇者武將的身分聞名於世，但同時代的史料又記載他是「徒者（毫無用處之人）」，利家為他的行為傷透腦筋。另一方面，他擅長文藝，據說他曾講述《源氏物語》並精通《伊勢物語》。在米澤的博物館，展示著相傳慶次使用的紅色鎧甲。

長尾政景

生卒年／？～1564
出身地／越後國（新潟縣）

出身上田長尾氏，他是長尾房長之子，越後國坂戶城主。正室是上杉謙信的姊姊仙桃院。他不滿謙信繼承長尾家的家督，在1550年舉兵謀反，隔年降伏。後來成為謙信的重臣，統領旗下的上田眾。1556年，謙信打算丟下家督之位出家，在政景的說服下打消念頭。他在1564年奉命留守春日山城，可見他受到謙信的信賴。1564年，琵琶島城主宇佐美定滿邀請他到野尻池遊湖，兩人酒醉溺斃。據說他跟仙桃院的感情非常融洽。

宇佐美定滿

生卒年／？～1564
出身地／越後國（新潟縣）

越後國琵琶島城主。被稱為上杉四天王，名列越後十七將的一員。他以上杉謙信軍師的身分聞名，一般稱他是宇佐美定行。他的父親宇佐美房忠，是越後國守護上杉定實的部下。他的父親房忠，在戰場上敗給謙信的父親長尾為景而死。隨後定滿侍奉為景的兩個兒子，謙信的哥哥晴景與謙信。關於他的生年有幾種異說，永祿年間（1558～70）他應該已經超過70歲，推測他此時應該已經因為年老而隱居。他在1564年7月，邀請長尾政景去野尻池遊湖，跟政景雙雙溺斃。這件事有許多疑點。一來政景過去曾經對謙信謀反，也有一說認為謙信下令，命令定滿除掉政景。

色部勝長

生卒年／？～1568
出身地／越後國（新潟縣）

越後平林城主，自稱為修理亮。色部勝長是侍奉長尾為景、晴景、上杉謙信三代的宿老。1561年的第4次川中島之戰，他奉命監控海津城動態並立下戰功，謙信賜予他赫赫有名的「染血的軍功狀」。1568年本庄繁長舉兵謀反謙信，他一起出兵討伐。雖然包圍本庄城，但受到本庄軍的夜襲而戰死。

柿崎景家

生卒年／？～1575？
出身地／越後國（新潟縣）

越後柿崎城主，他是支撐越後長尾（上杉）氏的一員大將。自稱為和泉守。在上杉謙信麾下擔任奉行。1559年謙信第二次上洛，他隨同謙信上洛。1561年的第4次川中島之戰，他擔任先鋒與武田軍交戰。他不僅武勇過人，也擅長政務，為謙信與北條氏康締結同盟立下功勞。

本庄繁長

生卒年／1539～1613
出身地／越後國（新潟縣）

越後國本庄城主。在1561年的第4次川中島之戰，以游擊軍的身分參戰。他與甲斐的武田信玄暗中往來，在1568年舉兵反抗上杉謙信。上杉家在謙信死後爆發御館之亂，他加入上杉景勝陣營，攻打新發田重家立下戰功。景勝轉封到陸奧國會津時，繁長成為福島城代。

新發田重家

生卒年／？～1587
出身地／越後國（新潟縣）

新發田綱貞之子，揚北眾佐佐木黨的一員。他最初繼承五十公野家，因為兄長長敦病死所以回來繼承新發田家。1578年的御館之亂，他參加景勝陣營。戰後對於論功行賞不滿，決定暗通織田信長。他在信長死後陷入困境，新發田城在1587年被攻陷，他銜城奮戰後自盡而死。

直江兼續

才能超越上杉景勝的名宰相

生卒年 1560～1619年（永祿3～元和5）

出身地 越後國（新潟縣）

身分 武將

事蹟 自幼成為上杉景勝的近習，後來以執政的身分輔助景勝。關原之戰起兵攻打最上領地，戰後向家康謝罪。移封米澤後致力推動藩政。

1560年（永祿3）
直江兼續誕生。
他是越後的上田長尾氏
的家臣・樋口兼豐
之子，幼名為與六

越後

從今天開始，
你要盡心侍奉喜平次
（上杉景勝的通稱）
大人

1564年（永祿7）
聰慧過人的
與六，在5歲那年
成為上杉謙信的養子・
上杉景勝的近習

父・樋口兼豐

1581年（天正9）
兼續22歲，
迎娶上杉家重臣・
直江景綱之女，
繼承直江家的家督

此後他成為
上杉家的重臣，
擔任檢地總奉行、
藏入地奉行等重要職務

阿船夫人

上杉謙信猝死後，
景勝與景虎為了
繼承家督而開戰。
兼續搶先控制住
謙信遺留下的黃金、
印鑑、武器等資源，
讓景勝獲得勝利

上杉景勝

1598年（慶長3）
主君上杉景勝，
從越後春日山轉封到
陸奧會津120石，
兼續成為
出羽米澤城主，
領地6萬石

出羽米澤
（現在的山形縣
米澤市）

越後

歷史
小知識

愛之頭盔… 直江兼續的頭盔上裝飾著「愛」字，受後人津津樂道。關於愛字的由來，目前以武將信奉的神明，愛宕權現或是愛染明王的說法最為有力。

請恕在下辭退邀請。兼續曾發誓，今生要侍奉的主公只有一人
豐臣秀吉
豐臣秀吉死後，掌握政權的德川家康命令上杉景勝上洛，兼續代替主君寫信回絕家康的要求
成為天下人的豐臣秀吉，欣賞直江兼續的才幹。曾開出厚祿想要聘用兼續作為直臣，兼續卻一口回絕
在下的主君除了上杉景勝之外，別無他人
我從來沒見過這麼無禮的信！
後世稱這封信為「直江狀」，此信讓家康決定攻打會津，成為關原之戰的導火線
德川家康

因為西軍在關原之戰中敗北，家康下令讓上杉景勝移封到出羽米澤30萬石
直江兼續在戰後仍然得到景勝的信賴，負責上杉家的戰後處理，解決治理新領地的諸多問題來推行藩政
長谷堂之戰
（東北的關原之戰）
最上義光
伊達政宗
VS
上杉景勝
直江兼續

兼續推行的政策，在江戶時代被用來教育米澤的藩士子弟
不可被逆境低潮打敗。為了和平的時代，一定要打造全新的施政方針才行！

專欄

相貌秀俊的兼續

直江兼續畢生盡心侍奉上杉景勝，據說他相貌秀俊。兼續年幼的時候，被上杉謙信的姐姐．仙桃院看重而成為景勝的近習。據說仙桃院第一眼注意到的是兼續的容貌。兼續長大之後，有提及他相貌的史料也不少。例如江戶時代中期編撰的《常山紀談》記載「（兼續）魁梧，（風格跟品味）百中選一，是個精通學問詩歌，文武雙全的武士」。《名將言行錄》則記載「（兼續）身高挺拔，容貌端正、言談爽朗」。

如此看來，直江兼續不只才幹與學識過人，容貌也討人喜歡。除此之外，兼續還是一個愛妻家，他的伴侶只有正室阿船夫人，未收側室。

歷史小知識

給閻羅王的信… 兼續的家臣斬殺舉止無禮的僕役，僕役的遺族心生不滿而上訴。兼續命家臣支付賠償金，但遺族堅持要讓死者復生。據說兼續因此為遺族寫信給閻羅王。

上杉家臣們

神余親綱

生卒年／？～1580
出身地／？

越後上杉家的旗本眾。神余氏擔任上杉的「京都雜掌」，留駐京都負責上杉與朝廷、公家、室町幕府的折衝協調。親綱後來從京都前往越後，在1577年擔任三條城主。御館之亂爆發時，他原本參加景勝陣營，後來轉向景虎陣營而兵敗。御館之亂同年，他在城內被山吉豐守的舊臣殺害。

色部顯長

生卒年／？～1587
出身地／越後國（新潟縣）

色部勝長之子，名為彌三郎。他是越後國平林城主，揚北眾的一員。他的父親勝長在攻打本庄城時戰死，他在1569年繼承家督，謙信賜名「顯長」。1571年攻打本庄繁長時立下戰功。自幼體弱多病的顯長，在1576年將家督讓給弟弟長實之後隱居。

上條政繁

生卒年／？～？
出身地／能登國（石川縣）？

能登國守護畠山義續的次男，又名義春，擔任上條城城主。他迎娶上杉景勝的妹妹為正室。謙信死後，1578年爆發御館之亂，他參加景勝陣營立下戰功，後來擔任越中國松倉城的城將等職務。但是他跟景勝對信州的統治方針，意見日益分歧而出奔。據說晚年成為德川家康門下的食客。

五十公野信宗

生卒年／？～1587
出身地／越後國（新潟縣）

揚北眾的一員。初名為長澤勘五郎，原本是長澤筑前守的小姓。長澤氏歸順謙信之後，他也出仕謙信，獲得三條的領地，並引用地名，自稱三條道如齋。1578年的御館之亂，他參加上杉景勝陣營，後來成為五十公野城主。但是日後他參加新發田重家陣營與景勝為敵，被景勝軍圍攻之下自盡身亡。

竹俣慶綱

生卒年／1524～1582
出身地／越後國（新潟縣）

越後揚北眾的一員。竹俣城主。身為上杉謙信的近臣，他在謙信死後出仕景勝。1561年的川中島之戰，他以游擊身分監控海津城動態。據說他在這場戰爭中，即使馬鞍損壞仍奮勇作戰。1581年，他奉命守備越中魚津城，隔年遭到織田家的柴田勝家攻擊，在魚津城自盡身亡。

大熊朝秀

生卒年／？～1582
出身地／越後國（新潟縣）

據說大熊氏是越後國守護上杉氏旗下，負責掌管財政的家族。大熊朝秀以箕冠城主身分歸順上杉謙信，被任命為奉行，負責徵收段錢（稅金）。1556年謙信打算出家時，他跟甲斐的武田信玄暗中往來。當會津的蘆名盛氏攻入越後之時，他與蘆名聯合作戰。戰敗後逃往甲斐，隨後出仕武田信玄。

山本寺定長

生卒年／？～？
出身地／越後國（新潟縣）

山本寺據說源自越後國守護上杉氏的庶流。定長身為不動山城的城主，名列上杉謙信旗下「直太刀之眾」其中一員。因為謙信曾任命他指導上杉景虎，他在1578年的御館之亂參加景虎陣營，他在兵敗後拋下城池失蹤。他的弟弟景長參加景勝陣營，後來代替兄長繼承家督。

柿崎晴家

生卒年／？～？
出身地／越後國（新潟縣）

柿崎城主柿崎景家之子。1570年的越相同盟，他以上杉人質的身分，被送到小田原。解除同盟關係後，回到越後。父親景家死後，他成為柿崎家的當主。1578年的御館之亂，晴家加入上杉景虎陣營，據說在春日山城內被刺殺。因為他的兒子柿崎憲家加入景勝陣營，柿崎家得以保全。

吉江資堅

生卒年／1537～1582
出身地／近江國（滋賀縣）

出身近江國。他在上杉謙信的晚年，成為謙信的部下擔任旗本。謙信死後爆發御館之亂，他加入上杉景勝陣營立下戰功。他深受景勝信賴，被任命駐守越中魚津城。1582年織田軍大將柴田勝家攻陷魚津城，吉江資堅自盡身亡。他自盡那天，正好是本能寺之變發生的第二天（6月3日）。

北條高廣

生卒年／？～？
出身地／越後國（新潟縣）

越後國北條城主。他出仕長尾為景、晴景二代，但他在1554年聯合甲斐的武田信玄，起兵反抗長尾景虎（上杉謙信）。隔年向謙信投降，再度歸順謙信。後來成為上野國廄橋城主，負責關東地區的軍事指揮。此外，在1561年的第4次川中島之戰，他以御手迴眾的身分參戰。

其他的

吉江宗信

生卒年／1505～1582
出身地／越後國（新潟縣）

越後國吉江城主。出仕上杉謙信、景勝二代。活躍於討伐一向一揆等戰役。他在1582年與山本寺定長、中條景泰、竹俣慶綱等人駐守越中松倉城。但在隔年，松倉城受到柴田勝家率領的織田軍圍攻。松倉城在本能寺之變的隔天被攻陷，宗信與其他將領戰死。

千坂景親

生卒年／？～？
出身地／越後國（新潟縣）

越後國缽盛城主。出仕上杉謙信、景勝二代。在《上杉家軍役帳》記有他的名字，負責58人的軍役。上杉景勝主政的時代，他擔任京都伏見御留守役，以及伏見普請總奉行。後來景勝轉封到陸奧國會津，他領有陸奧國大沼郡5500石。景勝轉封米澤後，他從1603年起擔任米澤藩的江戶家老。

山岸隼人佐

生卒年／？～？
出身地／？

越後國黑瀧城主。出仕上杉謙信、景勝二代。生年不詳，但在《上杉家軍役帳》記載他的名字，在上杉家中負責長槍兵35人、手明10人、鐵炮兵2人、大小旗3張、騎馬武士5騎的軍役。謙信逝世後，家中爆發御館之亂，他參與上杉景勝陣營立下功勞。

直江景綱

生卒年／？～1577
出身地／越後國（新潟縣）

越後國與板城主。出仕長尾為景、晴景、上杉謙信三代。在謙信麾下擔任奉行，在外交上發揮才能。他身為七手組大將的一員，在軍事上也很活躍。名諱的「景」字，是謙信還名為長尾景虎的時候所賜予。第4次川中島之戰，他奉命擔任軍奉行。謙信在1559年第二次上洛，景綱也隨行上京。

山吉豐守

生卒年／1541～1577
出身地／越後國（新潟縣）

越後國三條城主。擔任上杉謙信的旗本，據說是「御奏者」的高位。1561年的第4次川中島之戰，他擔任謙信的旗本左備。根據《上杉家軍役帳》的紀錄，他負擔長槍兵235人、手明40人、大小旗30張、騎馬武士52騎，是上杉家中軍役最重者。另有一說，認為他生於1521年。

中條藤資

生卒年／？～？
出身地／越後國（新潟縣）

越後揚北眾三浦黨的一員，鳥坂城主。身為七手組大將之一，是上杉謙信的首席重臣，直到晚年仍然活躍於第一線。1561年的第4次川中島之戰，他負責監控海津城動態。在1568年本庄繁長意圖謀反時，他立刻洞察狀況向謙信回報，並參與討伐軍。

本庄秀綱

生卒年／？～？
出身地／越後國（新潟縣）

越後國櫪尾城主。他與父親一起出仕上杉謙信。根據《上杉家軍役帳》記載，他負擔長槍兵150人、手明40人、鐵炮兵15人、大小旗15張、騎馬武士30騎的軍役。謙信逝世後爆發御館之亂，因為他參加上杉景虎陣營，櫪尾城遭到景勝軍攻陷。他後來逃往陸奧國會津。

安田長秀

生卒年／？～？
出身地／越後國（新潟縣）

越後揚北眾的一員，北蒲原郡白河庄的安田城主。自稱治部少輔。在1561年的第4次川中島之戰，他擔任旗本右備立下戰功，上杉謙信賜予他「染血的軍功狀」。謙信死後爆發御館之亂，他參加上杉景勝陣營立下戰功。有一說認為他在1582年逝世。

山浦國清

生卒年／？～？
出身地／信濃國（長野縣）

村上義清之子。武田信玄進攻北信濃之時，村上義清與他逃往越後。父子兩人出仕謙信、景勝2代。他後來繼承上杉氏的分支山浦氏，名列為一門眾。謙信攻打能登時，他也一同出兵，駐守末森城。他後來隨上杉景勝轉封到會津，之後的消息不明。

河田長親

生卒年／？～1581
出身地／近江國（滋賀縣）

出身近江國守山。據說上杉謙信上洛時，曾經參拜日吉山王權現，並收他為近侍。後來成為越後國栖吉城主，來制衡意圖對抗謙信的坂戶城主長尾政景。後來謙信進攻越中，任命他為魚津城的城將。近江的和田一族，聽說長親受到謙信眾用，許多人因此搬遷到越後。

今川義元

統御駿河・三河・遠江的海道一弓取

生卒年 1519～1560年
（永正16～永祿3）

出身地 駿河國（靜岡縣）

身分 武將

事蹟 生在統治駿河、遠江的守護大名今川氏。少年時代曾出家，後來還俗繼承家督。往三河擴展勢力，卻在1560的桶狹間之戰敗給尾張的織田信長。

1519年（永正16）今川義元誕生，是駿河（靜岡縣）今川氏親的5男。

太原雪齋

汝需體悟，人的才智必定有極限之處

倘若能借助他人之智，才能窮究無限

明白了

幼年時代在駿河的善德寺出家，號承芳

1536年（天文5）兄長今川氏輝早逝，義元與遍照光院的住持・玄廣惠探（異母兄）交戰取得勝利

18歲的今川義元成為今川家當主

成為今川家當主後，他在父親制定的分國法「假名目錄」基礎上，制定了「追加法21條」

進一步賦予御用商人特權，鼓勵領內產業發展，保護並管理工商業者。此外徹底執行檢地，提高年貢來恩賜部屬及填補國庫

藉由這個體制，讓出仕今川家的武士能確保俸祿及地位，又能要求武士率領符合地位的兵力出戰。

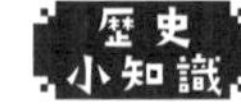
歷史
小知識

塗黑牙齒… 今川義元率領大軍，卻在桶狹間之戰敗給織田信長，讓義元的形象跟戰國武將產生落差。雖然有人說塗黑牙齒是弱者的象徵，但其實當時的上流社會男性流行塗黑牙齒。

這也太慘了吧……
跟吾一起蹴鞠吧
吾嗜食美味的料理是也♡
ブクブク
騎不上馬啊，來人快備轎~
冥界
這是後世毫無根據的抹黑
我的人物設定，才不是這種笨蛋哩！
好慘啊~
今川義元

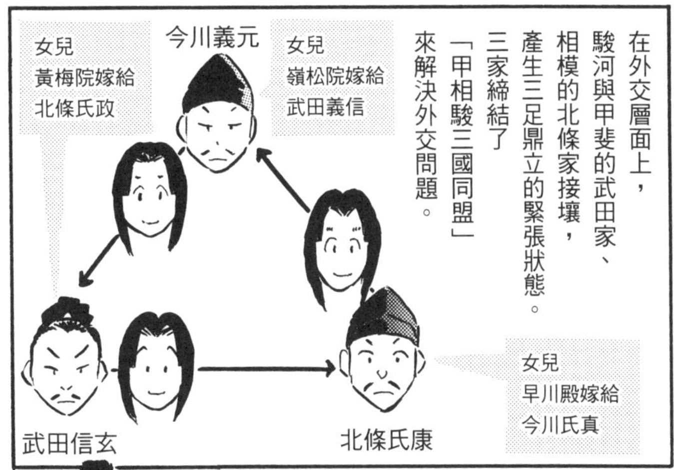
在外交層面上，駿河與甲斐的武田家、相模的北條家接壤，產生三足鼎立的緊張狀態。三家締結了「甲相駿三國同盟」來解決外交問題。
今川義元
女兒
黃梅院嫁給
北條氏政
女兒
嶺松院嫁給
武田義信
女兒
早川殿嫁給
今川氏真
武田信玄
北條氏康

已經做好準備西征，下一個目標是織田信長治理的尾張（愛知縣）！
1560年（永祿3）義元攻打尾張，有上洛戰或是領地擴張戰兩種說法
織田信長
駿河
尾張
今川義元身為領主層面，施政手腕可以說是淋漓盡致。但是在太原雪齋亡故後，今川在軍事層面上開始走下坡。大爆冷門地敗給尾張織田信長的奇襲而戰死

專欄

今川的家格

駿河守護．今川氏是名門中的名門。家系可以追溯到清和源氏的一脈．河內源氏。今川氏是室町幕府將軍家足利氏的御一門，吉良氏的分家，可說是將軍家的親戚。家格可以說比畠山氏、斯波氏等足利一門眾還高。因此今川氏跟足利將軍家都使用「二引兩」家紋。

戰國時代是個亂世，特別在後半期有許多出身不明、趁勢竄起的武將。今川氏可是名門望族，據說如果足利宗家後繼無人的話，今川有資格擔任將軍。因此有一說認為義元攻打尾張，是上洛戰的其中一環。

義元「海道一弓取（東海道首屈一指的武將）」的別名，這可不是隨便說說而已。

歷史知識

早雲的親戚… 今川義元的祖母．北川殿是北條早雲的妹妹（或姐姐）。義元是東國以下剋上的武將早雲的親戚。順道一提，義元的正室．定惠院是武田信玄的姊姊。

太原雪齋

輔佐今川義元的睿智軍師

1496年（明應5）雪齋誕生，他是侍奉駿河今川氏的家臣・庵原左衛門尉政盛之子

後來在善德寺剃度，前往京都的建仁寺、妙心寺學習，改名為太原雪齋，又稱太原崇孚

後來他就像遠離塵世，獨自一人在寺廟中生活

在41歲那年，治理駿河的今川家發生了家督爭奪戰。在他支持之下，承芳（日後的今川義元）成功繼承家督

多虧雪齋的幫忙，吾才能成為今川家的當主。多謝了。

今川義元

貧僧只是做該做的事

今後也會盡心輔佐大人

雪齋得到義元的信賴，成為施政的智囊受到重用

今川與尾張（愛知縣）的織田家，在1548年（天文17）為了爭奪三河的霸權，發生了「三河小豆坂之戰」。擅長軍略的雪齋的指揮下，今川獲勝

織田信秀 VS 今川義元

生卒年 1496～1555年（明應5～弘治1）

出身地 駿河國（靜岡縣）

身分 僧侶

事蹟 氏輝逝世後的今川氏家督之戰，雪齋擁立義元。隨後輔佐義元，活躍於今川家的內政、軍事、外交各方面。

歷史小知識

第三次才答應… 今川氏親曾經邀請在京都建仁寺修行的雪齋，擔任兒子・義元的師傅。雪齋曾經兩度拒絕，在第3次才終於答應前往駿河的善德寺。

除此之外，雪齋調停義元與北條氏康的紛爭。經營今川與周遭諸國的外交，促成了1554年（天文23）武田信玄、北條氏康、今川義元之間的「甲相駿三國同盟」

相…相模（神奈川縣）北條氏康

甲…甲斐（山梨縣）武田信玄

駿…駿河（靜岡縣）今川義元

甲

相

駿

有雪齋在就萬無一失了。那麼，下令將士準備西征！

遵命

在雪齋的輔佐下，今川義元被譽為「海道一弓取」。但是雪齋的壽命也到了盡頭⋯

1555年（弘治1）雪齋病逝於駿河長慶寺，享年60歲。雪齋為今川義元奉獻自己的人生

專欄

凌駕武將的軍略才能

雪齋雖然是個僧侶，但他有時會親自披甲上陣。並且發揮凌駕於武將的軍略才能。

1549年今川義元攻打三河安祥城時，雪齋在鎧甲上披著黑色僧袍，親自指揮軍隊。他不是在軍帳中指揮軍隊，而是親自騎馬在前線指揮。他在攻城前集合士兵，下令要「生擒城將織田信廣」。

在這場戰爭的兩年前，松平廣忠的遺子・竹千代（日後的德川家康）原本要被送到今川家，由於負責押送的武將倒戈，竹千代被送到尾張。雪齋打算抓信廣作為人質，拿來交換位在尾張的竹千代。戰況一如雪齋的預測，信廣被捕，透過交換人質讓竹千代前往駿河。

歷史小知識

山本勘助與雪齋⋯ 太原雪齋出身庵原一族。雪齋的外甥庵原家忠有個家臣，親戚是武田信玄的軍師・山本勘助。根據這個說法，勘助跟雪齋可能有來往。

今川一族

今川氏豐

生卒年／？～？
出身地／駿河國（靜岡縣）

今川氏親的6男，義元的弟弟。尾張國那古野城主。1517年斯波義達與今川氏親在遠江交戰。斯波義達在戰後返回尾張，氏豐也一起同行，後來娶了義達的女兒為妻。後來那古野城被織田信秀攻陷，氏豐一度逃往京都，據說後來返回駿河。

今川氏明

生卒年／？～？
出身地／？

瀨名氏是今川的重臣，源於堀越氏的分支。始祖瀨名一秀，繼承瀨名鄉並以地名為姓。今川氏明是瀨名一秀的曾孫，迎娶葛山備中守之女為妻。今川氏明的父親氏俊自稱源五郎右衛門，母親據說是今川義元之女。今川在1560年桶狹間之戰敗戰之後，氏明成為浪人。

今川範勝

生卒年／？～？
出身地／？

通稱彌五郎。他是今川範忠的弟弟，同時是義忠、範滿的叔父。關於他的生平與參戰紀錄有許多不明之處。《今川記》收錄的家譜，則記載他是義忠的弟弟。今川義忠死後，家中爆發龍王丸（今川義元的父親氏親）與小鹿範滿爭奪家督之戰，範勝很有可能跟小鹿範滿一起被殺害。

今川氏輝

生卒年／1513～1536
出身地／駿河國（靜岡縣）

駿河今川氏當主。他是今川義元的兄長，父親是今川氏親，母親是中御門宣胤之女壽桂尼。氏輝年幼就繼承今川家當主，家中陷入混亂，母親壽桂尼作為後見人輔佐政務。據說氏輝直到20歲才親政，但在24歲病逝。氏輝精通連歌，與連歌師宗祇有深交。

今川範以

生卒年／？～1607
出身地／駿河國（靜岡縣）

今川氏真的嫡子，也就是今川義元之孫。生母是北條氏康之女早川殿。人稱新六郎、左馬介。範以迎娶江戶幕府的高家吉良義安之女為妻，並以詩人的身分與公家眾往來。法號為德報院。他的兒子直房由今川氏真撫養，後來被德川幕府拔擢為高家※。

※江戶幕府體制下，受德川家保護的名門後裔。

今川氏真

生卒年／1538～1614
出身地／駿河國（靜岡縣）

今川義元的嫡男。母親是武田信玄的姐姐定惠院。父親今川義元戰死於桶狹間之戰後，氏真繼承今川家督。由於缺乏統御力，引起家臣團分崩離析，最終導致戰國大名今川家的滅亡。據說他是蹴鞠的好手。江戶幕府賜予他武藏、品川的宅邸，他的子孫以高家的身分存續。

小鹿範滿

生卒年／？～1487
出身地／駿河國（靜岡縣）？

今川範忠的弟弟範賴之子，也是今川義忠的堂兄弟。義忠在1476年戰死後，今川的家臣團分裂陷入混亂。因為義忠的嫡男龍王丸（今川氏親）年幼，小鹿範滿得到多數家臣支持，在龍王丸元服之前由範滿代理政務。龍王丸成年後，範滿仍抓著政權不放，最終被龍王丸的後見人北條早雲殺害。

今川範慶

生卒年／？～？
出身地／駿河國（靜岡縣）

今川範忠的弟弟，也是義忠、範滿的叔父。自稱為小鹿攝津守。《今川記》收錄的家譜，記載他是「孫五郎範慶（號小鹿）」。義忠死後，他的遺兒龍王丸（氏親）與範慶的侄兒小鹿範滿為了爭奪家督而反目成仇。也許因為這個緣故，範慶與小鹿範滿遭到殺害。

今川氏親

生卒年／1473～1526
出身地／駿河國（靜岡縣）

今川義元的父親。他是今川義忠之子，幼名龍王丸。父親義忠在1476年戰死於遠江，家中爆發家督爭奪戰，氏親以舅舅北條早雲為後盾奠定了當主的地位。制定分國法《今川假名目錄》。

玄廣惠探

生卒年／？～1536
出身地／駿河國（靜岡縣）

今川義元同父異母的哥哥。相傳他的生母是今川家的重臣福島左衛門尉之女。他在幼年出家，後來成為駿河國花倉的遍照光寺住持。因為兄長氏輝早逝，惠探與善德寺的承芳（後來的今川義元）展開了家督爭奪戰，最後兵敗自盡。後世稱此戰為花倉之亂。

今川家的家臣們

鵜殿長照

生卒年／？～1562
出身地／？

三河國西郡上鄉城主。他跟父親長持一起守城抵抗德川軍攻擊，結果城池被攻陷，父親也喪命。長照與弟弟長忠被生擒。後來德川與今川交換人質，鵜殿長照被送回駿府，被軟禁在今川的家康夫人築山殿與家康嫡男信康則送回德川。後來長照再次守衛上鄉城失敗，鵜殿兄弟戰死。

朝比奈泰朝

生卒年／？～？
出身地／遠江國（靜岡縣）？

今川家的老臣。他的父親是遠江國掛川城主朝比奈泰能，母親是中御門宣秀之女。宣秀是今川義元的母親壽桂尼的弟弟，因此朝比奈家與今川家的關係密切。義元死後，今川家臣團產生動搖，泰朝支持年幼的氏真。今川氏真在1568年敗給武田信玄，受到泰朝的庇護。後來泰朝出仕德川家的酒井忠次。

飯尾連龍

生卒年／？～1565
出身地／？

原本出身室町幕府的奉行眾，出仕今川義元、氏真2代。遠江國引馬城主。在今川氏真衰敗的時候，他暗通織田信長、德川家康，導致氏真率兵攻打引馬城。雖然保住城池，他在戰後寫誓書給氏真，宣示效忠並希望能再度出仕今川。但是氏真仍然懷疑他，喚他到駿府之後誅殺他。

岡部元信

生卒年／？～1581
出身地／？

出仕今川義元，在1548年的三河小豆坂與織田信秀交戰。後來成為對抗織田的最前線堡壘，尾張國鳴海城主。1560年的桶狹間之戰，雖然大將義元被斬首，元信仍然堅守城池10日以上。直到信長交還義元的首級，他才讓出鳴海城。但在返回駿府的路上，被織田軍的水野信近斬殺。

井伊直親

生卒年／？～1562
出身地／遠江國（靜岡縣）

遠江國井伊谷的領主。今川義元聽信讒言，處死他的父親直滿。年幼的直親逃往信濃避禍。在1560年的桶狹間之戰後，回歸繼承家督，但是受到家臣謀害，在掛川城附近被朝比奈軍殺害。直親的遺兒萬千代，就是德川四天王之一，近江國彥根藩的初代藩主井伊直政。

朝比奈信置

生卒年／1528～1582
出身地／駿河國（靜岡縣）？

原本是今川氏真的家臣，在1569年今川氏真流亡的時候，出仕甲斐的武田信玄。1580年擔任駿河國的持舟城代，兩年後武田滅亡，持舟城在德川軍的包圍下開城投降。武田勝賴在天目山自盡後，同年4月在織田信長的命令之下，朝比奈信置自盡。

井伊直盛

生卒年／1506～1560
出身地／駿河國（靜岡縣）

遠江國井伊谷的領主，井伊直宗之子。遠江國引左郡井伊谷城主，自稱信濃守。出仕今川義元，在1560年的桶狹間之戰，擔任今川軍的先鋒戰死沙場，葬在井伊氏的菩提寺龍潭寺。因為直盛膝下無子，依照他跟叔父的約定，由堂兄弟井伊直親繼承家督。

天野景貫

生卒年／？～？
出身地／遠江國（靜岡縣）？

遠江國犬居城主，原本是今川的家臣，自稱宮內右衛門尉。犬居城遭德川家康攻擊時，他曾一度投降家康，後來出仕武田信玄、勝賴。武田滅亡之後，出仕北條氏直，在對抗常陸的佐竹義重的戰爭中立下戰功。卒年不詳，根據《天野文書》，直到1584年還有關於他的紀錄。

葛山氏元

生卒年／？～1573
出身地／駿河國（靜岡縣）

葛山氏是駿河國東部的國人領主，支配範圍為在駿河的今川、甲斐的武田、相模的北條之間。雖然形式上從屬今川，但是跟武田、北條的關係密切。葛山氏元一開始是親今川，後來暗中跟武田有往來。後來因為涉嫌謀反，遭到武田信玄下令處死。

一宮宗是

生卒年／？～1560
出身地／？

今川的重臣，自稱出羽守。1554年，甲斐的武田信玄開始進攻信濃，同年今川、武田、北條三者互相締結了甲相駿三國同盟。在義元的命令下，他以今川援軍的身分出兵信濃，協助信玄攻打信濃。1560年的桶狹間之戰，他跟義元一樣戰死沙場。

今川家的家臣們

關口親永

生卒年／?～1562
出身地／駿河國（靜岡縣）?

今川氏一族，又稱為氏廣，拜領今川氏親的偏諱改名為親永。他是今川義元的妹婿，德川家康的正室築山夫人的父親。1560年桶狹間之戰後，他繼續支撐著日暮西山的今川家，但因為他曾參與討論放逐義元嫡男氏真，受到牽連而被迫切腹自盡。

奧平貞能

生卒年／1537～1598
出身地／三河國（靜岡縣）

奧三河的國人領主。1560年反叛今川氏貞，改而從屬德川家康。甲斐的武田信玄在1568年開始進攻駿河，據說他曾經私下跟武田往來。但是後來又再度從屬家康。1575年的長篠之戰，他被編入酒井忠次麾下，救援情況危急的長篠城立下功勞。

松下之綱

生卒年／1538～1598
出身地／三河國（靜岡縣）?

據說松下氏的出身，原本是近江六角氏的族人，後來搬遷到三河定居。少年時代的木下藤吉郎（豐臣秀吉），曾經一度寄身在松下之綱的門下。松下之綱在今川滅亡之後，出仕德川家康。在1583年被豐臣秀吉召見，後來成為遠江久野城主。

大原資良

生卒年／?～?
出身地／?

大原資良是今川氏真的部將，花澤城主，自稱肥前守。甲斐的武田信玄在1569年進攻駿河時，大原良資堅守花澤城，用熱水、滾木、落石來阻擋敵軍。但是在奮戰之後還是選擇投降。他與族人在戰後，投靠遠江高天神城的小笠原長忠。

新野親矩

生卒年／?～1562
出身地／?

今川的家臣。井伊直親遭讒言而死之後，他的遺兒萬千代受到新野親矩夫婦收養。親矩在1562年攻打引馬城時戰死。親矩的妻子再嫁之後，仍然繼續撫養萬千代長大。萬千代就是日後的彥根藩祖井伊直政。井伊家將親矩夫婦視為家中第一功臣。

齋藤安元

生卒年／?～?
出身地／?

出仕今川義忠、氏親2代的今川家老。出身地步鳴，據說齋藤安元在應永年間（1412～28）在駿河國宇津山北側修築丸子城，成為城主。1504年他資助連歌師宗長，在宇津山山麓的泉之谷搭建草庵，取名為柴屋軒並且讓宗長居住。

孕石元泰

生卒年／?～1581
出身地／?

最初出仕今川義元，當武田信玄進攻駿河的時候，改投信玄成為武田的家臣。出仕信玄、勝賴，防守遠江的高天神城。1581年高天神城遭德川軍包圍，元泰被捕。家康曾經勸元泰投降，但他以效忠主君為由，拒絕家康的邀請後被命切腹自盡。

久野宗能

生卒年／1527～1609
出身地／駿河國（靜岡縣）?

今川的家臣。兄長久野元宗戰死於1560年的桶狹間之戰，由宗能繼任駿河國久野城主。1586年德川家康受到豐臣秀吉的邀請，上洛跟秀吉講和之時，宗能也一起隨行。後來家康轉封到關東，宗能獲領下總國佐倉的1萬3000石。

伊丹康直

生卒年／1523～1596
出身地／?

據說伊丹氏原本是攝津國的國人眾。康直在各地流浪之後，在1558年成為今川義元的同朋眾。在氏真的時代，他就任海賊奉行，負責管理今川的水軍。但是當武田信玄進攻駿河時，他改投信玄負責管理武田水軍。武田勝賴滅亡之後，出仕德川家康。

福島正成

生卒年／?～1521?
出身地／?

遠江國土方城主，據說是今川氏親旗下的部將。福島正成在1521年率領駿河、遠江的軍隊進攻甲斐。他順利攻下富田城之後，進續往東進攻，在上條河原之戰敗給武田信玄，據說戰死沙場。也有一說，認為他沒有戰死，而是活到1536年。

瀨名一秀

生卒年／1432～1503?
出身地／駿河國（靜岡縣）

今川氏的一族堀越貞延之子。後來敘任從五位下陸奧守。他本來是海藏寺的僧侶，據說在今川義元的父親氏親主政期間還俗，居住在遠江的二俣城。後來受封駿河國瀨名的領地，以地名為姓自稱瀨名氏。他的兒子氏貞後來在駿府，被奉為今川的宿老。

菅沼定盈

生卒年／1543～1604
出身地／?

三河國野田城主，原本是今川的家臣。1561年德川家康從今川氏真麾下獨立出來的時候，菅沼定盈就改投德川家康。後來在家康旗下，攻打遠江井伊谷城時立下戰功。他在1572年的三方原之戰被武田軍俘虜，後來透過交換人質的方式返回家康陣營。

美濃齋藤一族與中部地區的武將

齋藤義龍

生卒年／1527～1561
出身地／美濃國（岐阜縣）

義龍是齋藤道三之子，但他的親生父親有可能是美濃國守護土岐賴藝。義龍的生母深芳野原本是賴藝的愛妾，據說她嫁給道三的時候已經懷了義龍。義龍在1554年從父親道三繼承家督，成為美濃稻葉山城主。但義龍與道三關係惡劣，兩人的對立日益惡化。義龍在1556年的長良川之戰弒父，掌握家中實權。為了解決長年內亂所引起的領地問題，他導入以宿老為主的合議制度，積極施行內政。1561年就任治部大輔，但在同年病逝，年僅35歲。

齋藤龍興

生卒年／1548～1573
出身地／美濃國（岐阜縣）

龍興的父親是齋藤義龍，母親據說是淺井久政的女兒。父親義龍在1561年去世後，14歲的龍興繼承家督。但因為年幼，難以約束旗下家臣團。許多的家臣陸續背離齋藤，尾張的織田信長屢次進攻，稻葉山城在1567被攻陷。龍興從伊勢半島前往攝津。後來與畿內的三好三人眾（三好長逸、三好政康、岩成友通）及一向一揆互相呼應，努力打造反信長陣線。後來前去投靠反信長的近江淺井氏、越前朝倉氏，1573年越前一乘谷被戰火燒毀時，他戰死於刀彌坂。另有一說認為龍興沒有死在刀彌坂，而是逃往越中改名為久右衛門，據說活到1632年。

朝倉孝景

生卒年／1493～1548
出身地／越前國（福井縣）

朝倉貞景之子，朝倉氏的當主。因為崇敬曾祖父，所以沿用曾祖父孝景的名字。據說他非常尊崇朝廷與室町幕府，當第10代將軍足利義稙在1513年敗給佐佐木氏綱，逃往甲賀的時候。他出兵近江，攻打氏綱讓義稙得以返回京都。後奈良天皇即位時，他向朝廷獻上許多黃金。朝倉的根據地，越前一乘谷是京風文化昌盛的地方，反映著孝景崇敬京都的心情。許多因為戰亂而逃出京都的貴族、文人在一乘谷落腳。可見朝倉氏在當時是具有經濟實力，又能打造風雅文化的一方之霸。僧侶春澤永恩曾經前往一乘谷，他評論孝景是「左手文藝右手武勇的風流太守」。

長連龍

生卒年／1546～1619
出身地／能登國（石川縣）

能登國守護畠山氏的重臣，長續連的次男。他是一個久經沙場的老將，曾經參加過41場戰爭。1577年上杉謙信進攻能登時，遊佐續光暗通謙信，並且殺了七尾城內的長連龍的父親長續連。長連龍一方面向安土的織田信長求援，一方面從能登富來城發兵，獨力攻進鹿島郡並擊敗溫井、三宅氏，展現他過人的武勇。後來他向遊佐續光報了殺父之仇，並且正式從信長手上獲得陸島郡的一半領地。當前田利家在1581年成為能登國主後，他以信長寄騎的身分編制在利家麾下。利家稱他是「嚴守紀律之人」，據說利家曾經要求長連龍，在自己死後照顧嫡男前田利長。他的子孫後來出人頭地，成為加賀藩老八家之一，獲領3萬3000石俸祿。

齋藤龍興
佔領！
稻葉山城

第3章 群雄割據的時代

齋藤道三

一躍成為美濃國主的竊國武將

相傳從齋藤道三的父親開始，父子兩代立志要奪取美濃國

傳聞道三的父親是京都妙覺寺的僧侶·西村新左衛門尉，他與主君長井長弘發動政變，擁立土岐賴藝為守護。1553年（天文2）長井長弘死後，繼承父業的齋藤道三橫奪長井家的領地與家督地位，入駐稻葉山城

老夫雖然一無所有，竟然能公然奪取城池！這就是下剋上！

信長之父 織田信秀

道三這傢伙，竟然被叫做「美濃的蝮蛇」。給我走著瞧……！

日後被譽為「尾張之虎」的猛將·織田信秀，曾屢次敗給擅長戰術的道三

後來道三在1552年（天文21）將守護·土岐賴藝趕到尾張。完成盜國的夢想統一美濃

美濃

尾張

恭喜父親實現夢想

歸蝶

但是相傳義龍的親生父親，其實是土岐賴藝。母親深芳野夫人嫁給道三的時候，已經懷著義龍

道三與深芳野夫人生下吉祥丸（義龍），與小見夫人之間生下歸蝶（濃姬）

土岐賴藝 義龍親生父親

深芳野

道三

小見夫人

義龍（吉祥丸）

歸蝶（濃姬）

生沒年 1494～1556年（明應3～弘治2）

出身地 美濃國（岐阜縣）

身分 武將

事蹟 以智慧與謀略顛覆主家，下剋上成為美濃國主的武將。周遭諸國畏懼地稱他「美濃的蝮蛇」。雖然是下剋上地代表人物，最後在長良川原之戰敗給嫡男·義龍而戰死。

歷史小知識

給信長的遺書… 相傳齋藤道三對女婿織田信長的評價很好。道三戰死在長良川之戰之前，寫了遺書給信長，寫著「將美濃讓給你」。這封遺書現存於京都妙覺寺。

1548年（天文17）道三與交戰多年的織田信秀談和，將女兒歸蝶嫁給信秀的兒子·織田信長

聽說信長是個傻瓜

如果你對夫君心生不滿的話，就用這把短刀殺了信長吧！

グビ グビ

話雖如此，道三擔心歸蝶的歸宿。在聖德寺與織田信長見面

キリッ

說不定這把短刀，會刺向父親大人唷。

哈哈哈，真是倔強的女子。不愧是蝮蛇的女兒！

在下是織田信長

沒想到這傢伙跟傳聞完全不同！這個男人也許能夠奪取天下！

可惜我的兒子，大概只能屈服於信長吧

雖然道三將家督讓給了嫡男·齋藤義龍

1556年（弘治2）父子兩人產生嫌隙，道三在長良川原之戰敗給了義龍的軍隊而陣亡

藉著謀略成為大名的道三，竟然死在兒子手上…真是下剋上的人生

專欄

接替父親完成盜國大業的道三

關於盜國大名的代表人物·齋藤道三。一般認為，美濃國是被齋藤道三奪取。但是根據近年的研究，奪取美濃的行動，很有可能是歷經道三之父·西村新左衛門，與道三兩代才完成。

新左衛門尉原本是京都妙覺寺的僧侶，他與主君長井長弘一起發動政變，擁立土岐賴藝為新任美濃守護，驅逐賴藝的兄長·賴武與守護代齋藤利良。在新左衛門尉逝世後，道三繼承父親的志業，在1552年將土岐賴藝驅逐到尾張。

雖然歷史考據跟通說不同，但是道三確實是具有強烈的下剋上個性。將主君驅逐出境，奪取領地來擴張勢力，就像是將獵物一口吞下肚的蝮蛇那樣。他對於信長的評價，足以看出道三有識人的眼光。

歷史小知識

子孫繁榮… 齋藤道三的子孫，在江戶時代成為幕府的旗本。根據《寬政重修諸家譜》記載，松波家的始祖松波正綱是道三之子。後來擔任江戶町奉行的松波正春也是其後代。

朝倉義景

滅亡於一乘谷的名門．朝倉氏最後的當主

1533年（天文2）朝倉義景誕生。他是越前的戰國大名朝倉家第10代當主．朝倉孝景之子。

幼名長夜叉，最初名為孫次郎延景。拜領當時的將軍足利義輝的偏諱『義』字改名義景

※朝倉的根據地一乘谷，城市規劃保有古風，被稱為「小京都」

1565年（永祿8）足利義輝遭到三好三人眾與松永久秀謀害。隔年義輝的弟弟足利義昭，從京都逃往越前受到朝倉義景的庇護

※三好三人眾是三好長逸、三好政康、岩成友通的合稱。三好家掌控朝政並與足利義輝對立。

足利義昭

朝倉殿下，請務必上洛※！

嗯……上洛啊……

越前

京都

足利義昭要求上洛，但是朝倉義景卻不為所動

ガーン

朝倉義景

焦急的足利義昭改而接觸織田信長，移駕到尾張後，靠著信長的力量上洛，成為室町幕府第15代將軍

おおっ

織田信長

生沒年 1533～1573年（天文2～天正1）

出身地 越前國（福井縣）

肩書 武將

事柄 拜領將軍．足利義輝的偏諱「義」字。保護義輝之弟．義昭，但是遲遲不肯率軍上洛，導致義昭投靠織田信長。最後遭信長攻滅，成為君臨越前朝倉5代的末代當主。

※上洛：意為「進入京都」，京都的別稱為「洛陽」。

歷史小知識

佛洛伊斯的評價… 葡萄牙傳教師路易斯．佛洛伊斯，在1581年前往越前。他對越前的評價很高「高貴且重要的國度，這裡的人用詞比五畿內更加優雅」。

如此一來，信長憑藉足利義昭的威信，要求全國的有力武將與朝倉義景上洛
信長野心勃勃，怎麼能順著他的意思？
淺井長政
信長攻打越前，違背對我的約定！只好跟朝倉聯手打倒信長！
什麼!? 義景竟然拒絕上洛！
義景拒絕上洛的事情，成為信長攻打越前的導火線
1570年（元龜1）朝倉得到長久以來的盟友淺井長政的援軍協助，阻止信長進攻越前

但在同一年，面對織田、德川聯合軍再次進攻，與朝倉與淺井聯合軍在近江的姉川河原交戰（「姉川之戰」）
朝倉軍
1萬人
淺井軍
8千人
織田軍
2萬3千人
德川軍
6千人
隨我一起進攻~！
姉川
朝倉義景敗給織田、德川聯合軍。三年後兵敗逃往大野。遭到族人朝倉景鏡背叛而自盡身亡。
1573年（天正1）從朝倉孝景（敏景）以來君臨越前的朝倉五代就此滅亡

專欄

痛失良機的朝倉義景

在越前一乘谷的朝倉氏的勢力最強大之時，足利義昭（當時名為義秋）從京都流亡到一乘谷。當時朝倉家的當主義景，在模仿京都金閣寺所建的南陽寺舉辦酒宴，歡迎貴客來訪。但是義昭只在一乘谷待了3個月。義昭希望能夠重返京都就任將軍，但是義景完全沒有意願出兵擁護義昭上洛。讓義昭對義景非常失望。

眼見朝倉義景無法依靠，義昭離開一乘谷，前去拜訪岐阜的織田信長。信長在1568年率領軍隊護送義昭上洛。隨後信長最大化地利用義昭身為將軍的權威，一步一步往天下人之途邁進。以結果來說，義景痛失了大好良機。後來因為義景拒絕信長提出的上洛要求，引發信長攻打越前。

歷史小知識

製造玻璃… 在越前一乘谷的朝倉氏遺跡中，發現了製造玻璃工藝品的工房遺址。從這一點可以看出，朝倉氏積極發展當時的前端產業。

武將們

朝倉貞景

生卒年／1473～1512
出身地／越前國（福井縣）

越前國守護朝倉氏景之子，義景的祖父。1486年父親死後繼承了家督。之後接受室町幕府第9代將軍足利義尚的邀請，一起征討近江的六角氏，但貞景所率領的本隊卻駐足在敦賀。多年後討伐了同族的景豐、元景。在九頭龍川河畔與加賀的一向一揆作戰也獲得勝利。不過最後在鷹獵途中猝逝。

神保長職

生卒年／？～？
出身地／越中國（富山縣）？

出身有許多不明之處，然而從他繼承了神保氏嫡流的通稱「宗右衛門尉」一點來看，他身為神保氏後繼者這點是無庸置疑的。越中國富山城主。一邊與越中的一向一揆勢力聯手，一邊擴大其支配領地。另外他也早早關注織田信長的動向，在信長上洛之前就與其交好。

朝倉景健

生卒年／？～1575
出身地／越前國（福井縣）

越前國安居城主。因為世代支配安居一地，所以被稱作「安居殿」。1573年織田信長攻向越前，他在刀禰坂之戰中英勇奮戰，成功讓主君義景逃回越前。不過在義景滅亡後，他向信長投降改姓安居。1574年卻因為加賀爆發一向一揆而投降一揆軍。後來信長下令命他切腹。

椎名康胤

生卒年／？～1576
出身地／越中國（富山縣）

椎名氏的家格雖是越中國新川郡守護代，但在康胤之父慶胤的時代，守護代職位被越後長尾氏奪走。康胤一代雖然有長尾氏的支援，但敗給了中興神保氏的神保長職，勢力大為衰退。後來上杉謙信侵略越中，讓神保長職歸順，但康胤對謙信戰後的處置懷有不滿，因而叛變。

小笠原貞慶

生卒年／1546～1595
出身地／信濃國（長野縣）

信濃國守護小笠原長時的三男。一般認為他的父親長時敗給甲斐的武田信玄而流亡京都時，他也一起同行。本能寺之變後臣屬於德川家康。雖因此成為信濃的松本城主，但後來轉仕豐臣秀吉。不過在九州征伐期間，因為藏匿了以前被秀吉流放的尾藤知宣一事曝光而被改易。後來再度出仕家康。

畠山義續

生卒年／？～1590
出身地／能登國（石川縣）

能登國守護畠山義總的次男。因為長兄義繁早逝，他在1545年父親義總去世後繼任家督。不過2年後，因為叔父畠山駿河攻入能登，國內一度陷入混亂。實權旁落到名為「畠山七人眾」的重臣們手中。1552年將家督讓給嫡男義綱後隱居。

諏訪賴忠

生卒年／1536～1605
出身地／信濃國（長野縣）

他的堂兄弟是諏訪惣領家的賴重。賴重因武田信玄侵略而自盡，惣領家斷絕之後，他成為諏訪大社的大祝出仕信玄。本能寺之變後取回領地，成功再興諏訪氏。相繼出仕北條氏直和德川家康，將居城由茶臼山城轉移到金子城。秀吉平定關東之後，改移封到武藏國上州惣社。

畠山義綱

生卒年／？～？
出身地／能登國（石川縣）

畠山義續之子。1552年發生了能登天文內亂，戰後其父義續擔起責任隱居，由義綱繼承家督。到了1566年，對義綱的專制體制不滿的家臣長續連、遊佐續光等人發動政變。結果父子一同被流放國外，投靠有親戚關係的近江六角氏。一說認為他們後來臣從於豐臣秀吉，未有定論。

高梨政賴

生卒年／？～？
出身地／信濃國（長野縣）

信濃國高井郡中野城主。他跟隨越後國守護代長尾為景，討伐關東管領上杉顯定，立下戰功。1544年向宮中進獻修理費等物，晉升從四位上。1557年甲斐的武田信玄侵略信濃，信玄與越後的上杉謙信爆發了第三次川中島之戰。受到武田軍事威脅的政賴，在戰後更傾向上杉。

織田達勝

生卒年／？～？
出身地／尾張國（愛知縣）

尾張國守護代兼清須城主，又稱作大和守。據說他在大永年間（1521～28）一邊輔佐尾張守護斯波義達，一邊支配著尾張下4郡。後來與分家兼家臣的信秀相爭。但是尾張織田氏的起源有諸多說法，從達勝在尾張圓福寺頒布的制札※上寫著「藤原達勝」看來，他自稱藤原氏之事是無庸置疑的。

※領主用來公告軍令、政策的木造告示牌。

中部地區的

瀧川雄利

生卒年／1543～1610
出身地／？

伊勢國國司北畠一族的木造具康之子。獲織田信長麾下的瀧川一益賜予「瀧川」家號。也稱作三郎兵衛、羽柴下總守、刑部卿法印。1586年秀吉的妹妹朝日姬嫁給德川家康時，他擔任護衛隨行至三河。關原之戰時加入西軍，戰後被沒收領地，不過後來家康又再任用他。

姉小路良頼

生卒年／？～1572
出身地／飛驒國（岐阜縣）

飛驒國守護兼櫻洞城主。三木直賴的嫡子。父親病死後繼任家督。弘治年間（1555～58）他強行繼承系出藤原氏的公家姉小路家，並改姓姉小路。這齣改姓劇雖然受到朝廷的議論，但是在良賴的政治操作下成功得到認可。1558年晉升從四位下。

遊佐續光

生卒年／？～1581
出身地／能登國（石川縣）

能登畠山氏的重臣，畠山七人眾之一。與同為七人眾的溫井總貞爭奪畠山家的主導權，落敗後逃亡到越前。後來又回到能登。1577年上杉謙信攻打七尾城時，他作為內應殺害長續連、綱連父子等人。後來被長續連的次男連龍所捕，遭到斬首。

北畠具教

生卒年／1528～1576
出身地／伊勢國（三重縣）

伊勢國國司兼大河內城主。父親為北畠晴具，母親為細川高國的女兒。1569年織田信長侵略伊勢，他接受讓信長的次男信雄成為自己兒子具房的養子為條件投降。但在1576年中了信長的計策，最後自盡而亡。他擅長劍術，曾獲塚原卜傳傳授奧義「一之太刀」，是斬殺了許多敵人的劍豪。

分部光嘉

生卒年／1552～1601
出身地／伊勢國（三重縣）？

原為織田信長的弟弟信包的家臣。後來出仕豐臣秀吉，成為伊勢國庵芸郡上野城主。1600年關原之戰時加入東軍，跟隨德川家康前往征討會津，但在途中接獲西軍舉兵的情報，便歸國進入伊勢的安濃津城。結果寡不敵眾向西軍投降之後隱遁於高野山。戰後，受到家康傳喚，獲准保有原領地。

武田元明

生卒年／1552～1582
出身地／若狭國（福井縣）

若狭國守護武田義統之子。父親死後繼任家督，卻因為家臣謀反而被趕出若狹，逃往越前尋求朝倉氏庇護。1573年織田信長進攻越前討滅朝倉之後，他回到了若狹。1582年本能寺之變時，因為加入明智光秀一方，遭到羽柴秀吉追擊，最後在近江的海津自盡。

神保氏張

生卒年／？～？
出身地／越中國（富山縣）？

越中國守護代兼守山城主。臣屬於越後的上杉謙信，在謙信死後投向織田信長，成為織田家家臣佐佐成政的寄騎。他的嫡子氏興也成為成政的女婿。在成政被沒收領地．被命切腹之後，他改仕德川家康，子孫成為江戶幕府的旗本。東京都千代田區的神田神保町一帶，原本是神保氏宅邸遺址而得名。

江馬輝盛

生卒年／？～1582
出身地／飛驒國（岐阜縣）

飛驒國的高原諏訪城主。1578年暗殺父親時盛，繼任家督。雖然他後來從屬上杉謙信，曾一時從屬於武田麾下，也曾跟隨三木氏（姉小路氏）攻打越中。1582年本能寺之變，織田信長去世時，他與姉小路自綱爭奪飛驒，在八日町之戰中落敗陣亡。

長野藤定

生卒年／1526～1562
出身地／伊勢國（三重縣）

伊勢國安濃郡的領主。長野稙藤之子，長野氏的當主。通稱為源次郎。長野家是與北畠家、關家一起被稱作伊勢三家的名門。據說藤定跟父親一起共治領地。於1562年5月去世，一說認為他遭北畠氏暗殺。養子具藤則在1576年11月遭織田軍襲擊而自盡。長野氏就此滅亡。

木曾義康

生卒年／1514～1579
出身地／信濃國（長野縣）

信濃國木曾谷的領主。1555年甲斐的武田信玄侵略木曾谷，截斷了他們糧道之後，義康與其子義昌一起向信玄投降。後來義昌娶了信玄的女兒為正室。雖然義康與義昌父子一同被視為武田的一門眾，但在信玄過世，勝賴繼承之後，義康背叛武田從屬於織田信長。

淺井長政

遭信長折翼重挫的近江古豪

1545年（天文14）淺井長政誕生。他是近江的大名淺井久政之子。

1560年（永祿3），父親將家督之位，傳給16歲的長政

1567年（永祿10）他與尾張的織田信長之妹．阿市成婚

長政與阿市生下了3個女兒，淺井與織田建立良好的外交關係

井口氏女子

淺井久政

長政

阿市

茶茶（淀殿）

阿初（常高院）

阿江（崇源院）

什麼⋯信長大人竟然攻打越前!?

織田跟淺井締結同盟之時，曾經答應不會擅自攻打朝倉！

1570年（元龜1）企圖統一天下的織田信長。

為了討伐不願意上洛的朝倉，展開了越前攻略戰

淺井大人⋯⋯

殿下！

朝倉的使者

朝倉義景大人派使者來求救，殿下意下如何？

生卒年 1545～1573年（天文14～天正1）

出身地 近江國（滋賀縣）

身分 武將

事蹟 近江國小谷城主。迎娶織田信長的妹妹．阿市，之後反抗信長而招來滅亡。

歷史小知識

死後受封⋯ 淺井長政死後60年的1623年，江戶幕府追封長政從二位中納言的高官。有可能因為長政是第3代將軍．德川家光的外公。

因為淺井與朝倉
還是同盟關係，
淺井長政
陷入了兩難
阿市…
原諒我
啊啊…
無法認同
信長大人，企圖
統一全國的野心
……但是
這樣一來，
就得跟你的
兄長為敵。
對我來說，
也得跟自己的
大舅子
交戰不可……
織田信長率兵
攻向越前。
淺井長政從
後方發兵，要聯合
朝倉夾攻織田。
據說阿市向
信長洩密，
讓信長逃過一劫

後來
發生在近江的
「姊川之戰」，
淺井・朝倉聯合軍
敗給了
織田・德川聯合軍。
淺井的勢力在戰後
逐漸衰退
信長放逐了
妨礙自己的將軍・
足利義昭，
正式對淺井
展開攻勢
1573年（天正1）
長政在居城・小谷城
遭到包圍。在城池被
攻陷前，他先讓阿市
帶著3個女兒
逃回娘家接受
織田信長保護，隨後跟父親・
久政一起在城中自盡

專欄

骷髏酒杯是眞的嗎？

織田信長在1573年滅了淺井、朝倉兩氏。相傳在隔年正月的宴會上，信長拿出朝倉義景、淺井久政、淺井長政，三人的頭蓋骨上漆製成的酒杯召開酒宴，讓家臣們甚感恐懼。但是這個傳說的內容看來有些誇張，很有可能是為了強調信長的殘酷而加油添醋。

這個傳說最早見於太田牛一的《信長公記》，但是原文只寫「三個施有金漆的頭蓋骨，放在木盤上示眾」，沒有拿來當作酒杯使用的記錄。很有可能是被後人誇大渲染的結果。骷髏酒杯的出處，是江戶時代寬永年間（1661～73）之間成書的《淺井三代記》。

在戰國時代，敵將的骷髏有時會被當作是紀念戰勝的印記。

三姊妹… 淺井長政與阿市育有3女，分別嫁給了有名的武將。長女・茶茶是豐臣秀吉的側室，次女・阿初是京極高次的正室，三女・阿江經歷兩次離婚，最後嫁給德川秀忠。

松永久秀

傳說抱著茶釜自爆而死的梟雄

生卒年 1510?～1577年（永正7?～天正5）

出身地 山城國（京都府）

身分 武將

事蹟 最初出仕三好長慶，隨後勢力凌駕於主君之上。後來臣服於信長麾下，最終因謀叛而滅亡。

松永久秀出仕攝津守護代．三好長慶。他發揮卓越的軍事才能，協助三好家擴大勢力版圖

三好長慶

當時三好長慶是掌握畿內一帶的強大勢力

只要長慶大人的嫡男跟弟弟，這兩個礙眼的傢伙消失的話……

等到長慶大人往生，接下來就是我的天下了！

松永久秀

三好長慶死後，久秀跟三好三人眾聯手把持三好家實權

1565年（永祿8）久秀跟三好三人眾聯手，殺害將軍足利義輝。因為義輝不願受他們操縱而產生對立。

三人眾現在也變成我的絆腳石了……

將軍死後，久秀成為畿內實質的霸者，跟三好三人眾對立

發動夜襲襲擊三人眾！

1567年（永祿10）久秀對駐軍在東大寺的三好三人眾軍，發動夜襲取得勝利，但大佛殿被戰火燒毀

德川家康

織田信長

奪取昔日的主君三好家、殺害足利義輝將軍、燒毀東大寺大佛殿……

家康，這個男人幹了3件凡人做不到的大事，真是不簡單

歷史小知識

日本第一座天守閣… 江戶時代後期的平戶藩主．松浦靜山撰寫的隨筆《甲子夜話》，提到信貴山城是「天守之始」。如果此事屬實，那麼松永久秀的居城信貴山城，是第一個建構天守閣的城池。

交換條件
久秀大人，包圍在城外的信長軍說
「只要把茶釜交出來，就原諒這次的謀反」
信長大人，松永久秀回信了
信長：如果拿你的頭來換，茶釜就給你 久秀
嗯～該怎麼辦呢……
真頭痛～
竟然認真考慮

哼……信長這傢伙，其實根本就不信任我……
織田信長打算利用松永久秀的才能，久秀也一度臣服信長……
當甲斐的武田信玄上洛、越後的上杉謙信出兵攻打信長，久秀曾在這兩個時間點背叛信長，但以失敗收場
1575年（天正5）信長派兵，包圍久秀堅守的信貴山城
雖然信長說「只要把名貴的平蜘蛛茶釜交出來，就饒你一命」
信長才沒有那麼天真，怎麼會原諒曾背叛兩次的人
既然如此，就讓信長知道，我絕不會讓他稱心如意！
久秀拒絕信長之後，用鎖鏈將茶釜綁在身上，壯烈地點燃火藥自爆而死。

專欄

只怕幽靈的松永久秀

松永久秀可說是戰國時代首屈一指的惡人。他曾經兩度背叛織田信長，不知恐懼為何物的形象非常強烈。有個小故事，講述久秀打從心裡感到恐懼的逸話。久秀住在多聞山城的時候，曾經邀請當時有名的幻術師果心居士入城。久秀對果心居士說「連在戰場上，我都未曾感受到任何恐懼。儘管使出你的幻術來讓我體會什麼是恐怖」。

果心居士要求久秀，熄滅房間裡的燈火，並讓部下離席。久秀照做之後，突然天空布滿烏雲，雷聲大作天空落下豆大的雨滴。這時候房間突然出現女性的幽靈，悄然無聲地貼近久秀。就連大膽的松永久秀都臉色鐵青，立刻要求果心居士解除幻術。原來當時久秀看到的女幽靈，是幾年前去世的亡妻。據說幽靈消失之後，久秀仍然害怕地顫抖不已。

歷史小知識

死前接受艾灸… 信貴山城被攻陷之前，松永久秀還命人幫他施以艾灸。據說久秀的理由是「如果中風病情惡化，導致身體無法動彈的話，會被後人笑我貪生怕死」。

武將們

六角義賢

生卒年／1521～1598
出身地／近江國（滋賀縣）

近江國的半國守護兼觀音寺城主。名門佐佐木氏的一族。他在19歲時迎娶能登國守護畠山義綱的女兒為正室，任從五位下左京大夫。他與父親定賴一同幫助異母姊夫細川晴元和三好長慶等人交戰。1552年父親去世後繼承家督，卻於6年後將家督讓給長子義弼（義治）之後隱居，遁入佛門改名「承禎」。後來他在1568年織田信長的上洛軍攻陷觀音寺城時，逃往了甲賀。

京極高次

生卒年／1563～1609
出身地／近江國（滋賀縣）

京極氏原本是北近江的守護，同時也是淺井氏的主君，但高次出生時，雙方地位好像已經被逆轉。高次自身也是在淺井的居城裡出生的，幼少期則是在岐阜的織田信長底下當作人質。本能寺之變後，他接受明智光秀的邀請，發兵包圍羽柴秀吉的長濱城，在光秀戰敗後，他逃到了若狭。不過據傳最後藉著將妹妹嫁給秀吉當側室而得到赦免。

三好長慶

生卒年／1523～1564
出身地／阿波國（德島縣）

他的父親三好元長原本從屬細川，卻在他11歲的時候，遭到管領細川晴元設計陷害，父親敗給一向一揆勢力而死。長慶後來雖然也臣從殺父仇人晴元，但在1548年時向晴元揭起了反旗。另外，長慶也和將軍足利義晴、義輝對立，一時之間甚至可說是畿內的實質支配者。他具有先見之明，看出堺所擁有的經濟力，掌握了讚岐與阿波等四國的商業路線。但在晚年，三好的勢力開始衰退。

朽木元綱

生卒年／1549～1632
出身地／近江國（滋賀縣）

近江佐佐木氏的一族，高島郡朽木谷的領主。1550年因為他的父親晴綱戰死，他以僅僅2歲之齡繼任家督。1553年他接納被三好長慶趕出京都的室町幕府第13代將軍足利義輝。1570年織田信長攻打越前的朝倉，遭到淺井長政背叛而陷入死地，此時元綱幫助信長確保了軍隊撤往京都的路線（穿越朽木）。後來臣從信長，在信長死後則臣從豐臣秀吉。

池田勝正

生卒年／？～？
出身地／攝津國（大阪府）？

攝津國池田城主。池田長正的長男，又稱八郎三郎、筑後守、民部大輔等（一說認為他不是長正之子）。長正死後繼任家督。此時的池田氏雖然和三好氏是合作關係，但在1563年三好長慶死後卻跟三好三人眾（三好長逸、三好政康、岩成友通）聯手對抗松永久秀。1568年織田信長上洛時，曾一度抵擋織田攻勢，最終因兵力懸殊而降伏。隨後得到信長安堵領地，成為攝津三守護之一。

伊丹親興

生卒年／？～1574
出身地／攝津國（大阪府）

伊丹氏是攝津國的國人眾，侍奉細川京兆家。後來降於阿波細川家出身的細川晴元，從親興一代開始成為伊丹城主。1568年織田信長保護足利義昭上洛時，親興降於信長，得以安堵所領。1570年，在大坂天王寺與三好三人眾對戰。後來他加入組織反信長同盟的義昭陣營，在1574年被信長的部將荒木村重攻打，伊丹城落城，親興自盡。後來伊丹城改名為有岡城。

雜賀孫一

生卒年／？～？
出身地／紀伊國（和歌山縣）

據傳他出身紀伊國的平井，也稱作鈴木重秀、重朝。所謂雜賀眾也是一揆集團的一種，據說擁有數千挺鐵砲。據說「孫一」之名是雜賀眾頭領代代相傳的名字，可能不是專指某一個人。作為石山本願寺的友軍，曾讓織田信長吃盡苦頭，據傳後半生在關原之戰加入西軍。據說現今在和歌山市平井的蓮乘寺內有一座他的墓，在三重縣熊野市也有孫一的供養塔。

畿內地區的

筒井順慶

生卒年／1549～1584
出身地／大和國（奈良縣）

他的父親是支配大和國的戰國大名筒井順昭。1550年順昭病死，僅僅2歲的順慶繼承家督。他拜領室町幕府第13代將軍足利義藤（後來的義輝）的偏諱，改名藤政、藤勝等等，出家後改名「順慶」。1568年左右與織田信長交好，並和松永久秀對立。久秀滅亡後，信長將大和一國交給他支配。本能寺之變時，他雖然是明智光秀的寄騎，卻背叛了光秀。「洞峠*」的俗諺是後世穿鑿附會之說。

赤井直正

生卒年／1529～1578
出身地／丹波國（兵庫縣）？

丹波國的黑井城主，赤井時家的次男，實質上支配著丹波境內三郡。渾名為惡右衛門，據說來自他殺害養父家的荻野氏，奪取黑井城的事。此外因為勇猛善戰，又被稱作丹波的赤鬼。直正與織田信長敵對，當信長麾下的明智光秀所率軍隊來襲時，他勇猛地擊退明智軍，威震敵我雙方。據說直正在此戰之前，就已經身負12處戰傷了。

三好長逸

生卒年／？～？
出身地／？

與三好政康、岩成友通並稱三好三人眾，在三好家中像是長老一般的存在。他與松永久秀曾經一時被稱為是三好政權的雙璧。從屬在三好長慶麾下，1554年進攻播磨國三木城的別所就治。1562年聯合四國的三好軍在河內攻破畠山高政的軍隊。1569年的正月，率領三好一族進軍京都，攻打將御所設在本國寺的第15代將軍足利義昭，但在六條合戰中敗退。

三好政康

生卒年／1528～1615
出身地／？

他的親緣關係有各種說法，以三好賴澄之子一說的可能性較高。他與三好長逸、岩成友通合稱三好三人眾。長慶死後，長慶養子義繼繼任家督，他以輔佐的名義支配著三好家。1565年與松永久秀等人共謀，殺害第13代將軍足利義輝。之後與久秀反目成仇，另行擁立義輝的堂兄弟阿波公方義榮為第14代將軍。據說他化名為三好清海入道，在1615年大坂夏之陣大出鋒頭。

岩成友通

生卒年／？～1573
出身地／？

詳細的生平不詳。他別名長信，身為三好長慶的重臣，掌握三好家的政治中樞。1566年臣從義繼，前往和泉與畠山高政、松永久秀等人交戰。在1568年試圖攻擊近江的六角義賢和織田信長，但是失敗。翌年，與三好一族進軍京都，攻打第15代將軍足利義昭。三人眾之中，只有友通在1572年歸順信長。後來加入義昭陣營。與三好長逸、三好政康合稱三好三人眾。

波多野秀治

生卒年／？～1579
出身地／丹波國（兵庫縣）

丹波國八上城主。1568年織田信長上洛時臣從於信長，後來率軍支援明智光秀軍，一起討伐丹波的豪族。但是他突然倒戈，在黑井城之戰中擊退光秀軍。信長因此大怒，派出大軍給光秀，命光秀攻下丹波。當時秀治堅守在八上城，頑強抵抗。死守了一年半之後，最終不敵，1579年在光秀的懷柔下答應降伏。戰後前往安土謝罪，但信長下令處以磔刑。

雜賀孫一
雜賀眾

※「洞峠」指的是觀望局勢的牆頭草。典故來自筒井順慶在洞按兵不動。

毛利元就

被譽為謀神的下剋上武將

生卒年 1497～1571年
（明應6～元龜2）

出身地 安藝國（廣島府）

身分 武將

事蹟 運用智慧與謀略，在他這當家這一代，就讓毛利家從安藝的一介國人領主，成為中國地方的霸者。可以說是戰國時代具代表性的下剋上大名。

1497年（明應6）毛利元就誕生。他是安藝小豪族・毛利弘元的次男。

如果要奪取天下，不能把視野只放在成為地方之霸……

不愧是少主

パチパチ…

松壽丸（元就）

元就之兄・毛利興元、與兄長之子・幸松丸相繼過世。元就在1523年（大永3）繼承家督

尼子

毛利

大內

其他國人領主

當時毛利家的領地，夾在出雲的尼子、周防的大內這兩大勢力之間。毛利元就改變方針，從長年從屬的尼子改投向大內，擴展勢力版圖

真想把勢力再往外擴大……但是這樣遲早要跟大內氏一決高下

不好了！大內的家臣陶晴賢謀反，大內義隆自盡身亡

元就想藉由這個事件，將勢力擴展到安藝、備後，但是……

唔～陶晴賢總有一天會打壓毛利，這件事準沒錯

北邊的尼子也虎視眈眈地覬覦安藝

う〜ん

次男・元春 → 吉川家

3男・隆景 → 小早川家

元就苦思之後，將次男・元春送進安藝的有力豪族吉川家當養子，將3男・隆景送進小早川家當養子，施計讓兒子繼承這兩家的家督

歷史小知識

虛構的「三矢之約」？… 相傳元就病危之時，將三個兒子叫來身邊。他說一支箭雖然脆弱，但三支箭束在一起就不會被折斷。藉此告誡兄弟團結的重要性。但是元就的長男比元就更早就過世了。

元就強化家中的向心力，不只統一安藝國。更將勢力擴張到備後

吉川元春

小早川隆景

元春與隆景為毛利家的繁盛付出貢獻，被稱為「毛利兩川」

毛利元就暫且臣服於陶晴賢，但隨著陶晴賢攻打安藝、備後，兩人的對立日益嚴重

這樣一來，只能抱著必死的決心對抗陶晴賢了

陶晴賢

1555年（天文24）毛利元就與陶晴賢在「嚴島之戰」交戰。毛利軍4000對上陶晴賢軍2萬，軍力相差5倍

敵人因為暴風雨而疏於防備，現在是進攻的好機會！

就算兵力相差5倍，也能以寡擊眾！

元就藉著謀略，將陶軍引到地形狹窄的嚴島。再利用地利發動奇襲擊敗敵軍，陶晴賢自盡身亡

後來毛利元就將周防、長門納入勢力版圖

因幡

長門

周防

務必讓毛利的家名延續到後世！

1566年（永祿9）尼子家投降，毛利元就統治長門到因幡之間的10國，成為中國地方的霸者

專欄

元就無意奪取天下的理由

毛利家在元就這一代，將領地擴大到中國地方10國，他常說「無意奪取天下」。這句話不只代表他不再擴張勢力，也成為毛利家的遺訓，代代影響毛利家。為什麼元就無意奪取天下呢？

周防國岩國領的香川正矩，撰寫的軍記物《陰德太平記》似乎給我們提示。在此書中，元就以源平時代為例，平氏政權短命、取而代之的源氏血脈僅維持了三代。比起奪取天下之後，過沒幾代就滅亡，元就寧可選擇保有數國領地，子孫能夠延續才好。認為能夠成為中國地方的霸者，自謙只是運氣好而已。元就盡心竭力，約束領內的有力國人，可見他認為一族的團結比什麼都重要。才會產生「三矢之訓」。

歷史小知識

節制喝酒… 元就的個性似乎非常注重小細節。他曾經告誡孫子．輝元要節制飲酒，同時還規定了飲酒時所用的酒杯容量。

小早川隆景

與兄長吉川元春合稱毛利兩川，輔佐毛利壯大

生卒年 1533～1597年（天文2～慶長2）

出身地 安藝國（廣島府）

身分 武將

事蹟 出身毛利家，成為竹原小早川家的養子。後來繼承沼田小早川家，全力輔佐毛利宗家。被稱為「毛利兩川」之一。

1533年（天文2）小早川隆景誕生。他是安藝的毛利元就的3男。

1544年（天文13）成為安藝的豪族．竹原小早川家養子

1550年（天文19）迎娶沼田小早川家出身的女子為正室，繼承兩小早川家的家督

安藝國（現在的廣島）

隆景

元春

小早川隆景成功指揮瀨戶內海的水軍，兄長吉川元春治理山陰地區。兄弟兩人打造了毛利家發展的基礎，合稱為「毛利兩川」

ぐっ…

※毛利元就的次男，在1550年（天文19）成為吉川家養子

就在這個時候，企圖統一天下的織田信長，曾經幾次派兵進攻。隆景擋下織田軍的攻勢

豐臣秀吉

當織田信長死於本能寺之變後，毛利決定順從掌握實權的豐臣秀吉（當時名為羽柴秀吉）

現在是打倒秀吉的好機會。派兵追擊吧

不行…兄長，我們已經跟秀吉殿下達成協議。

既然已經立下誓書議和，這時候毀約是大將之恥。萬萬不可。

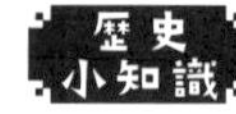
歷史
小知識

提防安國寺惠瓊… 小早川隆景很早就對毛利輝元說過，要提防安國寺惠瓊。隆景去世之後，輝元在關原之戰被惠瓊拱上去當西軍總大將，戰後失去了許多領土。

後來隆景隨秀吉出兵，平定四國、九州受封筑前37萬石。也曾參加「文祿之役」

※文祿之役 1592年（文祿1）出兵朝鮮

ﾊﾟﾝ ﾊﾟﾝ

由於文祿之役的表現，以及對豐臣政權的貢獻，隆景名列五大老

幹得好！隆景殿下！接下來也繼續為我效力吧

豐臣秀吉

五大老

※負責處理中央政務的五位大名

德川家康
前田利家
毛利輝元
宇喜多秀家
小早川隆景

1593年（文祿2）豐臣秀吉打算把外甥．羽柴秀俊，送到毛利本家當養子。小早川隆景為了防範毛利本家日後生亂，將秀俊收為自己養子

如果秀俊成為毛利本家的養子，本家的血統恐怕會斷絕。非阻止這件事不可

羽柴秀俊的資質平庸，成為小早川家的養子後，改名為小早川秀秋

秀吉殿下破例賞賜筑前5萬石，給我當作隱居津貼。把名島城整修之後，帶家臣一起搬過去吧

1595年（文祿4）隆景將家督之位，交給養子小早川秀秋之後隱居。1597年（慶長2）65歲病逝

專欄

秀吉高度讚賞隆景

豐臣秀吉成為天下人之後，曾在席間開玩笑說，自己死後能把天下託付給誰來治理，其中一個人是小早川隆景。秀吉非常信任隆景並立他為五大老之一，也因為隆景曾對他有恩。

1582年6月本能寺之變發生之時，秀吉正率軍在中國地方與毛利軍對峙，秀吉在欺瞞毛利的情況下，火速協議談和。緊接著率領士兵快馬加鞭趕回畿內，討伐了殺了主君的仇人．明智光秀。就在這一瞬間，秀吉在天下人爭奪戰中拔得頭籌。但是毛利跟秀吉談和之後，吉川元春得知信長死後大怒，主張立刻出兵追擊秀吉。讓元春打消追擊念頭的人不是別人，正是隆景。

也許隆景認為，秀吉會是下一個奪取天下的人吧。

歷史小知識

太過聰明反而誤事… 有一次小早川隆景對黑田官兵衛說「閣下頭腦靈活，碰到事情經常當機立斷，但是後悔的事情應該也不少吧。我因為天性魯鈍，反而很少後悔。」

毛利一族

毛利秀包

生卒年／1567～1601
出身地／安藝國（廣島縣）

毛利元就之子。元就的長男隆元，在秀包出生前就已過世。秀包成為三男小早川隆景的養子改名小早川秀包。1583年被送到羽柴秀吉麾下擔任人質，受到秀吉的喜愛，後來成為筑後久留米城主。關原之戰中因為感念秀吉的恩情而加入西軍，戰後被改易。

毛利輝元

生卒年／1553～1625
出身地／安藝國（廣島縣）

毛利隆元的長男。由於父親去世，在1563年繼任家督。在祖父元就做為後見人，還有稱作「毛利兩川」的兩位叔父吉川元春、小早川隆景輔佐下治理毛利家。但是毛利家的領國，在1600年的關原之戰後遭到德川家康大幅削減。

相杜元秋

生卒年／1552～1585
出身地／安藝國（廣島縣）

毛利元就的五男。起初雖然成為周防國人相杜隆康的養子，後來還是恢復了毛利姓。1568年成為出雲國的月山富田城城主，並改姓富田。元秋於1585年去世之時，因膝下無子，領地就由元就的八男元康繼承。

吉川元春

生卒年／1530～1586
出身地／安藝國（廣島縣）

毛利元就的次男。1550年成為安藝國日野山城主，繼承母親娘家吉川家。他與小早川隆景並稱「毛利兩川」，兄弟二人一同支持著毛利宗家。文武雙全的元春，生涯77戰64勝。傳聞說他在出兵作戰期間，抄寫完共計40卷的《太平記》。

毛利秀元

生卒年／1579～1650
出身地／安藝國（廣島縣）

毛利元就的四男元清之子，出生於備中猿懸城。起初雖成為毛利輝元的養嗣子，但是在1595年輝元的親生兒子秀就出生時被廢嫡，而後分家。關原之戰後，毛利宗家被移封到周防、長門兩國，秀元從其中分到了3萬6000石，成為長府藩初代藩主。

穗田元清

生卒年／1551～1597
出身地／安藝國（廣島縣）

毛利元就的四男，後來成為穗田元資的養子。1575年成為備中猿懸城主，輔佐毛利輝元治理領國。從1589年開始，擔任奉行負責修築廣島城。元清之子秀元一度成為輝元的養子，日後成為長府藩祖。

毛利秀就

生卒年／1595～1651
出身地／安藝國（廣島縣）

毛利輝元的長男。1600年的關原之戰中，父親輝元被推舉為西軍總大將，戰敗後被迫隱居，同年秀就繼任家督，領有周防、長門兩國37萬石。1611年他成為萩藩的初代藩主。大坂冬、夏之陣時，加入德川陣營參戰。

天野元政

生卒年／？～？
出身地／安藝國（廣島縣）

毛利元就的七男，幼名千虎丸，過繼給安藝國米山城主天野元定作養子。天野氏原本只是安藝國的國人，藉著收養子一事成為毛利的一門眾。元政參加了毛利的許多戰役，立下許多戰功。他在晚年剃髮自稱宗休。

毛利就隆

生卒年／1602～1679
出身地／安藝國（廣島縣）

毛利輝元的次男。1617年獲分周防國的都濃郡3萬石，1650年移封到同郡的野上，將此地改稱「德山」，成為周防德山藩的初代藩主。他致力於增產興業或開闢新田，特別是米、鹽、紙的生產，此稱為「三白政策」。其自由奔放的性格也廣為人知。

吉川廣家

生卒年／1561～1625
出身地／安藝國（廣島縣）

吉川元春的三男，1587年繼承吉川氏。1600年關原之戰時，透過黑田長政成為東軍內應。戰後雖然獲得德川家康賜予周防、長門兩國，但在他的請求下，家康答應將兩國讓給被推為西軍總大將的毛利宗家的輝元。

末次元康

生卒年／1560～1601
出身地／安藝國（廣島縣）

毛利元就的八男。後來成為出雲國末次城主，改稱末次氏。在兄長元秋死後，於1585年起成為出雲國月山富田城的城代。1600年關原之戰爆發前，毛利家中為了加入東、西軍而爭論時，元康在家族間奔走調停。

吉川經家

生卒年／1547～1581
出身地／石見國（島根縣）？

石見吉川家當主經安的嫡男。因幡鳥取城主山名豐國受到羽柴秀吉攻擊而降伏後，經家進入鳥取城擔任城主。面對秀吉的攻勢，雖然堅守城池，但因為兵糧耗盡，他以饒城內士兵不死為條件，投降並切腹自盡。據說首級被送到安土的織田信長處，慎重地被安葬。

毛利軍團的群像

熊谷信直

生卒年／1507～1593
出身地／安藝國（廣島縣）

原本臣屬安藝國守護武田氏，到了元就這一代臣從於毛利家。1547年將女兒嫁給元就的次男吉川元春，進一步強化與毛利家的關係。據說信直的女兒相貌醜陋，對於明知此點還願意迎娶女兒的元春，信直感謝在心。信直在沙場上勇猛善戰，是毛利家中屈指可數的知名猛將。

志道廣良

生卒年／1467～1557
出身地／安藝國（廣島縣）

志道家身為執權，代代輔佐毛利家。廣良很早就看出毛利元就的才幹，從元就年輕時兩人就私交甚篤。此事可以從1513年，當時才17歲的元就寫給廣良的誓文看出端倪，那上面大致寫著「兩人齊心協力向元就之兄興元盡忠」。在興元死後，廣良支持元就繼任家督。

清水宗治

生卒年／1537～1582
出身地／備中國（岡山縣）

備中國高松城主，原本是石川久孝的家臣。在1565年進入高松城，臣從小早川隆景加入毛利氏麾下。雖然不是譜代家臣，但其忠節之心深受毛利家中信賴。1582年羽柴秀吉水淹高松城，最後宗治開城投降，宗治以自己的性命交換城兵之命，在小舟之上切腹自盡。秀吉讚嘆他是個名將。

堅田元慶

生卒年／1568～1622
出身地／安藝國（廣島縣）

毛利氏譜代家臣，粟屋元通的次男。起初擔任毛利輝元的近侍而受到寵愛，1582年元服時改名元勝。原本小早川隆景希望收他作養子，他婉拒之後改姓堅田。不過元慶仍然深受隆景信賴，1585年隆景被移封伊予國時，就將原本的居城三原城交付給他代管。

兒玉就忠

生卒年／？～1562
出身地／安藝國（廣島縣）

出身是安藝國的小領主兒玉氏，是毛利元就的譜代家臣。據說細心且具有優秀的行政能力，深受元就的信任。1550年成為家中的五奉行之一，輔佐元就的嫡長子隆元，並勝任元就與隆元之間協調的工作。不過打仗的能力平庸，據說戰績遠不如其他家臣。

口羽通良

生卒年／？～1582
出身地／？

志道元良的次男，廣良的弟弟。但是因為他跟廣良年齡差太多，也有一說認為他是廣良之子。改姓口羽，據說是因為他獲得了石見國的口羽村。通良與吉川元春、小早川隆景、福原貞俊一起輔佐毛利輝元，被稱作「四人眾（御四人）」。行政能力優秀，被譽為是毛利的名家老。

乃美宗勝

生卒年／1527～1592
出身地／安藝國（廣島縣）

安藝國國人領主沼田小早川家的庶流浦家的當主。他以賀儀城為根據地，擔任小早川氏的警護眾。1555年毛利元就在嚴島之戰大破陶晴賢，就是由宗勝拉攏有血緣關係的村上水軍成為友軍，立下功勞。戰後也在小早川隆景麾下率領水軍，活躍於各地。

桂元澄

生卒年／？～1569
出身地／？

出身坂氏，在他的父親廣澄那一代分家，改姓桂。1524年父親廣澄因為族人反叛毛利元就，遭受連座而自盡時。元澄本來打算一起切腹，但是被元就阻止而打消念頭。自此以後，他一生為了元就盡忠盡力。1555年的嚴島之戰中，元澄成功誘使陶晴賢的軍隊前往嚴島，立下了軍功。

井上元兼

生卒年／？～1550
出身地／安藝國（廣島縣）

井上氏是在戰國時代時成為毛利家譜代的一族。在毛利氏的家臣當中，井上一族擁有權勢。因為擁有強大的經濟力，獨立色彩強烈並且不太聽從毛利宗家的命令。一說元就居住在猿懸城時，領地遭到井上元兼強佔。元就認為他是家中的問題人物，在1550年肅清了包含元兼在內的井上族人及旗下郎黨。

福原貞俊

生卒年／？～？
出身地／安藝國（廣島縣）

福原廣俊之子，安藝福原氏當主。為人受毛利元就尊敬，是毛利家的首席家老，也是輔佐元就孫子輝元的「四人眾（御四人）」之一。元就死後，他身為毛利家的重臣，參與毛利家中事務的決策。主要任務是輔佐毛利兩川之一的小早川隆景，負責山陽方面的軍務。

毛利軍團的群像

渡邊勝

生卒年／？～1524
出身地／安藝國（廣島縣）

據說出身源氏，家系傳承自平安時代以斬殺惡鬼而知名的渡邊綱。雖然家格是毛利家譜代宿老，但是他表面上遵奉元就，暗地裡與尼子氏勾結，企圖除掉元就，扶植相合元綱繼承家督。據說東窗事發後，被元就從郡山城推下山谷而死。

宍戶隆家

生卒年／？～1592
出身地／安藝國（廣島縣）

安藝國五龍城的城主。雖然曾經跟毛利氏對立，到了元就的時代雙方和解。隆家藉著迎娶元就的長女為正室等互動，建構雙方合作關係。毛利兩川的吉川元春、小早川隆景，曾和他一起進行軍事行動。從這一點可以知道他在毛利家中的重要性。到了江戶時代之後，家格等同於毛利一門。

佐波隆秀

生卒年／？～？
出身地／石見國（島根縣）

石見國的國人領主，曾經臣屬於尼子氏和大內氏，最後成為毛利氏的家臣。1551年大內義隆死於大寧寺之變時，隆秀的堂兄弟，也就是當時當主的隆連戰死。因此隆秀臨時繼任家督，引起了家臣的反抗，最後由隆秀的嫡長子惠連娶了隆連的女兒以平息紛爭。

天野隆重

生卒年／1503～1584
出身地／安藝國（廣島縣）

天野氏原本是藤原南家工藤氏的一族，前往位於安藝國的領地，落腳成為國人眾。隆重原本是安藝國志和堀財崎城主，在1551年他的主君大內義隆為陶晴賢所弒之後，他就加入了毛利元就麾下。主要負責山陰戰局，後來成為月山富田城主。1569年擊退尼子的殘黨山中鹿介等人。

粟屋元秀

生卒年／？～？
出身地／安藝國（廣島縣）

1523年毛利家發生繼承問題時，元秀是在連署書上留名，支持元就的15位宿老之一。當時元秀以參拜神佛為名義上洛，直接向室町幕府第12代將軍足利義晴直訴，請求讓元就繼承毛利宗家。元秀孫輩的元親，在元就的嫡長子隆元麾下名列五奉行之一。

益田藤兼

生卒年／1529～1596
出身地／石見國（島根縣）

石見國的國人眾。以益田莊的七尾城為根據地，臣屬於治理周防、長門的大內氏麾下。1543年的月山富田城之戰是他的初陣。後來雖然一時加入陶晴賢陣營與毛利對立，但在1557年臣從毛利元就，並獲得安堵1萬2000石舊領。元就用他來牽制津和野的吉見氏。

增田元祥

生卒年／1558～1640
出身地／？

益田藤兼的嫡子。初名次郎，元服之時獲毛利元就賜名「元祥」。迎娶了元就次男吉川元春的女兒為妻，從種種互動看來，他與毛利一門關係深厚。其人勇猛威武，在吉川廣家麾下參加了文祿慶長之役，於朝鮮半島立下輝煌的戰果。後來甚至對於毛利家的財政重整也出了一份力。

福原廣俊

生卒年／？～？
出身地／安藝國（廣島縣）

安藝福原氏的當主。福原氏的家格是毛利家筆頭家老，原本是稱作長井氏，在毛利元春的五男廣世以養子身分入繼之後改姓福原。毛利家中宿老們，請求元就繼任家督的連署書上，廣俊之名位於筆頭（首位）。從此事可知他在毛利家中的重要。

平賀廣相

生卒年／1528～1567
出身地／安藝國（廣島縣）

安藝國的國人領主。據說平賀氏最早源自出羽國，在鎌倉時代搬到安藝而落地生根。在戰國時代原本臣屬於大內氏，當尼子氏勢力崛起後，廣相的父親興貞轉從尼子，而廣相與其祖父弘保則留在大內毛利，家族就此分裂。1551年廣相在毛利元就的支持下繼任家督。

國司元相

生卒年／？～？
出身地／安藝國（廣島縣）

國司氏的家格是毛利氏譜代。元相作為毛利元就的嫡長子隆元的傅役，從隆元幼少時便支持隆元。1550年元就，設立了毛利家中的五奉行制，由元相與赤川元保、粟屋元親、桂元忠、兒玉就忠一同擔任。1555年嚴島之戰前，他生擒陶晴賢陣營的使者等功勞，為元就的勝利作出貢獻。

安國寺惠瓊與村上一族

安國寺惠瓊

生卒年／？～1600
出身地／安藝國（廣島縣）

關於他父親的身分有各種異說，一說認為是安藝國的守護大名武田氏的嫡流武田信重。他幼少時在安藝的安國寺（不動院）出家，後來進入京都的東福寺，成為竺雲惠心的弟子。1574年成為安國寺的住持，以毛利氏的外交僧活躍。惠瓊頗有辯才，對毛利氏的外交來說是不可或缺的存在，在毛利家中佔有一席之地。織田信長死後，他接近日益崛起的秀吉，在豐臣政權下仍保有僧籍就成為了大名※。因此離開毛利家，開始作為豐臣家的中樞成員活動，在關原之戰中落敗遭斬首。惠瓊是僧侶未還俗就成為大名的唯一例子。

村上亮康

生卒年／？～？
出身地／備後國（廣島縣）

因島村上氏當主，尚吉的三男，瀨戶內海的要衝備後國鞆城主。1569年杉原景盛的家臣藤井皓玄佔據備後的神邊城，他和三吉隆亮等人一起奪回城池立下功勞。順道一提，名字的「亮」字，可信度較高的說法是來自三吉隆亮賜予偏諱。1576年他協助毛利氏運送兵糧，給當時與織田信長對立的石山本願寺，參與了織田軍和毛利軍激戰的第一次木津川口之戰。在此戰中織田水軍受到毀滅性打擊。1582年來島村上氏的村上通總倒戈投向織田信長時，亮康重新向毛利輝元宣誓忠誠，因此增加100貫俸祿。曾擔任護衛足利義昭前往鞆的警備工作。

村上武吉

生卒年／1533～1604
出身地／備後國（廣島縣）

能島村上氏的當主。據說村上氏的遠祖是清和源氏或村上源氏。大約是平安時代末期落腳於瀨戶內海，族人分散在能島、來島、因島，各自擁有水軍。武吉雖然是能島村上氏出身，但幼少時祖父隆勝遭到暗殺，武吉為了避禍，前去投靠肥後的菊池氏。元服後改名「武吉」是來自菊池武俊的偏諱。最後回到能島並擴大勢力，一度統治了包括來島、因島在內的村上三島，成為君臨瀨戶內海的水軍頭領。1555年爆發毛利元就與陶晴賢的嚴島之戰，據說毛利元就在戰前以「協助我軍一日即可」為由邀他加入，自此以後與毛利的關係愈發深厚。路易斯．佛洛伊斯曾寫到武吉是「日本最大的海賊」。

村上通總

生卒年／？～？
出身地／伊予國（愛媛縣）

村上水軍一族來島村上氏當主村上通康的四男。1567年父通康病沒，他年紀輕輕即繼任家督。來島村上氏代代受到伊予豪族河野氏牽制，意圖脫離河野氏獨立自主的色彩日漸濃厚。1570年河野氏私吞了要上繳給室町幕府的公用錢。到了1582年，在織田信長的重臣羽柴秀吉慫恿下，通總轉投織田方。受到毛利氏和河野氏攻擊，被趕出根據地後寄身在秀吉籬下。後來在秀吉麾下參與進攻四國、九州和小田原等地的戰役，屢立戰功成為了大名。在接下來的文祿之役中於朝鮮與敵方水軍大戰。後來獲秀吉賜姓豐臣，可見他在豐臣政權受到重用。

村上武吉
村上水軍

※日本史界有兩派說法，一種認為惠瓊是毛利的外交僧，一說認為秀吉封他為大名。

尼子經久

完美演繹下剋上的山陰謀將

1478年（文明10）21歲的尼子經久，繼承父親・尼子定清成為出雲守護代
室町幕府沒什麼好怕的，最重要的是擴張勢力！
經久強行奪取寺廟神社領地並強佔年貢，反幕府的行動越來越明顯

再這樣下去，會引來幕府、守護跟國人眾的反抗吧
真擔心啊

1484年（文明16）京極政經奉室町幕府之命出兵出雲，將尼子經久逐出月山富田城

兩年後，尼子經久奇襲奪回月山富田城，逼迫周遭豪族臣服
1508年（永正5）京極政經去世之後，京久掌握出雲，獨立成為戰國大名

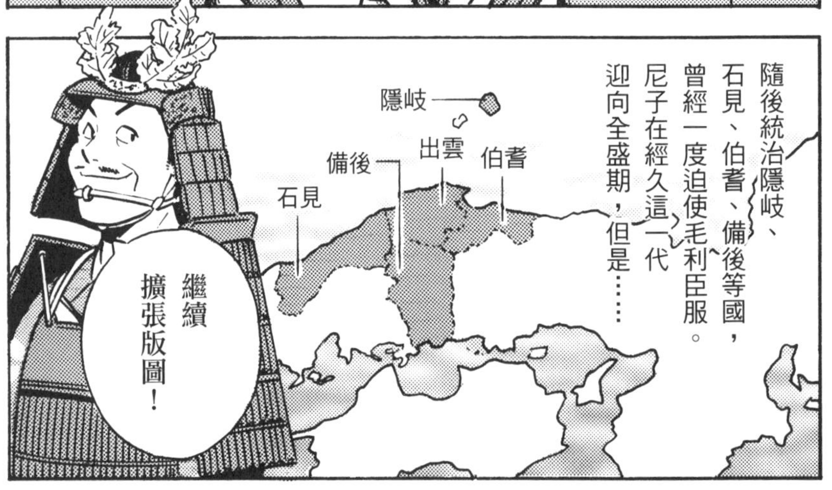

隨後統治隱岐、石見、伯耆、備後等國，曾經一度迫使毛利臣服。尼子在經久這一代迎向全盛期，但是……
隱岐
出雲
伯耆
備後
石見
繼續擴張版圖！

生卒年 1458～1541年（長祿2～天文10）

出身地 出雲國（島根縣）

身分 武將

事蹟 憑藉謀略奪回富田城，靠著自己的實力統一出雲。將勢力版圖擴展到石見、伯耆、備後，打造尼子氏的全盛時期。

歷史小知識

每當被稱讚… 《塵塚物語》記載，每當家臣誇經久身邊的東西很好，經久就會把這個東西送給家臣。反而讓家臣顧慮經久的心情，不敢隨便稱讚經久持有的東西。

我覺得元綱才適合成為家督！

尼子經久介入毛利家的家督繼承問題，他支持毛利元綱來對抗毛利元就

※毛利元綱
毛利元就同父異母的弟弟，武勇過人，被稱為「今義經」

讓我助您一臂之力吧。

家臣
龜井秀綱

因為這件事，毛利元就成為家督之後，背離尼子改投向周防的大內氏麾下

就算全部的國人眾都倒向大內也沒關係！

為了不讓11國太守之名蒙羞而戰，就算戰死沙場也正合我意！

1518年（永正15）嫡男尼子政久，出兵鎮壓反抗軍時戰死。孫子晴久（此時名為詮久）成為繼承人

1537年（天文6）經久隱居，讓孫子・晴久繼承家督

「多算者勝，少算者不勝」晴久……別忘了這句話

經久在1541年（天文10）病逝於月山富田城，尼子家的勢力自此開始衰敗

如果大殿下的死訊傳出去的話，大內跟毛利會把握機會攻打尼子吧

能夠同時打倒大內跟毛利，相信這也是大殿下的遺願…

吉川夫人

第一次月山富田城之戰，尼子擊退了大內・毛利聯合軍。但在第2次月山富田城之戰，尼子氏被毛利討滅

專欄

尼子一族的居城・月山富田城

出雲國的月山富田城以尼子之城聞名，但是這座城原本其實是出雲守護的居城。

1391年爆發明德之亂，戰後京極高詮成為無人擔任的出雲守護。隨後高詮任命尼子經久的祖父・尼子持久為守護代，負責前往出雲治理領地。尼子氏掌握財源之後，逐漸顯露出跟京極氏對抗的姿態。

經久無視幕府的命令，擅自橫奪寺廟神社的領地，鞏固自己的統治權力。雖然經久一度在1484年失去月山富田城，2年後他用計讓士兵潛入城內，重新奪回城池。從這一刻開始，月山富田城正式成為尼子一族的居城。

尼子以這一座山陰地方的名城為根據地，逐漸擴張勢力成為戰國大名，但這座城終究被毛利給攻下，尼子也日暮西山。

歷史
小知識

石見銀山… 石見銀山擁有龐大的銀礦，尼子與大內為了這座銀山屢次交戰。戰國時代的日本是世界有名的產銀國，當時日本輸出的銀的數量，佔世界流通量的3分之1。

山中鹿介

為振興尼子家奉獻一生的忠臣

生卒年 1545?～1578年（天文14？～天正6）

出身地 出雲國（島根縣）

身分 武將

事蹟 當月山富田城開城投降，主君尼子氏滅亡後，鹿介擁立尼子勝久，為了復興尼子在各地奮戰。在播磨上月城被捕，於押送途中被殺害。

山中鹿介是出雲尼子家旗下，尼子十勇士的一員。有著許多勇猛奮戰的傳奇故事

尼子義久

山中鹿介

昔日享盡榮華的尼子家，反而被從前的部屬毛利家給逆轉，勢力如江河日下

1566年（永祿9）出雲的月山富田城被毛利軍攻陷，尼子家滅亡

尼子勝久

山中鹿介從出雲逃往京都，說服在東福寺出家為僧的尼子勝久，企圖復興尼子家

勝久大人，請號召昔日尼子的家臣，復興家業！

1568年（永祿11）尼子勝久還俗，山中鹿介擁立勝久，號召昔日尼子的家臣出兵奪回出雲

曾經一度奪回出雲大部分領地，但是遭到毛利軍反擊而戰敗

怎麼能夠就這樣放棄……！

願歷經千辛萬苦，只求能夠復興主家

鹿介總是對著新月祈禱，望著新月漸圓，希望能夠復興尼子

歷史小知識

子孫成為富商… 山中鹿介的兒子，後來住在攝津國鴻池村，改名為鴻池善右衛門，據說開始經營釀酒。鴻池家在江戶時代累積財富成為富商，後來成為鴻池財閥。

絕不動搖的決心
新月喔！
請賜給我
千辛萬苦吧!!
讓你遭受困難，
真的沒問題嗎？
當然！
會很辛苦唷〜〜
可以嗎？
當…
當然…

1577年（天正5）
意圖統一天下的
織田信長，命令
鹿介跟隨豐臣秀吉
（此時名為羽柴秀吉）
攻打毛利。
鹿介與尼子勝久
一起進駐播磨的上月城
秀吉決定出兵討伐
倒戈的別所長治。
當秀吉率軍
進攻三木城時，
毛利軍立刻攻向
上月城

攻打三木城
比較重要！
秀吉
秀吉對鹿介
見死不救。
隔年上月城淪陷，
主君尼子勝久
自盡身亡，
山中鹿介被毛利軍生擒

山中鹿介
被押送
回城的途中，
遭到毛利家重臣
派出的使者暗殺
為了復興尼子家，
畢生鞠躬盡瘁的
武將在此殞落

專欄

戰國武將的忠義

山中鹿介為了振興主家・尼子家，畢生鞠躬盡瘁，可以說是忠臣中的忠臣。他忠義的形象贏得人氣，他的故事在二戰前被寫入日本的教科書。

但是在戰國時代，易主而仕並不是什麼稀奇的事情。藤堂高虎一生中曾經出仕過10個以上的主君，反倒是這種生存方式比較容易受到獎賞。能讓許多主君認同自己的價值，才真的是武將夢寐以求的榮耀。

戰國時代是實力至上的時代。如果跟隨弱小的主君，自己也會招來滅亡。所以如果跟主君不合、或是認為主君沒有才幹，尋找下一個主君也是理所當然。這才是能在戰國時代生存下來的價值觀。也許正因為如此，像山中鹿介這樣終生貫徹忠義之志的武將，才會特別受人喜愛吧。

歷史小知識

教子良母… 山中鹿介的母親名為浪。鹿介的父親很早就過世，母親含辛茹苦拉拔鹿介長大。某次鹿介忘了自己父親的忌日，母親非常憤怒，罰他在下雪的庭院中正座反省。

尼子一族的武將們

尼子晴久

生卒年／1514～1560
出身地／出雲國（島根縣）

尼子經久之孫。父親政久年僅24歲就過世，晴久在1537年繼任家督。1540年毛利元就倒戈投向大內義隆，晴久不顧經久的反對，派遣大軍攻打元就。在吉田郡山城之戰吃了敗仗。經久死後，雖然面臨了有力國人反叛等困境，但是晴久仍積極經營，擴大領國。1552年獲室町幕府第13代將軍足利義輝任命為出雲、隱岐、備前、備中、備後、美作、因幡、伯耆8國守護。1555年陶晴賢在嚴島之戰滅亡後，晴久侵略石見，將石見銀山納入了手中。

尼子義久

生卒年／？～1610
出身地／出雲國（島根縣）

尼子晴久之子，因為父親在1560年逝世，繼任成為月山富田城主。從晴久的時代開始，尼子與毛利元為了爭奪石見銀山而對立，義久希望藉由室町幕府居中協調雙方和解。但是當義久與元就締結短暫的和平協議後，原本在石見境內對抗元就的國人勢力紛紛倒戈。特別是負責防守石見銀山要衝山吹城的本城常光，倒戈投向毛利方，對義久來說是重大打擊。據說元就表面接受議和，實際是趁機分化。接著毛利軍開始正式征討出雲，義久的居城月山富田城在1565年遭到包圍，包括重臣在內許多兵將叛逃，翌年城陷。繁盛一時的尼子，在義久繼任家督僅僅6年後就滅亡了。

新宮國久

生卒年／？～1554
出身地／出雲國（島根縣）

尼子經久的次男，也就是晴久的叔叔。一族居住在出雲國新宮谷，被稱為「新宮黨」，國久是這群新宮黨的領袖。因為如此，雖然出身尼子，一般是以新宮國久之名傳世。新宮黨是尼子家中精銳中的精銳，勇猛遠播他國。在國久的時代迎來了新宮黨的全盛期，為尼子氏擴大領國作出莫大的貢獻。雖然新宮黨的武勇受眾人認同，但勢力凌越了尼子宗家，國久那傲慢的態度也讓人看不順眼。他不時流露出對晴久的輕視，和其它家臣團產生磨擦，讓晴久心生排斥。終於在1554年，包含國久的嫡長子誠久在內，新宮黨遭到肅清。

尼子勝久

生卒年／1553～1578
出身地／出雲國（島根縣）

尼子誠久之子，新宮國久之孫。1554年祖父國久和新宮黨，遭到尼子宗家的晴久肅清之時，他受到小川重遠的幫助，進入京都的東福寺成為僧侶。1566年尼子被毛利元就討滅。在企圖尼子氏的山中鹿介與立原久綱等人的懇求之下，勝久決定還俗。1569年得到豐後的大友宗麟援助，在隱岐舉起振興尼子氏的大旗。雖然一度奪回出雲國的大半領地，但在1570年布部山之戰敗給毛利軍之後，勝久又逃回了京都。之後接受織田信長的庇護，跟隨羽柴秀吉征討中國地方。但在1578年堅守播磨的上月城時，遭到毛利的大軍包圍，最後自盡而亡。

毛利
倒戈的家臣們
尼子義久

尼子軍團的諸將

三刀屋久扶

生卒年／？～1591
出身地／出雲國（島根縣）

出雲國三刀屋城主。一般認為三刀屋氏可追溯到清和源氏，是信濃源氏的旁流。據說祖先是出雲國飯石郡三刀屋鄉的地頭※，所以以地名為姓。久扶跟隨尼子晴久參加了1540年的毛利征伐戰，落敗之後轉仕大內氏，在大內氏衰落後又再回到尼子氏。1562年又再倒戈投向毛利氏。

尼子興久

生卒年／1497～1534
出身地／出雲國（島根縣）

尼子經久的三男。繼承了鹽冶氏的家督，獲賜出雲國鹽冶的領地。不過他對此決策感到不滿，曾向父親經久抗議卻未獲採納，1532年起兵造反。受到經久勦討後，他躲在妻子娘家山內家，後來自盡。據傳身為人父的經久，因為後悔自己逼死親生兒子而臥病在床。

宇山久兼

生卒年／？～1566
出身地／？

尼子氏御家老眾之一。他參加1540年的安藝郡山城征伐戰、石見征伐戰等戰役，為尼子氏奮戰不懈。當主君尼子晴久過世，毛利氏開始進攻月山富田城的時候，久兼甚至不惜耗費自己私產購入兵糧運入城中，為尼子氏盡心盡力。不過因為被尼子義久懷疑他內通毛利，遭到誅殺。

秋上久家

生卒年／？～？
出身地／出雲國（島根縣）

秋上氏是出雲國的大庭大宮（現在的神魂神社）侍奉神明的家族。因為哥哥孝重繼任神職，久家就成為武將出仕尼子氏，擔任尼子家的侍大將。他和山中鹿介交情深厚，與鹿介一起擁立尼子勝久而奮戰。不過後來他和鹿介分別，投降了毛利氏。一般認為他是尼子十勇士的秋宅庵助的人物原型。

尼子久幸

生卒年／？～1541
出身地／出雲國（島根縣）

尼子經久的弟弟。當姪子鹽冶興久反叛經久時，久幸出兵平亂。原本從屬尼子氏的毛利元就轉投大內之時，尼子氏當主晴久暴怒，打算發動遠征攻打安藝的郡山城。久幸在這個時候持反對意見，被晴久斥責為「膽小野州」。後來久幸也參與了遠征軍，並且戰死。

米原綱寬

生卒年／？～？
出身地／出雲國（島根縣）

出雲國高瀨城主。擔任尼子的御手迴眾。雖然綱寬受到尼子晴久重用，但是他與繼任的義久不合，在毛利侵入出雲時投降毛利。但是當尼子勝久舉兵之後，他駐守高瀨城，表現出與毛利敵對的態勢。1571年向毛利軍的吉川元春投降，放棄武士身分在京都出家，以可春齋之號隱居。

牛尾久信

生卒年／？～1586
出身地／？

尼子氏的御手迴眾。久信於尼子家臣團中名列上位，據說獲賜了伯耆國內約1萬200石俸祿。1561年毛利元就進攻出雲時，他和元就於牛尾城交戰。翌年在白鹿城拚死抵抗毛利軍。後來久信受了重傷意圖自盡時，被毛利軍生擒，此後他成為了毛利氏的武將。

赤穴盛清

生卒年／1471～1553
出身地／出雲國（島根縣）

赤穴光清的三男。父親光清在1542年第一次月山富田城之戰戰死後，由祖父久清為後見人，盛清繼承家督。戰後尼子晴久感念陣亡的光清的忠義，增封領地給盛清。但是晴久死後，發生了第二次月山富田城之戰，盛清倒戈投向毛利陣營，擔任攻打富田城的先鋒。尼子氏滅亡之後轉仕毛利氏。

龜井茲矩

生卒年／1557～1612
出身地／出雲國（島根縣）

原本是尼子氏家臣湯永綱的嫡長子，娶了龜井秀綱的女兒，並且改姓龜井。曾與山中鹿介一同誓言要振興尼子，但未能實現。最後接連出仕織田信長、豐臣秀吉，成為因幡國鹿野城主。

和泉久勝

生卒年／？～1526
出身地／備後國（廣島縣）

備後國惠蘇郡黑岩城主，曾臣屬於尼子家。統治同郡三好地方的三吉宗隆是他的岳父。當時毛利元就的勢力逐漸擴大，岳父宗隆和家臣團許多人認為應該歸順毛利，久勝則頑強地拒絕這個提案。因此在1526年遭到家臣間鍋五郎左衛門和原勘兵衛等人謀殺。

※地頭是源賴朝奉敕命，設置在各國莊園內協助管理之人。後來逐漸演變成在地勢力。

戰陣的基礎　八陣形

陣形是在交戰之際，將己方的戰力發揮到最大限度，藉以剋敵致勝的戰鬥隊形。中國赫赫有名的吳子、孫子、諸葛孔明，研擬出作戰的陣形，相傳八陣型是諸葛孔明所制定。戰國武將學習這些陣形，依照戰爭的情況來靈活變換。

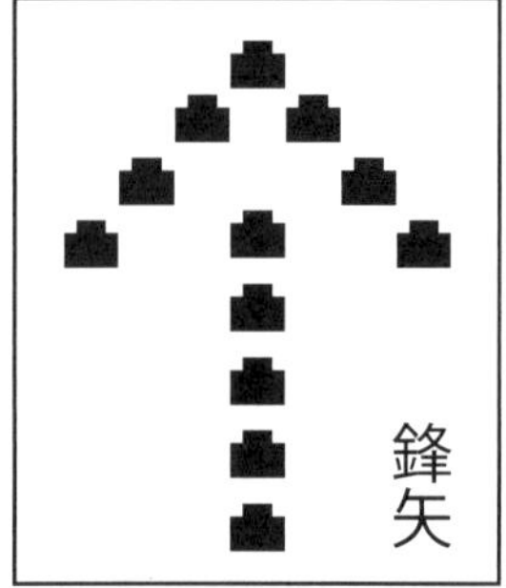
鋒矢

鋒矢：佈陣看起來像是箭矢的形狀。用少數兵力來突破敵陣的陣形。

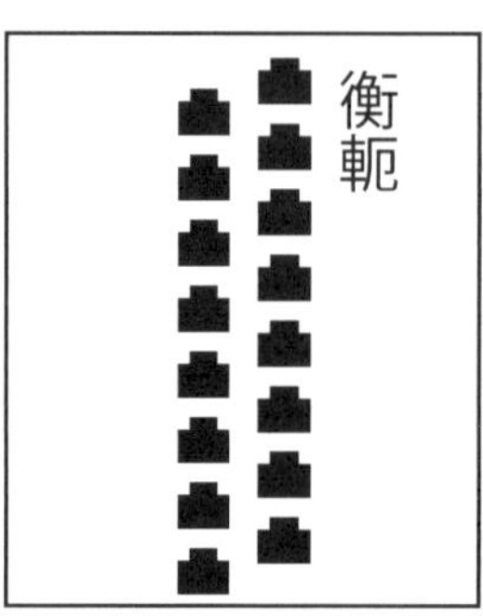
衡軛

衡軛：驅使不對齊的兩路縱隊，依照敵人動態，靈活包夾敵人的陣形。

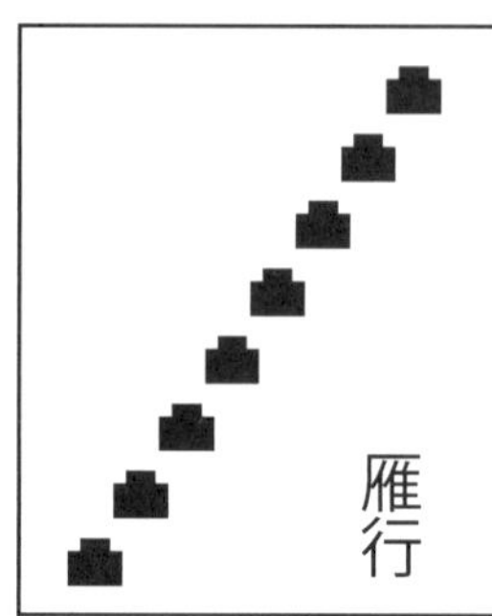
雁行

雁行：因應敵軍的動態，能夠迅速變換成魚鱗陣或是鶴翼陣來克敵。

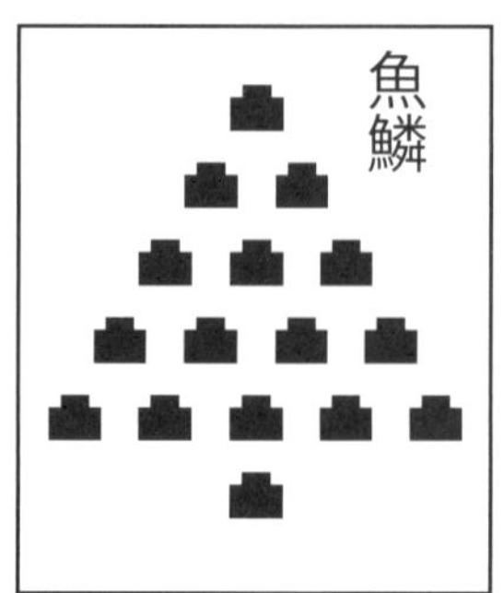
魚鱗

魚鱗：當兵力比敵人少時，用來集中兵力攻擊敵軍的陣形。

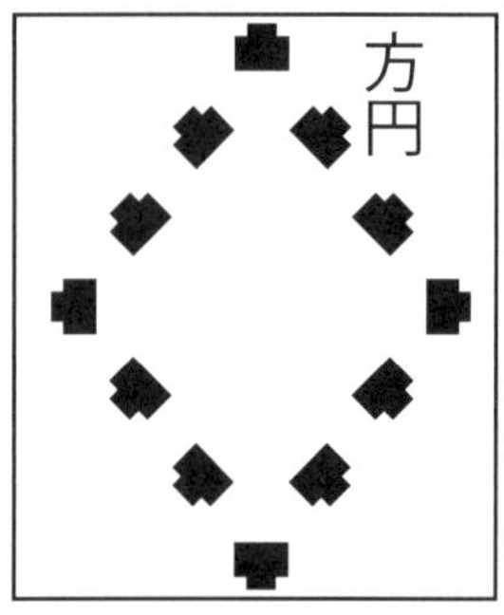
方円

方圓：當敵人從四面八方攻擊而來時，強化防禦迎擊敵人的陣形。

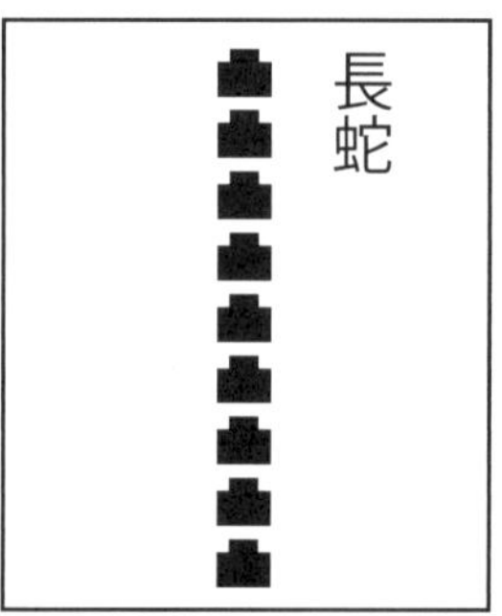
長蛇

長蛇：用來追擊敵人的陣行，像蛇一樣迅速又靈活地應對敵情。

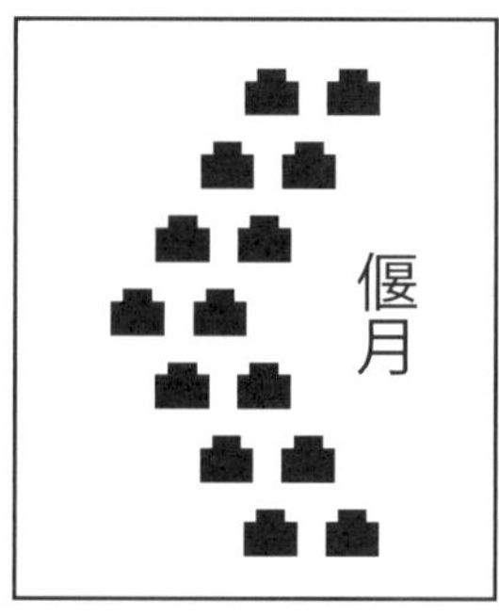
偃月

偃月：別名「背水之陣」。在後無退路的情況下奮力一搏的陣形。

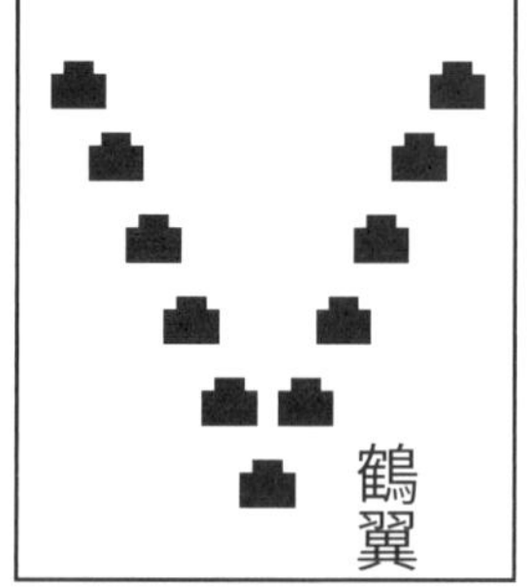
鶴翼

鶴翼：當自軍兵力勝過敵軍，像是鶴翼一樣包夾敵人的陣形。

戰術的種類

野戰

野戰又稱為平地遭遇戰。關原之戰及川中島之戰是野戰的代表。因為這是典型的戰鬥，兵力較強的一方佔絕對優勢。野戰的敗退常導致我軍將士傷亡。

追擊戰

趁勝追擊的戰鬥，發生在攻破敵軍陣形的時候。追擊戰發生在勝負已定的時候，受追擊的敵軍通常死傷慘重，但是過於深入也有可能遭敵軍反擊。

撤退戰

又稱為殿後戰。因為戰況不利才會決定撤退，總大將的指揮能力會影響撤退戰的成敗。重點是如何降低我軍的犧牲，讓多數軍隊撤離戰場。

奇襲戰

夜襲跟拂曉出擊，是典型的奇襲戰範例。是利用寡兵打倒強敵的戰術。基本原則是掌握敵人鬆懈的時間點，對敵軍發動攻擊的戰術。

大內家的當主與軍團群像

內藤興盛

生卒年／？～1554
出身地／長門國（山口縣）？

興盛在大內義興、義隆的時代擔任長門國守護代。他不時進諫耽溺於文藝的主君義隆，但是諫言未被採納。於是他在1551年的大寧寺之變，消極地支持陶晴賢，在義隆被殺害之後他就隱居。

大內義興

生卒年／1477～1528
出身地／長門國（山口縣）

內政弘之子，1494年繼承了父親成為大內氏的當主，成為周防、長門、安藝、豐前、筑前、石見六國的守護。積極地與明國進行貿易，累積了鉅大的財富，建立了周遭大名無法匹敵的強大勢力。

內藤隆世

生卒年／？～1557
出身地／長門國（山口縣）？

內藤興盛的孫子，陶晴賢是他的姊夫。在陶晴賢的受益之下，他出仕繼承大內家督的大內義長，擔任長門國守護代。即使陶晴賢滅亡之後，也仍為義長盡忠到最後一刻，1557年毛利氏來襲時與義長一同自盡。

大內義長

生卒年／？～1557
出身地／豐後國（大分縣）

周防大內氏最後的當主。大友義鑑的次男，大友宗麟的弟弟。雖然成為大內義隆的養子，但是後來義隆的親生兒子誕生後，他就遭到疏遠。1551年時，陶晴賢殺害了義隆，義長在陶晴賢的安排下繼承了大內氏家督。

弘中隆兼

生卒年／？～1555
出身地／？

隆兼出仕大內義隆，前後擔任過安藝東西條代官和安藝國守護代等職。不過在1551年大寧寺之變發生時，他選擇支持陶晴賢。1555年的嚴島之戰中，隆兼與毛利軍交戰，落敗而亡。

陶晴賢

生卒年／1521～1555
出身地／長門國（山口縣）

他雖然是大內家的重臣，但是在1551年殺害了沉迷文藝的主君大內義隆。大寧寺之變後，實質上篡奪了大內家的實權。但是在1555年的嚴島之戰中，敗給了毛利元就之後自盡而亡。

小早川興平

生卒年／1505～1526
出身地／安藝國（廣島縣）

興平在幼時就成為沼田小早川家的當主。不過大內氏對繼任問題表達反對，策劃以竹原小早川家的弘平來取而代之。小早川家不願讓大內氏介入，只讓弘平擔任後見人，藉以保持獨立自主。

江良房榮

生卒年／1515～1554
出身地／？

房榮雖然是大內家的家臣，但是在陶晴賢殺害大內義隆篡奪主家之後，他就直接臣從於陶晴賢。不過在嚴島之戰前，因為毛利元就放出房榮義圖謀反的謠言，誤信謠言的晴賢便將他誅殺。

宗像氏貞

生卒年／？～1586
出身地／筑前國（福岡縣）

筑前國的宗像神社的大宮司。既是神官也是大內氏的家臣。在主家大內氏滅亡之後，得到毛利氏的協助去對抗豐後的立花道雪。當毛利的勢力退出北九州後，氏貞仍然持續試圖對抗立花道雪。

冷泉隆豐

生卒年／？～1551
出身地／周防國（山口縣）？

雖然他的家系是大內氏的旁流，但是以母方的冷泉氏為姓。隆豐很早就開始臣從大內義興，在義興死後則跟隨義隆。1541年成為安藝國的銀山城主。陶晴賢謀反的時候，他伴隨主君義隆奮戰而亡。

福屋隆兼

生卒年／？～？
出身地／石見國（島根縣）

石見國的那賀郡本明城主。1558年當尼子陣營的小笠原長雄截斷了通往石見銀山的道路時，隆兼出兵跟隨毛利元就攻打小笠原長雄。後來他對於元就的戰後處置心生不滿而背叛了毛利家。因此遭到元就攻打而滅亡。

相良武任

生卒年／？～1551
出身地／？

武任的文化造詣很高，受到大內義隆重用。但是他卻和大內家中陶晴賢等武功派家臣對立。武任擔心自己的身家安全，在1550年叛出大內家，卻在筑前遭到逮捕。翌年，晴賢謀反時，武任遭到殺害。

大內領地
石見
長門
安藝
周防
筑前
豐前
大內義興

杉興運

生卒年／？～1551
出身地／周防國（山口縣）？

興運在大內義隆的時代擔任筑前國的守護代。1530年受義隆之命參加田手畷之戰。和武功派的陶晴賢對立，1551年陶晴賢起兵謀反時，興運跟隨義隆的一方，最後兵敗自盡而亡。

大內義隆

因政變而犧牲的名門大內氏當主

生卒年 1507～1551年（永正4～天文20）

出身地 長門國（山口縣）

身分 武將

事蹟 將勢力擴展到筑前國、安藝國，後來沉溺於喜好的藝文活動。遭到家臣陶晴賢的反叛而自盡身亡。

1507年（永正4）大內義隆誕生。他是長門的戰國大名・大內義興之子
父親大內義興以管領代、山城守護的身分，參與室町幕府的政治運作約10年。在這段期間，大內獨佔對明的貿易，獲得龐大的財富
哈哈哈哈

1528年（享祿1）大內義興逝世，義隆接任家督，成為周防、長門、安藝、豐前、筑前、石見共6國守護

義隆具有藝文的才能，積極招攬公家與學者前來長門，提升領地的文化水準
對海外保持高度興趣，與明、朝鮮通商。傳教士方濟・沙勿略一行人拜訪長門時，義隆允許他們傳教
比起武藝，我更適合文學藝術
但是……
陶晴賢

歷史小知識

輕賤錢財？… 童年時代的義隆，看到附近的孩子用銅錢在遊玩。義隆正想加入的時候，負責教導義隆的傅役・杉重矩斥責他「身為主君的人，不能用錢這麼汙穢的東西玩樂」把錢丟進垃圾裡。

因為大內義隆過於沉溺於文藝，武功派的家臣們感受到危機
再這樣下去好嗎？
絕對不行吧
議論紛紛
議論紛紛
議論紛紛
終於在1551年（天文20）
怎麼外面這麼吵鬧…？

以陶晴賢為中心，武功派家臣發動政變。義隆逃出居館後，在大寧寺自盡

比起武藝更愛好文藝，可說是獨樹一格的戰國大名

專欄

日明貿易是山口文化的後盾

據說大內義隆非常喜歡京都的文化。他模仿京都來建構山口的城鎮。採用條坊制大路與小路棋盤狀交錯的規劃，不建造城池而住在大內館中。招聘許多來自京都的文人與公家。在他的規劃下，山口成為文化的都市，被譽為「西之京」。

從義隆開始，許多山口人非常仰慕京都，這一點可以從出土文化來驗證。大內氏館跡挖掘出大量素燒的器皿，數量高達數百個、甚至達到數千個。根據研究者的分析，這些器皿是當時京都流行的風格，認為是仿造京都的技術後在山口製作。

山口能夠成為這麼繁華的都市，最大的支柱就是日明貿易帶來的巨大財富。當時大內氏掌握了日本數一數二的貿易港．博多，獨佔日明貿易獲得巨大的利益。

歷史小知識

溫柔的義隆… 發動大寧寺之變的陶晴賢，據說曾經受到大內義隆的寵幸。據說有一次義隆親自拜訪家臣陶晴賢，正好晴賢正在熟睡。義隆知道之後，留下一首和歌就離開了。

宇喜多直家

巧施謀略出人頭地，西國的下剋上大名

1529年（享祿2）宇喜多直家誕生。他是備前的豪族宇喜多興家之子。

直家的祖父・宇喜多能家，出仕備前守護代浦上家。祖父失勢後，6歲的直家與興家棲身於備前邑久郡

1543年（天文12）
直家再度出仕浦上家

直家運用策略，
攻入備前國西南部地區。
為浦上家的勢力擴張做出貢獻

1573年（天正1）
他在岡山建造居城，
打造了
戰國大名的地位
歷經顛沛流離的童年，
終於爬上這個位置……
接下來才是真正的開始

生卒年 1529～1581年（享祿2～天正9）

出身地 備前國（岡山縣）

身分 武將

事蹟 由於祖父・能家失勢，直家的少年時代輾轉流浪吃盡苦頭。後來他跟毛利聯手，放逐了身為守護代的前任主君浦上家。當羽柴秀吉攻打中國地區時，他叛離毛利轉而歸順織田信長。

歷史小知識

不對家臣出手… 宇喜多直家一生中使過許多詭計謀略，但是據說他未曾對家臣下手。也許對直家來說，譜代老臣是從流浪時代就甘苦與共的同伴吧。

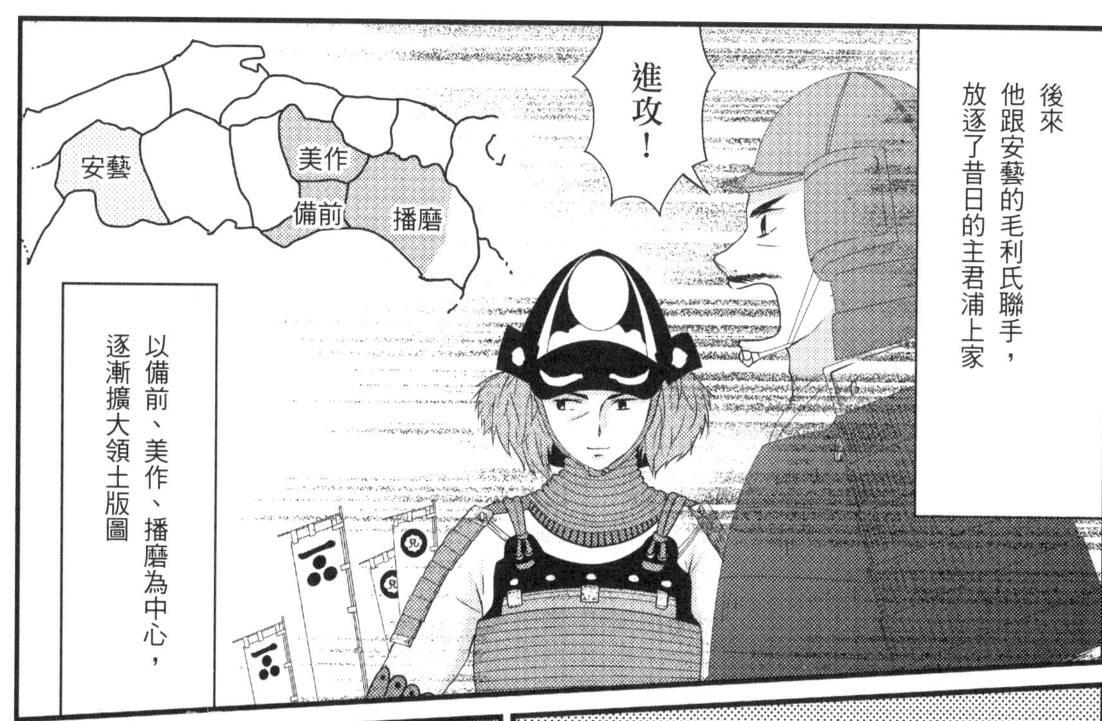
後來
他跟安藝的毛利氏聯手，
放逐了昔日的主君浦上家
進攻！
安藝
美作
備前
播磨
以備前、美作、播磨為中心，
逐漸擴大領土版圖

1579年（天正7）
企圖統一天下的織田信長，
開始展開中國地方攻略戰。
直家與毛利家分道揚鑣，
改而臣從信長
信長大人～
信長大人～
織田信長
！

隨後在1581年
（天正9）宇喜多
與毛利氏交戰時，
直家病逝於岡山城
他是以武力席捲中國地區，
典型的戰國大名

第3章 群雄割據的時代

專欄

利用美少年奪取城池！

一般會把擅長謀略的武將稱為「梟雄」。美濃的齋藤道三與大和的松永久秀是代表性人物，宇喜多直家的經歷也足以稱為梟雄。直家一生中曾經好幾次使用計謀，其中最讓人驚訝的是，他用計奪下備前國龍口城，滅了城主穝所元常。這座城是備前國首屈一指的堅城，難以用正攻法攻陷。

直家派出了知名的美少年．岡剛介，作為刺客潛入城內。直家事前就知道元常對美少年沒有抵抗力，果然元常的心都放在剛介身上。某次元常去河邊遊玩時，頭枕在剛介的膝上小睡。剛介趁機拿出藏在身上的刀殺了元常。在城外待命的士兵在此時進攻，裡應外合地奪下龍口城。

信仰心… 金川城主松田氏，強迫領地內的寺廟改為日蓮宗，若有不從就放火燒廟。後來直家滅了松田氏之後，重建了被燒毀的寺廟，百姓因此對直家心懷感激。

長宗我部元親

統一四國全境的土佐之雄

生卒年 1539～1599年（天文8～慶長4）

出身地 土佐國（高知縣）

身分 武將

事蹟 因為父親長宗我部國親之死，元親繼承家督。他以「一領具足」政策統一土佐。雖然成功統一四國，但後來屈服在豐臣秀吉之下。

1539年（天文8）長宗我部元親誕生，他是土佐的戰國大名．長宗我部國親之子
因為童年膚色白皙且生性文靜，家臣們稱他「姬若子」

在成長過程中熟讀兵書。1560年（永祿3）攻打土佐的豪族本山梅應，首次上陣的元親立下戰功，得到家臣們的支持
1560年（永祿3）長宗我部國親去世，元親繼承家督

1571年（元龜2）元親統領土佐的豪族，放逐國司一條兼定
他擁立兼定之子．一條內政並掌握實權，隔年統一土佐

歷史小知識

從公主變成鬼… 少年時代的元親，因為容貌像女孩而被稱為「姬若子」。但他在初陣攻打本山氏時，即使處在下風仍然奮勇突擊，用槍刺殺兩個敵兵。之後被叫做「鬼若子」。

接下來平定阿波、讚岐、伊予諸國。但在1583年（天正11）…
讚岐
阿波
伊予
土佐
幾乎快要掌握四國全境了！

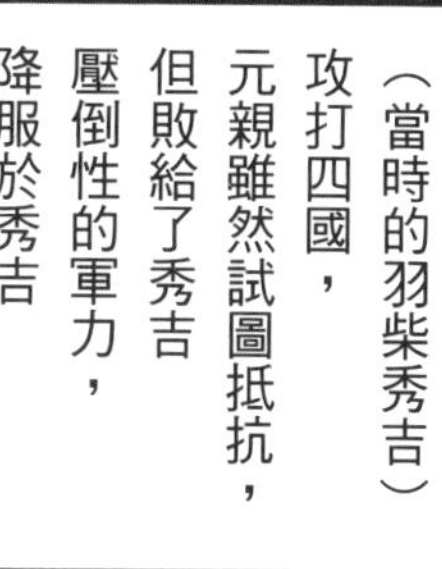
1585年（天正13）豐臣秀吉（當時的羽柴秀吉）攻打四國，元親雖然試圖抵抗，但敗給了秀吉壓倒性的軍力，降服於秀吉

後來他跟隨秀吉，出兵參加1587年（天正15）的九州攻略戰、1590年（天正18）的小田原征伐戰，以及「文祿・慶長之役」立下軍功
接下來是秀吉大人的時代

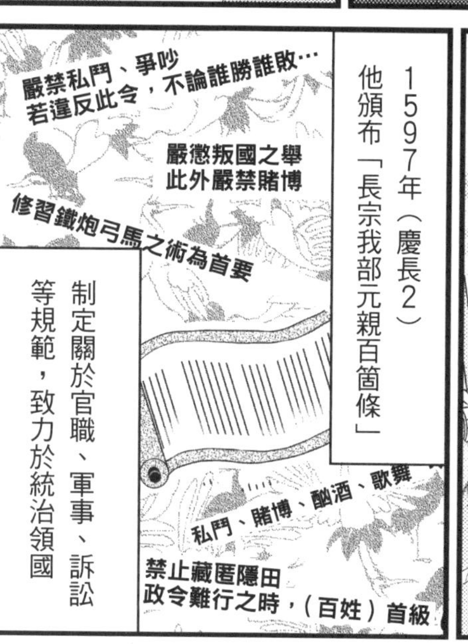
1597年（慶長2）他頒布「長宗我部元親百箇條」
嚴禁私鬥、爭吵若違反此令，不論誰勝誰敗…
嚴懲叛國之舉此外嚴禁賭博
修習鐵炮弓馬之術為首要
制定關於官職、軍事、訴訟等規範，致力於統治領國
私鬥、賭博、酗酒、歌舞
禁止藏匿隱田政令難行之時，（百姓）首級

專欄

元親的秘密武器「一領具足」

在戰國時代，許多大名並未採用兵農分離制度。大名在戰時動員農民，巧妙地將農民充作士兵上陣。

長宗我部元親在他這一代能夠統一四國，因為他能夠有效率地動員武裝農民，這個政策稱為「一領具足」。描述長宗我部興亡史的《土佐物語》記載「不畏生死的野武士」，指的是這些半農半軍的士兵。

他們平常以農民的身分進行農耕，當領主動員出兵時，得立刻帶著一套鎧甲，以士兵的身分報到。為了在任何時候都能對應動員令，他們總是將一套鎧甲放在身旁。因此稱為「一領具足」。

據說一領具足的方針，是元親的父親・長宗我部國親所制定。元親將父親制定的一領具足發揚光大，藉此稱霸四國。

歷史小知識

鯨魚… 1591年正月，有一條長達16公尺的巨鯨擱淺在土佐的浦戶灣。元親將這隻巨鯨完整地搬運到大阪城獻給秀吉。據說秀吉非常開心。

中國・四國群雄與長宗我部家臣

香川信景

生卒年／？～？
出身地／讚岐國（香川縣）

統治讚岐西邊半國的天霧城主。長宗我部元親率兵來犯，信景以女兒嫁給元親次男親和為條件，雙方締結和議。自此和長宗我部建立了同盟關係。但是後來秀吉的四國征伐戰，長宗我部投降，香川家被改易而滅亡。

山名豐國

生卒年／？～1626
出身地／因幡國（鳥取縣）

山名豐定的次男。他與繼任家督的兄長豐數，曾被以鳥取城為據點的家臣逐出領地。後來反攻奪下鳥取城，成為鳥取城主。但在1580年遭到羽柴秀吉攻打時，他離開城池向秀吉投降。後來成為秀吉的御伽眾。

桑名吉成

生卒年／？～1615
出身地／土佐國（高知縣）？

土佐國中村城代。1586年的戶次川之戰中，他保護主君長宗我部元親撤退。長宗我部家在關原之戰後被改易，吉成轉仕藤堂高虎。吉成在1615年的大之陣，對上舊主長宗我部盛親，左右為難下採自殺攻擊而死。

別所長治

生卒年／？～1580
出身地／播磨國（兵庫縣）

長治起初雖然臣屬於織田信長，後來卻倒戈投向毛利氏。他堅守在三木城，打了兩年以上的圍城戰。城內軍民餓死無數，此戰淒慘到被稱作「三木的餓殺」，最後以長治切腹自盡為條件開城投降。

佐竹親直

生卒年／？～1615
出身地／土佐國（高知縣）？

佐竹義秀之子兼上之加江城主。親直受到長宗我部元親重用，娶了元親的女兒為妻。關原之戰後，即使長宗我部家被改易，他仍然跟隨著元親的四男盛親，一起參與了大坂之陣，並且在夏之陣的八尾之戰中戰死。

長宗我部信親

生卒年／1565～1586
出身地／土佐國（高知縣）

長宗我部元親的嫡子。勇武過人，將來備受期待。然而他在1586年秀吉發起的九州征伐戰中，在豐後戶次川與島津軍交戰而陣亡。遺體受到敵軍慎重對待送回來，其骨灰被葬在高野山。

香宗我部親泰

生卒年／1543～1593
出身地／土佐國（高知縣）

長宗我部國親的三男，也是元親的弟弟。遵從父命成為土佐安藝城前任城主香宗我部親秀的養子。他也參與了土佐平定戰和四國統一戰。如同元親的分身一樣支持著長宗我部家，終其一生善盡了輔佐的責任。

長宗我部盛親

生卒年／1575～1615
出身地／土佐國（高知縣）

長宗我部元親的四男。1599年元親逝世後繼任家督。翌年的關原之戰中加入西軍，但是在戰場上還沒有作出行動，西軍就戰敗。領地被沒收，遭到改易處分。1614年的大坂之陣加入了豐臣方，戰後遭到斬首。

吉良親實

生卒年／1563～1588
出身地／土佐國（高知縣）

長宗我部元親的弟弟吉良親貞之子，妻子是元親的女兒。據說從幼兒時開始就勇武過人，但是個性火爆。後來當長宗我部宗家發生了繼承人問題的時候，親實惹怒了元親，被命令切腹自殺。

久武親信

生卒年／？～1579
出身地／土佐國（高知縣）？

親信出仕長宗我部元親，因其誠實的性格受到喜愛而備受重用，還獲賜土佐國高岡郡佐川城。他在1579年攻打伊予國宇和郡的岡本城時戰死。據說羽柴秀吉也非常欣賞他的才能。

福留親政

生卒年／？～1577
出身地／土佐國（高知縣）

福留家從親政的祖父一代開始就出仕於長宗我部氏。親政更是一名勇士，獲主君元親賜予感謝狀21次之多，是人稱「福留之荒切（譯註：打頭陣殺敵）」的猛將。1577年在元親的伊予遠征中擔任先鋒，戰死。

久武親直

生卒年／？～？
出身地／土佐國（高知縣）？

久武親信的弟弟。親直在主家長宗我部家發生家督之爭時，支持元親的四男盛親。關原之戰敗戰後，他向盛親進言，應該殺掉有謀反嫌疑的盛親之兄津野親忠。這件事惹怒了德川家康，使得長宗我部家被改易。

吉田政重

生卒年／？～？
出身地／土佐國（高知縣）

政重第一次上戰場是在15歲時的中富川之戰。後來跟著長宗我部元親轉戰各地，到了1615年大坂夏之陣的時候，總共取下115個首級。大坂之陣後回到了土佐。後來在山內家統治的土佐藩，以醫師的身分度過餘生。

谷忠澄

生卒年／1534～1600
出身地／土佐國（高知縣）

忠澄原本是土佐國一之宮土佐神社的神主。後來他被長宗我部元親招攬為家臣，主要負責外交。1585年羽柴秀吉發動了四國征伐戰時，他向元親進言勸降。雖然因此惹元親不悅，但是最後長宗我部家仍是投降了。

割據各地的小勢力（中國・四國）

三村元親

生卒年／?～1575
出身地／備中國（岡山縣）?

三村家親的次男，備中國松山城主。他臣屬毛利氏，對抗暗殺父親的仇人宇喜多直家。但是當毛利氏與宇喜多氏和睦之後，元親就離開毛利改投織田信長。1575年遭到毛利方的小早川隆景攻打，他堅守在松山城，最後在城內自盡。元親也是個喜好詩歌的風雅人士，也曾和細川藤孝交流過。

京極政經

生卒年／1453～1502
出身地／?

出雲、隱岐、飛驒三國守護京極持清的次男。應仁之亂開始後，父持清加入細川勝元的東軍陣營。父親死後，在1471年發生繼承人紛爭，政經與姪子高清之間的鬥爭持續擴大，被稱為「文明內訌」。翌年，政經將高清趕到越前，正式成為出雲、隱岐、飛驒三國的守護。後來也被任命為近江守護。

宇喜多興家

生卒年／?～1536
出身地／備中國（岡山縣）?

備前國砥石城主宇喜多能家的嫡長子，直家的父親。1524年左右父親能家將家督讓予他，但是1534年，父親遭到島村豐後守攻打而自盡，興家逃出砥石城。帶著兒子直家投靠備前福岡的富商阿部善定，後來和善定之女生了兩個兒子忠家、春家。他毫不抵抗就棄城而逃，被視為愚昧之人。

黑田重隆

生卒年／1508～1564
出身地／備前國（岡山縣）?

黑田重隆的孫子，是幫助豐臣秀吉取得天下而成名的軍師黑田官兵衛。根據『黑田家譜』，重隆在年輕時住在備前國的福岡。後來，靠著販賣姬路的廣峰神社的神官傳授的眼藥致富。以此經濟基礎為後盾，集結播磨的土豪，出仕於御着城主小寺則職。其子職高則成為姬路城代。

武田光和

生卒年／1502～1534
出身地／安藝國（廣島縣）

武田元繁的嫡長子，安藝國的銀山城主。因為父親元繁在1517年的有田中井手之戰中戰死，他繼任家督成為安藝武田氏的當主。光和勇武過人，承襲父親遺志貫徹親尼子氏的立場，與大內氏和毛利氏對抗。1524年光和獲得尼子經久的援軍，擊退襲擊銀山城的大內氏3萬多人大軍。

小寺政職

生卒年／1517～1582
出身地／播磨國（兵庫縣）

播磨國御着城主小寺則職的長男。小寺氏原本是赤松氏的分家。到了政職一代，勢力延伸至西播磨一帶。後來東邊的織田信長、西邊的毛利氏紛紛崛起，他採納家臣黑田官兵衛的諫言決定臣從信長。但在1578年信長麾下的荒木村重謀反時，政職呼應村重並倒戈投向毛利，最後遭織田軍攻打而敗逃。

宇都宮豐綱

生卒年／1519?～1585
出身地／伊予國（愛媛縣）

伊予國大洲城主。領地夾在道後方面的河野氏，以及宇和郡的西園寺氏之間。因此豐綱和土佐的一條兼定結成同盟，不時和伊予河野家的河野通直交戰。然而1567年河野氏得到毛利氏的援助來襲，在翌年的鳥坂嶺之戰擊敗豐綱。伊予宇都宮氏就此滅亡。一般認為他們和下野的宇都宮氏是同族。

黑田職高

生卒年／1522～1585
出身地／備前國（岡山縣）

黑田官兵衛之父，據傳是在備前國的福岡出生。出仕御着城主小寺政職，當上了姬路城代。藉著戰功獲賜小寺姓。他與兒子官兵衛一起說服主君政職歸順織田信長。後來政職倒向毛利，他則轉仕信長。擇善固執的性格為人所稱道。

宇喜多能家

生卒年／?～1534
出身地／?

宇喜多久家之子，直家的祖父。他出仕備前國守護代浦上宗助、村宗父子，輔佐在應仁之亂家道衰落的主家浦上家。和浦上氏敵對的國人勢力松田氏交戰立下許多戰功。但是村宗死後，他被其子宗景所疏遠，最後遭到浦上家的家臣島村豐後守襲擊而自盡。

三村家親

生卒年／?～1566
出身地／備中國（岡山縣）?

備中國成羽城主。當毛利元就開始侵略周邊諸地區，他一早就加入毛利陣營。在尼子氏擁有壓倒性勢力的備中，恐怕是最早投向毛利氏的豪族。1561年家親攻擊莊高資，當上了備中松山城主。在那之後更進軍備前、美作，和宇喜多直家展開正面衝突。1566年他遭到直家授意的家臣暗殺身亡。

割據各地的小勢力（中國・四國）

西園寺公廣

生卒年／？～1587
出身地／伊予國（愛媛縣）

公廣原本是伊予國的來住寺的僧侶，他的叔父是西園寺家當主的實充。1556年實充之子公高戰死，實充收公廣為養嗣子。伊予國宇和的黑瀨城主。1584年遭到土佐的長宗我部元親攻擊陷入困境，接著翌年羽柴秀吉發動四國征伐戰，公廣決定投降。後來他遭到新任領主戶田勝隆謀殺。

武田信實

生卒年／？～1575
出身地／安藝國（廣島縣）

若狹國守護武田元光之子。安藝銀山城主武田光和在1534年逝世，他以養子的身份繼任家督。信實與光和一樣結合尼子去對抗毛利，但是在1541年尼子晴久敗給毛利元就時，他逃亡到了出雲。1575年在出雲過世。安藝武田氏因此在信實一代斷絕了。

河野晴通

生卒年／1564？～1587
出身地／伊予國（愛媛縣）

河野通存之子。因為伊予河野宗家當主通直，想讓女婿來島通康繼承伊予河野宗家，引起家中眾人強烈反對。這件事發展出來的對立後來被稱為「來島騷動」。最後家臣們讓河野家的分家予州河野家的晴通，成為通直的養子並繼承本家當主，迫使通直隱居，才平息了「來島騷動」。

十河存保

生卒年／1554～1586
出身地／？

三好長慶之弟義賢的次男。存保成為其叔父十河一存的養子，在養父死後繼任家督，成為讚岐國的十河城主。他與土佐的長宗我部元親交戰。兵敗之後，在1584年投靠羽柴秀吉。隨後協助秀吉征伐四國，取回舊領地讚岐3萬石。但在之後的九州征伐戰，與島津家久在戶次川之戰交戰陣亡。

村上元吉

生卒年／？～1600
出身地／伊予國（愛媛縣）

能島村上的頭領村上武吉的嫡長子。他似乎是在1582年左右繼任家督。不過本能寺之變後，豐臣秀吉崛起，於1588年發佈海賊禁止令。違背禁令的元吉被驅逐到筑前國。元吉在1600年以西軍陣營身分參加關原之戰，為了奪回昔日位在伊予的領地，進攻加藤嘉明領地時戰死。

十河存英

生卒年／？～1615
出身地／？

十河存保之子，出生年份不詳。父親存保在1586年跟隨豐臣秀吉征伐九州，於戶次川之戰中戰死，所以一般認為存英在戶次川之戰前出生。不過秀吉不認同存英繼任家督，所以他離開讚岐國的十河城流浪各地。後來他聽聞大坂之陣爆發的消息，進入大坂城。在1615年的夏之陣戰死。

南條元續

生卒年／？～1591
出身地／伯耆國（鳥取縣）

伯耆國的國人南條宗勝的嫡子，伯耆國羽衣石城主。在父親宗勝死後，繼任家督。父親宗勝雖與毛利氏是合作關係，但是元續和織田信長交好，也跟隨羽柴秀吉攻打鳥取城。1582年遭到毛利氏攻擊，羽衣石城陷落，後來秀吉賜予他東伯耆6萬石。

河野通直

生卒年／？～1587
出身地／安藝國（廣島縣）

伊予河野氏最後的當主。河野通宣沒有嗣子，收通直為養子，1568年繼承了河野家，臣屬於長宗我部元親。1585年羽柴秀吉發動四國征伐戰之後，通直擔任長宗我部軍的前鋒，堅守在湯築城，隨後向秀吉陣營的小早川隆景獻降。戰後被沒收領地，病死於故鄉安藝國竹原。

一條兼定

生卒年／1543～1584
出身地／土佐國（高知縣）？

土佐國司一條房基的嫡長子，母親為大友義鑑的女兒。父親死時，年僅6歲繼任家督。他苦於土佐長宗我部元親的壓迫，無法有效統合家中勢力抵抗，最後遭到家臣們放逐，投奔大友宗麟。1575年在大友氏的援助下，為了奪回舊領地而進攻土佐，結果戰敗。土佐一條氏就此滅亡。

來島通康

生卒年／1519～1567
出身地／伊予國（愛媛縣）

來島村上的大將，以伊予國的來島為根據地，統領著水軍。來島城主。通康原本臣屬於伊予國的湯築城主河野通直，成為了他的女婿。1555年的嚴島之戰，率領水軍支援毛利元就，隨後積極支援元就。他不僅擅長水戰，陸戰能力也很強，擁有許多勇武事蹟。從他的兒子通總那一代改姓來島。

為戰國時代增添色彩的女性

條之前

生卒年／？～？
出身地／？

堀越公方足利茶茶丸的傳役關戶吉信的妻子。茶茶丸殺害了異母弟成為公方，然而北條早雲趁足利家中內鬥入侵，茶茶丸不敵，最後逃亡到關戶吉信位在伊豆國的居城深根城。據說在深根城決戰時，條之前沉穩地手持薙刀英勇奮戰，最後戰死。後來被奉為「上女尊」受到祭拜。

細川伽羅奢

生卒年／1563～1600
出身地／越前國（福井縣）

明智光秀的女兒，本名玉子。她在織田信長的指示下，與細川忠興結婚。因為光秀在本能寺之變反叛信長，玉子身為逆臣之女，被忠興軟禁在丹後國的三土野。後來得到秀吉的饒恕，夫婦重修共好。她在1587年左右受洗成為天主教徒。關原之戰前夕，她不願被石田三成抓來當人質，命家臣用槍刺死自己。

仙桃院

生卒年／？～1609
出身地／越後國（新潟縣）

上杉謙信之父長尾為景的女兒。她嫁給了堂兄長尾政景，生下2男2女。長男義景10歲早夭，次男景勝成了膝下無子的謙信的養子，後來繼承上杉家。1564年丈夫政景去世後，她跟著景勝搬遷。向景勝推薦當時還默默無名的直江兼續。她的墓地位在陸奧國米澤的林泉寺。

真理姬

生卒年／1550～1647
出身地／甲斐國（山梨縣）

武田信玄的三女。信玄為了進攻信濃，將當時才5歲的真理姬，嫁給了掌握信濃、飛驒、美濃國境交界處的木曾義昌。1582年織田信長攻向甲斐時，因為丈夫義昌倒戈投向織田方，她便自行離婚，居住在木曾山中。後來她的兒子義利遭到德川家康沒收領地，也跟她一起隱居山林。

於犬

生卒年／？～1582
出身地／尾張國（愛知縣）

織田信長與阿市的同母妹。起初她嫁給尾張的大野城主佐治為興，生下一成，但是為興在1574年的長島一揆中戰死。在那之後，她再嫁給細川晴元的長男昭元。最後在本能寺之變後病逝。

松姬

生卒年／1561～1616
出身地／甲斐國（山梨縣）

武田信玄的五女。1567年她7歲時和織田信長的嫡長子信忠訂下婚約。但是沒有正式過門，而是以「信忠正室夫人」的身分居住在武田家。但在1572年三方原之戰爆發，織田德川同盟和武田對立，婚約被解除。在武田家滅亡後，隱居在八王子心源院。後來得知無緣的夫君信忠去世，她便出家改名信松尼。

阿庵

生卒年／？～？
出身地／？

石田三成的家臣山田去曆的女兒。關原之戰後，她駐守在大垣城，並且將其中的親身經歷詳細地記錄成《阿庵物語》流傳後世。同書中詳細記載，守在城中的女子將敵人的首級塗上白粉並將牙齒塗黑，為死人化妝的紀錄，此書成為瞭解戰國時代面貌的貴重史料。

諏訪御料人

生卒年／？～1554？
出身地／信濃國（長野縣）

信濃國諏訪大社的大祝諏訪賴重之女。在武田信玄之父信虎的時代，武田氏與諏訪氏雖有姻戚關係，但是到了信玄一代，武田氏撕毀盟約入侵了信濃，最終使得賴重自盡。諏訪御料人成為信玄側室時，受到武田家中強烈反對。不過她卻深受信玄寵愛，後來生下了勝賴。

盛德院

生卒年／1560～1625
出身地／駿河國（靜岡縣）

德川家康與正室築山殿所生下的長女。她嫁給三河國的新城城主奧平信昌，生下了4男1女。1600年關原之戰東軍勝利，丈夫信昌獲任美濃國加納藩10萬石的藩主，她也一起移居加納。因此也被稱作加納御前、加納夫人。後來剃髮之後改稱盛德院。

大御乳・養德院

生卒年／1515～1608
出身地／近江國（滋賀縣）？

織田信長之父信秀的家臣池田政秀的女兒。政秀沒有兒子，於是找瀧川貞勝之子恒利當養嗣子，將女兒嫁給他為妻。1536年她產下恒興。同年，她成為信秀嫡長子的乳母，那孩子也就是當時3歲的吉法師，後來的織田信長。據說幼兒時的信長生性暴躁，不願親近其他乳母，只接受養德院。

為戰國時代增添色彩的女性

梅北國兼之妻

生卒年／？～？
出身地／？

島津氏的家臣梅北國兼之妻。文祿之役開始時，她的丈夫國兼起兵反抗豐臣秀吉，佔領了正出兵朝鮮的加藤清正統治的肥後國佐敷城。接著更進一步發展成農民一揆，但是這場動亂在數日之內就被清正的家臣們鎮壓。據說在那之後，她被帶到名護屋城處以火刑，但是她面不改色從容赴死。

妙玖

生卒年／？～1545
出身地／安藝國（廣島縣）

安藝國小倉山城主吉川國經的女兒，毛利元就的正室。關於過門的時間點有數種說法。「三矢之訓」聞名的毛利隆元、吉川元春、小早川隆景是她的兒子。據說她和元就之間夫妻關係十分融洽，因此元就一生未娶側室。1545年病逝，往後元就的書簡中也不時可見她的名字。

名護屋經述之妹

生卒年／1573～1637
出身地／？

其兄長名護屋經述，是名護屋城的前身垣添城的城主。1591年豐臣秀吉為了設置出兵朝鮮的基地，命令九州的諸大名增築這座城，變成了名護屋城。約莫是在那段時間，秀吉初次見到經述的妹妹廣子並納她為側室。但未將她帶回京都。1598年秀吉過世後，她就在城內的廣澤寺出家為尼渡過餘生。

三條殿

生卒年／1521？～1570
出身地／山城國（京都府）

權大納言三條公賴的女兒，在京都的三條邸出生。娘家三條家是清華七家※的一家，家格僅次於攝關家。後來她成為甲斐的武田信玄的正室，產下3男2女。據甲斐鹽山惠林寺的僧侶快川紹喜所言，他們夫婦的關係並不壞。但是在她的晚年，長男義信被逼自盡等不幸降臨在她身上。

茱莉安太田

生卒年／？～？
出身地／朝鮮

文祿之役時被人從朝鮮半島帶到日本的朝鮮少女。受洗名為茱莉安，「太田」是到了日本被取的名字。由小西行長養育成人。才色兼備為人所知，便成為了德川家康的侍女。不過後來她拒絕成為側室還有放棄天主教信仰，被逐出駿府流放離島。據說她雖然被流放離島，但是在神津島全心投入於信仰。

岩瀨御台

生卒年／？～？
出身地／陸奧國（福島縣）

奧州會津黑川城主蘆名盛隆的次女。她是由祖母，也就是二階堂盛義的妻子大乘院撫養長大，兩人一起遷居各地。後來她雖然成為佐竹義宣的側室，但沒多久就離婚了。在那之後寄居在出羽國橫手城主須田盛秀處。據說後半生出家，號昌壽院，靜靜地渡過餘生。

堀尾金介之母

生卒年／？～？
出身地／？

堀尾吉晴出仕織田信長和豐臣秀吉擔任中老一職，堀尾金介是吉晴的長男。1590年爆發了豐臣秀吉的小田原征伐戰，金介當時18歲，是第一次上陣，但卻在陣中病死。據說金介的母親為了祈求他的冥福，在尾張國熱田的精進川搭建了一座裁斷橋，隨後持續修護橋梁長達33年。

駒姬

生卒年／1581～1595
出身地／出羽國（山形縣）

山形城主最上義光的三女。據傳自幼就是稀世美人。1591年當時的關白豐臣秀次聽到傳聞，希望納她為側室。義光經不起秀次數度要求，終於訂下她15歲時再過門成為側室的約定。但是在四年後，駒姬還在嫁往聚樂第的途中，秀次因為遭疑謀反而切腹，她也被視為其一族而遭到斬首。

龜壽姬

生卒年／1571～1630
出身地／薩摩國（鹿兒島縣）

薩摩國的守護大名島津義久的三女。1587年豐臣秀吉攻向九州時，她被送往秀吉充當人質。後來嫁給島津久保（島津義弘的嫡子），但是久保早逝，後來改嫁給久保的弟弟忠恒。有一說法提到雖然她的外貌並不佳，但內心純潔。後世為她建造石像，名為持明院大人（鹿兒島方言ジメサア）並供奉至今。

阿艷

生卒年／？～1575
出身地／尾張國（愛知縣）？

織田信長之父信秀的妹妹。她嫁給美濃國岩村城主遠山景任，因為膝下無子。在景任死後，她收信長的五男勝長為養嗣子。由於勝長還年幼，她成為了岩村城的女城主。1572年甲斐的武田信玄展開西上作戰時，她逼於局勢投降武田。嫁給了信玄的重臣秋山信友。後來敗給織田軍，遭到磔刑。

※日本公家的家格，分為攝關家、清華家、大臣家、羽林家、名家、半家。

大友家當主與旗下名將

大友義鑑

生卒年／1502～1550
出身地／豐後國（大分縣）

大友宗麟的父親，大友氏第20代當主。1515年他接替父親義長，繼承家督。初名為親安，後來獲室町幕府第12代將軍足利義晴賜予偏諱，改名義鑑。剛繼任家督當時，他關注到肥後國境內還沒有強大勢力，將弟弟重治送到肥後的菊池氏當養子。但是重治與義鑑之間關係惡劣，圖謀能夠從大友家獨立。終究演變成兄弟間的手足之爭，義鑑還遭到周防的大內義隆趁機攻擊，直到1538年接受將軍足利義晴協調，他與重治議和。但是在1550年發生二階崩之變，義鑑遭到兒子宗麟派來的人殺害。

大友義統

生卒年／1558～1610
出身地／豐後國（大分縣）

大友宗麟的嫡長子，大友氏的第22代當主。獲室町幕府第15代將軍足利義昭賜予偏諱，改名義統。1576年左右因為父親宗麟隱居，他繼任了家督，但是實權仍掌握在宗麟手上。1578年大友為了對抗島津，率先帶兵攻入日向，在耳川之戰中慘敗給島津軍。以此敗戰為契機，他與父親宗麟的對立日益惡化，終招致家中內亂。在大友氏從全盛期衰落的過程中，宗麟離開了人世，義統則在豐臣秀吉發動的九州征伐戰，獲得豐後一國安堵所領。在黑田孝高的推薦下，成為了天主教徒，不過就在2個月後接到秀吉發佈的禁教令時，乾脆地棄教。

高橋紹運

生卒年／？～1586
出身地／豐後國（大分縣）

他的父親是大友氏的重臣吉弘鑑理，立花道雪的養子立花宗茂是他的親生兒子。1569年他遵從大友宗麟的命令，繼承了筑後國的高橋氏。借用上一代高橋鑑種名諱其中一字，改名為鎮種，獲得寶滿城和岩屋城兩座城池。1578年宗麟決定討伐島津氏，他堅決反對。宗麟在耳川之戰遭遇大敗，大概是這段時間，他出家並以紹運為法號。隨後為了日益衰退的大友氏盡心盡力，1586年在岩屋城，抵擋並重挫島津氏5萬大軍，最後紹運和763名守城士兵一起戰死。

立花宗茂

生卒年／1567～1642
出身地／筑前國（福岡縣）

高橋紹運的長男。在立花道雪的請求下，成為了立花家的養嗣子。他的正室是知名的女城主立花誾千代。當島津氏入侵筑前，他成功守住立花城，勇名自此廣為人知。在那之後，宗茂參與豐臣秀吉的九州征伐戰，立下許多戰功。在文祿慶長之役時，救出孤立在蔚山城的加藤清正等等，獲得亮眼戰果。1600年的關原之戰加入西軍，在決戰當日前攻打近江的大津城。戰後雖然被改易，但是家康惋惜他的才幹，後來德川讓他重新成為大名。

臼杵鑑速

生卒年／1538～1574
出身地／豐後國（大分縣）

大友宗麟的重臣臼杵長景之子。他出仕了義鑑、義鎮（宗麟）兩代，與吉岡長增、吉弘鑑理合稱豐後三老。鑑速的領地臼杵是瀨戶內海航道的要衝，變於向室町幕府或鄰近諸勢力進行外交交涉。鑑速似乎就擔任與幕府交涉或是聯絡諸大名的角色。弘治年間（1555～58）左右開始，他成加判眾※，負責豐前和筑前方面的事務。他在軍事上的能力也非同凡響，轉戰於豐前、筑前、肥後等地。晚年將家督讓給嫡長子統景之後引退。1578年大友氏在耳川之戰大敗後，據說大友家宿老立花道雪感嘆「若鑑速還在，必能阻止此戰」。

吉弘鑑理

生卒年／？～1571？
出身地／豐後國（大分縣）

他出身自大友氏的庶流吉弘氏。1534年父親氏直戰死，由他繼任家督。鑑理的正室是大友宗麟的父親義鑑之女，他還將女兒嫁給宗麟的嫡長子義統，藉由這些強化了和大友宗家的連結。他不僅是大友宗麟的智囊，還是勇將高橋紹運的親生父親，是大友不可或缺的重臣。智勇兼備受到敵我雙方所知。豐後三老之一。主要負責九州北部的經營，深受宗麟信任。他幾乎參與了大友的主要戰役並立下戰功。晚年似乎常臥病在床。據說1571年左右鑑理病逝時，宗麟遺憾地說「明明用盡全力為他加持祈禱了」。

※執行主君命令，有資格押捺主君印鑑的內政重臣。

大友宗麟

夢想建立天主教王國的戰國武將

生卒年 1530～1587年（享祿3～天正15）

出身地 豐後國（大分縣）

身分 武將

事蹟 在二階崩之變事件後繼承家督，一度統治九州的北半部，葡萄牙傳教士稱他為「豐後之王」。但由於跟島津氏相爭，逐漸沒落。

大友氏在鎌倉時代就在九州立足，以關東御家人的身分在豐後國發展

1550年（天文19）大友宗麟（義鎮）的近臣，發動「二階崩之變」的政變事件，暗殺宗麟之父・大友義鑑。隨後21歲的大友宗麟成為當主

宗麟允許天主教傳教，跟葡萄牙做生意，獲得了強大的軍事力量

他藉此將勢力範圍擴展到豐前、豐後、肥前、肥後、筑前、筑後六國

除此之外，他向室町幕府獻上許多金錢，被任命為豐前、筑前守護與九州探題。大友家進入全盛期

因為薩摩的島津氏對日向國發動攻勢，隔年宗麟率壓倒性的軍力前往日向

他在出兵之前受洗，正式成為天主教徒

從今天開始，我就是「唐・弗朗西斯」！

宗麟率兵前往日向的途中，破壞路上的神社寺廟，意圖打造天主教王國……

歷史小知識　未立刻受洗的宗麟…

大友宗麟在22歲，接見來日本傳教的傳教士沙勿略，但那時他沒有受洗。隨著時光流逝，一直到出兵耳川之戰前才受洗，成為名副其實的天主教徒。

他破壞神社寺廟的行為，讓非教徒的家臣與領地百姓產生反感

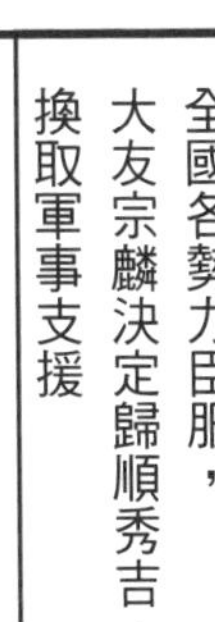

1578年（天正6）他與島津軍在「耳川之戰」開戰，大友軍大敗

要靠天主教，打造一個讓百姓安居樂業的理想國……

此戰之後，島津的勢力逆轉居上，大友氏則每況愈下，面臨滅亡的危機

織田信長死後，豐臣秀吉接連讓全國各勢力臣服，大友宗麟決定歸順秀吉，換取軍事支援

豐臣秀吉

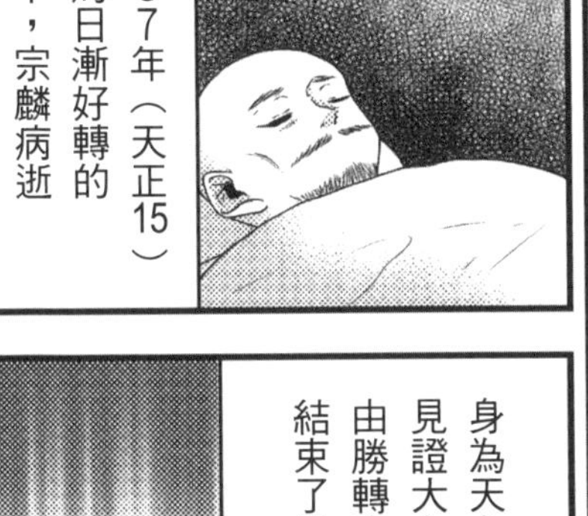

1587年（天正15）在戰局日漸好轉的情況下，宗麟病逝

身為天主教大名，見證大友氏由勝轉衰的宗麟，結束了波瀾壯闊的一生

什麼歪理？
改信天主教的大友宗麟
聖經
……
神說不能殺人嗎？
不可殺人
可是不出戰不行啊……
怎麼辦怎麼辦
沒關係是也
在戰場上殺佛教徒的話就沒問題是也
太好了～
真的嗎？

專欄

在歐洲也知名的宗麟

天主教大名‧大友宗麟，他的名聲傳播到當時的歐洲。葡萄牙傳教士路易斯‧佛洛伊斯寫給耶穌會的信中提到「豐後之王（宗麟）…（中略）…在日本的王侯當中，最具有智慧，最聰明睿智之人」。當然也許是因為宗麟身為天主教的守護者，傳教士幫他說好話。但就算拿掉傳教士對他的過譽，宗麟在歐洲世界也相當有名。

當時歐洲使用的日本地圖，在九州上面寫著「BVNGO（豐後）」。這是把宗麟的領地豐後，用來泛指為九州全境。宗麟熱衷於海外貿易，許多戰國武將把焦點放在日本國內戰爭，但宗麟說不定已經視角放到海外。

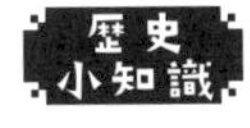
歷史小知識

無鹿的意思？… 在現在宮崎縣延岡市，有個地名叫作「無鹿」。據說是宗麟為了打造天主教王國所取的地名，來自葡萄牙語的「Musica」也就是音樂的意思。

立花道雪

被譽為雷神化身的猛將

立花道雪是豐後的大友三老其中一人。
傳說他用刀劈砍落雷，
因此被稱為「雷神化身」的一員猛將
1526年（大永6）因為父親逝世，
他在14歲元服繼承家督

首次出陣
就生擒敵將
立下戰功，
受到主君
大友義鑑的讚揚
不久之後
他遭逢厄運。
被落雷擊中身體，
變得不良於行。
後來他
改坐轎子上戰場，
精彩地指揮軍隊
贏得勝利

大友義鑑的嫡男．大友宗麟，
與側室之子發生家督爭奪戰，
史稱「二階崩之變」。
道雪讓大友宗麟贏得勝利，
成為家臣團的首席重臣
為了大友而戰！

生卒年 1513～1585年（永正10～天正13）

出身地 豐後國（大分縣）

身　分 武將

事　蹟 大友三老之一。因為遭雷擊身負重傷，雖然身體有殘疾，但在大友軍中立下許多戰功。

歷史小知識

雷切丸… 某個酷熱的夏天，道雪在樹蔭下乘涼午睡。突然天空傳來雷聲，傳說道雪拔出枕在頭下的刀，斬殺了雷獸。從此之後，這把刀就被稱為「雷切丸」。

除此之外，道雪阻擋毛利進攻九州。讓九州的敵對勢力龍造寺氏，向大友低頭臣服。立下了許多輝煌耀眼的功勳。

毛利

龍造寺

他雖然是大友全盛期的幕後功臣…

1578年（天正6）的「耳川之戰」，因為道雪反對發動這場戰爭，決定不出兵作戰來保留實力

萬萬不可！宗麟大人！

即使如此，仍然無法阻止大友的沒落

年事已高的道雪，收盟友高橋紹運的長男（後來的立花宗茂）為養子

1585年（天正13）道雪在連續與島津交戰，最終在筑後的戰陣中病死

終其一生都為了大友而奮戰的猛將

專欄

道雪的勇猛傳遍日本

立花道雪可說是戰國時代首屈一指的猛將。他一生中參加過37次大戰，小規模戰鬥高達100次以上，據說幾乎未曾打敗仗。

據說道雪的勇猛傳遍整個日本。他的名聲甚至連離九州非常遙遠的甲斐都知道，據說武田信玄說聞道雪的傳說後，希望能跟他見上一面，甚至信玄還在枕邊的小屏風上寫道雪的名字以示敬意。

除此之外，據說道雪的軍隊與小早川隆景率領的毛利軍交戰時，道雪挑出軍中擅長射箭的好手，命他們向毛利軍發射箭雨。箭上寫著「戶次伯耆守（道雪）參上」。毛利的士兵嚇得慌亂失措，被逼得只好撤退。

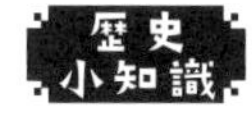
歷史小知識

女城主… 膝下無子的道雪，在女兒立花誾千代7歲時，讓女兒繼承家督。並且向主君大友家正式提出申請，要讓誾千代擔任城主。

大友家的群將

臼杵統景

生卒年／?～1578
出身地／豐後國（大分縣）

臼杵鑑速之子。統景文武兼優，受到大友宗麟的寵愛。1578年他在叔父臼杵鎮續的監護下，參與耳川之戰，竟然有勇無謀直接殺入敵陣而戰死。年僅18。但他勇猛過人，連敵將島津家久也為其年輕早逝感到惋惜。

大友親家

生卒年／1561～1641
出身地／豐後國（大分縣）

大友宗麟的次男。他繼承了大友氏的庶流，改姓田原。他脾氣火爆，起初其父宗麟讓他進入佛門，他對此十分反抗而還俗。後來成為天主教徒，洗禮名為塞巴斯蒂昂。親家與兄長義統水火不容，甚至為了反抗兄長而勾結島津。後來，秀吉追究其不忠，沒收了他的領地。

佐伯惟教

生卒年／?～1578
出身地／豐後國（大分縣）

豐後國佐伯氏的第12代當主。1550年大友家發生二階崩之變，他遵奉大友宗麟壓制家中雜音。因此受到信任，成為宗麟的重臣，但是後來他與宗麟產生磨擦，便離開了大友家並刻意隱避行蹤。13年後回到大友家，擔任加判眾。最後他在1578年的耳川之戰中，無奈地參與了突擊而戰死。

田原親賢

生卒年／?～1600
出身地／豐後國（大分縣）

豐後國的奈多八幡宮宮司奈多鑑基之子，妹妹是大友宗麟的正室，因此成為大友氏一門田原氏的養子。他靠著這份親屬關係，在家中權勢大幅提升。但是他擔任總指揮的耳川之戰大敗後，影響力大減。大友被改易之後，他打算在關原之戰，擁立大友義統振興大友家，但是失敗。最後參加了東軍戰死。

志賀親次

生卒年／1566～?
出身地／豐後國（大分縣）？

大友氏的家臣志賀親度之子，生母是大友宗麟之女。因為父親親度與繼承宗麟的大友義統不和而隱居，由親次繼任家督。1585年左右他受洗成為天主教徒。親次長於戰略、戰術，被敵將島津義弘贊賞為「天正的楠木」。後來大友氏遭改易，他也失去所領。自此隨著主家過著顛沛流離的日子。

吉弘統幸

生卒年／?～1600
出身地／豐後國（大分縣）

吉弘鎮信之子。父親在1578年的耳川之戰戰死後，由他繼承家督。他跟隨主家大友氏，一起臣服於豐臣秀吉麾下，但在1592年的文祿之役，主君大友義統在戰場上指揮不當，惹怒了秀吉而遭到改易處分。統幸則改仕同族堂兄弟的立花宗茂。1600年關原之戰，他跟隨義統，與黑田如水交戰而死。

入田親誠

生卒年／?～1550
出身地／豐後國（大分縣）？

他深受大友宗麟之父義鑑寵愛，是大友的加判眾之一。女兒嫁給立花道雪。雖然他受到義鑑眾用，但與宗麟的關係不睦。親誠策畫廢黜宗麟的嫡子身分，引發二階崩之變。他被視為這場家中內鬥的幕後黑手，遭到女婿立花道雪討伐。最後親誠雖然逃亡到肥後，但是被岳父阿蘇惟豐殺害。

田北鎮周

生卒年／?～1578
出身地／豐後國（大分縣）？

田北氏雖然是豐後大友氏的庶流。但他很早就出仕大友宗家的宗麟，並獲宗麟賜予偏諱改名鎮周。鎮周勇武過人是個剛強之人，在與毛利氏的戰爭或是鎮壓立花鑑載叛亂時都表現活躍，立下戰功。1578年的耳川之戰中，在友軍開始潰敗逃亡時，他仍孤軍奮鬥，突擊了島津軍的本隊，最後戰死。

一萬田鑑實

生卒年／?～1588
出身地／豐後國（大分縣）？

鑑實雖然出身自一萬田氏的庶流，但是繼承了宗家。他出仕大友宗麟，出兵協助討伐菊池義武及秋月文種，轉戰各地立下許多戰功。另一方面他似乎還有一項風雅的嗜好，史料記載，他主辦了1571年正月，他邀請家中重臣舉辦俳諧連歌會。並在1574年奉宗麟的要求，舉辦了賞櫻及能樂會。

朽網鑑康

生卒年／?～1586
出身地／豐後國（大分縣）？

入田親廉的次男，不過繼承了大友氏譜代家臣朽網家。自稱三河守，獲大友義鑑賜予偏諱，改名鑑康。鑑康是在大友家中擔任加判眾的重臣。大友家在1578年的耳川之戰大敗而歸，自此衰退，鑑康仍為其鞠躬盡瘁直到最後。他雖然考慮過成為天主教徒，但由於同族猛烈反對而放棄念頭。

鍋島直茂與龍造寺家臣

鍋島直茂

生卒年／1538～1618
出身地／肥前國（佐賀縣）

直茂自幼喪母，因為父親的續弦是龍造寺隆信的生母慶誾尼。因此直茂與隆信就成為了繼兄弟的關係。1570年今山之戰6萬大友軍來襲，佐嘉城內主張守城戰者佔壓倒性多數，直茂激勵士氣，並獻策夜襲來一決勝敗，成功擊敗敵軍。雖然這只是一場局部戰役，但藉由這場勝利，龍造寺氏免於割地求降。直茂一直被中央政權視為龍造寺家的代表，後來，他的兒子勝茂更成為肥前佐賀藩的藩祖。

百武賢兼

生卒年／？～1584
出身地／肥前國（佐賀縣）

「百武」這個姓是由主君龍造寺隆信所賜，贊其一人可勝過百名武者。龍造寺四天王之一。他身為鍋島直茂的部下，盡心盡力攻打筑後。雖然賢兼在1584年的沖田畷之戰中與隆信一起戰死，但是在他死後，妻子圓久尼仍然繼續堅守蒲船津城。

成富茂安

生卒年／1560～？
出身地／肥前國（佐賀縣）

因為一日立下十個戰功，而獲主君龍造寺隆信賜名「十右衛門」。隆信死後轉仕鍋島直茂，發揮了他在治水或開發新田地的優秀才能。他的內政才能在明治時代獲明治天皇贊賞，追贈從四位。

安富純泰

生卒年／？～？
出身地／肥後國（熊本縣）

原本從屬於肥前島原的有馬氏。當有馬氏從其原本臣屬的龍造寺氏改投島津氏時，純泰選擇向龍造寺氏效忠。後來他的居城深江城遭有馬氏包圍，龍造寺隆信出兵救援，但在沖田畷大敗而死。純泰捨城逃亡。他後來出仕佐賀藩。

後藤家信

生卒年／？～？
出身地／肥前國（佐賀縣）

龍造寺隆信的三男，繼承了肥前國武雄地區的國人後藤氏。在文祿之役中，他甚至攻到明境內的兀良哈，慶長之役在蔚山城之戰還立下大功救出了加藤清正。其子茂綱後來成為鍋島家臣，因為他曾獲龍造寺姓，也將龍造寺之名傳到後代。

田尻鑑種

生卒年／？～？
出身地／筑後國（福岡縣）

鑑種原本是筑後國的國人，鷹尾城主。田尻氏代代臣屬於大友氏，但是鑑種在外甥蒲池鎮並的說服下投靠了龍造寺氏。在那之後，他雖然聽從主命肅清了蒲池黨，卻投奔島津氏，往後又再度回歸龍造寺。最後鑑種在文祿之役中戰死。

成松信勝

生卒年／？～1584
出身地／？

龍造寺四天王之一。信勝於1570年的今山之戰中，果斷夜襲大友軍，斬殺敵軍大將大友親貞立下大功。由此獲主君龍造寺隆信頒予感謝狀。1584年的沖田畷之戰中，信勝於劣勢的戰局下，守衛著隆信直到最後一同戰死。

小河信安

生卒年／？～1558
出身地／肥前國（佐賀縣）？

龍造寺隆信年輕時，信安就是支持著他的家老之一。1558年金敷嶺之戰，信安獨自出去偵察，撞見了敵將神代勝利。當下演變成兩人單挑，雖然他刺傷神代勝利，但最後不敵而死。據說隆信聽聞其死訊後，終日沉浸於悲傷之中。

鍋島勝茂

生卒年／1580～1657
出身地／肥前國（佐賀縣）

鍋島直茂的嫡長子。1600年的關原之戰時加入西軍，攻打伊勢國的安濃津，但是他突然歸返領國並易幟為東軍，戰後因此免受處罰。到了江戶時代，獲前主家龍造寺家禪讓政權，鍋島家也由此被認可為大名。佐賀藩初代藩主。

小田政光

生卒年／？～1558
出身地／肥前國（佐賀縣）？

常陸國小田氏的支系。起初臣屬少貳氏，與龍造寺隆信交戰，一度奪下佐嘉城。但是因為兩家勢力懸殊，政最後投降臣從隆信。1558年的長者林之戰中，被少貳氏家臣江上武種擊敗陣亡。政光死後，居城蓮池城遭隆信攻陷。

龍造寺政家

生卒年／1566～1607
出身地／肥前國（佐賀縣）

龍造寺隆信的嫡長子。父親隆信在1584年的沖田畷之戰中戰死之前，他已經繼任了家督。不過似乎因為生來病弱，而將政事交付給家臣鍋島直茂。接著豐臣秀吉命其隱居，甚至連嗣子高房都英年早逝，龍造寺家的嫡系就此斷絕。

龍造寺隆信

一度有機會統御九州全境的五州二島太守

生卒年 1529～1584年（享祿2～天正12）

出身地 肥前國（佐賀縣）

身分 武將

事蹟 當大友敗在耳川之戰後，隆信趁機脫離大友尋求獨立。短短3年的時間，就發展到足以問鼎九州。但在沖田畷之戰敗給島津，戰死沙場。

1546年（天文15）18歲的龍造寺隆信，在曾祖父・龍造寺家兼的遺命之下繼承分家

1548年（天文17）隆信再度繼承龍造寺本家的家督

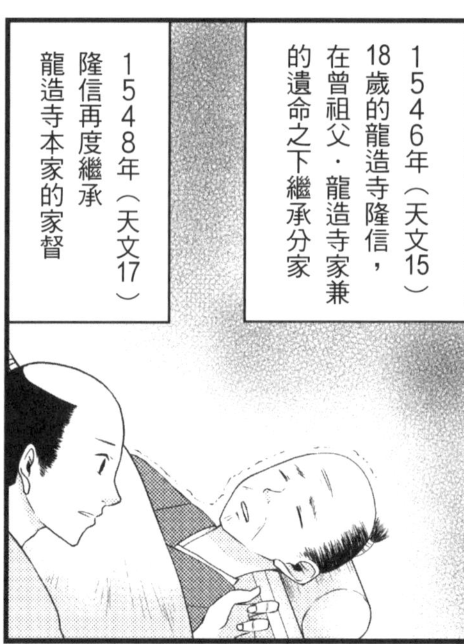

龍造寺隆信從屬於長門的大內氏。以大內氏為後盾，擊敗昔日的主君少貳氏，在肥前擴大勢力

少貳氏

但是因為大內的當主・大內義隆，遭家臣陶晴賢謀反而死

背離隆信的豪族

周遭的豪族紛紛改投豐後的大友氏，失去後盾的隆信被逐出肥前

隆信在3年後舉兵奪回領土。但在大友氏的威脅之下，隆信從屬於大友，在外交上努力交涉確保領地

大友氏

1578年（天正6）的「耳川之戰」，大友軍敗給了島津軍。隆信立即背離大友，迅速擴張勢力

現在是脫離大友的好機會！

歷史小知識

不敢違抗母親… 據說龍造寺隆信，在母親的面前抬不起頭。隆信在1570年，對駐守在肥前今山的大友軍成功發動夜襲。隆信原本不願採用夜襲戰術，是遭到母親慶誾尼責罵才下定決心。

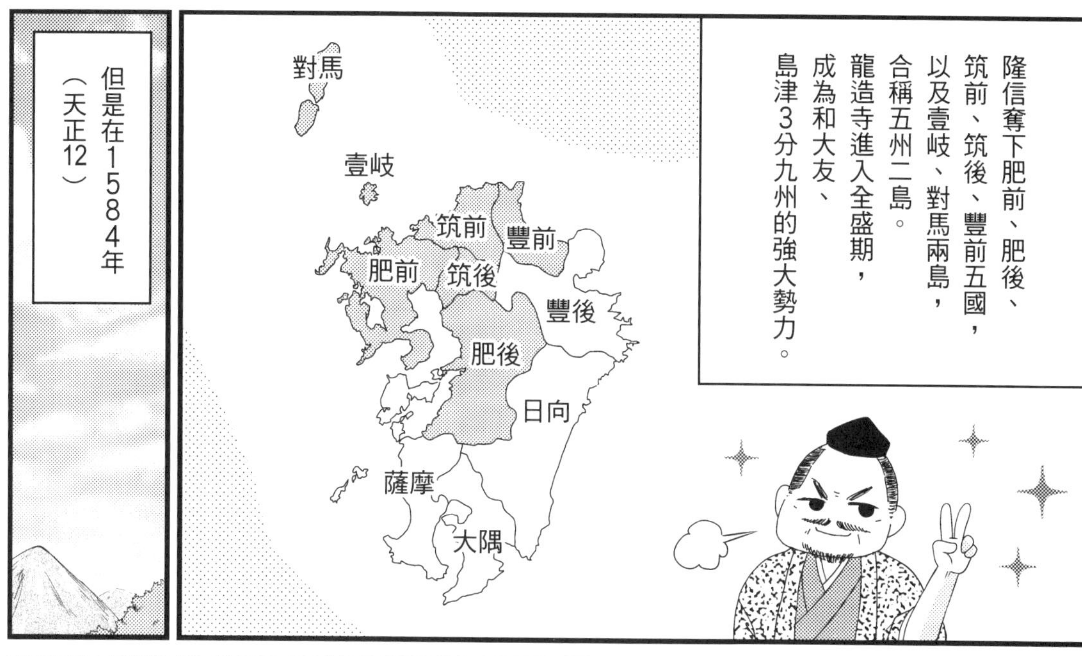
隆信奪下肥前、肥後、筑前、筑後、豐前五國，以及壹岐、對馬兩島，合稱五州二島。
龍造寺進入全盛期，成為和大友、島津3分九州的強大勢力。
對馬
壹岐
筑前
豐前
肥前
筑後
豐後
肥後
日向
薩摩
大隅
但是在1584年（天正12）

隆信率兵討伐島原半島的有馬氏，因為有馬氏背離龍造寺，暗通薩摩的島津。史稱「沖田畷之戰」
雖然隆信的軍力勝過敵軍數倍，但是有馬軍跟島津軍掌握地利，最後隆信敗北，在戰場上戰死。

專欄

隆信遺言的意義

葡萄牙傳教士路易斯．佛洛伊斯，針對沖田畷之戰的龍造寺隆信，寫了一篇很有意思的紀錄。「（隆信）顧及細節且思慮周詳，善於下判斷。迅速與智慧勝過凱薩」。凱薩是公元前一世紀的羅馬統帥。當然佛洛伊斯不可能見過凱薩，但是他對隆信的評價，具有某種程度的公信力。

隆信曾說「苦思不決百事俱腐」，用「腐壞」這個詞來形容帶來的壞處。這句話是說過於深思熟慮反而會錯失良機。隆信的一生充滿著許多當機立斷的決定。但是隆信過於急躁下決定，好幾次導致家臣叛離。不管結果是好是壞，隆信確實是一個勇於下決定的武將。

歷史小知識

肥胖… 隆信成年後越長越胖，甚至連馬都騎不了。據說他搭著六人大轎上戰場。沖田畷之戰敗退的時候，據說家臣把轎子給扔了，害得隆信在戰場上被敵軍擊殺。

島津義弘

被譽為「雄才武略」的九州名將

生卒年 1535～1619年（天文4～元和5）

出身地 薩摩國（鹿兒島縣）

身　分 武將

事　蹟 協助兄長．義久逐步攻略九州。歸順於豐臣政權之後，渡海參加文祿之役，武勳聞名於世。在關原之戰採取敵中突破戰術之事，為人津津樂道。

1535年（天文4）島津義弘出生。他是薩摩的戰國武將島津貴久的次男。

他的祖父島津忠良對他下了「憑藉雄才武略出人頭地」的評價。

1566年（永祿9）兄長島津義久繼承家督，義弘協助兄長為平定九州而戰

1527年（元龜3）「木崎原之戰」，義弘以300兵力奇襲3000伊東軍獲得輝煌的勝利

3000
VS
WIN!
300

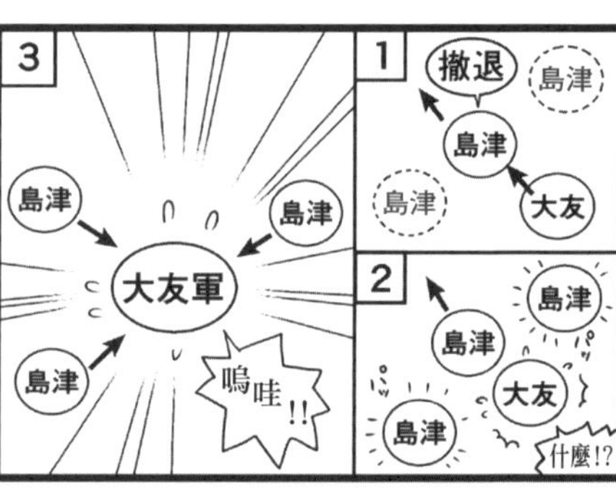
1
撤退
島津
島津
島津
大友
2
島津
島津
大友
島津
什麼!?
3
島津
島津
大友軍
島津
嗚哇!!

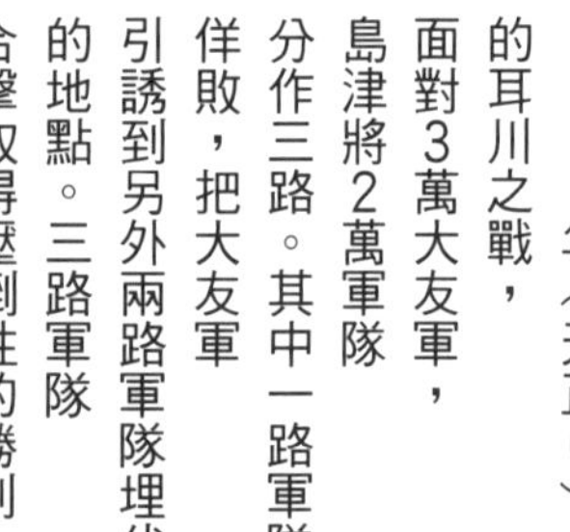

1578年（天正6）的耳川之戰，面對3萬大友軍，島津將2萬軍隊分作三路。其中一路軍隊佯敗，把大友軍引誘到另外兩路軍隊埋伏的地點。三路軍隊合擊取得壓倒性的勝利

島津家歸順於豐臣秀吉之後，秀吉下令讓義弘繼任當主

即使義弘成為當主，他也不掌握家中實權

義弘，
謝謝你～
兄・義久
治國的工作交給兄長，我是為戰鬥而生之人！

殺啊！！

義弘代表島津家參與「文祿．慶長之役」，以亮眼的表現活躍於沙場

歷史小知識

阿拉伯品種馬… 據說戰國時代的馬匹，是像迷你馬那樣的小型馬。相傳島津在戰國時代後期，引進阿拉伯品種的馬，打算育種改良馬匹來組織騎兵隊。

1600年（慶長5）
關原之戰，
義弘為了加入東軍，
打算率兵進駐伏見城
東軍
因為被東軍拒絕，
拉不下面子的義弘
加入西軍，
但並沒有參與戰鬥

當西軍開始潰敗之時，
義弘率軍突擊，
越過德川家康的
東軍大本陣撤退。
一路上擊退東軍
源源不絕的追兵，
最後只剩數十人生還，
順利返回薩摩
這場撤退戰，
讓德川家康見識到
島津軍的強大，後世
稱之為「島津的撤退」

島津義弘回到薩摩之後，
在櫻島閉門反省——

後來島津家
由義弘之子・忠恒
（家久）繼承
義弘在85歲病逝，
據說有13名
家臣殉主而死
島津忠恒

第3章 群雄割據的時代

專欄

什麼是「鬼石曼子」？

義弘是個曠古稀世的猛將，其實他也很擅長戰略。義弘以300軍力，在木崎原之戰大破十倍敵軍，就能證明他擅長以寡擊眾。除此之外，他在耳川之戰設下埋伏，成功殲滅了大友宗麟的大軍。

如此善戰的義弘，在海外也立下響亮的名聲。豐臣秀吉出征朝鮮時，義弘在個個戰場立下功勳，被當地百姓稱為「鬼石曼子」。島津的日文發音，用中文寫作石曼子，鬼則是形容義弘有多恐怖。

日本人對「鬼」這個字的印象，大多是無懼一切、勇猛的意思。但在中文的「鬼」，則著重在兇惡、狡猾的意思。從這一點可以知道，當時朝鮮半島的人們把義弘當作惡的化身吧。

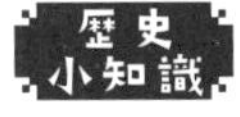
歷史小知識

企業家… 秀吉賜給義弘一塊位於播磨的領地，義弘前往領地時，將島津姓與家紋賜給協助檢地的井上惣兵衛尉茂。島津製作所的社史記載，創業者島津源藏就是井上惣兵衛的子孫。

島津一族

島津義久

生卒年／1533～1611
出身地／薩摩國（鹿兒島縣）

島津氏第16代當主，和三個弟弟義弘、歲久、家久，一起打造出島津家的全盛期。幼少時因為沒有一般少年應有的活力，家中眾臣擔心未來前途黯淡。然而祖父忠良看出他的才幹，認為義久「擁有足以成為三州總大將的才德」。1566年父親貴久隱居，義久因此繼任家督。1577年統一了薩摩、大隅、日向這三州，翌年於耳川之戰中大勝豐後的大友宗麟。但是就在要統一九州全土前，向豐臣秀吉投降。

島津家久

生卒年／1547～1587
出身地／薩摩國（鹿兒島縣）

島津貴久的四男，義久最小的弟弟。祖父忠良評其為「通曉軍法戰術之妙」。1584年發生與龍造寺氏決戰的沖田畷之戰中，家久將數倍於己的敵軍誘入濕地，使其陷入大混亂而得到勝利。此次，也斬殺了敵人的總大將龍造寺隆信。

島津貴久

生卒年／1514～1571
出身地／薩摩國（鹿兒島縣）

島津義久之父。因其為庶流出身而遭到反對，最後和父親忠良一起靠著實力平定了薩摩。他整建了戰國大名島津氏的基盤，積極地活用鐵砲投入實戰中。並且有遠見地將視野也投向海外，除了和明或琉球進行貿易之外，甚至還送過書簡給印度總督。

島津忠恒

生卒年／1576～1638
出身地／薩摩國（鹿兒島縣）

島津義弘的三男。因為二哥早夭，長兄久保渡海於朝鮮戰死，島津家便由忠恒繼承。他勇武過人，慶長之役時曾以8000寡兵擊退數萬明軍。雖然「家久」也是他的別名，但是因為有同名的叔父，所以都以「忠恒」稱呼他。他讓妻子住在江戶，成為了參勤交代的先驅。

島津忠良

生卒年／1492～1568
出身地／薩摩國（鹿兒島縣）

出身是島津家的分家伊作家。父親善久在他幼少時便過世，母親常磐改嫁入相州島津家，他也因此而繼承了相州家。不過當他的兒子貴久要繼任家督時，受到周圍反對。於是他藉由以實力統一薩摩，壓下了周圍不滿的聲音。後世稱其為島津氏中興之祖。

島津實久

生卒年／？～？
出身地／薩摩國（鹿兒島縣）

島津氏的庶流薩州島津氏的當主。實久利用姊姊嫁給宗家當主勝久為正室的立場，策畫奪取宗家的實權。他頑強地反對貴久繼任宗家的家督，一生幾乎都在與忠良、貴久父子對抗。結果最後向貴久臣服，隱居在出水。

島津勝久

生卒年／1503～1573
出身地／薩摩國（鹿兒島縣）

島津氏第14代當主。因為前任以及前前任當主的兩位兄長相繼猝逝，勝久為了再建衰退的島津宗家，找來伊作島津家的貴久當養子。不過此舉招致家中猛烈反彈，引發內亂。後來日漸被孤立的勝久終於逃亡，跑去投靠了豐後的大友氏。

島津忠辰

生卒年／1565～1593
出身地／薩摩國（鹿兒島縣）

島津義虎之子，薩州島津氏最後的當主。在豐臣秀吉發動的九州征伐戰時，忠辰守備肥後國的高田，但是由於肥前島原的有馬晴信倒戈，他撤退回根據地出水。後來他向秀吉投降，獲得安堵所領。文祿之役時他到了朝鮮卻稱病而不上陸，惹怒了秀吉而被改易。

島津忠將

生卒年／1520～1561
出身地／薩摩國（鹿兒島縣）

島津貴久之弟，是島津宗家的分家相州家的當主。忠將勇武過人，在平定薩摩一國的戰役中支持著父親忠良，立下許多戰功。1561年的大隅迴城攻防戰中，與肝付兼續交戰而死。後來兄長貴久奪回迴城，將其改名為福山城。

島津朝久

生卒年／？～？
出身地／薩摩國（鹿兒島縣）

島津氏庶流豐州島津氏的當主，正室為島津義弘的女兒。木崎原之戰後，日向境內伊東氏勢力被一掃而空，朝久勢力進入日向。他在與大友氏的耳川之戰，以及大友氏家臣高橋紹運壯烈死守的岩屋城之戰等戰役中頗有貢獻。文祿之役時渡海到達朝鮮，但是在巨濟島病逝。

島津歲久

生卒年／1537～1592
出身地／薩摩國（鹿兒島縣）

島津義久的三弟。祖父忠良評論其才幹稱其為「無人比他更擅長洞悉事情的利弊」。當豐臣秀吉發動九州攻略戰，家中大多贊成議和，但是他主張徹底抗戰。雖然他是島津氏中數一數二的智將，連秀吉也對他另眼相看。但是還是堅持反抗秀吉，最後為保全島津而自盡。

其他的島津家臣們

新納忠元

生卒年／？～1610
出身地／薩摩國（鹿兒島縣）

新納家是島津氏的分家。從父親一代開始就是島津家重臣，忠元也被列入島津四勇將之一。為人謙遜，據說即使他立下許多戰功而未獲得昇遷，他也不曾抱怨過。面對豐臣秀吉的九州征伐，他頑強地抵抗，引起秀吉的興趣，秀吉要提拔他為大名卻遭他辭退，繼續留在島津家中。他的官位是武藏守，因為勇猛善戰，人稱「鬼武藏」。同時他也是位通曉歌道的文化人。

伊地知重興

生卒年／1528～1580
出身地／大隅國（鹿兒島縣）

大隅國的國人，臣屬於肝付氏，曾與島津氏對抗過。當盟友禰寢重長投降，甚至連肝付氏也交出居城肝付城來投降島津之後，重興失去了對抗的本錢。以剃髮，並交出全部領地為條件投降。島津接受了他的臣服。在那之後重興臣從島津氏，參與跟伊東氏或大友氏的作戰。

入來院重時

生卒年／？～1600
出身地／薩摩國（鹿兒島縣）

島津以久的次男，成為膝下無子的入來院重豐的養嗣子，繼任入來院氏第15代當主。面對豐臣秀吉發動的九州征伐戰，他和新納忠元等人一同奮戰。1600年關原之戰時，加入主君島津義弘的隊伍，在撤退戰中戰死。

鎌田政年

生卒年／？～1583
出身地／薩摩國（鹿兒島縣）

出仕島津忠良、貴久、義久三代的島津氏老臣。歷任過大隅帖佐、薩摩馬越、大隅牛根等等的地頭職。政年在1572年的木崎原之戰中，與島津義弘一同率兵突襲伊東軍，成為這場戰爭的決勝關鍵。他也是島津四勇將之一。

樺山善久

生卒年／1512～1609
出身地／薩摩國（鹿兒島縣）

島津氏的庶流樺山氏當主。善久在湯田口之戰中負傷，但也斬殺了敵將小野左近，獲主君島津貴久賜予大隅國的松浦和二俣。據說島津義弘渡海出兵朝鮮時，他因為高齡不被允許上陣而氣憤不已。

川上忠克

生卒年／？～？
出身地／薩摩國（鹿兒島縣）？

島津氏的庶流川上氏當主。通稱又九郎。因為忠克的次女是島津實久的繼室，所以他跟隨著實久對抗島津忠良，結果被流放到甑島。3年後獲得赦免，受拔擢為島津氏的家老。有名事蹟還有寫了《兵道書》。他的嫡男久朗年僅18歲弱冠之年即成為島津四勇將之一。

伊集院忠朗

生卒年／？～？
出身地／薩摩國（鹿兒島縣）

伊集院忠棟的祖父，年輕的時候出仕島津忠良，在島津統一薩摩全境戰役中表現活躍，據說島津軍在攻打岩劍城時使用了鐵砲，是因為他的進言。這是史料確認的最早使用鐵砲投入實戰的紀錄。在那之後忠朗在進攻大隅、日向時也表現活躍，奠定了島津筆頭重臣的地位。

禰寢重長

生卒年／1536～1580
出身地／大隅國（鹿兒島縣）

重長原本是大隅國的國人領主。起初他臣從肝付兼續，不時與島津氏交戰，但是後來改投島津氏。當島津氏開始侵略大隅，他擔任先鋒。重長行政能力優秀，努力促進商業活動以及對明貿易。他還獎勵栽種溫州蜜柑。

伊集院忠棟

生卒年／？～？
出身地／薩摩國（鹿兒島縣）

伊集院忠倉之子。是被視為島津的筆頭家老的伊集院氏當主。忠棟出仕島津義久，攻打肥後與筑前時立下了輝煌戰功。據說他在豐臣秀吉攻向九州之前，就和秀吉交好，後來秀吉在九州仕置，讓他從島津獨立出來。雖然忠棟被認可成為大名，但是遭到島津忠恒謀殺而亡。

肝付兼盛

生卒年／1533～1578
出身地／大隅國（鹿兒島縣）

兼盛出身自肝付氏的庶流。起初他跟著本家對抗島津氏，接著與父親一起向島津忠良投降，隨後接連在貴久、義久兩代擔任老中職。兼盛在攻打伊東或蒲生等戰役中立下戰功，被列入島津四勇將之一，武名為人所知。

上井覺兼

生卒年／1545～1589
出身地／大隅國（鹿兒島縣）

覺兼原本是大隅國的國人，從父親一代便臣從島津貴久。在貴久死後，他成為義久的智囊表現活躍，成為了島津氏老中的一員。他富有學識涵養，把當時島津家中決策過程詳細記錄寫成《上井覺兼日記》，被學界視為是一級史料。

其他的島津家臣們

吉利忠澄

生卒年／？～？
出身地／薩摩國（鹿兒島縣）？

島津宗家的庶流吉利島津氏的第四代當主。奉島津貴久之命，以領地名為姓。父親久定過世時，忠澄年僅9歲。也因此貴久原本要讓忠澄的叔父久金繼任家督，但是36名家臣連署希望由忠澄繼任，並以如未核准即集體切腹要脅，所以最後讓忠澄繼任了家督。

東鄉重虎

生卒年／？～？
出身地／薩摩國（鹿兒島縣）

島津家久的次男，豐久之弟。原本名為島津忠仍。原本他作為養子繼承澀谷氏一門的東鄉家，獲得了日向國的佐土原為領地，但在島津義弘的命令下返回生家，關原之戰島津加入西軍戰敗撤退時，他的兄長豐久擔任義弘的影武者而戰死。但是重虎以生病為由拒絕繼任家督。

本田親貞

生卒年／？～1596
出身地／薩摩國（鹿兒島縣）？

親貞出身自島津的譜代家臣本田氏的庶流。通稱彌六右衛門，自稱下野守。他領有薩摩國的加世田等地，在島津家中，從奏者一路升遷成為老中。曾負責守衛肥後國的八代。除此之外，在對琉球貿易等外交層面表現出色。他還是有名的薩摩劍術流派示現流創始者東鄉重位的弟子。

梅北國兼

生卒年／？～1592
出身地／薩摩國（鹿兒島縣）

島津家的家臣。1592年文祿之役時，國兼被任命為島津氏的水軍大將前往朝鮮，但是他卻在途中佔領了肥後佐敷城（梅北之亂）。國兼甚至煽動農民發動一揆，僅僅三日即被鎮壓落敗而亡。此外，由於此亂有許多島津歲久的家臣涉入，招致豐臣秀吉激憤，最後逼使歲久自盡而亡。

山田有信

生卒年／1544～1609
出身地／薩摩國（鹿兒島縣）？

山田氏是島津氏的庶流。有信出仕島津貴久、義久兩代。他於1578年的耳川之戰中堅守高城，為島津氏的勝利做出貢獻。雖然有信在豐臣秀吉的九州仕置被拔擢為獨立大名，但是他歸還了天草4萬石，回歸島津麾下。他在當代就是智勇兼備的名將。

北鄉時久

生卒年／1530～1596
出身地／日向國（宮崎縣）

北鄉氏是島津氏的一門。時久是日向國庄內的領主，成為日向北鄉氏當主時，以都之城為居城。他和島津宗家聯手對抗肝付氏或伊東氏。1562年獲島津貴久賜予領地。當大友氏從日向發兵來犯時，伊東氏的舊臣同時群起應和，時久成功鎮壓。豐臣秀吉征伐九州時，時久獲得庄內的安堵所領，後來移封到宮之城。

平田光宗

生卒年／？～1605
出身地／薩摩國（鹿兒島縣）

光宗原本是薩摩平田氏的庶流平田宗秀的長男，因為平田宗家沒有繼承人，他以女婿身分成為養子。由於養父昌宗擔任島津貴久的老中一職，所以光宗也被拔擢為繼任當主義久的老中。他曾攻入堅志田，斬殺了約1000名的阿蘇氏敵兵。在根白坂之戰，成功地從豐臣的大軍手中撤退。

北鄉忠虎

生卒年／1556～1594
出身地／日向國（宮崎縣）

北鄉時久的次男。因為兄長相久與父親時久對立最後被迫自盡，忠虎成為了日向北鄉氏的當主。他負責的主要戰場多在肥後方面。當豐臣秀吉發動九州征伐時，忠虎準備死守都之城抵抗，但在島津義久說服之下開城投降。1592年的文祿之役中，他兩度渡海前往朝鮮，最後在巨濟島（或稱加德島）病逝。

種子島時堯

生卒年／1528～1579
出身地／薩摩國（鹿兒島縣）

種子島的領主。1543年葡萄牙人漂流到了島上，時堯向他們購買鐵砲，並且命令擔任鍛冶職的八板金兵衛仿造。此舉成為鐵砲普及的契機，因此後來火繩槍因此被稱作種子島。

穎娃久虎

生卒年／1558～1587
出身地／薩摩國（鹿兒島縣）

薩摩國的揖宿的領主。久虎以剛勇著稱，1578年的耳川之戰與1584年的沖田畷之戰等，對島津氏來說極為重要的戰役中立下戰功。在征伐肥後或豐後時，擔任島津義弘的名代來指揮大軍。他身為義久的談合眾，在內政方面也頗有建樹。不過最後因為落馬意外而猝逝。

第4章【信長的時代】

戰國時代的風雲人物・織田信長登場

—信長的時代—

出身尾張守護代家的織田信長，在桶狹間之戰擊敗今川義元，擴張領土並推動嶄新政策，終於以畿內為中心建立了強大的政權。終結室町幕府，朝著天下統一的道路邁進

1567年（永祿10）平定美濃的信長，開始使用天下布武的印鑑
天下布武的意思，一般認為是藉由武力來統一天下。也有一說認為是藉由武力，平定京都為中心的畿內地區。
織田信長

1576年（天正4）信長築安土城

此外，他在安土等地推動「樂市樂座」制度，廢除「座」這種具有獨佔性的工商業公會，讓所有人都能自由經商
做生意更容易了
廢除座來發展經濟！
也能夠抑制寺院、公家的勢力

信長的商業振興政策，可說是繼承自他的兩位父親
父親織田信秀
具有戰略性的經濟思維
岳父（正室濃姬之父）齋藤道三
先見之明創新思維

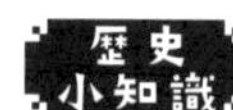
下剋上…「下剋上」的意思是以「下位戰勝上位」。這個詞彙似乎從鎌倉時代末期就開始使用。到了室町時代被頻繁使用，成為代表戰國時代的關鍵字。

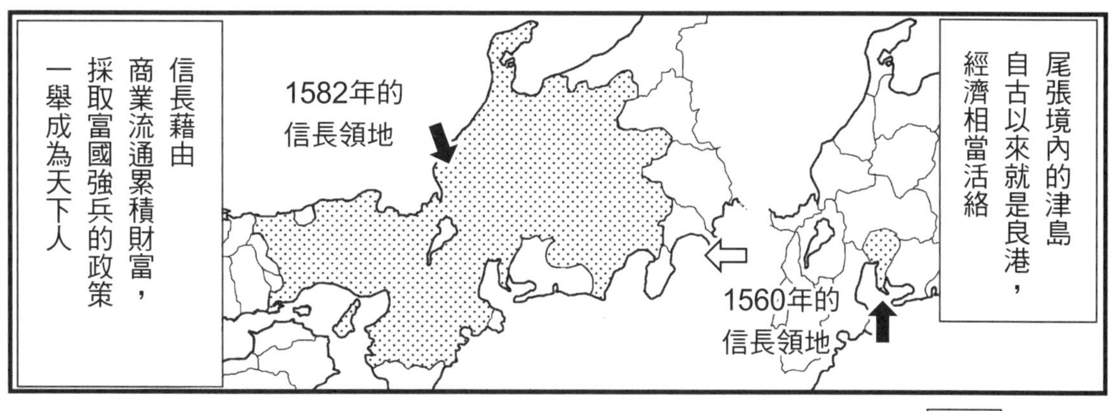
尾張境內的津島自古以來就是良港，經濟相當活絡
1560年的信長領地
1582年的信長領地
信長藉由商業流通累積財富，採取富國強兵的政策一舉成為天下人

關於信長戰略的著名事蹟—
導入西洋兵器
1575年（天正3）「長篠之戰」，信長使用高達3000把的大量鐵炮，大敗武田的騎馬軍團※
擊敗武田軍！

此外信長勇於嘗試新事物
日本竟然能做出防火的船，了不起是也！
傳教士　奧岡蒂諾
1578年（天正6）信長打造前所未見的鐵甲船，擊敗毛利的水軍

關於用人之術。
信長提拔不為人知的人才，巧妙地讓他們互相競爭

信長不拘泥於出身，拔擢有才幹的人才
羽柴秀吉
明智光秀
瀧川一益
等等人才
另一方面，就算是地位崇高的家臣，派不上用場的人就毫不留情地解雇
佐久間信盛

信長打破自古以來的價值觀，開創新的時代，成為戰國時代的霸者

※近年部分學者對「三段射擊」的可行性提出質疑，重新評價長篠之戰。

歷史小知識

戰國大名… 受室町幕府任命為守護，後來成為大名的人稱為守護大名。相對來說，戰國時代末期有許多出身不明的大名，他們被稱為戰國大名。當然也有守護大名轉變成戰國大名的例子。

織田信長

高揭「天下布武」旗幟的風雲人物

生卒年 1534～1582年（天文3～天正10）

出身地 尾張國（愛知縣）

身　分 武將

事　蹟 統一尾張國之後，將勢力擴展到周遭諸國。出兵擁護足利義昭上洛，藉此登上天下人寶座的階梯。但遭家臣．明智光秀謀反，在本能寺自盡。

1534年（天文3）織田信長誕生，他是織田信秀的嫡男。

年輕的信長喜歡打扮成傾奇風格，在街上遊樂閒晃。被眾人戲稱是「傻瓜」

正德寺還沒到嗎？

すぐです

信長第一次拜見岳父齋藤道三的時候也是如此

※傾奇……穿著奇裝異服，行為特立獨行。流行於當代年輕人之間的風格。

這副德行成何體統！

這樣騎馬多危險!!

果然是一個大傻瓜!!

穿著傾奇服裝的信長，前往見面的場所。

但是…

信長在面會時改穿正裝，讓道三大吃一驚

什麼！

說不定美濃很快會被信長併吞……

轉變信長人生的戰役「桶狹間之戰」，發生在1560年（永祿3）
鳴海城
善光寺砦
伊勢灣
織田軍
今川前軍
鷲津砦
今川本陣
桶狹間山
駿河的今川義元率領4萬大軍，浩浩蕩蕩攻向尾張
神明降雨助我！
取下義元的首級！
今川軍躲避突如其來的雷雨時，遭到3000士兵強襲。織田軍大勝。

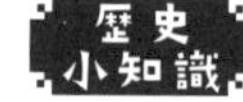
歷史小知識

虛構的大蛇… 當信長還在清洲城的時候，據說大蛇藏在某個池子裡。信長知道後，命村民舀出池水，甚至還自己跳進池中，向村民證明池子裏面沒有大蛇。

日後信長出兵上洛，讓足利義昭繼承將軍
感謝！感謝！
但是信長把義昭當作傀儡

因為如此，義昭跟信長的關係決裂

盟軍都集合

近江

甲斐

越前

!?

義昭暗中聯合淺井、朝倉、武田，組成信長包圍網

信長曾一度被逼到絕境，但因為實力最強的武田信玄病逝，包圍網瓦解。義昭被放逐出京都

但是在1582年（天正10）家臣．明智光秀謀反。光秀原本是要出兵支援羽柴秀吉攻打毛利

室町幕府已經沒有任何權威可言了！

信長只帶少數隨從投宿本能寺，最後在本能寺自盡身亡
無可奈何

好奇心旺盛
送給信長大人是也
喔，是洋人的東西。快給我看看！
…這個黃色的短刀？
是什麼？
這是植物的果實是也！
很好吃是也
那我吃看看吧
殿下！這種奇怪的東西，不能吃啊！
もぐ
真美味♡
もぐ
織田信長是日本第一個吃香蕉的男人！

第4章 信長的時代

專欄

時尚敏銳度高人一等的信長

眾所皆知，青年時代的信長被稱為「尾張的大傻瓜」。當時信長的穿著打扮確實很奇特。根據《信長公記》，年輕的信長身披虎皮與豹皮的半袴，用紅色與萌黃色的繩子，把頭髮綁成茶筅模樣的髮髻，腰間掛著打火石袋與葫蘆，在城鎮裡面漫步而行，這個模樣真的很引人注目。無論古今，大人們看到青少年打扮成這樣，都會皺起眉頭吧。

信長奇特的時尚品味，就算成年了也沒改變。1581年信長在安土城下舉辦了閱兵典禮，他身披天鵝絨的斗篷，以西洋風時尚造型現身。同年在京都的閱兵典禮，他則是戴著中國風的頭巾，身上披著一件唐草圖案的和服，以中國時尚風驚豔全場。據說信長閃亮奇特的服裝，讓當時的群眾感到奇幻炫目。

歷史小知識

黑人隨從… 傳教士范禮安將黑人奴隸獻給信長。信長非常中意，將這個黑人收為隨從並取名為彌助。信長在本能寺之變喪命的時候，彌助也在現場，但詳細情況不明。

織田信秀

為嫡男信長打下飛黃騰達根基的尾張國守護代

織田信長的父親・織田信秀。他是尾張守護代，清洲・織田大和守家的族人，身為三奉行之一
織田信定
含笑院
信秀
信康
信光
是一個兼具武勇與智謀的武將 織田信秀
織田信秀

1538年（天文7）他攻下今川的那古野城

清洲城
勝幡城
那古野城
古渡城
熱田神宮

熱田與津島，都是熱鬧的門前町

信秀讓嫡男・信長留守那古野城，自己建造古渡城並搬遷過去

接下來的時代，必須掌握經濟力才行

領內的津島是尾張國最繁榮的港口都市

尾張夾在美濃、三河中間

跟朝廷打好關係才是上策

他以豐厚的經濟實力為後盾，他在1543年（天文12）向朝廷獻上4000貫※的皇宮城垣修理費

1542年（天文11）「小豆坂之戰」，信秀戰勝今川，將勢力擴展到西三河

繼續往東邊發展！

尾張國
那古野城
三河國
安祥城
岡崎城
小豆坂

籌畫出兵三河

生卒年 1510～1551年（永正7～天文20）

出身地 尾張國（愛知縣）

身分 武將

事蹟 織田信長之父。原本只是尾張守護代・織田大和守的部下，勢力擴張到超越守護及守護代。為嫡男・信長的發展打下根基。

※依照近代歷史學家的計算，約2億日幣。

歷史小知識

理解信長的行為… 少年時代的信長聲名狼藉，但是信秀毫不動搖，仍然把信長視為接班人。當時織田家中有許多人對信長的未來感到擔憂，信秀依舊認同信長。

1544年（天文13）信秀除了三河之外，還出兵攻打美濃，卻輸給齋藤道三
可別小看美濃的蝮蛇！
擺了一道
被
1547年（天文16）再次攻打美濃失敗，信秀讓嫡子信長，跟道三的女兒濃姬結婚來議和
濃姬
請多指教！
信長
戰爭並非只有打仗。
這樣北邊就安全了

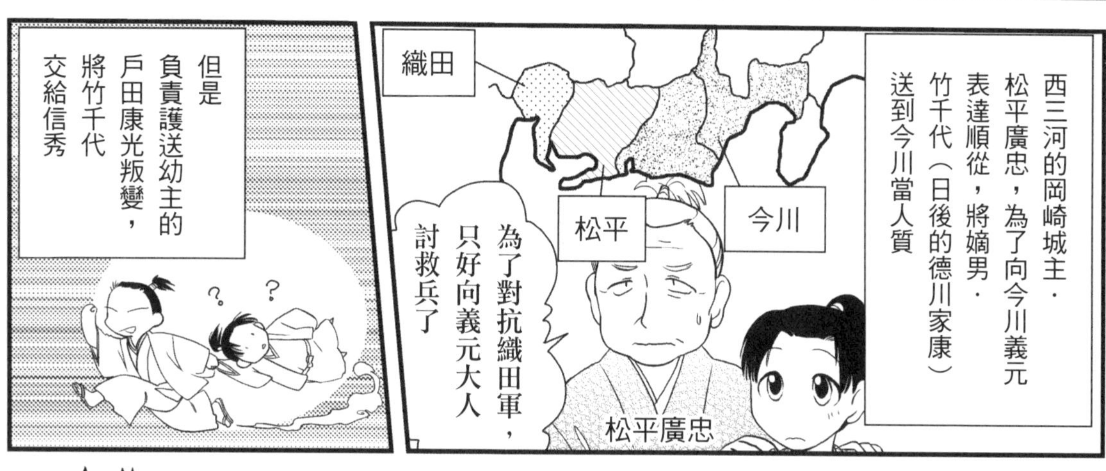
西三河的岡崎城主・松平廣忠，為了向今川義元表達順從，將嫡男・竹千代（日後的德川家康）送到今川當人質
織田
松平
今川
為了對抗織田軍，只好向義元大人討救兵了
松平廣忠
但是負責護送幼主的戶田康光叛變，將竹千代交給信秀

如果松平跟今川的關係變好，那可就麻煩了
利用竹千代來擾亂松平
廣忠並未因此屈服，仍然決定歸順今川。1548年（天文17）的第二次小豆坂之戰後，戰敗的信秀把竹千代送回今川
1551年（天文20）信秀壯志未酬病逝了
明明還想多跟父親學習！
信長

專欄

信長的經濟政策源自父親信秀的影響！？

在戰國時代，熱田與津島分別是東海道與伊勢灣的交通要地。津島是津島天王神社的門前町，熱田是熱田神宮的門前町，自古以來就是知名的商業都市。織田家身為尾張的領主，這兩座都市都是治理國家不可或缺的重點都市。

信長的父親・織田信秀原本只不過是尾張守護代，清洲城主織田大和守的部下。但是信秀跟熱田的豪商・加藤氏關係親密。信秀藉著這層關係，以經濟力為後盾來擴張勢力，實力終於超越了原本的主君織田大和守家。

信長繼承信秀的基業，著重於商業發展來擴展領土。許多商業政策是延續信秀的方針。後來信長推行樂市樂座，活絡安土等城市的經濟發展。

歷史小知識

經濟力… 信秀在1543年向朝廷獻上4000貫文的皇宮城垣修理費。在當時是超乎想像的鉅款，表示在信秀的時代，織田家就擁有龐大財力。

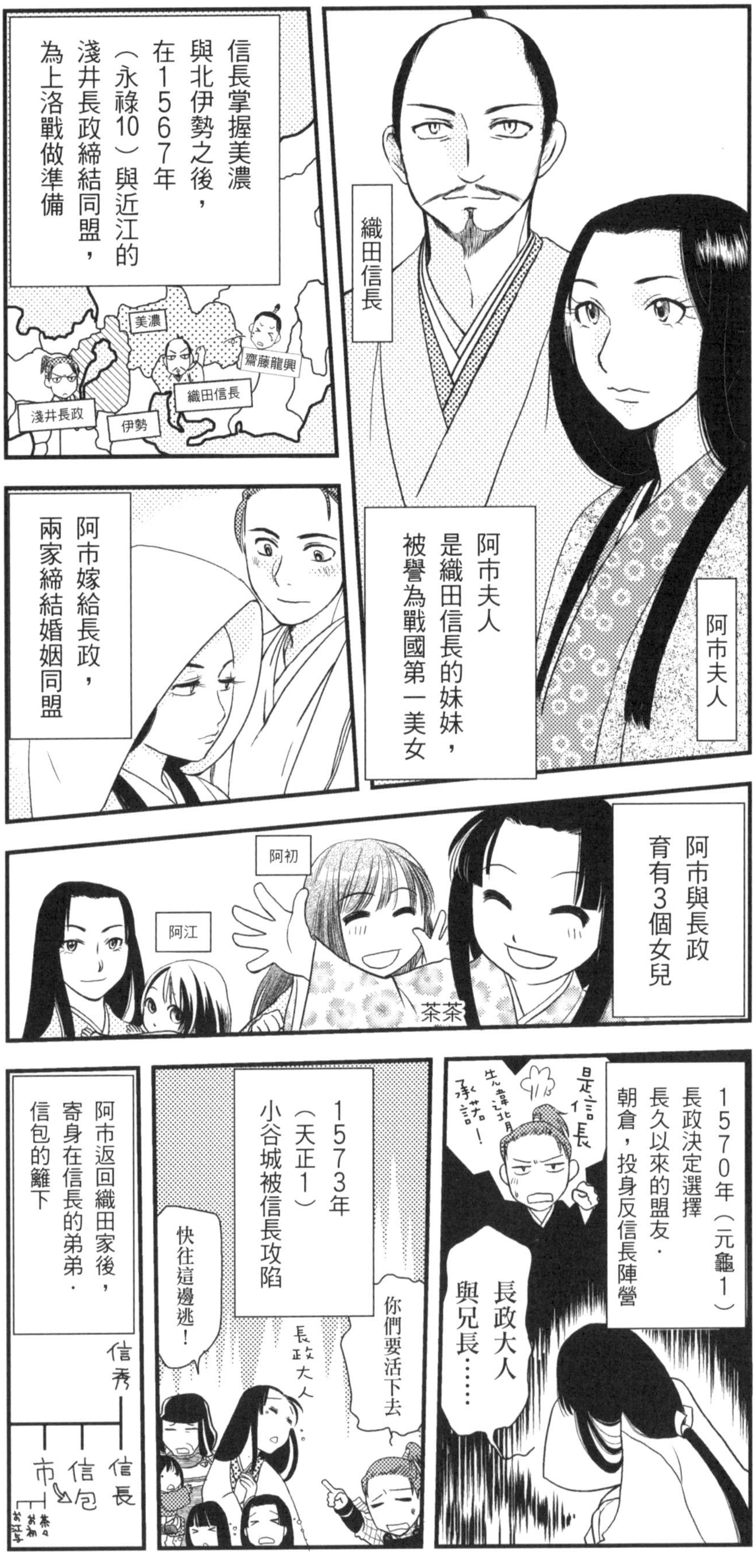

阿市夫人

歷經兩次婚姻，
香消玉殞的戰國公主

生卒年 1547～1583年（天文16～天正11）

出身地 尾張國（愛知縣）

身　分 信長之妹

事　蹟 在兄長·信長的旨意下嫁給淺井長政，生下3個女兒。淺井滅亡之後，再嫁柴田勝家，最後與勝家一起自盡。

織田信長

阿市夫人

阿市夫人是織田信長的妹妹，被譽為戰國第一美女

信長掌握美濃與北伊勢之後，在1567年（永祿10）與近江的淺井長政締結同盟，為上洛戰做準備

美濃
齋藤龍興
織田信長
淺井長政
伊勢

阿市嫁給長政，兩家締結婚姻同盟

阿市與長政育有3個女兒

阿初
阿江
茶茶

1570年（元龜1）長政決定選擇長久以來的盟友·朝倉，投身反信長陣營
是信長
先違背承諾！
長政大人與兄長……
1573年（天正1）小谷城被信長攻陷
你們要活下去
長政大人
快往這邊逃！

阿市返回織田家後，寄身在信長的弟弟·信包的籬下

信秀
信長
信包
市

歷史小知識

俊男美女的血統… 據說織田信長一族都是俊男美女。阿市夫人的容貌在當時豔驚眾人，據說就算37歲，看起來就像22、23歲一樣。傳說身高有170公分左右。

後來的九年間，阿市與3個女兒過著平穩的生活
1582年（天正10）「本能寺之變」後，阿市跟織田家的重臣・柴田勝家再婚
比我大25歲…

勝家與秀吉對立，但在隔年「賤岳之戰」敗給秀吉
可嘆，我不是秀吉的對手
勝家大人
勝家退回阿市與女兒所在的北之庄城，遭到秀吉軍包圍

最起碼讓孩子活下來…
你也趕快逃吧
我要死在這裡
阿市與勝家，兩人一起自盡

在戰國時代，女性經常當作締結同盟的外交工具。

回首阿市夫人的一生，她一直在背後支持夫君

另有一說

認為秀吉跟勝家為了爭奪阿市而對立

關於阿市的女兒

茶茶成為秀吉的側室（淀殿），生下繼承人秀賴

秀吉的繼承人

淀殿

二女阿初嫁給京極高次

三女阿江與嫁給德川秀忠，生下包含家光共2男5女

阿江

德川第二代將軍

第三代將軍

專欄

紅豆袋的暗示

1570年4月，信長突然對朝倉領地發動攻擊。這對阿市的夫君淺井來說，簡直就是晴天霹靂。朝倉跟淺井長久以來就是同盟。阿市的夫君淺井長政，究竟要選擇自己的大舅子信長，還是要選擇維護跟朝倉的盟約。傷透腦筋的長政，最後決定反抗信長。長政為了救援朝倉，決定起兵攻打織田。

據說當時阿市將裝著紅豆的袋子，兩頭打結之後送到兄長・信長的軍中。暗示信長，淺井長政反叛信長之事。兩頭打結的袋子，暗喻信長遭到敵軍前後包夾。雖然這個故事只是俗說，但是戰國時代的女性，大多肩負著為娘家刺探夫家機密的間諜工作。從這一點來看，阿市確實很有可能協助信長收集情報。

歷史小知識

劫後餘生？… 三重縣伊賀市的某個豪農家，傳說他們的祖先讓侍女當替死鬼，順利將阿市夫人從北之庄城救出來。根據傳說，阿市夫人在當地活到1599年。

織田家族及信長的妻妾與公主

慈德院

生卒年／？～？
出身地／？

織田信長的側室。她的女兒嫁給豐臣秀吉做側室，名為三之丸夫人。關於她的父親、閨名男信忠的乳母，受到信長注意而被納入側室。

五德（德姬）

生卒年／1559～1636
出身地／？

織田信長之女。生母是生駒吉乃。她跟信忠、信雄都是吉乃所生，據說三人的睡姿就像是五德（譯註：有三支腳的爐架），因此被命名為五德。1567年嫁給德川家康的嫡男信康，當信康切腹之後她返回娘家清洲。

坂氏

生卒年／？～？
出身地／？

信長的三男信孝的生母。除了知道她是氏的女兒之外，閨名、生卒年、幾時成為信長側室皆不詳。1567年伴隨信孝入主神戶城。信孝以她作為人質向秀吉投降，後來信孝再次舉兵反抗，她被秀吉處以磔刑。

秀子

生卒年／？～？
出身地／？

織田信長的女兒。她在1578年嫁給大和國筒井城主筒井順慶的養嗣子定次，生下了嫡男順定。但是筒井順定在1608年被沒收領地，後來被迫切腹。秀子剃髮出家。

英姬（永姬）

生卒年／？～？
出身地／？

織田信長的女兒。生母以及生卒年不詳。在1581年嫁給前田利家的嫡男利長。後來前田利長成為加賀藩的初代藩主。利長逝世後，她剃度出家，號玉泉院。由於膝下無子，由利長的異母弟利常繼承前田家。

濃姬

生卒年／1535？～1612？
出身地／美濃國（岐阜縣）

美濃國岐阜城主齋藤道三之女。又稱歸蝶。1548年織田與齋藤締結同盟，她因此嫁給信長。有一說認為她在本能寺之變時，留守安土城的蒲生賢秀協助她，逃往近江日野谷避禍。

冬姬

生卒年／？～？
出身地／？

織田信長的女兒，生母不詳。1569年嫁給蒲生氏鄉，與氏鄉產下了1子1女。嫡男秀行後來成為會津若松城主，女兒則嫁給了前田利家的次男前田利政為妻。

織田信忠

生卒年／1557～1582
出身地／尾張國（愛知縣）

織田信長的嫡男。乳名為奇妙丸。信長看重他的才幹，在生前隱居將織田家的家督交給信忠。但是在1582年的本能寺之變，信忠遭受明智軍的攻擊，最後在二條御所切腹自盡。

織田信雄

生卒年／1558～1630
出身地／尾張國（愛知縣）

織田信長的次男。幼名為茶筅丸。當織田信長的勢力擴張到伊勢時，他被過繼成為北畠家的養子。根據《耶穌會年報》的紀錄，信雄在本能寺之變後放火燒了安土城。晚年剃髮以常真為號。

織田信孝

生卒年／1558～1583
出身地／尾張國（愛知縣）

織田信長的三男。眼見秀吉在本能寺之變後嶄露頭角，信孝與秀吉產生對立。他與柴田勝家聯手，但在賤岳之戰兵敗之後，他決定向織田信雄投降。後來在尾張境內稱為內海的地方，被強逼自盡而死。

織田秀信

生卒年／1580～1605
出身地／美濃國（岐阜縣）

織田信長的嫡孫。幼名為三法師。在本能寺之變後的清洲會議，他受到羽柴秀吉擁立為織田家的後繼者。1590年拜領秀吉的「秀」字，以秀信為名。關原之戰後，被命蟄居高野山。

阿鍋夫人

生卒年／？～1612
出身地／近江國（滋賀縣）

近江的土豪高畑源十郎之女。最初嫁給小倉實澄，丈夫戰死之後成為織田信長的側室。據說她在本能寺之變後，留在寺廟看護織田家的牌位。秀吉賜給她位在近江的知行地。

原田直子

生卒年／？～？
出身地／？

織田信長的側室。她是織田家的重臣原田直政的妹妹。1554年生下信長的庶長子信正。1566年搬到古渡城，隨後就沒有任何消息。他的兒子信正活到94歲。

吉乃

生卒年／？～？
出身地／尾張國（愛知縣）

她是生駒藏人家宗的女兒。娘家生駒家是販售炭與油的商家。她的丈夫戰死後，她成為織田信長的側室，生下信忠、信雄等子女。信長搬進小牧城後，她被稱呼為御台所，待遇等同於正室。

織田一族的武將・連枝眾

織田信澄

生卒年／1555？～1582
出身地／尾張國（愛知縣）

信澄的父親是信長的弟弟信行。當信長殺死信行後，信澄受到柴田勝家撫養。從史料可得知，他在1567已經擁有位在近江的領地。兩年後成為大溝城主。因為他是明智光秀的女婿，在本能寺之變後遭到織田信孝、丹羽長秀襲擊，死於野田城。信澄元服後自稱津田氏，又稱津田信澄。

織田信定

生卒年／？～？
出身地／尾張國（愛知縣）

織田信長的祖父。身為清洲織田家的家臣，人稱清洲三奉行之一。他在1526年就已經以勝幡城為居城，掌握尾張經濟中心津島地區。此外，他在津島修建居館。戰國大名織田家能夠崛起，來自津島湊的經濟力。他在1530年代將家督交給信長的父親信秀。

織田勝長

生卒年／？～1582
出身地／？

織田信長的5男（一說為4男）。成為美濃國岩村城主遠山景任的養子，但是1572年岩村城被秋山信友攻陷，勝長被送到甲斐的武田作為人質。後來回歸織田。信長將犬山城交給他。1582年的本能寺之變，他與兄長信忠一起在二條御所迎戰明智軍，最終戰死。

織田信廣

生卒年／？～1574
出身地／尾張國（愛知縣）

織田信長的庶兄。他曾經聯合美濃的齋藤義龍，企圖奪取清洲城。雖然他的計畫失敗，仍然得到信長的赦免，以織田的一員活躍。當信長跟足利義昭在1573年產生衝突時，他擔任信長的代表與義昭會面。1574年，信廣攻打伊勢長島一向一揆時陣亡。

織田信高

生卒年／？～1602
出身地／？

織田信長的7男。1582年的本能寺之變後，他受到大垣城主氏家行廣的撫養，在1591年謁見豐臣秀吉。受封羽柴姓氏以及近江國境內2000多石的領地。1600年的關原之戰，他與弟弟信貞協議加入石田三成的西軍陣營。戰後得到德川家康的赦免。他是江戶時代的旗本高家織田家之祖。

織田信興

生卒年／？～1570
出身地／尾張國（愛知縣）

織田信長的父親信秀的7男，信長之弟。他很早就追隨兄長信長。駐守在尾張的小木江城。1570年伊勢長島一向一揆爆發，小木江城遭到一揆軍攻擊。當時信長出兵比叡山，滝川一益雖然駐守在附近的桑名城，但也遭受攻擊無法派遣援軍。信興死守城內6天，最後自盡而死。

織田長益

生卒年／1547～1621
出身地／？

織田信長之弟，比起武將，他以茶人的身分聞名。他是利休七哲之一，號有樂齋。1582年的本能寺之變後，他出仕豐臣秀吉，晚年隱居在京都東山的建仁寺正傳院。

織田信包

生卒年／1543～1614
出身地／尾張國（愛知縣）

織田信長之弟。織田信長掌控北伊勢之後，他成為長野家的養子，改名長野信包。成為伊勢上野城主5萬石領地。1573年的小谷城之戰後，他收養了淺井長政的正室阿市夫人與3個女兒。信長在1581年主辦的閱兵典禮，他擔任連枝眾（意指手足兄弟）第三順位的身分。

織田信貞

生卒年／1574～1624
出身地／？

織田信長的9男。生母據說是土方雄久的女兒，但是仍無史料可證明。父親信長死於本能寺之變後，他受到埴原長久的撫養，後來成為豐臣秀吉的馬迴眾，擁有近江境內1000石的領地。1600年的關原之戰，他與兄長信高加入西軍。大坂之陣則以德川陣營參戰。1624年在近江的領地逝世。

織田信行

生卒年／？～1557
出身地／尾張國（愛知縣）

織田信長之弟，史料上記載的名字為信勝。柴田勝家原本是他的家臣。由於信長擅自使用織田家當主代代相承的彈正忠等理由，他與信長的關係惡化。他在1556年舉兵反抗信長，在稻生之戰落敗。在生母土田御前求情之下免於一死，但是後來又再度謀反，在清洲城遭到信長誅殺。

柴田勝家

對抗秀吉到最後一刻的織田家筆頭宿老

柴田勝家原本是織田信長的弟弟．信行的家老
織田信秀
土田御前
信長
信行
長益

1556年（弘治2）
尾張國
清洲城
庄內川
稻生
那古野城
信長大人真強！打不過啊
織田家繼承人之戰「稻生之戰」，勝家敗在信長手上，後來獲赦

這場戰爭，可以看出兩人的器量不同啊
當信行打算再度謀反的時候，勝家向信長密報。後來受到重用
好！我知道了！

勝家成為信長的直臣，在信長出兵時擔任先鋒，或在敗仗時負責斷後立下戰功
老爺子～
前田利家
武勇過人的他被譽為「鬼柴田」，受到前田利家的景仰

1580年（天正8）信長命令勝家平定北陸地區，勝家鎮壓一揆並掌控加賀國

生卒年 ?～1583年（?～天正11）

出身地 尾張國（愛知縣）

身分 武將

事蹟 織田家的宿老，家中首屈一指的猛將。他在信長的天下統一戰中，擔任揮北陸方面軍的總指揮。信長死後，他敗給羽柴秀吉。

歷史小知識

自由傳教… 根據葡萄牙傳教士路易斯．佛洛伊斯的記載。傳教士在北陸傳教之事，柴田勝家既不阻礙也沒有協助，勝家曾說「傳教能不能成功，端看傳教士的本事」。

隔年，勝家為了參加閱兵典禮前往京都。上杉景勝發兵攻打越中，勝家立即返回北陸
北陸防備薄弱！
越中
不行！你趕快回去！
1582年（天正10）就在勝家攻打上杉時，發生「本能寺之變」
魚津城之戰
信長死了!?
上杉景勝
呼～這真是九死一生啊！
信長大人!?
壓制越中國東部地區花了太多時間，勝家來不及討伐明智光秀
好想回去為信長大人報仇～

在信長死後，重臣在「清洲會議」協商政權分配。會議的主導權落入秀吉手中
清洲會議
是我為信長大人報仇喔！
羽柴秀吉
池田恆興
丹羽長秀
甚至於在繼承人爭奪戰中，勝家支持信長的3男・織田信孝，與支持信長之孫・三法師的秀吉產生對立
柴田方的城砦
羽柴方的城砦
柴田軍
往敦賀
余吳湖
田上山
羽柴軍
琵琶湖
賤岳
1585年（天正11）終於兩人在賤岳開戰，勝家在這場戰役中敗北
勝家返回越前北之庄城，與妻子阿市夫人一同自盡身亡

專欄

因爲攻下城池反而無法調度大軍

本能寺之變後，是羽柴秀吉起兵為主君織田信長報仇。但其實本能寺之變發生的時候，勝家比秀吉更靠近京都。

本能寺之便發生的6月2日，勝家正對越中魚津城發動總攻擊。隔天順利攻下城池。勝家本來打算趁勝追擊，隔天繼續攻向越後。但此時本能寺之變的消息傳到勝家陣營。勝家先撤回越前北之庄城，派他的養子勝豐作為前鋒攻打光秀。但是為了防範上杉軍反攻，勝家非得留在城內防備不可。

如果勝家在這時候親自率軍攻向京都的話，比起11日抵達尼崎的秀吉，勝家很有可能搶先一步為主君報仇雪恨。勝家因為攻陷敵軍城池，反而無法調度大軍為主報仇，勝家應該感到很懊惱吧。

歷史小知識　浪漫之人？…　勝家在北之庄城自盡之前，做了一首辭世詩。「夏夜夢飄渺，蒼涼無常一世名，寄予杜鵑上雲霄」。雖然勝家是一員猛將，但也有纖細的一面。

明智光秀

討伐主君織田信長，轉瞬即滅的「三日天下」

織田信長的家臣團中，明智光秀是最富有教養的武將之一
越前
朝倉義景
尾張·美濃
織田信長
北近江
淺井長政

據說光秀出仕朝倉義景的時候，足利義昭來投靠義景。光秀作為中間人，讓義昭跟信長搭上線

光秀出仕信長之後，參加1570年（元龜1）攻打越前朝倉的戰爭

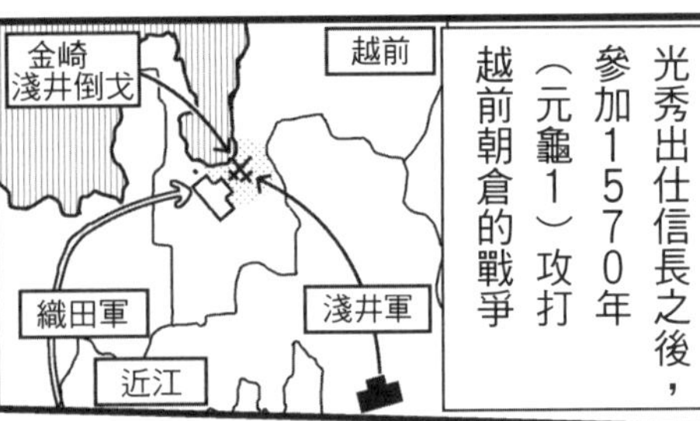

越前
金崎
淺井倒戈
織田軍
淺井軍
近江

信長

此時淺井長政軍突然倒戈攻打織田軍，光秀與秀吉擔任殿軍，讓織田軍得以逃脫

保護

比叡山屢次跟信長作對，信長在隔年出兵燒殺比叡山
奉信長大人之命！放火燒山！一個不留！
不能原諒比叡山的和尚！
沉溺於酒色還跟武士作對
光秀燒殺比叡山立下功績，後來更受到信長重用。光秀屢次立下功勞。信長奏請朝廷賜姓「惟任」給光秀
坂本
琵琶湖
比叡山
獲主公允許建造坂本城

生卒年 1528？～1582年（享祿1？～天正10）

出身地 美濃國（岐阜縣）？

身分 武將

事蹟 保衛流浪在外的足利義昭，聯繫義昭跟信長的關係。成為織田家臣後，迅速地出人頭地。但是卻反叛信長，發動了本能寺之變。

歷史小知識

充滿謎團的前半生… 光秀的前半生不明。他的出身，最有力的說法是源自美濃土岐氏，但也有一說是若狹小濱的鍛冶職人之子。跟信長相關的史料，才正式出現光秀的名字。

十年後，迎向了命運的分歧點

1582年（天正10）5月，信長命令光秀負責接待家康，卻突然遭到解任
你這傢伙！連接待都不會嗎?!

6月1日信長命光秀出兵中國地方，協助秀吉與毛利交戰
…為什麼

為什麼我要出兵，協助位階不如我的秀吉…
再這樣下去，只會被當棄子…
信長現在疏於警備，這是個好機會…

隔天2日的早晨。光秀率領1萬3000大軍包圍本能寺
快殺了信長！

光秀急襲本能寺奪取天下，卻在同月13日的山崎之戰，敗給迅速回攻的秀吉

光秀在逃亡途中，遭到追擊敗軍的農兵殺害，光秀的天下宛如曇花一現

近年有學者認為，光秀的謀反，背後跟公卿與朝廷等舊體制的人物有關

專欄

光秀仕官的經歷與評價

光秀的出身經歷充滿謎團。能夠確定的是，他年輕時曾經出仕美濃的蝮蛇．齋藤道三，道三死後曾投靠若狹武田氏，後來出仕越前的朝倉氏。除此之外，能證實他跟室町幕府有聯絡管道。光秀出仕信長之前，曾經出仕室町幕府第13代將軍．足利義輝，以及第15代將軍．義昭。《永祿六年諸役人附》記載著義輝的近臣，其中有個足輕眾名為「明智」。如果這個人就是光秀的話，也許代表當時的光秀並非出身高貴。如同呼應這份資料，耶穌會傳教士路易斯．佛洛伊斯寫回歐洲的信件中提到「明智出生卑微卻富於謀略。圖謀成為日本國王而殺害了信長」。

歷史小知識

對謊言抱持肯定… 據說明智光秀曾說「佛祖的謊言是方便法門，武士的謊言是武略」。但也反映了戰國時代的價值觀，如果用計謀盜國會遭到指責，同時也會受到讚賞。

荒木村重

觸碰信長逆鱗的叛逆之將

荒木村重本來是攝津的池田勝正旗下家臣
他趁混亂奪取池田家實權，後來歸順織田信長

1573年（天正1）信長進入京都，牽制足利義昭的行動。村重率領軍隊，一起加入攻打義昭的行列。
出陣！

同年，信長將攝津國交給村重管理。2年後的1575年（天正3）村重被任命為攝津守。身為信長旗下的有力家臣，存在感倍增
播磨
攝津
京都
毛利軍
姬路城
羽柴秀吉
有岡城
荒木村重
中川清秀
高山右近
本願寺

村重被賦予重要任務。攻打本願寺勢力，並且跟秀吉聯手攻略中國地區
因為荒木的城，可以切斷敵軍的補給路線！
秀吉

雖然如此，但是荒木村重意圖謀反的流言傳到信長耳裡
什麼！怎麼會是村重!?
怎麼會有這種謠言
村重曾打算前往安土，向信長解釋清楚
會被信長殺掉的啊～
唔啊
但他聽了家臣中川清秀的意見，決定閉城不出

生卒年	1535～1586年（天文4～天正14）
出身地	攝津國（大阪府）
身分	武將
事蹟	出仕織田信長逐步累積功勳，但是最後反叛信長導致失敗。後半輩子以茶人的身分度過餘生。

歷史小知識

頑皮而且食量很大… 據說少年時代的村重，身材比其他孩子魁梧，力氣也勝過其他人。特別喜好弓術與馬術，勤於鍛鍊武藝。聽說村重更是個大胃王。

村重連同清秀、高山右近，一起反抗信長
我們人多勢眾，抵抗到底！
右近
清秀
就連來勸解的黑田官兵衛也被監禁
沒用的

但是清秀、右近很快就向信長投降，只有村重守在有岡城長達一年
已經快撐不下去了…
肚子叫的聲音

村重帶著幾名隨從逃出有岡城，留在城內的荒木一族等650人遭到處刑，藉此殺雞儆猴
謀反到最後，竟然是拋下妻子與部下而逃…

村重逃到備後國尾道，隨後剃髮並改名為「道薰」，以茶人的身分侍奉秀吉
我不過是路邊的糞便，根本不值一提！

自虐般改名
荒木村重反叛織田信長，城池遭到重重包圍
村重大人，已經撐不下去了
殿下逃跑了!!
不會吧!!
村重的族人跟家臣被趕盡殺絕
ぎゃあぁぁ
糞便男~好髒！
好臭！
這樣也好，我就改叫荒木道糞好了…

專欄

謀反的理由是什麼？

據說信長聽到荒木村重謀反的消息，感到非常訝異，還派說客勸他打消念頭。這個紀錄來自《信長公記》，可信度很高，可以看出信長很信賴村重。為什麼受到信長青睞的村重，會決定謀反呢？

說到村重謀反的理由，一說認為是村重的家臣偷運兵糧給本願寺。當時織田跟本願寺的戰況激烈，如果這件事讓信長知道了，必定會受到重罰。據說村重在信長起疑之前，就決定要倒戈。

但是還有一種更驚人的說法，據說荒木村重跟秀吉合謀，要引誘信長前往有岡城之後暗殺信長。雖然這個說法有點唐突，不過村重後來以茶人的身分，受到天下人秀吉的保護，這是確有其事。由此可以推測，村重跟秀吉的關係匪淺。

歷史小知識

看不下去而改名… 村重拋下有岡城的族人只顧自己逃命，他對這件事引以為恥。晚年他以茶人身分復出，以「道糞」的名號自居。據說豐臣秀吉看不下去，命他改名為「道薰」。

織田軍團的將領們

高山右近

生卒年／1552～1615
出身地／攝津國（大阪府）

戰國時代有名的天主教大名，洗禮名為朱斯特。最初臣從松永久秀，後來轉投織田信長。他跟荒木村重的關係良好，當村重反叛信長時，右近率兵堅守在高槻城內。但是信長利用傳教士，勸服右近開城投降。右近終生都不願放棄信仰，在1614年被流放到呂宋島。

丹羽長秀

生卒年／1535～1585
出身地／尾張國（愛知縣）

打從少年時代就出仕織田信長轉戰各地。擔任建造戰船、修築安土城的奉行，在1568年信長上洛時，跟松井友閑一起為信長蒐集畿內的名茶器。1582年爆發本能寺之變時，他與信長的3男信孝為了攻打四國正好駐軍在堺，後來跟羽柴秀吉的軍隊會合，討伐明智光秀。後來臣從秀吉。

蒲生氏鄉

生卒年／1556～1595
出身地／近江國（滋賀縣）

蒲生賢秀之子。織田信長將勢力擴張到近江時，看中了氏鄉並將女兒嫁給他。後來他以柴田勝家的寄騎身分轉戰各地。信長死於本能寺之變後，氏鄉臣從豐臣秀吉，為秀吉統一天下而奔走。他受到秀吉政權的重用，得到了會津若松92萬石的豐厚領地。洗禮名為「里昂」，也是一名天主教徒。

瀧川一益

生卒年／1525～1586
出身地／近江國（滋賀縣）？

據說出身甲賀，但有其他異說。前半生不詳，似乎是在1555～58年之間出仕織田信長。隨著信長天下布武的志向而轉戰各地。1582年的甲州征伐戰，他輔佐信長的嫡男信忠出陣。但是在本能寺之變後，他在關東敗給北條氏直，未能及時趕上清洲會議而失去了發言權。

堀秀政

生卒年／1553～1590
出身地／美濃國（岐阜縣）

出仕美濃的齋藤氏，在13歲成為織田信長的小姓。16歲擔任修築本國寺的奉行，為室町幕府15代將軍足利義昭建設臨時居館，在少年時代就展露才能。1582年本能寺之變發生後，他跟秀吉軍會合，在山崎之戰大破明智軍。但是他在攻打小田原時，病逝於陣中。

九鬼嘉隆

生卒年／1542～1600
出身地／志摩國（三重縣）

志摩七人眾之一。原本順從於伊勢國的國司北畠氏，後來改投織田信長。1574年攻打伊勢長島一向一揆，他被佈署在信雄軍旗下，攻破了大鳥居砦。1578年奉信長的命令，打造了包覆鐵板的大安宅船。信長死後轉而臣從豐臣秀吉，在文祿之役時渡海攻打朝鮮。他所乘的軍船被秀吉命名為「日本丸」。

九鬼嘉隆
佐佐成政
瀧川一益

佐佐成政

生卒年／1539～1588
出身地／尾張國（愛知縣）

早年就臣從織田信長，在永祿年間（1558～70）之間被列入黑母衣眾之一。信長上洛時，他擔任馬迴眾負責護衛。後來隨信長出兵攻打伊勢北畠氏、淺井、朝倉。信長死後，他跟日漸崛起的羽柴秀吉反目，曾經一度對抗秀吉但最後降伏。他最有名的逸話，是嚴在冬穿越大雪覆蓋的北阿爾卑斯山，稱為「嚴冬翻越佐良」。

森可成

生卒年／1523～1570
出身地／尾張國（愛知縣）

織田信長寵愛的小姓森蘭丸的父親。據說很早就出仕信長，在1565年駐守美濃的兼山城。1570年的志賀之陣，他奉命防守近江國南部的宇佐山城。但是宇佐山城遭到淺井及朝倉聯合軍襲擊。可成出城迎戰，不幸戰死沙場。她的夫人建立了可成寺來弔念夫君。

信長的部屬・武官

原田直政

生卒年／?～1576
出身地／尾張國（愛知縣）

本名為塙直政。擔任織田信長的馬迴，在永祿年間（1558～70）之間被拔擢為赤母衣眾。1574年成為山城守護，隔年兼任大和守護，以信長的官僚身分活躍。1575年奉信長之命，使用九州的名門的原田之姓，任備中守。但是在1576年攻打本願寺時戰死。

佐久間信盛

生卒年／?～1582
出身地／尾張國（愛知縣）

原本出仕織田信長的父親信秀，後來奉命服侍少主信長，在信長與信行爭奪繼承人時支持信長。身為信長家臣團的首席階層，出兵各地。他特別擅長指揮殿軍斷後，別名「撤退佐久間」。但在1580年遭到信長以19條罪狀斥責，被流放到紀伊國的高野山。

中川清秀

生卒年／1542～1583
出身地／攝津國（大阪府）

初仕攝津國的池田勝正，與荒木村重一起改投織田信長，擔任茨木城主。1578年荒木村重謀反時，他一開始跟村重同一陣線，不久就投降信長獲得赦免。他在山崎之戰加入秀吉陣營討伐明智光秀，但在賤岳之戰中戰死。知名的天主教大名高山右近，是他的堂兄弟。

氏家卜全

生卒年／?～1571
出身地／美濃國（岐阜縣）

本名為直元，出家後以「卜全」的名號傳世。1564年臣服織田信長，在信長的麾下轉戰各地。他與稻葉一鐵、安藤守就並列美濃三人眾，全盛期擁有美濃國三分之一的領地，據說是三人眾中勢力最強者。在1571年攻打伊勢長島一向一揆時戰死。

梁田廣正

生卒年／?～?
出身地／?

最初是織田信長的馬迴。據說他在1560年的桶狹間之戰，與父親一起負責偵查並擬定作戰計畫。此外在1570年攻打淺井時，擔任殿軍斷後。1575年受朝廷賜予九州名門別喜氏的姓，自稱別喜右近。1576年擔任加賀國大聖城主，但鎮壓一向一揆失敗，被調回尾張。

安藤守就

生卒年／1503?～1582
出身地／美濃國（岐阜縣）

美濃北方城主。在1564年參與女婿竹中重治（半兵衛）奪取稻葉山城的計畫。他與稻葉一鐵、氏家卜全並稱美濃三人眾。後來內通織田信長，參加稻葉山城攻略戰，隨後在信長麾下征戰各地。但是在1580年涉嫌內通武田，遭到流放。

中川重政

生卒年／?～?
出身地／?

據說是織田信長的叔父信次之孫。在永祿年間（1558～70）之間成為信長的黑母衣眾。獲得位於近江的領地，與柴田勝家為了領地產生衝突。因為他的弟弟盛月斬殺了勝家的代官，被沒收領地。蟄居在德川家康旗下。出家字號土玄，後來得到赦免。

蒲生賢秀

生卒年／1534～1584
出身地／近江國（滋賀縣）

蒲生氏鄉之父。原本是六角家的家臣，擔任近江國日野城主，在織田信長進攻近江時倒戈投向信長麾下。1582年本能寺之變時，他負責留守安土城，協助信長的妻小前往日野城避難。本能寺之變發生後，明智光秀曾經遊說賢秀，卻遭到拒絕。

稻葉一鐵

生卒年／1515～1588
出身地／美濃國（岐阜縣）

美濃三人眾之一，本名為良通，出家後自號「一鐵」。美濃國曾根城主，1567年臣從織田信長，於川之戰立功，後來出兵攻打近江、伊勢、越前等地。日文形容性格頑固的詞「頑固一徹」便出自於他。

不破光治

生卒年／?～1580
出身地／美濃國（岐阜縣）?

美濃國西保城主，原本是齋藤的家臣。當齋藤滅亡之後，改而歸順織田信長。參加1575年的越前一向一揆討伐戰，後來奉信長之命擔任軍監，制衡織田家重臣柴田勝家。獲封越前2郡領地，他與前田利家、佐佐成政合稱府中三人眾。1578年荒木村重謀反時，他曾出兵攻打有岡城。

信長的部屬・武官

生駒家長

生卒年／？～？
出身地／尾張國（愛知縣）

生駒家是尾張國的土豪，以販賣炭與油累積財富，同時成為織田家的家臣。家臣身為信長的馬迴，1570年進攻越前時，他挺身解救被敵兵包圍的信長。本能寺之變之後，他出仕織田信雄獲得1300貫文的俸祿。他是信長的側室吉乃的兄長。

平手政秀

生卒年／1492～1553
出身地／尾張國（愛知縣）

織田信秀的家臣，身兼信長的傅役。但在1553年突然自盡而死。根據《信長公記》的記載，因為信長跟政秀之子不合，導致政秀切腹。除此之外，一說是因為要勸誡信長而切腹，但這個說法有許多不明之處。信長為了弔念政秀，建造了政秀寺。

山岡景隆

生卒年／1526～1585
出身地／近江國（滋賀縣）

原本臣從於六角氏。當織田信長揮兵上洛時，他一度與信長為敵，後來投降信長成為佐久間信盛的寄騎。本能寺之變爆發時，他拒絕明智光秀的拉攏，焚燒勢多橋阻止明智軍進軍。賤岳之戰後，他因為被懷疑內通柴田勝家，而被沒收領地。

平手汎秀

生卒年／1553？～1572
出身地／尾張國（愛知縣）

信長的傅役平手政秀的3男，有一說認為是政秀之孫。在三方原之戰，他與佐久間信盛率軍支援德川家康。但是敗給武田軍而命喪沙場。後來織田信長將佐久間信盛放逐到高野山時，其中一個罪名就是佐久間信盛對平手汎秀見死不救。

河尻秀隆

生卒年／？～1582
出身地／美濃國（岐阜縣）？

織田家臣，身為信長的黑母衣眾筆頭。據說信長誅殺弟弟信行時，由河尻秀隆揮刀。他輔佐信長的嫡男信忠，位在最前線守備武田軍。武田滅亡之後，信長賜予他甲斐國的領地。本能寺之變發生後，他被武田的舊臣殺害而死。

蜂屋賴隆

生卒年／1534～1589
出身地／美濃國（岐阜縣）

前後出仕美濃的土岐氏、齋藤氏，當織田信長進攻美濃時，他臣服信長成為信長的馬迴。1577年擔任近江國肥田城主。後來信長將和泉國交給他來平定，以岸和田城為居城。本能寺之變後，他出兵與羽柴秀吉會合，參加山崎之戰。

毛利秀賴

生卒年／1541？～1593
出身地／？

據說是尾張守護斯波義統之子。本名為長秀。在永祿年間（1558～70）擔任織田信長的赤母衣眾。信長攻打甲斐武田時，他被配屬在信長的嫡男信忠麾下。本能寺之變發生後，因為領地的民心混亂，他捨棄領地返回尾張。後來出仕羽柴秀吉。

金森長近

生卒年／1524～1608
出身地／近江國（滋賀縣）

從很早開始就出仕織田信長。在永祿年間（1558～70）成為信長的赤母衣眾，拜領信長的名諱，自稱長近。1575年攻打越前一向一揆立下戰功，獲賜大野郡並以大野城為居城。關原之戰時參加東軍陣營，戰後成為初代高山藩主。

堀秀村

生卒年／？～？
出身地／近江國（滋賀縣）？

近江國鎌刃城主。最初出仕淺井氏，在1570年接受竹中重治（半兵衛）的勸誘，他與家臣樋口直房一起投降織田信長。後來成為羽柴秀吉的寄騎。但在1574年，樋口直房擅自與越前一向一揆議和，出奔後被處死。堀秀村因此案被追究責任，被沒收領地。

水野忠重

生卒年／1541～1600
出身地／尾張國（愛知縣）

他與兄長信元一起出仕織田信長，後來改仕德川家康，在鎮壓三河一向一揆立下戰功。後來再度出仕信長，獲得信長賜予三河的刈谷城。本能寺之變爆發時，他也在二條御所，得以逃出生天。論輩分來看，他是家康的叔父。

毛利秀賴
金森長近

三好康長

生卒年／？～？
出身地／？

三好長慶的叔父。他與三好三人眾一起對抗松永久秀。當織田信長揮軍上洛時，他一開始反抗信長，後來臣從信長受到重用。信長將河內半國交由他來統治，1581年攻打四國時，擔任先鋒率先渡海前往阿波。隔年發生本能寺之變，從阿波撤軍回到河內。

信長的官僚・智囊・監察者

武井夕庵

生卒年／？～？
出身地／美濃國（岐阜縣）

出仕齋藤道三、義龍、龍興三代，擔任右筆。後來轉仕織田信長，傳教士路易斯佛洛伊斯稱他是「信長的書記官」。信長上洛後，夕庵曾經負責給予京都公家與寺院領地的證明書，曾與吉川元春及小早川隆景進行外交的交涉。1575年以右筆的身分，榮升至二位法印的崇高位階。1581年信長舉辦閱兵典禮時，據說他跟和尚們一起參加，並扮成山姥的模樣騎馬。

松井友閑

生卒年／？～？
出身地／尾張國（愛知縣）

關於出身有許多說法。《信長公記》記載他是「自稱友閑的清州商人」，也有一說認為他的出身是歷代侍奉室町幕府將軍家的幕臣。據說友閑在1565年左右成為織田信長的家臣。1574年信長切取東大寺的香木蘭奢待的時候，他是其中一名奉行。隔年，就任堺的代官。曾經多次在信長舉辦的茶會中，擔任茶頭。本能寺之變後，他仍然繼續擔任堺的代官，但突然遭罷免，往後的行蹤不明。

細川藤孝

生卒年／1534～1610
出身地／山城國（京都府）

三淵晴員的長子，後來成為細川元長的養子。擔任第13代將軍足利義輝的御供眾。當義輝遭到松永久秀等人殺害之後，他協助義輝的弟弟義昭逃離奈良，為振興室町幕府而盡力。但是當織田信長與足利義昭對立之時，他選擇臣從信長。本能寺之變後剃髮出家，自號幽齋玄旨。他是當代的文人，曾受二條流的歌道大師三條西實枝教導「古今傳授」。

今井宗久

生卒年／1520～1593
出身地／和泉國（大阪府）

跨越戰國時代及安土桃山時代的堺商人、茶人。最初在納屋宗次的商號下工作，後來獨立經商，從事火藥與鐵炮的生產及調度。他也是茶人武野紹鷗的女婿。1568年信長上洛後，宗久就立刻親近信長，獻上了松島之壺、中國傳來的茶入紹鷗茄子。此外當信長在1569年，要求堺的商人提供2萬貫矢錢時，他成功說服堺的會合眾，阻止了一場戰爭。在本能寺之變的前夕，在堺招待家康參加茶會。日後臣服於秀吉。

津田宗及

生卒年／？～1591
出身地／和泉國（大阪府）

他與千利休、今井宗久合稱天下三宗匠。宗及的父親津田宗達，是茶人武野紹鷗的門徒，他向父親學習茶道。除了茶道之外，宗及也是精通和歌、連歌、插花、香道的文化人。他原本與本能寺關係密切，當1569年織田信長向堺要求2萬貫矢錢時，他與今井宗久一起說服了堺的會合眾向信長獻金。他與父親宗達，兒子宗凡三代的茶會紀錄《津田宗及茶湯日記》是研究安土桃山時代茶道的重要史料。

吉田兼見

生卒年／1535～1610
出身地／山城國（京都府）

京都吉田神社的神主、神道家。他向全國的神社發出神道裁許狀，努力推廣吉田神道。他與明智光秀、細川藤孝往來，他的兒子兼治迎娶細川藤孝之女為妻。本能寺之變後，他擔任朝廷的使者，數次與明智光秀見面。光秀以修建吉田神社的名目，捐出了白銀50枚。他從1570開始，詳細寫了長達40年的日記，史稱《兼見卿記》。這是研究安土桃山時代的重要史料。

山科言繼

生卒年／1507～1579
出身地／山城國（京都府）

山科家是藤原北家四條家的分家。他是山科言綱之子。雖然家傳的莊園山科莊遭人侵占，即使遭遇了苦難，但他擅長經營人脈，積極地與許多戰國大名交流往來。織田信長上洛後，他擔任朝廷方面的交涉人。他的日記《言繼卿記》詳實地記述1527年起50年間的當代事蹟，是了解安土桃山時代的重要史料。他精通有職故實，是擅長笙與蹴鞠的文化人。最高的官職為正二位權大納言。

村井貞勝

受命執掌京都政務的信長親信

村井貞勝是侍奉信長的近臣當中，
跟信長特別親近之人

1573年（天正1）
信長把將軍・足利義昭
逐出京都

同年，信長
任命貞勝為
「京都所司代」
信長大人只
要專心統一天下，
京都的事情
交給我就好！
拜託
你囉

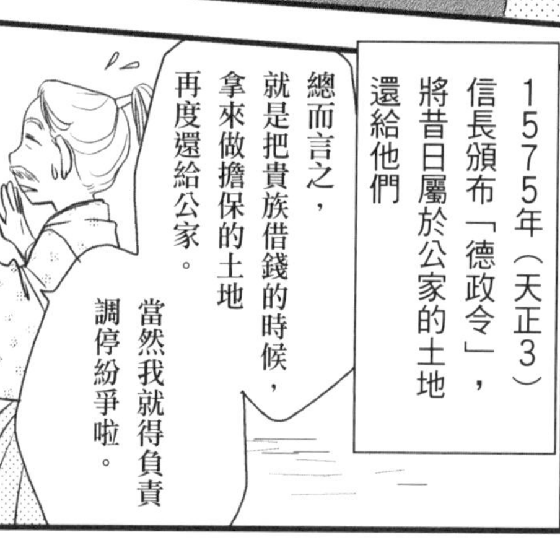
1575年（天正3）
信長頒布「德政令」，
將昔日屬於公家的土地
還給他們
總而言之，
就是把貴族借錢的時候，
拿來做擔保的土地
再度還給公家。
當然我就得負責
調停紛爭啦。
把土地
還給
我吧♪
怎麼能
這樣—！！
貞勝包辦朝廷、公家、
寺院的大小事務

修理、建造
已經荒廢的御所

負責
與公家之間
的聯繫

關於庶民在京都
建造的建築物，免除稅金
真是
太好了呀
沒錯

生卒年 1528?～1582年（享祿1？～天正10）

出身地 尾張國（愛知縣）

身分 武將

事蹟 他是信長近臣中特別親密之人。在信長上洛後，他負責管理京都大小事務。擔任京都所司代的職務，本能寺之變的時候，戰死於二條御所。

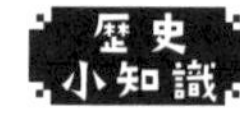

說服柴田勝家… 織田信長的弟弟・信行在1556年反抗信長時，柴田勝家屬於信行陣營。當時村井貞勝派使者去說服勝家。可以說貞勝是信長近臣中的近臣。

貞勝禁止軍隊寄宿在民家，讓町家可以復興

好了好了
不可以給民眾惹麻煩～

那～
我們得住在哪裡啊？

貞勝更修復了京都的橋樑、道路以及寺院

將信長的行館・本能寺進行大幅修建

把壕溝跟石垣都蓋好

這根本就是城砦吧

是啊

本能寺之變發生時，貞勝趕赴妙覺寺（他在一年前剃髮）

信忠大人

他勸信長的嫡男・信忠移駕到二條御所

二條大路
妙覺寺
二條御所
三條大路
本能寺

在二條御所與信忠一起戰死

貞勝整頓京都的治安，功勞很大

織田信忠

彌三郎

據說傳教士佛洛伊斯，稱貞勝為「都城的總督」

是個值得尊敬的異教徒長老是也

專欄
三職推任問題成爲永遠的謎

1582年5月。身為武家傳奏的勸修寺晴豐，拜訪京都所司代村井貞勝，兩人進行會談。當時的議題是「三職推任問題」。關於信長是否要擔任征夷大將軍、太政大臣、或是關白其中一個職位。

當時信長幾乎整握整個畿內，順利擴張版圖往統一天下的目標邁進。幾乎可以確定信長將成為下一個天下人，這場會談是決定織田政權未來藍圖的重要會議。

就在兩人會談的一個月後，爆發了本能寺之變。究竟信長是希望得到三職當中哪一個職位，或者信長會全部回絕？除此之外，三職推任究竟是信長提出的要求，還是朝廷先開口提議，許多事情成為難以釐清的謎團。

歷史
小知識

活動召集人… 貞勝號召京都的民眾，協助修理內裏的土牆。他邀請民眾在土牆地基上載歌載舞，許多人前來看熱鬧。人群將地基踏實後，工程很快也完成了。

路易士・佛洛伊斯

從旁觀察信長的傳教士

路易斯・佛洛伊斯誕生於葡萄牙的里斯本
法國
葡萄牙
里斯本
西班牙
路易斯・佛洛伊斯
1548年（天文17）16歲的他加入耶穌會

果阿在當時是葡萄牙在印度的領地，是天主教傳教的中心。沙勿略告訴他許多關於日本的事，引起他的注意
へぇ～
這個人叫彌次郎，他是日本人是也
日本人？
へぇ～
你好，初次見面
日本位在遙遠的東方…
方濟・沙勿略
看來日本人既勤勞又有禮貌。日本究竟是怎樣的地方呢？

※沙勿略…耶穌會的創辦者之一

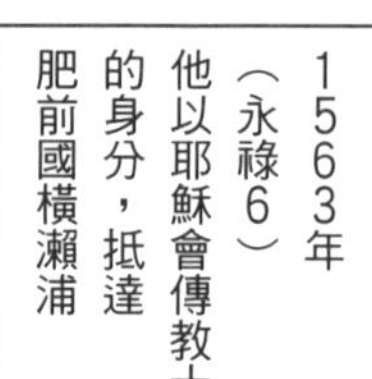

1563年（永祿6）他以耶穌會傳教士的身分，抵達肥前國橫瀨浦
橫瀨浦
京

期盼的日本
他為了協助在日本傳教的加斯帕爾・瓦利拉，起身前往京都

會受到佛教界的排斥
在京都傳教特別辛苦唷
抵達日本的6年後，首次謁見信長
唔唔♪
加斯帕爾・瓦利拉
他明明才40歲，看起來好像已經70歲。
這真是嚴苛的任務啊
你幾歲啊？
啊—真的是
藍眼睛
啊
來日本第幾年了？
真有趣♪

生卒年
1532？～1597年
（天文1？～長慶2）

出身地 葡萄牙

身分 傳教士

事蹟 到日本傳教的耶穌會傳教士，他記錄許多在日本傳教的大小事項。他曾經與織田信長及豐臣秀吉會面，並記述對他們的想法。

歷史小知識

百人同時回應… 根據佛洛伊斯的記載，信長只是拍了一下手，信長的家臣就像是逃離獅子威脅那樣一起迅速離開。當信長出聲叫人，屋外100個家臣立刻朗聲回答。

避免在屋內單獨會面。
據說是因為，日蓮宗擔心信長會受洗改信天主教。
這場會面後，信長允許耶穌會傳教

日蓮宗等宗派，對於信長保護傳教士感到不滿
長得好高
鼻子也很挺
再這樣下去，信徒會被拉走…

1583年（天正11）佛洛伊斯開始撰寫《日本史》
當代的良質史，現在受到重視！
信長是這樣的人喔
本來就是個筆記狂
京都的局勢…
Historia de Japam

1587年（天正15）羽柴秀吉頒布「伴天連追放令」
怎麼能讓日本變成殖民地
佛洛伊斯留在日本，一邊偷偷傳教，一邊花許多時間撰寫《日本史》

後來他仍然為了日本的傳教而努力，1597年（慶長2）在長崎逝世

專欄

佛洛伊斯所見到的安土城

安土城是織田信長在1576年修建的城池，也是日本第一個正式修築天守閣的城郭。但在完工的6年後，在本能寺之變過沒多久，就因為尚未釐清的原因遭毀。關於安土城的真實樣貌，至今還是個謎。

佛洛伊斯跟耶穌會巡查使．范禮安教士，在1581年拜訪京都，他在《日本史》中描述當時對安土城的印象。

「中心有一座塔，他們稱為天守，比我們在歐洲的塔還要雄偉。這座塔分為七層，無論內外都以巧妙的技巧搭建而成。（中略）有些階梯是紅色、還有些階梯是青色、最上層的階梯則是金色」。

依照佛洛伊斯的紀錄，安土城的天守是地下一層加上地面六層，共計七層並且色彩鮮艷。

歷史小知識

相貌醜陋… 佛洛伊斯對於豐臣秀吉的印象「（秀吉）身材矮小並且相貌醜陋」。但是當時秀吉打壓天主教的傳教行動，佛洛伊斯的紀錄有可能夾帶自己的個人情緒。

太田牛一

信長的一級史料《信長公記》的作者

生卒年 1527～?年（大永7～？）

出身地 尾張國（愛知縣）

身分 武將

事蹟 從年輕時代就出仕信長，特別擅長弓箭立下戰功，晚年則以活躍於內政領域。撰寫《信長公記》等書籍。

太田牛一的本名是又助信定，出仕織田信長

信長大人真是充滿魅力之人！

1564年（永祿7）信長敵對勢力，齋藤龍興的美濃堂洞城。

牛一在這個時候以弓箭立下戰功，名列織田家的「三張弓」之一。

後來以信長的近臣的身分，處理徵收年貢、仲裁領地的界線紛爭等，活躍於內政
但是牛一最大的價值不只如此
牛一只要找到機會，就會把信長以及各將領的言行、戰爭的動態記錄下來
1582年（天正10）爆發「本能寺之變」

歷史小知識

也寫下秀吉的軍記… 太田牛一除了《信長公記》之外，還撰寫了《太閤様軍記之內》。這本書記錄豐臣秀吉的事蹟，牛一手寫本仍現存於世。這是關於秀吉傳記的最古文獻。

他找出倖存於難的侍女，詢問並記下信長遇難時的言行

信長大人遇難的時候，說了些什麼？

無關是非……

無可奈何…的意思

信長死後，他很長一段時間隱居在松任

能登半島

金澤

松任

從今以後，再也不會有像信長大人這樣的人吧？

1589年（天正17）秀吉任命他，擔任上山城的直轄領地代官

從加賀到山城

既然是秀吉大人的命令，只好遵從了

大約在這個時候，牛一撰寫關於信長與秀吉的軍記。關於信長的是《信長記》15卷，加上增修內容的《信長公記》共16卷

關於秀吉的是《太閤樣軍記之內》、《豐國大明神臨時御祭禮紀錄》

關於德川家康的軍記則有《關原御合戰雙紙》

牛一所留下的紀錄，被視為第一級史料，至今仍受到重視

專欄

明治之後才受到重視的《信長公記》

關於織田信長的傳記，江戶時代的儒醫．小瀨甫庵所撰寫的《（甫庵）信長記》比較有名。甫庵雖然參考太田牛一的資料來撰寫，他用儒家的觀點來看信長，有許多穿鑿附會或是潤飾的地方。

德川家康的旗本．大久保彥左衛門，跟信長是同一個時代的人，並且參加過許多戰役。他撰寫的《三河物語》批評《（甫庵）信長記》「虛構甚多。三分之一為真，三分之一似是而非，三分之一毫無根據」。

雖然甫庵信長記缺乏史料價值，但在江戶時代被廣為流傳。太田牛一真正遵照事實來撰寫，在當時卻乏人問津。

牛一的著作要等到明治維新之後，才被稱為《信長公記》並影響至今。

歷史小知識

真實性… 《信長公記》是研究信長歷史，非常具有價值的史料。最大的原因是牛一刻意避免加油添醋，以客觀的角度側寫事實。手法近似於現代的紀實文學。

部屬・官僚

中野一安

生卒年／？～？
出身地／？

從很早以前就出仕織田，在1542年的小豆坂之戰追隨信長之父信秀出陣，贏得七本槍的美名。後來成為信長的馬迴，以弓術聞名。1578年荒木村重反叛信長時，他率領弓眾，用火矢燒毀有岡城的城下町。1582年的本能寺之變後，據說他出仕信長的次男信雄。

武田佐吉

生卒年／？～？
出身地／？

也有史料記載為左吉。身為織田信長旗下的奉行眾，他與高木左吉合稱「織田的兩左吉」。他奉織田信長的命令，負責修復頹圮的石清水八幡宮。信長命他打造足以流傳到後世的黃金雨檐，這個由信長下令獻給神社的雨檐，現在仍留存在石清水八幡宮中。

菅屋長賴

生卒年／？～1582
出身地／？

織田信長之父信秀的家臣，織田造酒佐，是菅屋長賴的父親。信長賜予他菅屋的姓氏。他身為信長的側近，處決用火繩槍狙擊信長的杉谷善住坊，擔任切取香木蘭奢待的奉行眾，留下種種紀錄。在平定能登後，擔任七尾城代。在1582年的本能寺之變，他與織田信忠都戰死於二條御所。

毛利良勝

生卒年／？～1582
出身地／？

出身不明，通稱為新助。據說他是信長的馬迴，也有一說認為他是小姓。在1560年的桶狹間之戰，他斬下敵將今川義元的首級立下大功。據說他的手指，被垂死抵抗的義元斬斷。1582年的本能寺之變，他與信長的嫡男信忠都戰死於二條御所。

福富秀勝

生卒年／？～1582
出身地／尾張國（愛知縣）

出身不明。擔任織田信長的馬迴，在永祿年間（1558～70）名列赤母衣眾。數次參加信長的戰役，後來以官僚的身分也繼續受到重用。安土城下掟書記載他的名字，推測他很可能是安土的町奉行。1582年的本能寺之變，他與織田信忠一同戰死於二條御所。

岡部又右衛門

生卒年／？～？
出身地／尾張國（愛知縣）

尾張的木工職人，據說是熱田神宮的專屬工匠。根據《岡部家由緒書》的紀錄，岡部家擔任室町幕府將軍家的修理亮。他在1573年在近江佐和山的山麓邊，建造了長30間、寬7間、具有100座櫓的大型軍艦。擔任木工棟樑建造安土城的天守閣，因此獲得信長賜予的小袖作為獎勵。

木下祐久

生卒年／？～1584
出身地／尾張國（愛知縣）

據說他在織田家中，主要擔任奉行的工作。在秀吉麾下，曾留下寄騎、代官等職務的紀錄。身為織田信長的側近，跟隨信長上洛，擔任奉行對寺院頒發保障寺領的安堵狀。1580年被派到加賀，受到信長賜予衣服、柴田勝家賜予馬匹。本能寺之後改仕秀吉，在小牧長久手之戰中戰死。

團忠正

生卒年／？～1582
出身地／？

前半生紀錄付之闕如。據說他自稱姓氏為梶原，是源平時代梶原氏的後裔。擔任信長的馬迴，後來出仕信長的嫡男信忠。1582年攻打甲斐武田時，他擔任先鋒出征信濃，在攻打高遠城時立下戰功。1582年的本能寺之變，他與信忠都戰死於二條御所。

長谷川秀一

生卒年／？～1594
出身地／尾張國（愛知縣）

織田信長的小姓，據說受到信長的寵愛。1578年攻打播磨國神吉城時，他是軍監其中一員。本能寺之變發生時，他跟德川家康人在堺。在秀吉的時代，受封越前11萬石。

豬子高就

生卒年／？～1582
出身地／美濃國（岐阜縣）

自稱是源賴政的子孫，據說出身是興起於攝津國的生田氏的分支。通稱為兵助。據說最初出仕美濃的齋藤道三，在永祿年間（1558～70）之間成為織田信長的近習。負責誅殺罪犯或是擔任軍監的工作。在1582年的本能寺之變，與信忠一起戰死於二條御所。

信長的

魚住隼人

生卒年／？～？
出身地／？

織田信長的馬迴。根據紀錄，他在1560年的桶狹間之戰曾斬獲敵首。此外在攻打攝津池田城時，率先攻打敵人而受傷。為了評定北陸地區，柴田勝家在1580年駐軍在加賀。魚住隼人擔任使者前往加賀，獲得信長的賞賜。1582年本能寺之變後，改仕日漸嶄露頭角的羽柴秀吉。

一雲齋針阿彌

生卒年／？～1582
出身地／？

因為他以「阿彌」為號，推測應該是織田信長的同朋眾。以信長側近的身分，曾負責發布朱印狀、奉書、副狀等文書工作。特別是跟法隆寺、東大寺等大和國內的寺社勢力、國人眾往來頻繁。1582年本能寺之變發生時，他跟織田信長一同戰死。

山口秀景

生卒年／？～？
出身地／？

最初出仕室町幕府第15代將軍足利義昭，負責與織田信長的聯繫溝通。義昭在1573年被信長逐出京都後，秀景改仕信長。擔任山城國的宇治田原城主，在宇治的平等院前架設橋梁。本能寺之變發生後，德川家康從堺返回三河，途中曾路經宇治田原，受到秀景接待。

野野村正成

生卒年／？～1582
出身地／美濃國（岐阜縣）

最初出仕美濃國的齋藤氏。後來歸順於信長麾下，擔任馬迴眾。1575年的長篠之戰，擔任鐵炮奉行指揮鐵炮隊。1578年荒木村重反叛時，正成居中說服茨木城的中川清秀投降。1582年，明智光秀違背信長的命令，襲擊本能寺。正成與明智軍交戰陣亡。

島田秀滿

生卒年／？～？
出身地／？

織田家的奉行。1556年受到織田信長的母親土田御前夫人的邀請前往末森城，居中向信長報告信行（信長之弟）投降的消息。信長上洛後，島田秀滿擔任木工奉行，為足利義昭修建宅邸。當信長與義昭交惡後，他仍數次擔任雙方的聯絡人。參加1570年攻打伊勢長島一向一揆之戰，隨後行蹤成謎。

大津長昌

生卒年／？～1579
出身地／尾張國（愛知縣）

身為織田信長的馬迴，但比起軍事，他更是擅長談判交涉的官僚。1578年修書給伊達的老臣遠藤基信，催促儘快出兵越後。同一年，荒木村重反叛的時候，他說服高槻城主高山右近投降信長。後來駐守在高槻城內，據說後來病逝於城內。

矢部家定

生卒年／？～？
出身地／？

織田信長的側近。曾參加1578年攻打播磨神吉城之戰、有岡城之戰等戰役。擔任軍監，監斬守在有岡城內的荒木村重一族。據說在1582年奉命平定淡路，為織田信孝（信長3男）攻打四國做準備。本能寺之變後改仕羽柴秀吉，據說受到秀吉的冷落，最後自盡身亡。

明院良政

生卒年／？～？
出身地／？

織田信長的右筆。跟隨信長上洛，後來留駐京都，與村井貞勝聯手負責對室町幕府與朝廷的外交折衝。他不只是右筆，身為官僚手腕也非常高明。也曾被任命為奉行，受到重用。生卒年、出身不明，但元龜年間（1570～73）之後的史料未載其名，推測可能在這段時間逝世。

山中長俊

生卒年／1547～1607
出身地／近江國（滋賀縣）

最初出仕六角氏，在1573年石部城開城後投降信長。後來成為柴田勝家的寄騎，當柴田勝家敗於賤岳之戰後，長俊歸順羽柴秀吉，成為秀吉的右筆。著有《中古日本治亂記》。

森蘭丸

生卒年／1565～1582
出身地／尾張國（愛知縣）

織田信長的小姓。俗稱蘭丸，實際本名為成利。此外也有亂、亂法師等稱呼。在1579年前後成為信長的側近。信長認同他的才幹，曾任命他取次、外交使節等任務。1582年的本能寺之變，伴隨在信長身邊。他與弟弟坊丸、力丸迎戰明智軍而死，年僅18歲。

足利義輝

拔刀親上戰陣，壯烈殞命的劍豪將軍

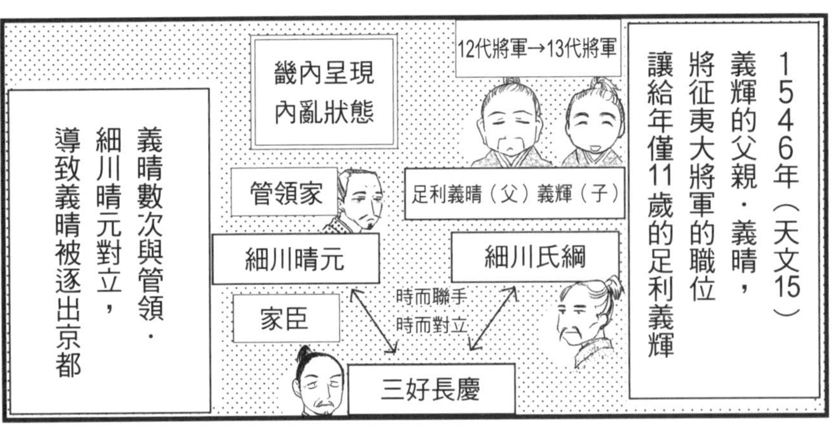

12代將軍→13代將軍
1546年（天文15）
義輝的父親・義晴，
將征夷大將軍的職位
讓給年僅11歲的足利義輝
足利義晴（父）義輝（子）
細川氏綱
時而聯手
時而對立
畿內呈現
內亂狀態
管領家
細川晴元
家臣
三好長慶
義晴數次與管領・
細川晴元對立，
導致義晴被逐出京都

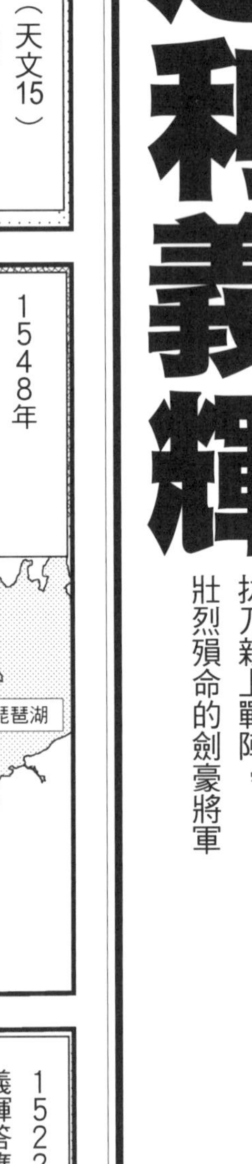

1548年
（天文17）義晴父子
與晴元和解，
返回京都。
但在隔年，
晴元的家臣三好長慶
跟細川氏綱聯手，
與將軍家對立
朽木
琵琶湖
比叡山
坂本
大津
京都

義晴父子與晴元
又被逐出京都，
再次逃往近江坂本
真是來來去去！
1550年（天文19）
義晴病逝，
義輝退至朽木谷
父親大人！我一定會
復興幕府給您看！

1522年（天文21）
義輝答應讓細川氏綱
擔任管領，與三好長慶和解

要不是因為將軍
不在京都，政局
沒辦法安穩～

義輝終於實現
願望返回京都。

請回到
京都吧

三好長慶

今後
有勞你了

但是，

隔年

義輝跟晴元聯手，
再次與
三好長慶對立

沒辦法替
父親報仇……
可恨！

這次又敗給
三好長慶，
逃亡至朽木谷

生卒年 1536～1565年（天文5～永祿8）

出身地 山城國（京都府）

身　分 室町幕府第13代將軍

事　蹟 努力重振室町幕府的威信。曾經一度流浪各地，最後受到松永久秀等人襲擊，遭殺害而死。他以劍豪的身分聞名。

歷史小知識

劍豪將軍… 足利義輝是歷代征夷大將軍之中，唯一親自拔刀參與戰鬥而死的將軍。據說義輝武藝高強，知名的劍豪塚原卜傳，曾親自將奧義「一之太刀」傳授給義輝。

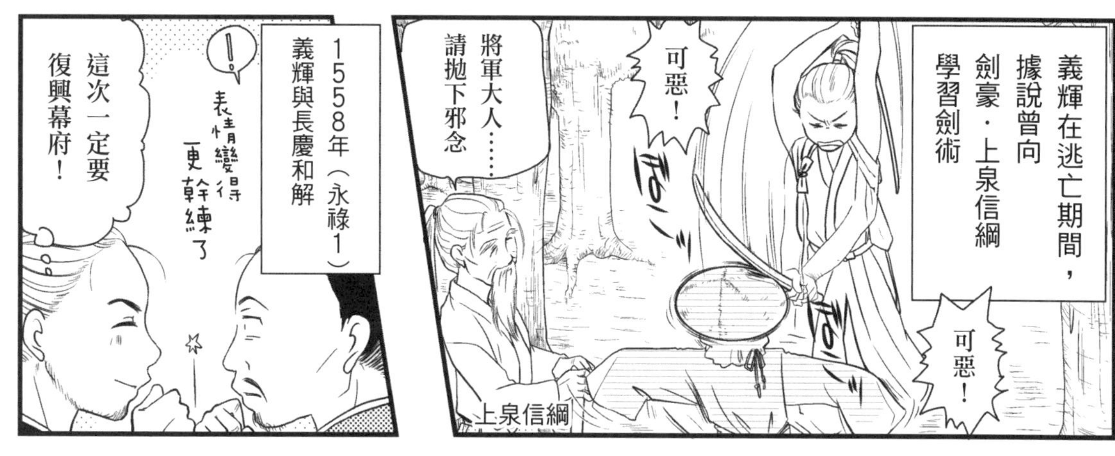

義輝在逃亡期間，據說曾向劍豪・上泉信綱學習劍術
可惡！
可惡！
將軍大人……請拋下邪念
上泉信綱
1558年（永祿1）義輝與長慶和解
表情變得更幹練了
這次一定要復興幕府！

義輝再度踏上京都的土地，他發揮政治的手腕
要讓各地的武將們和平相處
武田信玄
上杉謙信
協調兩人和解
それと一
將我名字裡的「義」與「輝」賜與他們吧！
島津義久
毛利輝元
將軍大人！織田跟上杉求見！
慢慢地恢復將軍的權威，他曾要求織田信長、上杉謙信上洛謁見將軍

1564年（永祿7）支持義輝的三好長慶逝世。
三好義繼與三好三人眾、松永久秀等人，襲擊將軍所在的二條御所。
死前讓你們嚐嚐新陰流的厲害！
1568年（永祿8）義輝命盡於此

即使受到權力鬥爭的擺布，劍豪將軍義輝仍盡力振興幕府

專欄

義輝之死加速下剋上

足利義輝是個為戰而生、為戰而死的將軍。打從他11歲繼承第13代將軍，到逝世為止不停轉戰各地。特別是他曾數次跟三好長慶交戰，不斷反覆重演戰勝回到京都，戰敗逃往洛外的事件。

幕府的威信在戰國時代一落千丈，義輝能夠一度重振將軍的權威，他的政治手腕確實值得注目。他調停各地的有力戰國大名之間的紛爭，將自己的名諱「義」、「輝」賜給大名來提升自己的影響力，這點可以說是成功。

但是他的個性過於剛毅，讓合不來的人起兵與他為敵，最後導致身為將軍的他遭到殺害，這件事也是事實。現任的將軍遭到暗殺，這件事可以說衝擊戰國時代的大事。可以說因為這個事件，加速了下剋上的風潮。

歷史小知識

對天主教寬容… 1565年正親町天皇要求義輝，發布命令將耶穌會逐出京都。但是義輝無視天皇的旨意。他雖然不是天主教徒，但對傳教士保持寬容態度。

足利義昭

策劃信長包圍網，室町幕府最後的將軍

室町幕府維持近200年的歷史，但是進入戰國時代後，幕府的權威日益低落
第15代將軍・足利義昭
足利義昭是第12代將軍・義晴的次男。在奈良的一乘院出家。
1565年（永祿8）兄長足利義輝（第13代將軍）遭到三好三人眾與松永久秀的襲擊而死，義昭遭到囚禁
放手啊～
あいたたた

不久之後，義輝的御供眾・細川藤孝協助他脫困。逃往近江甲賀的和田
細川藤孝
義昭大人，往這邊逃！
後來

義昭為了振興幕府而還俗，前往一乘谷投靠越前的朝倉氏
朝倉看起來很可靠！
如果他願意帶兵上洛的話，就能挽回幕府的頹勢了

但是，朝倉卻無意上洛
吾想要成為將軍啊！
義昭透過藤孝、明智光秀，向織田信長求援

現在就動身上路吧！
已經決定了呢
那就去準備吧
喔喔！太可靠啦
1568年（永祿11）信長擁護義昭上洛

生卒年 1537～1597年（天文6～慶長2）

出身地 山城國（京都府）

身分 室町幕府第15代將軍

事蹟 因為兄長・義輝死於非命，義昭接受信長的協助，得以繼任將軍。但是後來義昭跟信長產生對立。

歷史小知識

就算被放逐還是將軍… 足利義昭在1573年被信長逐出京都。一般認為室町幕府在此時滅亡。不過義昭這時候還是將軍的身分，直到1588年才辭退將軍的職位。

義昭成為第15代將軍
吾終於成為將軍啦！
但是幕府的實權被信長把持，兩人關係漸行漸遠
把吾當作有名無實的將軍嗎？
ぐぬぅ
うわ…
信長寫給義昭的「異見十七條」宣告兩人關係開始破局
義昭發書給淺井、朝倉、武田、本願寺，組成了信長包圍網
讓你看看將軍的厲害！
可惡的信長～！
這樣好嗎？
1573年（天正1）義昭在山城的槇島城，起兵對抗信長
兵敗之後被逐出京都
要不是武田信玄突然病逝，就能趕走信長了！
義昭投靠毛利，輾轉流亡到和泉、紀伊國的由良、備後國的鞆等地
京都
和泉
鞆
由良
義昭在各地都以將軍自居。1582年（天正10）本能寺之變，六年後他終於辭退將軍之職剃髮出家
信長之後是秀吉…
重振足利幕府，看來是無法實現的夢…
室町幕府在義昭的時代落幕

I am 將軍
室町幕府最後的將軍足利義昭
將軍
進入戰國時代，室町幕府實際上已經開始崩壞，但他還是…
將軍
就算被逐出京都，沒有城池也沒有領土，但他還是…
將軍
就算只是輾轉流浪寄人籬下，但他還是…

專欄

義昭是本能寺之變的幕後黑手？

被織田信長逐出京都的足利義昭，在毛利的庇護下，移居在備後國的鞆浦。鞆自古以來就是船舶等待潮汐的港口。雖然此地是軍事要衝，據說義昭移居的時候還沒有像樣的城鎮。直到足利家的譜代近臣，跟隨義昭在此地落腳之後，城鎮才開始熱絡起來。因此有歷史研究者，稱這段期間為鞆幕府。

有一說認為1582年的本能寺之變，幕後的黑手是足利義昭。如果從他跟信長的關係來看，義昭確實是比其他人更憎恨信長吧。但是發動政變的主角明智光秀，沒有跟毛利聯手的紀錄。如果義昭跟本能寺之變有關的話，當時毛利正在跟羽柴秀吉交戰，應該會找方法跟光秀聯絡才對。從這一點看來，義昭應該不是本能寺之變的主嫌才對。

歷史小知識

秀吉與義昭… 秀吉統一天下之後，義昭藉由秀吉的力量返回京都。後來得到山城國的1萬石。因為義昭是前任將軍，據說他在秀吉的殿中享有大大名以上的待遇。

正親町天皇

在戰國時代
提升皇室威信的天皇

生卒年 1517～1593年（永正14～文祿2）

出身地 山城國（京都府）

身分 第106代天皇

事蹟 正親町天皇在戰國時代即位，此時皇室的權威低落。他數次與織田信長對立，為了恢復朝廷的威信而努力。

正親町天皇是第106代天皇。他在1517年（永正14）誕生，是後奈良天皇的第2皇子。
即位典禮要花上莫大費用啊…
在1557年（弘治3）踐祚

※踐祚……繼承皇位

但是當時的皇室面臨財政困難，連即位典禮都沒辦法舉辦
足利將軍的權勢也衰退了…
真是個戰亂頻繁的嚴苛時代…
就算如此，也要讓朝廷延續下去，就算能恢復一點朝廷的權威也好
就連父皇都曾經出售書畫來求取生計

3年後，在毛利元就的獻金之下，舉辦了即位典禮
了不起
白銀1100枚!?
オオオオッ
天皇下詔，任命元就為陸奧守，他的嫡男隆元為大膳大夫
毛利元就
隆元

1568年（永祿11）信長上洛，在1575年（天正3）發布「德政令」救助公家。
命人修復皇宮，恢復名為禁裏御料的皇室領地
指揮官
村井貞勝
天皇的領地終於恢復了，這樣朝廷也能安泰了！
1577年（天正5）宣旨，讓信長擔任右大臣

歷史小知識

天皇與信長對立… 正親町天皇在1573年間，與織田信長的對立加深。信長屢次要求天皇讓位。由於這件事情，有一說認為正親町天皇跟本能寺之變有關聯。

信長治理的尾張，境內擁有許多良港。信長藉由貿易來發展經濟
很好，賣個人情給朝廷♡
信長一方面保護朝廷，另一方面利用天皇的權威。
每當信長陷入困境，便請天皇頒布敕命講和
戰況不利的話就去拜託天皇
1580年（天正8）天皇頒布敕命，要求信長與本願寺講和
又來請求敕命，真沒辦法啊…

信長死後，羽柴秀吉獻上黃金與領地，拿天皇當作政權的後盾
想要成為征夷大將軍來號令天下，但是足利義昭不願意收我當猶子。
既然這樣
秀吉得到右大臣・今出川晴季的協助。在1585年成為近衛前久的猶子。受任命為關白
那我就變成比將軍還厲害的關白！
秀吉殿下也盡心侍奉朝廷呢

隔年，正親町天皇讓位給皇孫・和仁親王，搬到仙洞御所
吾要搬到新御所♪
搬家費用都讓秀吉買單。
睽違三代的生前讓位
1593年（文祿2）正親町上皇駕崩

專欄

信長與秀吉的關係

天皇的權勢在戰國時代極度低落。特別是財政上的困窘，讓1577年踐祚的正親町天皇，無法即時舉辦即位典禮。直到3年後，在毛利元就的金援之下才終於舉辦即位典禮。

但是在1568年信長上洛之後，情況大幅改變。信長挽救了財政困窘的朝廷。但是另一方面，信長屢次請求天皇，對信長的敵對勢力頒布敕命。也就是說信長假公濟私利用天皇的威信。正親町天皇對信長的要求表示為難，導致天皇與信長產生嫌隙。

信長死在1582年的本能寺之變，兩者的對立也煙消雲散。後來由羽柴秀吉來支援皇室。1586年，在秀吉的促成下，和仁親王即位成為後陽成天皇，秀吉也獲得豐臣的姓氏，成為太政大臣。

歷史小知識
喜好閱兵典禮… 據說正親町天皇喜愛軍事遊行、閱兵典禮等儀式。天皇在1581年特地派遣使者去見京都所司代，邀請在京都舉辦閱兵典禮。

信長相關的將軍與朝臣

足利義榮

生卒年／1540～1568
出身地／阿波國（德島縣）

室町幕府第14代將軍。他的父親足利義維，是第12代將軍足利義晴之弟，又稱堺公方。義榮出生在阿波國，初名義親。當第13代將軍足利義輝遇害後，襲擊義輝的三好三人眾（三好長逸、三好政康、岩成友通）與松永久秀擁立義榮繼承將軍，但因為久秀與三人眾的對立日益激烈而無法入京。除此之外，三人眾逼迫義榮下令，討伐昔日支持自己的松永久秀。終於在1568年得到朝廷任命就任征夷大將軍，但在同一年，織田信長擁護足利義昭上洛。義榮只能逃回阿波。義榮終其一生，都是三人眾與松永久秀操弄的傀儡將軍。室町幕府歷代將軍，只有義榮沒能進入京都。

勸修寺晴豐

生卒年／1544～1603
出身地／山城國（京都府）

安土桃山時代的公卿。勸修寺家當主。他與父親晴秀，都拜領室町幕府第12代將軍足利義晴的偏諱。官拜從一位准大臣。曾經擔任武家傳奏，負責武家與朝廷之間的交涉，與織田信長、豐臣秀吉交流密切。在石山合戰時，以敕使的身分協調織田與本願寺議和。在本能寺之變發生之前，於1582年6月1日針對三職推任問題拜訪織田信長，當晚參加了在本能寺舉辦的茶會。他從1576年至1594年間撰寫的日記《日日記》（晴豐公記）是研究戰國史的一級史料。雖然這部日記缺少了本能寺之變前後，1582年4月到9月的紀錄，現今已確認《天正十年記》是《日日記》的殘章斷簡。其中記載著明智光秀跟朝廷方的人物，討論討伐信長之事，有史學家從這點判斷朝廷與本能寺之變有關聯。晴豐逝世後，在1614年受追封為內大臣。

誠仁親王

生卒年／1552～1586
出身地／山城國（京都府）

正親町天皇的第5皇子。很早就跟織田信長有聯繫。因為背後有信長的支持，在1586年受宣詔受封為親王。在1579年，信長將自己在京都的宅邸獻給誠仁親王，稱為二條御所。除此之外，誠仁親王的第5皇子邦慶親王成為信長的猶子。從這裡推斷，信長打算跟誠仁親王打好關係，藉以確保自己在朝廷處於優勢。據說在織田家中，習慣稱誠仁親王為「今上皇帝」、「主上」。1582年本能寺之變爆發時，誠仁親王人正在京都二條御所，歷經苦難才移駕到皇宮內裏。信長死後，他為了跟秀吉打好關係，將第6皇子智仁親王成為秀吉的猶子。原本在秀吉政權時代，正親町天皇會讓位給成仁親王，但親王在1586年猝逝，未能成為天皇。同一年，正親町天皇讓位給他的兒長仁和親王。誠仁親王追諡太上天皇的稱號，又稱為陽光太上天皇。

傳奏
＝
交涉人
勸修寺晴豐
!
朝廷
秀吉
信長

公家群像

西園寺公朝

生卒年／1515～1590
出身地／山城國（京都府）

跨越戰國時代、安土桃山時代的公卿。服侍後奈良天皇、正親町天皇兩代。他的父親是左大臣西園寺實宣，母親是內大臣正親町三條實望之女。最高官位是從一位左大臣。西園寺家是清華家的一員，曾以琵琶為家業。在1576年辭退左大臣之職。曾參加本能寺之變前一晚的查賄。擔任近20年左大臣。

一條內基

生卒年／1548～1611
出身地／山城國（京都府）

橫跨戰國時代後期到江戶時代初期的公卿。一條家是五攝家之一，內基是關白一條房通的次男，因為年長19歲的兄長兼冬猝死，由內基繼承家督。他順利晉升，在1577年任左大臣，1581年任關白。隔年晉升至從一位。因為膝下無子，他收後陽成天皇的皇子為養子。

二條昭實

生卒年／1556～1619
出身地／山城國（京都府）

安土桃山時代到江戶時代的公卿。他拜領室町幕府第15代將軍足利義昭的偏諱，取名為昭實。他迎娶織田信長之女為妻，將關白讓給豐臣秀吉，與天下人有許多互動。他跟德川家康的關係也很好，他的養嗣子在1605年拜領家康的偏諱。昭實在1615年再次就任關白。

德大寺公維

生卒年／1537～1588
出身地／？

室町時代後期到安土桃山時代的公卿。侍奉後奈良天皇、正親町天皇二代，最高官位是從一位內大臣。出身清華家，家世可以追溯到村上源氏。但因為德大寺家的當主實通前往領地越中時遭到殺害，由公維繼承德大寺家。他擅長和歌與書法。曾參加本能寺之變前一天的茶會。

今出川晴季

生卒年／1539～1617
出身地／山城國（京都府）

歷經戰國到江戶時代的公卿。今出川家的習慣是，當官拜大納言與更低階官位時用「菊亭」，晉升到大臣※則自稱「今出川」，因此也有人稱他為菊亭晴季。他與豐臣秀吉深交，為秀吉擔任關白之事斡旋。豐臣秀次的正室一之台夫人是晴季的女兒。但因為受到秀次切腹事件牽連，他被流放到越後，後來還任右大臣。

飛鳥井雅教

生卒年／1520～1594
出身地／山城國（京都府）？

飛鳥井家以蹴鞠、和歌為家業。他與父飛鳥井雅綱，曾多次前往駿河、越中。他參加越前的朝倉義景，在1562年主辦的安波賀河原曲水之宴。他在1568年擔任武家傳奏，1575年就任權大納言。此外也曾經參加本能寺之變前一晚的茶會。

四辻公遠

生卒年／1540～1595
出身地／山城國（京都府）？

歷經戰國時代、安土桃山時代的公卿。他的父親是四辻季遠。他的最高職官是從二位權大納言，以精於書道聞名。四辻家是羽林家之一，以和琴與箏演奏的雅樂為家業。他的女兒成為後水尾天皇的典侍，史稱與津御料人，另一個女兒是上杉景勝的側室桂岩院。他曾參加本能寺之變前一晚的茶會。

庭田重保

生卒年／1525～1595
出身地／山城國（京都府）？

庭田家是羽林家之一。他在1529年晉升為從五位下，擔任過數種官職。在石山合戰時，他與勸修寺晴豐一同擔任敕使，協調織田與本願寺議和。曾經多次參加宮中的歌會，包含正親町天皇舉辦的天正內裏歌合。曾經參加本能寺之變前一晚的茶會。著有《重保朝臣記》。

花山院家輔

生卒年／1519～1578
出身地／山城國（京都府）？

他原本是關白九條尚經的次男，後來成為花山院忠輔的養子，最高官位是正二位右大臣。花山院是清華家的一員，以笙與書道為家業。順道一提，從花山院家分出的鷹司、烏丸、野宮、五辻、今城、中山合稱為花山院流。其中五辻、烏丸、鷹司三家斷絕，另外三家存續到明治維新時代。

甘露寺經基

生卒年／1535～1585
出身地／山城國（京都府）？

歷經戰國時代、安土桃山時代的公卿。他的父親是甘露寺伊長。據說原本出身是下冷泉為豐的次男。甘露寺家是以笛、儒道為家業的名家。在1582年6月1日，因為織田信長的三職推任問題，他與勸修寺晴豐擔任敕使前往本能寺。參加了本能寺之變前一晚的茶會。

※根據日本律令制，位階在一位、二位者可任大臣，三位者可任大納言。

戰國・名將們的戰術／攻城法

在戰國時代被譽為名將的武將們，他們思考出各種獨創性的戰術。這種軍事才能，讓他們能在動盪不安戰國時代生存下來。接下來介紹名將們的代表性戰術。

豐臣秀吉

斷糧戰術。包圍敵城並阻斷糧道，等待敵軍投降。這是不戰而屈人之兵的戰術。

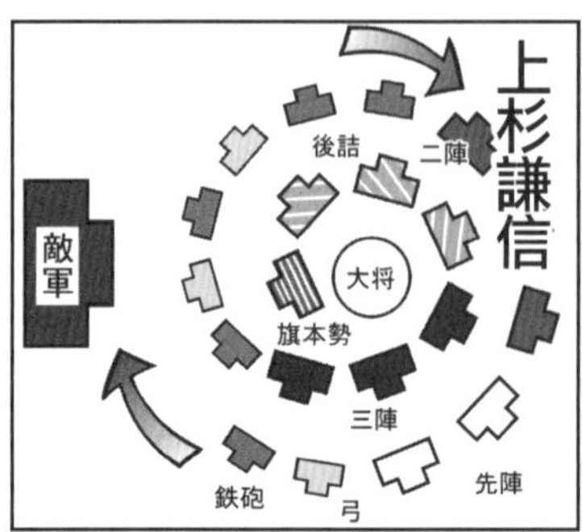
上杉謙信
敵軍
後詰
二陣
大将
旗本勢
三陣
先陣
鉄砲
弓

車懸之陣。據說謙信在川中島之戰，運用車懸連綿不斷地攻擊武田信玄軍。

北條早雲

火牛計。據說早雲在牛角上綁火把，利用狂奔的牛群擊敗大森軍，奪下小田原城。

伊達政宗

騎馬鐵炮隊。讓騎馬隊配備鐵炮，創造出兼具機動性與攻擊力的部隊。

織田信長

三段射擊。讓3000把鐵炮分成三段攻勢，接連不斷地射擊武田軍。

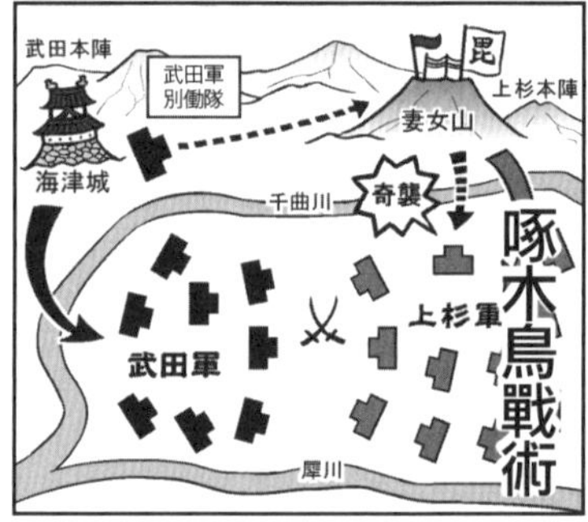
武田本陣
武田軍別働隊
上杉本陣
妻女山
海津城
千曲川
奇襲
武田軍
上杉軍
犀川
啄木鳥戰術

分出別働隊急襲敵軍，讓主力軍守株待兔，攻打因為受到急襲而撤退的敵軍。

攻城的戰術

強攻	攻城戰的基本戰術。包含奇襲、強襲、正面攻擊等戰術。除了出乎意料之外的奇謀之外，其他攻城法都算是強攻。
水攻	在敵城附近修築堤防，從附近的河川引水來淹沒城池，讓敵城被孤立於水中。這是秀吉擅長的戰術之一。
斷糧戰	將敵城完全包圍，阻絕敵城補給糧食與武器。或是在進攻之前，先高價買下敵境的糧食，讓敵城缺糧。
火攻	向敵城發射火矢，這種戰術又稱為燒討。或是讓敵城內的內應，趁機在城內放火等戰術。
土龍攻	讓礦山的採礦工人，前往敵城內挖掘地道，或是在城池底下埋設炸藥，製造攻城的機會。
謀略	擅長計策的武將偏好的戰術。誘使敵城內的人做內應，或是利用敵城的內部政治鬥爭來奪取敵城的戰術。

第5章【秀吉的時代】

戰國亂世歸於一統
—秀吉的時代—

當信長橫死於本能寺之變後，豐臣秀吉繼承了他的霸業。實行檢地、刀狩，降伏關東的北條氏，統一日本全國。甚至為了攻打明，魯莽地向朝鮮發動戰爭。

1582年（天正10）6月2日，因為明智光秀的叛變，織田信長命喪本能寺。
信長大人！
羽柴秀吉

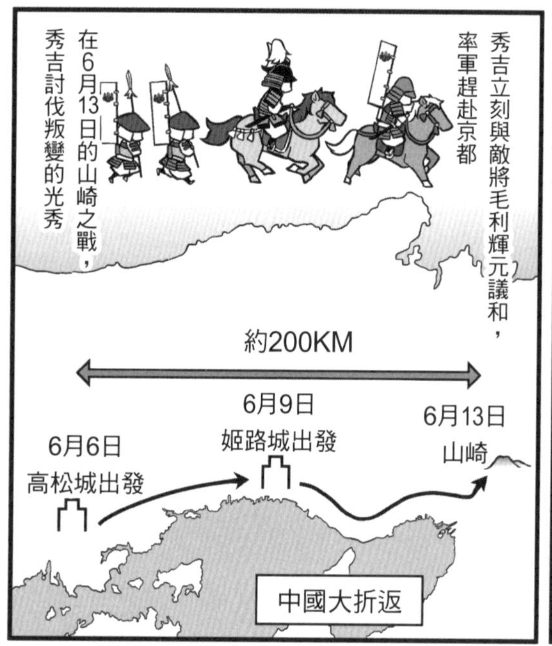

秀吉立刻與敵將毛利輝元議和，率軍趕赴京都
在6月13日的山崎之戰，秀吉討伐叛變的光秀
約200KM
6月6日
高松城出發
6月9日
姬路城出發
6月13日
山崎
中國大折返

6月27日，在清洲城召開清洲會議。決定織田信長的繼承人
柴田勝家
信長的3男・信孝
羽柴秀吉
信長的嫡孫・三法師
應該交給信長大人的3男，信孝大人！三法師大人還是個孩子！
不對不對。應該由長男信忠大人的兒子，三法師大人來繼承才合乎道理！
在三法師大人元服前，由我秀吉來輔佐。
柴田勝家
池田恆興
丹羽長秀

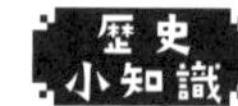

歷史小知識

六隻手指… 前田利家與秀吉同甘共苦。利家的回憶錄《國祖遺言》記載「太閤大人（秀吉）右手多隻手指」。以現代觀點來看，秀吉有可能是多指症。

由於山崎之戰的戰功，秀吉成功讓三法師成為信長的後繼者
三法師
可惡的秀吉！不能讓你為所欲為！
隔年1583年（天正11）秀吉與勝家在賤岳交戰
—賤岳之戰—
秀吉軍5萬
勝家軍3萬

勝家軍一時佔上風，但隨著戰爭的推進，秀吉以機動力挽回局勢。戰況陷入膠著

！

但因為前田利家從勝家陣營，倒戈投向秀吉。戰況大勢已定，勝家敗戰撤軍

勝家在北之庄城，與妻子阿市夫人一起自盡。阿市夫人的三個女兒，受到秀吉的庇護

可嘆

阿市

秀吉在「賤岳之戰」後，接連降伏了九州的島津、四國的長宗我部。在1590年（天正18）降伏關東最大勢力・北條氏。完成天下統一

天下統一

從農民之子成為天下人，秀吉被稱為是「戰國第一出人頭地者」

歷史小知識

秀吉的綽號… 秀吉最有名的外號是「猴子」。但他還有其他的綽號，例如信長曾經叫秀吉「禿鼠」。某次信長寫信給秀吉之妻寧寧（北政所），就稱秀吉禿鼠。

豐臣秀吉

一躍成為天下人的「戰國第一出人頭地者」

生卒年 1537～1598年（天文6～慶長3）

出身地 尾張國（愛知縣）

身分 武將

事蹟 出身農民的秀吉，出仕織田信長後開始顯露頭角。他在信長死後統一天下。在實質層面上，為戰國時代畫下句點。

木下藤吉郎（後來的豐臣秀吉）是農民之子。誕生於1537年（天文6）。
他在少年時代因為貧窮，曾經行商販賣針線。藉著在各地做生意，從中學習買賣、經濟的訣竅
唔唔，經濟力跟戰爭的成敗有關啊

後來他侍奉尾張的織田信長，為信長提草鞋

為了不讓殿下覺得冷，我將草鞋放在懷中加溫

很好

織田信長

秀吉在信長麾下參加戰役立下戰功。如1567年（永祿10）攻打美濃、1570年（元龜1）攻打朝倉

當信長命喪「本能寺之變」之時，秀吉在中國地區與毛利對峙。秀吉早一步攻入京都，討伐明智光秀

可惡的光秀！竟然背叛信長大人！

後來在賤岳之戰打敗柴田勝家，接連平定紀伊、四國、九州

1583年（天正11）賤岳之戰 vs柴田勝家

1582年（天正10）山崎之戰 vs明智光秀

1582年（天正10）水淹備中高松城 vs毛利輝元

大坂

1590年（天正18）小田原之戰 vs北條氏直

1587年（天正15）平定九州 vs島津義久

1585年（天正13）平定四國 vs長宗我部元親

1585年（天正13）平定紀伊 vs雜賀眾、根來眾

1590年（天正18）降伏關東的北條氏，完成統一天下的霸業

歷史小知識

黃金茶室… 秀吉擁有黃金打造的茶室，採用組合工法可以自由搬動。秀吉在1586年正月將黃金茶室搬進御所，讓正親町天皇御覽。也使用在隔年的北野大茶會上。

如果仔細想想…
藤吉郎（秀吉）為織田信長提草鞋
為了信長大人而努力！
主公！請穿！
好
真舒服♡
啾
我把草鞋放在懷中加熱！
一片心意是很好，但總覺得哪裡怪怪的——！

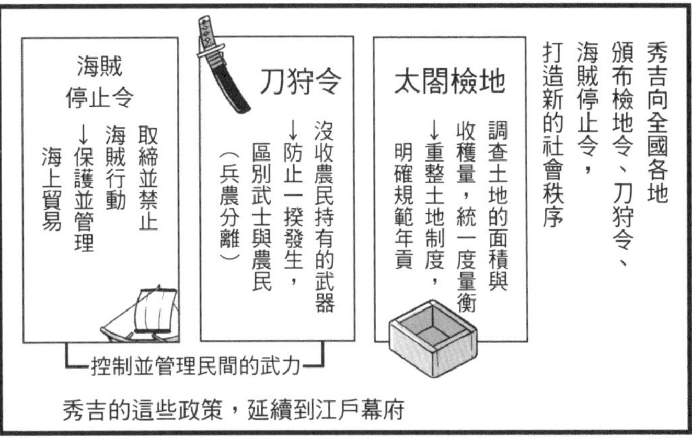
秀吉向全國各地頒布檢地令、刀狩令、海賊停止令，打造新的社會秩序
太閤檢地
調查土地的面積與收穫量，統一度量衡
↓重整土地制度，明確規範年貢
刀狩令
沒收農民持有的武器
↓防止一揆發生，區別武士與農民
（兵農分離）
海賊停止令
取締並禁止海賊行動
↓保護並管理海上貿易
控制並管理民間的武力
秀吉的這些政策，延續到江戶幕府

秀吉統一日本之後，決定派兵攻打朝鮮。從1592年（文祿1）開始，連續7年派兵出征（文祿、慶長之役）
明
援軍
朝鮮
下個目標是征服大陸！
戰爭初期由日軍取得壓倒性的勝利，當明的援軍抵達朝鮮後，戰爭進入膠著狀態

1598年（慶長3）秀吉病逝後。出征朝鮮的士兵們開始撤退
文治派
擔任政務
武功派
負責軍務
加藤清正
石田三成
福島正則
大谷吉繼
細川忠興
前田玄以
此時武功派與文治派家臣產生衝突，成為日後豐臣家崩壞的導火線

專欄

竄改家世的秀吉

關於秀吉的少年時代，有許多不明之處。據說秀吉的父親·彌右衛門是個農民，但也有一說認為他其實是織田家的足輕。秀吉首次使用的姓氏「木下」，來自他妻子寧寧娘家的木下家，有研究認為他原本是沒有姓氏的底層民。無論如何，秀吉從社會基層往上攀升，這一點是無庸置疑。

成為天下人之後，秀吉更拘泥於自己的家世。他在就任關白的時候，說自己的母親大政所是「萩中納言的女兒。自己流著天皇家的血」。這個說法來自秀吉的近臣大村由己所寫的《關白任官記》，當時也有幾種史料紀錄這個說法。秀吉當然不是天皇的血脈，宮中也沒有叫做萩中納言的人物。

歷史小知識

想要虎肉的秀吉… 在1595年，秀吉對出兵朝鮮半島的島津義弘下令「獻上虎肉」。當時的人認為猛虎日行千里，身體日漸衰退的秀吉才會想吃虎肉來補身體。

豐臣秀次

遭到抹黑的秀吉外甥

豐臣秀次是秀吉的姊姊，與三好吉房的兒子。
三好吉房
姊姊・阿智
秀吉
秀次
身為秀吉的外甥，眾人對秀次有很深的期待

但是為了爭奪信長死後的主導權，羽柴秀吉陣營與織田信雄．德川家康陣營，在1584年（天正12）展開「長久手之戰」。秀次擔任攻打三河的總大將，以慘敗收場
秀次在此戰失去了許多有力家臣，受到秀吉斥責
竟然讓重要的家臣們送死!!
實在非常抱歉！

後來秀次在平定紀伊、四國的戰爭中立下戰功。受封43萬石
這樣就能挽回秀吉大人對我的信賴了！
よしっ
琵琶湖附近
修築
八幡山城
秀吉後繼無人。他的嫡男・鶴松在1591年（天正19）年病逝。
同一年，秀吉將關白職位傳給秀次
鶴松…
為了撐起豐臣家，我得更努力不可！

秀吉一心專注在出兵朝鮮。擔任關白的秀次，代替秀吉頒布人掃令等政策，努力治理國家
※人掃令是人口普查的原型。調查各職業的戶數與人數，來確認從事士農工商的人口
秀吉大人不在的時候，也要好好治理國家
日本就交給你掌管啦！

生卒年 1568～1595年（永祿11～文祿4）

出身地 尾張國（愛知縣）

身　分 武將

事　蹟 曾經被舅舅秀吉指定為繼承者，繼承關白的職位。但因為秀賴出生，遭到秀吉疏遠而失勢。

歷史小知識

深謀遠慮的秀次？… 根據葡萄牙傳教士路易斯．佛洛伊斯的描述，秀次是個謙虛且慎重，凡事深謀遠慮的人。秀次掌政之後，被人稱做「殺生關白」，但許多關於他的惡評大多只是傳聞。

不料造化弄人，1593年（文祿2）秀吉與淀殿，生下了次男・秀賴
盼了好久的男丁！
ぱあぁっ
淀殿

秀吉的兒子誕生後，秀次越來越感到不安
難道關白的位子會被奪走嗎……？
秀次為了保住自己的地位，開始進行一些結黨營私的舉動
疑心
暗鬼

這些風聲傳進秀吉的耳朵…
這樣那樣
什麼…秀次竟然企圖謀反……

流放！
!!
1595年（文祿4）秀次因為涉嫌謀反，被放逐到高野山。
同一年被迫自盡。年僅28歲

專欄

「殺生關白」綽號是真的嗎？

1595年6月下旬左右，豐臣秀次意圖謀反的事情東窗事發。根據太田牛一撰寫的《太閤樣軍記之內》記載「秀次以鷹獵為名，頻繁前往山峰谷間，與朋黨密談謀反事宜」也就是說秀次假裝要去放鷹打獵，其實是趁機討論謀反。但是這個紀錄沒有任何佐證，單純只是傳聞。在這本書中，利用攝政與殺生的日文發音相同，將秀次寫成「殺生關白」。但是這件事跟前述的鷹獵傳聞相同，都是毫無根據的紀錄。

此外關於「秀次在禁止女人出入的比叡山舉辦酒席」、「正親町上皇駕崩之後，沒有齋戒就烹食鶴肉」、「在京都北野天神斬殺盲人」這些惡行。但是這些說法很有可能是後人所杜撰。

歷史小知識 **公正判決…** 秀次治理近江八幡的時候，領地的日野川發生了農村的用水糾紛。當時秀次親自前往視察，聽了雙方主張之後，裁定兩造都能接受的公正判決。

豐臣家的人們

豐臣秀長

生卒年／1540～1591
出身地／尾張國（愛知縣）

豐臣秀吉同母異父的弟弟，通稱為小一郎。依據通說，秀吉剛發跡時就跟隨在秀吉身邊，對秀吉來說是為數不多的血親，更是肱骨之臣。他的戰略眼光不亞於秀吉，軍事能力也很高。在平定四國的戰爭，他代表秀吉擔任總指揮官，在征伐九州時對強敵島津氏給予痛擊。最後受封大和、紀伊、和泉共3國，以及河內境內部分領地，成為領地110萬石的大大名。但是秀長在1591年病逝於大和郡山城。他是默默在背後支撐秀吉政權的功臣，也是少數能跟秀吉唱反調的人物。

北政所

生卒年／1548～1624
出身地／尾張國（愛知縣）

豐臣秀吉的正室。杉原定利之女，被織田信長的弓眾淺野長勝收為養女。她的本名是「寧寧」或是「御彌彌」，一般稱她為北政所。北政所原本是用來尊稱攝政或是關白的正室，但是講到北政所就是指她。她從秀吉默默無名的時代就苦樂與共，也就是所謂的糟糠之妻。但她不甘於在背後支持夫君，也曾影響秀吉的施政。在秀吉就任關白的1585年，她以天下人之妻的身分，與朝廷進行交涉。雖然她與秀吉未能生下一兒半女，但她對加藤清正、福島正則等人視同己出，將他們培養成獨當一面的武將。在秀吉死後，她認同德川家康政權，始終保持親家康的立場。

羽柴秀勝

生卒年／1568～1585
出身地／尾張國（愛知縣）

安土桃山時代的武將。原本是織田信長的4男，後來成為信長的家臣羽柴秀吉的養子。通說認為秀吉收養子，是為了強化跟主君的關係，並且維持自己的地位。但也有另一種說法，認為秀吉的妻子寧寧是因為膝下無子，所以請求收信長之子為養子。在收秀勝為養子之前，秀吉跟南殿夫人生下的石松丸夭折，也許收養子也是為了要治癒喪子之痛。據說秀勝具有武將的器量，在為信長報仇的山崎之戰、以及後來大破柴田勝家的賤岳之戰，他都跟隨秀吉一同出戰。在小牧之戰，他活躍於木曾川一帶的局部戰場。但是天妒英才，年僅18歲就病逝了。

大政所

生卒年／1513～1592
出身地／尾張國（愛知縣）

豐臣秀吉的生母。據傳本名為「仲」。據說她出身是尾張國的御器所村，生下秀吉，以及秀吉的姊姊阿智、弟弟秀長、妹妹旭姬，也有一說認為她出身美濃國。嫁給織田家的足輕木下彌右衛門並生下秀吉。根據《太閤素生記》的記載，她在彌右衛門死後改嫁給筑阿彌，生下了秀長與旭姬。她被稱為大政所，是在秀吉就任關白的1585年之後。但是就在隔年，因為家康遲遲不肯上洛稱臣，讓秀吉非常困擾。秀吉將大政所送到家康城中當人質，終於促使家康上洛拜謁秀吉。據說她跟秀吉的正室北政所情同母女。雖然秀吉曾拿母親大政所當政治籌碼，但秀吉非常敬愛母親。

旭姬

生卒年／1543～1590
出身地／尾張國（愛知縣）

豐臣秀吉的妹妹。原本嫁給尾張國的農民，因為兄長秀吉出人頭地，她的丈夫也變成武士。她丈夫的名號，有佐治日向守或是副田甚兵衛兩種說法，目前尚無定論。但是秀吉在1586年強迫旭姬離婚。秀吉讓自己的妹妹嫁給家康，要迫使家康上洛稱臣。但是家康堅決抗拒，秀吉只好連母親大政所都送出去當人質。家康原本懷疑秀吉之母是替名冒充，看到旭姬開心地迎接母親，母女擁抱在一起的樣子，家康才化解心中的疑惑，願意臣從秀吉。她跟家康成婚之後，被稱為駿河御前，死後獲贈法名為南明院。在江戶時代，她以家康正室的身分受到崇敬。

秀吉的妻妾

三之丸殿

生卒年／？～？
出身地／？

織田信長的6女。受到蒲生氏鄉的撫養，後來成為豐臣秀吉的側室。因為住在伏見城的三之丸，被稱為「三之丸殿」。秀吉逝世的3個月前舉辦的醍醐花宴，她是第四位乘轎的夫人，順位在淀殿、松之丸殿之後，可以推測她在側室地位崇高。秀吉死後改嫁二條昭實。

三條殿

生卒年／？～？
出身地／？

蒲生賢秀的女兒，也就是蒲生氏鄉的妹妹。據說本名是「寅」。據說秀吉在賤岳之戰擊敗宿敵柴田勝家，凱旋回城的途中路經近江國日野城，說將來想要收年幼的寅為側室。雖然她跟秀吉的婚姻是政治聯姻，但是秀吉寫給三條殿的信件仍保存至今，信中寫了許多細心關懷的話。

山名氏

生卒年／？～？
出身地／因幡國（鳥取縣）

豐臣秀吉的側室。因幡國鳥取城主山名豐國的女兒。信長麾下的羽柴秀吉，率兵攻打鳥取城。城主山名豐國打算投降秀吉，遭到城中的家臣團反對。最終豐國離城，家臣團與毛利聯手死守城池，發生了「鳥取城斷糧戰」的人間地獄。豐國選擇出家，將女兒交給秀吉。據說山名氏就是這個女子。

加賀殿

生卒年／？～1605
出身地／？

通稱加賀殿，又稱摩阿姬。她是前田利家的3女，據說母親是利家的正室阿松，也有一說認為她是側室所生。最初跟柴田勝家的家臣有婚約，勝家滅亡之後成為秀吉的側室，從此時開始被稱為加賀殿。在醍醐花宴後以病弱的理由辭退側室，後來給嫁給萬里小路充房。

松之丸殿

生卒年／？～1634
出身地／？

父親是京極高吉，母親是淺井久政的女兒。她是有名的淺井三姊妹的表姊妹。最初嫁給若狹守護武田義統的兒子武田元明，但是丈夫參加明智光秀陣營而戰死。她被捕之後，成為秀吉的側室。據說她容貌姣好，秀吉非常寵愛她。她與淀殿有血緣關係，兩人感情也很好。

御種殿

生卒年／？～1640
出身地／山城國（京都府）

據說是伏見的地侍高田次郎左衛門的女兒。在出兵朝鮮時，她隨同秀吉駐守在肥前國的名護屋城。據說秀吉跟伊達政宗的重臣鬼庭綱元賭棋，輸了之後把御種殿賜給綱元。改嫁給綱元之後生下4男1女。一說其中一名男子是伊達政宗的御落胤（譯註：非婚生子女）。

月桂院

生卒年／？～？
出身地／？

古河公方的分家小弓公方足利賴純的次女。在豐臣秀吉的側室中，可說是第一等的名門之女。1590年小田原征伐戰後，秀吉為了奧州仕置而前往宇都宮城，據說秀吉對她一見鍾情。據說她以復興足利家為條件，成為秀吉的側室。晚年居住在江戶，重興位在市谷的平安寺。

南殿

生卒年／？～？
出身地／？

她在秀吉擔任近江長濱城主時代，就成為秀吉的側室。據說她生下秀吉的第一個兒子石松丸。因為她的宅邸位在長濱城的南側，因此稱為「南殿」。但是石松丸早夭，她與秀吉曾生下女兒也夭折。據說她早早就看破紅塵，在琵琶湖中的竹生島上的寶巖寺出家。

松之丸殿
秀吉

姬路殿

生卒年／？～？
出身地／？

織田信長的弟弟信包的女兒。在1582年的本能寺之變後，據說秀包與秀吉同盟，並將女兒嫁給秀吉做側室。據說她的生母長野氏出身低微，秀吉一開始不願意接受這樁婚事。她因為住在姬路城，所以被稱為姬路殿。後來信包惹惱秀吉，被沒收領地。姬路殿在此事發生前就改嫁他人。

秀吉的一門眾

杉原定次

生卒年／?～1584
出身地／尾張國（愛知縣）

他的妻子是豐臣秀吉的生母大政所的姊姊。由於有血緣關係，他在早期就受到秀吉的重用。秀吉率兵攻打中國地方之時，將近江國的長濱城交給他來留守，在本能寺之變後的中國大返還，他擔任備中高松城的城代。後來成為京都所司代，但據說晚年苦於精神疾病。由他的兒子長房繼承家業。

豐臣秀保

生卒年／1579～1594？
出身地／尾張國（愛知縣）？

三好吉房的3男。生母是豐臣秀吉的姊姊阿智。由於跟秀吉有血緣關係，他成為秀吉之弟秀長的養子。秀長死後，他接受藤堂高虎的輔佐，治理紀伊、大和，但傳說他素行不良。一說他在遊河時遭逢意外而死，但也有一說認為他是因為患病情況惡化而死。他身為領主，曾留下制裁為非作歹的陰陽師的事蹟。

杉原定利

生卒年／?～1584
出身地／尾張國（愛知縣）？

跨越戰國時代與安土桃山時代的武將，但是他的生平事蹟大多不明。據說通稱為助左衛門。據說他是秀吉的正室北政所與木下家定的父親，但也有其他異說。最初出仕織田信長，但因為是秀吉的岳父，似乎在秀吉麾下立下戰功。他跟戰死在長久手之戰的木下祐久（定利）是不同人。

木下利匡

生卒年／?～1584
出身地／?

木下祐久之弟。出仕羽柴秀次，參加山崎之戰、賤岳之戰。在1584年的小牧長久手之戰，跟隨豐臣秀次攻打家康的根據地三河。但因為友軍潰散，他看到秀次陷入危險，將自己的坐騎讓給秀次逃命。據說他為了引開敵軍，背負秀次的將旗殺入敵陣而死。

三好吉房

生卒年／?～1600
出身地／尾張國（愛知縣）？

據說出生於尾張，但是出身背景有數種說法，未有定論。他是豐臣秀吉之姊阿智的丈夫，也是秀次、秀勝、秀保的父親。因為姻親關係，秀吉賜姓羽柴。據說他的領地來自兒子豐臣秀次的封地，但是當秀次失勢之後，他遭到連座處分被沒收領地並流放到讚岐。後來前往下野國，在當地逝世。

木下家定

生卒年／1543～1608
出身地／尾張國（愛知縣）

杉原定利的長男，也是小早川秀秋的親生父親。他的妹妹是秀吉的正室北政所。出生於尾張國的朝日村，據說很早就在秀吉的旗下效力。雖然以武將來說能力平庸，但因為跟秀吉關係密切而受到重用，最高晉升到從三位中納言。在德川政權之下，仍能保住備中國足守領主的地位。

青木秀以

生卒年／?～1600
出身地／?

他的父親是青木重矩，母親是豐臣秀吉的阿姨。他很早就出仕秀吉，史料記載他曾參與1583年的賤岳之戰。後來跟隨秀吉攻打九州。據說他參與修建京都的伏見城的工程，累積功勳被任命為越前國北之庄城的城主。在1600年的關原之戰參加西軍陣營，但因為臥病在床而未能參戰。

淺野長政

生卒年／1547～1611
出身地／尾張國（愛知縣）

他被自己的舅舅，也就是織田信長的弓眾淺野長勝收為婿養子，日後繼承淺野家。活躍於秀吉的麾下，秀吉任命他為長濱城主，給予120石領地。他個性剛直，勇於出言勸誡已經成為天下人的秀吉。

小出秀政

生卒年／1540～1604
出身地／尾張國（愛知縣）？

他是豐臣秀吉的姨丈。從很早的時候就在秀吉麾下，在1582年的山崎之戰，秀吉讓他負責留守姬路城。秀吉逝世之前，拜託他照料年幼的秀賴，可見他受到秀吉的信賴。在1600年的關原之戰參加西軍陣營，但因為次男秀家在東軍立下戰功，他的領地得以安堵。

淺野幸長

生卒年／1576～1613
出身地／近江國（滋賀縣）

淺野長政的長男。在出征朝鮮的戰場上，幸長修築蔚山城時遭到明軍的包圍，他不斷發射鐵炮終於守住城池，據說連鐵炮的槍管都變的焦燙。他與石田三成不合，在1600年的關原之戰選擇加入德川家康陣營。但是他對於豐臣家的感情濃厚，終生都堅持擁護豐臣秀賴。

秀吉親手栽培的將領

戶田勝隆

生卒年／？～1594
出身地／？

打從秀吉擔任近江國長濱城主時代，就加入秀吉麾下的老臣。後來被拔擢為黃母衣眾，跟隨秀吉轉戰各地。活躍於小牧之戰、平定四國與九州的戰役、後來成為伊予國大洲城主。但晚年出兵文祿慶長之役，病逝於從朝鮮回日本的歸途。因為沒有繼承人而家系斷絕。在關原之戰參加西軍的戶田勝成，是他的弟弟。

蜂須賀家政

生卒年／1559～1638
出身地／尾張國（愛知縣）

他的父親是從秀吉默默無名的年代，就追隨秀吉的蜂須賀正勝。在秀吉攻打中國地方時，家政以黃母衣眾的身分參軍。代替父親，受封成為阿波國德島城主。出兵文祿慶長之役，曾經參加蔚山城之戰。在1600年的關原之戰加入西軍陣營，但他以生病為由未曾出兵。因為他的兒子至陣參加東軍，得以安堵所領。

津田信任

生卒年／？～？
出身地／尾張國（愛知縣）？

有一說認為他的父親津田盛月是織田信長的遠親。他在秀吉擔任近江國長濱城主時出仕秀吉，後來被拔擢為黃母衣眾。繼承父親成為山城國三牧城主，但當時在伏見與醍醐附近發生了試刀殺人的事件。他被懷疑是犯人，領地遭到沒收。出家之後以長意為號，據說晚年寓居在加賀國。

脇坂安治

生卒年／1554～1626
出身地／近江國（滋賀縣）

經歷安土桃山時代與江戶時代的武將。名列賤岳七本槍之一，領有山城國3000石的俸祿。在文祿慶長之役，以水軍將領的身分出戰，但違背秀吉的軍令。在閑山島水戰，慘敗給率領朝鮮水軍的李舜臣。1600年的關原之戰加入西軍陣營，在戰況激烈時倒戈，得以安堵所領。

石尾治一

生卒年／1557～1631
出身地／？

他是荒木元清的三男，也就是反叛織田信長的荒木村重的族人。以馬迴的身分出仕豐臣秀吉，後來被拔擢為黃母衣眾。在文祿慶長之戰爆發時，他跟秀吉駐軍在肥前國的名護屋城。1600年的關原之戰中參加西軍陣營。戰後被判處蟄居在黑田長政門下，後來被赦免，成為德川幕府的旗本。

加藤嘉明

生卒年／1563～1631
出身地／三河國（靜岡縣）

賤岳七本槍之一，是豐臣秀吉親手提拔的子飼眾成員。慶長之役的漆川梁海戰中，即使鎧甲上插滿箭矢，他還是奮勇奪下敵船。在1600年的關原之戰，參加東軍陣營，戰後獲得陸奧國會津40萬石領地。

豬子一時

生卒年／1542～1626
出身地／？

他的弟弟豬子兵助在本能寺之變，跟信長的嫡男信忠與村井貞勝在二條御所奮戰而死。本能寺之變後，他出仕豐臣秀吉。在1600年的關原之戰參加東軍陣營，後來成為德川幕府的旗本。曾參加大坂之陣，後來擔任江戶幕府第2代將軍德川秀忠的御伽眾。

平野長泰

生卒年／1559～1628
出身地／尾張國（愛知縣）

經歷安土桃山時代與江戶時代的武將。名列賤岳七本槍之一，從軍追隨豐臣秀吉統一天下。長期累積戰功，獲得大和國5000石的領地。在1600年的關原之戰，以德川秀忠旗本的身分參加東軍，但是沒能趕上決戰。曾在大坂之陣試圖為豐臣方效力，因此未能成為大名。

前野景定

生卒年／？～1595
出身地／？

他的父親是豐臣秀吉的重臣前野長康。他與父親一起輔佐秀吉的外甥，也就是關白的豐臣秀次。但因為秀次涉嫌謀反，他與父親雖然試圖澄清，但最後遭到連座處分切腹自盡。他的妻子御長也被通緝，所幸她是細川忠興的女兒，在娘家的奔走下免於一死。

伊木遠雄

生卒年／1567～1615
出身地／尾張國（愛知縣）

經歷安土桃山時代與江戶時代的武將。早年就以近習的身分出仕秀吉，在1583年的賤岳之戰，據說他斬殺敵將立下軍功，被拔擢為黃母衣眾。他在1600年的關原之戰加入西軍，戰後一度成為浪人。但在1614年大坂之陣爆發時，再度出仕豐臣家。戰死於大阪夏之陣。

竹中重治的通稱，是家喻戶曉的竹中半兵衛。他出仕美濃的齋藤龍興。
但是龍興年紀輕輕就沉迷玩樂，重治不禁感到憂心忡忡
沉溺於美酒，又不懂得任用賢臣…龍興大人再這樣下去，恐怕沒辦法抵擋信長的進攻
竹中重治
齋藤龍興

為了要警惕龍興，重治帶著少數部下，拿下龍興的居城，也就是素有難攻不落美名的稻葉山城
竟然只帶了幾十名士兵，就拿下稻葉山城…
ど——ん
占拠
殿下必須要好好反省才行！
但是重治不打算成為城主，他將城池還給龍興之後，就離開齋藤家

隱居山林的重治，後來在秀吉誠懇地請求之下，決定出仕秀吉
請先生務必擔任我的軍師！
ガシッ
豐臣秀吉

重治擔任秀吉的軍師，在平定近江，以及對毛利的戰爭大顯身手
秀吉大人正是足以治理天下之人！

竹中半兵衛（重治）

生卒年 1544～1579年（天文13～天正7）

出身地 美濃國（岐阜縣）

身分 武將

事蹟 原本侍奉美濃的齋藤氏，後來成為秀吉的家臣。擔任軍師，在攻打中國地區時，病逝於軍陣之中。

黑田官兵衛（孝高）

生卒年 1546～1604年（天文15～慶長9）

出身地 播磨國（兵庫縣）

身分 武將

事蹟 播磨國的小寺氏旗下重臣，後來臣服織田，成為秀吉的寄騎。在緊要關頭數次協助秀吉取得天下。

歷史小知識

現在也大受歡迎… 竹中半兵衛的墓位在兵庫縣三木市，受到當地民眾的景仰。重治跟隨秀吉一起出兵攻打三木城的時候病逝，就算葬在敵境，至今也受到當地人們的重視。

黑田孝高，也就是知名的黑田官兵衛。他是播磨國小寺氏的重臣，原本跟主君一起歸順信長麾下，後來成為秀吉的寄騎

如果播磨變成戰場
向西擴展勢力
織田信長
播磨
中國地區的霸者
毛利輝元
跟隨信長大人才有將來
小寺政職
我們應該臣從織田氏才對！
ふむ…

官兵衛與秀吉的軍師竹中重治關係良好，兩人就像馬車的兩輪那樣輔佐羽柴秀吉。人稱他們為「兩兵衛」

半兵衛
官兵衛

黑田孝高

黑田孝高在1585年（天正13）為秀吉制定了平定四國的戰略。隔年平定九州之戰，他以軍奉行的身分活躍於戰場

「文祿・慶長之役」身為武功派的孝高，跟文治派的石田三成不合。官兵衛在1600年（慶長5）的「關原之戰」加入德川陣營
姑且先加入家康陣營，鞏固九州勢力。
順利的話就能利用九州的軍力，進攻中央奪取天下
孝高認為兩軍戰況會陷入膠著，只要率軍上洛，就能收漁翁之利奪取天下

他在九州擊敗豐臣陣營的大友吉統。他的兒子・長政在關原之戰大顯身手。沒想到關原戰場的勝敗，竟然是東軍在短時間內大獲全勝。
沒想到關原之戰竟然在一天內決勝負…
黑田家身為大戰的功臣，長政受封筑前52萬石，以大大名的身分成功讓黑田家在亂世中保身

專欄

竹中半兵衛賭命信賴官兵衛

1578年，位在攝津國有岡城的荒木村重，突然反叛織田信長。此時黑田官兵衛身為羽柴秀吉的幕僚，試圖進城說服村重，反而遭到囚禁。

信長誤以為官兵衛倒戈投向荒木村重，命令秀吉殺掉官兵衛的嫡男・松壽丸（黑田長政）。這時候是竹中半兵衛勸秀吉，偷偷將松壽丸藏起來。半兵衛用家臣之子的首級瞞過信長，成功保住松壽丸的性命。半兵衛深信盟友官兵衛絕對不會倒戈，甚至願意為此犯下欺君之罪。有岡城被攻陷在10個月後被攻陷，被囚禁在地牢的官兵衛才得以獲救。松壽丸感念官兵衛的救命之恩，在他成為筑前福岡藩初代藩主的時候，決定採用竹中的家紋當作黑田家的替紋，表示不忘竹中的救命之恩。

歷史小知識

天主教大名… 黑田官兵衛曾經受洗成為天主教大名，洗禮名為SIMEON 。官兵衛所使用的印章上面，用英文刻上自己的洗禮名。

加藤清正

活躍於朝鮮戰役，輔佐豐臣家的猛將

加藤清正的母親，是秀吉生母（大政所）的表姊妹。清正從小就侍奉秀吉

9歲的清正侍奉比自己大25歲的秀吉，背負著眾人期盼

虎之助（清正的幼名）

羽柴秀吉

1587年（天正15）清正26歲那年，從侍大將搖身一變，成為肥後國北半部19萬5千石的領主

當時的肥後國受到戰亂摧殘，境內一片荒涼

就連來肥後的傳教士也感到驚訝

我從沒看過這麼貧窮的國土是也！

清正強化治水，努力開發新的田地，種植小麥跟外國商人做交易。逐步讓領地變得更富庶

治水工程

只要來幫忙建設的人，無論男女都同樣發放工資

開發新田

海外貿易

1592年（文祿1）開始的「文祿・慶長之役」（出兵朝鮮），清正擔任主力軍投入戰場。
秀吉死後，他跟石田三成等人不和。在「關原之戰」加入東軍陣營
石田三成
西軍
東軍

生卒年 1562～1611年（永祿5～慶長16）

出身地 尾張國（愛知縣）

身分 武將

事蹟 賤岳七本槍之一。少年時代，被秀吉視如己出般撫養長大，為秀吉統一天下做出貢獻。秀吉死後雖然臣從家康，終生仍然對豐臣家保持敬愛。

歷史小知識

地震加藤… 1596年9月5日，以京都為中心發生大地震。當時閉門思過的清正，擅自帶了200士兵趕赴伏見城保衛秀吉。獲得秀吉赦免並得到「地震加藤」的外號。

沒想到變成豐臣的內戰…
ぐぬぬ…
但是絕不能容許三成任性妄為！
在朝鮮最前線作戰的清正，跟位在大後方負責後勤的石田三成，兩人產生了嫌隙。
雖然清正的本意是為了要保住豐臣家，他對加入東軍參加關原之戰這件事也曾經苦惱。但是這個決定，導致日後家康崛起以及豐臣家的衰敗，讓清正感到悔恨。
江戶幕府
主
德川
主從關係逆轉…
從
豐臣
キッ
?

1611年（慶長16）清正的奔走下，實現了秀賴與家康的會面
豐臣秀賴（19歲）
二條城會面
德川家康（58歲）

為了要讓豐臣家延續下去，希望秀賴能服從家康，以大名的身分生存下去…

成功促成會面之後，清正因病倒下，在熊本城逝世
他一直到臨終之前，都對豐臣家抱持忠義之心

好～～長～～！
這是加藤清正愛用的長～形頭盔！
名為蛇目紋長烏帽子形兜
清正大人的頭盔叫什麼來著？
那個，蛇目紋…
總而言之是很長～的頭盔!!
糟糕，咬到舌頭了
!

專欄

細川家奉清正爲神

加藤清正在關原之戰後，論功行賞成為肥後54萬石的大大名。一般來說清正身為武將的形象比較強烈，但其實他擅長土木工程，建造了熊本城以及城下町。因此受到當地民眾的愛戴，現代仍尊稱他為「清正公」表達仰慕之意。

但是清正逝世後，加藤家的第二代忠廣，因為被牽扯進駿河大納言事件而被改易。由細川家代替加藤家治理肥後。細川的當主・細川忠利考量到肥後人對清正的尊崇，當他進入肥後的時候，將清正的牌位放在隊伍最前頭，進入熊本城後登上天守閣，對供奉清正的廟宇屈膝行禮。這件事瞬間傳遍了整個肥後國，民眾對於細川的評價也提高。肥後是個難以治理的地方，細川家巧妙利用民眾對清正的景仰，成功治理領地。

歷史小知識

潔癖… 加藤清正有許多勇猛的傳說，例如他在朝鮮打倒老虎。讓人意外的是他有潔癖。據說他在廁所準備了高30公分的木屐，如廁時一定會使用。

蜂須賀正勝

打從草創期就盡心輔佐秀吉的義將

生卒年 1526～1586年（大永6～天正14）

出身地 尾張國（愛知縣）

身　分 武將

事　蹟 出身木曾川沿岸的川並眾，為豐臣秀吉統一天下的志業付出貢獻。

蜂須賀正勝率領木曾川流域的川並眾，見風轉舵地遊走在尾張、美濃，發揮影響力
木曾川的川並眾都是一些粗魯的漢子，正勝是統領他們的首領
蜂須賀正勝

1560年（永祿3）他加入信長陣營，參加「桶狹間之戰」
能以少勝多打贏今川軍，真不愧是信長大人！
桶狹間之戰後，信長打算要進攻美濃
無論如何，得在美濃附近興建城砦才行…真是不順利啊

織田家的重臣們，曾經多次嘗試築城但都失敗
突然冒出
信長大人！請交給我來辦！
木下藤吉郎（日後的秀吉）
※墨俁城是由柵欄與壕溝搭建起來的簡易城砦
木下藤吉郎自告奮勇，在1566年（永祿9）用心觀察美濃的齋藤龍興動態。順利在美濃與尾張邊境搭建墨俁城。
由熟知地理的正勝負責防守
藤吉郎……這傢伙會成為大人物！
隔年，信長以墨俁城為據點，進攻稻葉山城。齋藤龍興不敵逃亡，信長的領土擴展為美濃、尾張2國
拿下美濃了！
美濃
逃
尾張
可惡！
齋藤龍興

盜賊家族？… 傳說在明治時代，蜂須賀侯爵進宮的時候，將桌上的紙捲菸放進懷中。明治天皇笑著說「有其父必有其子」。俗說蜂須賀家出身草莽，所以天皇拿這個典故來開玩笑。

1582年（天正10）秀吉在「中國大折返」討伐明智光秀後，與毛利商討領地邊界線問題
蜂須賀正勝與黑田孝高（官兵衛）代表秀吉拜訪毛利，昔日在領國邊境討生活的正勝，發揮了外交與交涉的才能
關於割讓毛利的領地…
黑田孝高
雖然不能全部拱手讓人，還是有談的空間
毛利外交僧・安國寺惠瓊

1585年（天正13）秀吉將阿波國封給正勝，正勝將領地交給嫡男・家政，自己不前往阿波
我要以近臣的身分侍奉秀吉殿下
蜂須賀家政
這樣好嗎？
秀吉為了感謝正勝，協助討伐光秀等功績。把大坂城下的一座宅邸賜給正勝
我想在秀吉大人身邊度過餘生
ふむ…
終於能在秀吉大人身邊，完成此生的使命了……
正勝將家督讓給家政之後，隔年1586年（天正14）在大坂逝世

專欄

墨俁是自古以來的要衝之地

傳說秀吉得到蜂須賀正勝等川並眾的幫助，搭建了墨俁一夜城。話說回來，「墨俁」指的就是河川匯流之處。直到戰國時代，木曾川在墨俁附近跟長良川匯流，附近的幾條小河也在此地流入木曾川與長良川。因此墨俁自古以來就是軍事與交通的樞紐之地。在此地發生過幾次歷史大事。1181年的源平墨俁之戰、1221年的承久之變，此地都成為戰場。

時間進入戰國時代，這裡成為美濃、尾張國境交界處的重要據點。在小牧長久手之戰前，秀吉曾命家臣修建墨俁城。但是1586年在墨俁附近發生大洪水，導致河川改道，墨俁也失去了交通的重要性。

歷史小知識

當時並沒有橋… 年輕的秀吉在蜂須賀正勝在矢作橋上相遇的情節，是《太閤記》的名場景。但是戰國時代的矢作川上並沒有搭建橋樑，這是後世虛構的情節。

前田利家

打造加賀百萬石基業的武將

生卒年 1538～1599年（天文7～慶長4）

出身地 尾張國（愛知縣）

身分 武將

事蹟 少年時代就出仕織田信長，成為柴田勝家的寄騎。在豐臣政權時代列名五大老，秀吉將兒子秀賴託付給他。

前田利家出生於1538年（天文7）。他是尾張國荒子城主・前田利春的4男
尾張的傻瓜信長與愛鬧事的利家，兩人年紀相近且投緣
織田信長
通稱「又左衛門尉」，少年時代就出仕信長。以「槍之又左」的名號威震沙場
華麗
金光閃閃
傾奇者
他與木下藤吉郎都是信長的家臣，兩人比鄰而居。兩人的妻子感情也很好
木下藤吉郎（日後的豐臣秀吉）
寧寧
阿松

1575年（天正3）織田信長將越前國，交給織田家重臣柴田勝家管理。利家以寄騎的身分被派往越前，跟勝家一起行動
老爺子！
柴田勝家

但是信長逝世之後
為了爭奪織田家的主導權，跟利家關係良好的勝家與秀吉產生對立
到底要幫哪邊才好…

水火不容的兩方，終於在1583年（天正11）爆發「賤岳之戰」
撤退！
利家一開始以勝家陣營的身分出戰，但在中途撤離戰線倒向秀吉。
終於下定決心啦！
利家的倒戈，導致柴田軍兵敗如山倒
利家返回越前府中城後。據說柴田勝家從賤岳撤軍的途中，前去拜訪利家。勝家並沒有責備利家，而是要了一碗茶泡飯之後閒話家常

歷史小知識

猛豬武者… 少年時代的利家，有許多膽識過人的傳說。他在元服之後參加稻生之戰，即使臉被箭射中。他仍然英勇地殺入敵陣，斬殺了用弓射中他的武將。

秀賴就拜託你了…
在下遵命
利家協助秀吉打造的豐臣政權，最後成為五大老。秀吉在臨終前跟利家會面
五大老（負責豐臣政權內政的有力大名）
一說是在嫡男．秀賴成人之前，負責處理政務的大名。有一說是秀吉在生前訂下的制度，用來防止家康在秀吉死後獨攬政權。
前田利家
地位與家康相同
德川家康
五大老的首席
毛利輝元
上杉景勝
宇喜多秀家

秀吉逝世之後，家康擴展勢力企圖謀取天下。只有利家能夠跟家康對抗
家康殿下！你這是做什麼！
竟然要破壞秀吉大人訂下的法規…
並無此事…
1599年（慶長4）利家病逝。家康的勢力大幅抬頭
但是抱病在身的利家，身體的情況日漸惡化
豐臣家不要緊吧…
利家真是個難纏的對手…
走為上策～

專欄

金澤城原本是一向宗的據點

提到加賀百萬石的前田家居城，就是金澤城。這座城位在於犀川與淺野川之間的小立野台地前端，是一座面積高達30萬平方公尺的平山城。

金澤城原本是一向一揆勢力的根據地。1488年爆發加賀一向一揆，信眾將守護富樫氏逐出加賀。在戰國時代的100年間，加賀被稱為「百姓所持之國」，成為一向宗信眾管理的土地。1546年修築的金澤御堂，成為信眾們的信仰中心。但是織田信長不希望一向宗勢力繼續擴大，信長派兵攻入北陸。在1580年攻下金澤御堂，遺跡成為信長軍先鋒．佐久間盛政的居城。一向宗對加賀的統治宣告結束。後來盛政加入柴田勝家陣營，兵敗滅亡之後，由前田利家進駐金澤。

歷史小知識

病床上的決心… 1599年3月利家臥病在床。德川家康曾經前去探病。據說利家在坐墊底下藏著短刀，如果家康的行為舉止對秀賴有任何不敬，就要拔刀刺殺家康。

初期的家臣

仙石秀久

生卒年／1552～1614
出身地／美濃國（岐阜縣）

經歷戰國時代與江戶時代的武將。在豐臣秀吉攻打九州的前期戰爭中，在戶次川之戰擔任軍監，監察從四國來的將士。但因為急於立功，中了島津軍的伏兵，導致長宗我部信親與十河存保戰死而被改易。即使在1590年的小田原之戰立下戰功，還是無法回到秀吉麾下。在1600年的關原之戰中加入東軍陣營。

桑山重晴

生卒年／？～1606
出身地／尾張國（愛知縣）

經歷安土桃山時代與江戶時代的武將。桑山氏是名門，祖先是鎌倉幕府的有力御家人。他在秀吉擔任近江國長濱城主時，成為秀吉的家臣，在1583年的賤岳之戰，擋下佐久間盛政隊的攻勢守住城砦。後來被編在秀吉之弟秀長的旗下，擔任紀伊國和歌山城代。他同時也是茶人，師承千利休門下。

生駒親正

生卒年／1526～1603
出身地／？

他在秀吉擔任近江國長濱城主開始，成為秀吉的家臣。秀吉攻打中國地方的毛利時，他被拔擢為黃母衣眾。在秀吉政權之下，晉升成為讚岐國的高松城主，名列三中老之一。在1600年的關原之戰加入西軍陣營，但是他並沒有率軍參戰。因為他的兒子一正參加東軍，戰後得以安堵所領。

寺澤廣政

生卒年／1525～1596
出身地／？

他在秀吉擔任近江國長濱城主開始，成為秀吉的家臣。秀吉於1582年在山崎之戰大破明智光秀之後，任命他留守姬路城。他的領地為在播磨國境內，曾在領地舉辦檢地。官位最高晉升到從五位下越中守。他的兒子廣高擔任肥前國的唐津城主，廣政晚年似乎也住在唐津。

尾藤知宣

生卒年／？～1590
出身地／？

秀吉最早期的家臣之一，黃母衣七人眾的其中一員。在攻打九州的時候，擔任秀吉之弟秀長的軍監。但在攻打日向國高城的時候，他建議秀長採用保守的戰術，始終未曾救援友軍。這件事激怒了秀吉，被沒收領地。後來他曾經試圖返回秀吉陣營，反而遭到殺害。

一柳直末

生卒年／1546～1590
出身地／美濃國（岐阜縣）

經歷戰國時代與安土桃山時代的武將。在秀吉擔任近江國長濱城主時，擔任黃母衣七人眾之一。他除了勇猛善戰之外，也曾擔任兵糧或是普請的奉行，是個文武雙全的武將。在1590年小田原之戰，擔任先鋒戰死。據說秀吉聽到他戰死的消息之後悲歎不已。

宮田光次

生卒年／？～1579
出身地／？

秀吉創業期的功臣之一。通稱為喜八或是喜八郎。他跟尾藤知宣、神子田正治、戶田勝隆，合稱為羽柴四天王。他在秀吉麾下擔任大母衣眾，織田信長命令秀吉攻打中國地方的三木城時戰死。後世編撰的史料《老人雜話》，敘述他是「武勇第一之人」。

古田重則

生卒年／1529～1579
出身地／？

豐臣秀吉昔日擔任近江國長濱城主時的家臣。他跟隨秀吉參加中國攻略戰，在攻打播磨國三木城時戰死。他是古田重勝的父親，重勝經常會被跟有名的茶人武將，古田織部（重然）弄混。重勝在1600年的關原之戰加入德川家康的東軍陣營，後來成為伊勢國松坂的領主。

神子田正治

生卒年／？～1587
出身地／尾張國（愛知縣）

豐臣秀吉最初期的家臣，擔任黃母衣七人眾之一。據說在織田信長統一尾張國時，他跟父親就出仕信長，後來成為秀吉家臣。1584年的小牧之戰，他防守尾張國的二重堀砦，但是他率領的部隊因為織田信雄軍的攻勢而動搖，導致全軍潰敗。他因為此事被沒收領地。後來要求回歸秀吉麾下，反而被命切腹自盡。

坪內利定

生卒年／1516～1609
出身地／尾張國（愛知縣）

原本是木曾川流域的川並眾，後來歸順織田信長，成為秀吉的寄騎。據說他擅長鐵炮這種當代的新型兵器。但在1582年的本能寺之變後，他跟秀吉分道揚鑣。他在小牧之戰參加德川家康陣營，但是遭到池田恆興攻擊而失去勢力。後來出仕德川家康，子孫成為幕府的大身旗本※，家名延續到明治維新。

※旗本是直屬主君、幕府將軍的武士，俸祿高的旗本稱為大身旗本。

秀吉的主力家臣團

小西行長

生卒年／？～1600
出身地／山城國（京都府）

河泉國堺商人小西隆佐的次男。擔任豐臣水軍的船奉行轉戰各地，受封為肥後國宇土城主。在秀吉攻打朝鮮時，勢如破竹地取得勝利，攻陷了漢城。在1600年的關原之戰，加入西軍陣營。兵敗之後，他跟石田三成、安國寺惠瓊在京都六條河原被斬首。他跟父親都是天主教徒。

山內一豐

生卒年／1546？～1605
出身地／尾張國（愛知縣）

年輕的時候就出仕織田信長，後來成為秀吉的寄騎而聞名，轉任成為秀吉的直臣。他善於用槍，屢次在戰場上取得戰功。1600年的關原之戰，他將麾下的士兵跟掛川城都獻給德川家康，如此大膽的行為獲得高度評價，戰後受封土佐國。但是他統治土佐遭遇到許多困難，甚至不惜鎮壓長宗我部的遺臣。

池田輝政

生卒年／1564～1613
出身地／尾張國（愛知縣）

秀吉麾下的武將池田恆興的次男。因為他的父親與兄長元助，在1584年的小牧長久手之戰陣亡，由他繼承家督。在秀吉的撮合之下，他迎娶德川家康的女兒督姬為正室。因為這層關係，他跟家康的關係密切，後來成為親家康的急先鋒。後來成為播磨國姬路藩的初代藩主，他打造了姬路城流傳至今的模樣。

堀尾吉晴

生卒年／1544～1611
出身地／尾張國（愛知縣）

從秀吉還稱為木下藤吉郎的時代，就追隨秀吉的老臣。跟隨秀吉打天下，在許多戰役中累積戰功。他受到秀吉的信任，受封駿河國濱松12萬石的領地。在秀吉死之後，他親近德川家康。在1600年的關原之戰，參加東軍陣營。戰後受封出雲、隱岐兩國共24萬石領地。名列豐臣政權的三中老之一。

池田恆興

生卒年／1536～1584
出身地／尾張國（愛知縣）

尾張國織田家臣池田恒利之子。據說他的生母養德院是織田信長的乳母。他從小時候就成為織田家的小姓。跟隨信長參加桶狹間之戰、美濃攻略戰、姉川之戰。在1582年本能寺之變後，他選擇與秀吉聯手，在清洲會議被選為織田家的宿老。但在2年後，戰死於長久手之戰。

前野長康

生卒年／？～1595
出身地／尾張國（愛知縣）

在秀吉還被稱為木下藤吉郎的時代，就跟隨秀吉的最初期老臣。身為木曾川流域的川並眾，在秀吉旗下累積戰功，城為但馬國的出石城主。名列為關白豐臣秀次的年寄眾，但因為秀次失勢而受到牽連，被命自盡謝罪。古文書《武功夜話》屢次提到他的名字，讓他在近代重新受到注目。

黑田長政

生卒年／1568～1623
出身地／播磨國（兵庫縣）

豐臣秀吉的軍師黑田孝高（官兵衛）的長男。經歷了朝鮮之戰，但他與豐臣政權的核心人物石田三成關係逐漸惡化，最後在1600年的關原之戰參加東軍陣營。他發揮了謀略的才能，成功說服小早川秀秋內應。這件功績可以說是德川家康獲得勝利的基礎，戰後獲得筑前52萬3000石的重賞。

中村一氏

生卒年／？～1600
出身地／近江國（滋賀縣）

經歷戰國時代、安土桃山時代的武將。名列豐臣三中老之一。從年輕的時候就出仕秀吉，在1573年獲得近江國長濱200石的領地。擔任關白豐臣秀次的年寄眾，但因為秀次失勢，受到牽連而失去職務。在秀吉死後選擇親近德川家康。在1600年的關原之戰加入東軍陣營，但在開戰前夕猝逝。

山內一豐
千代

秀吉的主力家臣團

前田玄以

生卒年／1539？～1602
出身地／美濃國（岐阜縣）

詳細的生平不明。據說年輕的時候曾經進入比叡山修行，還俗成為武士。後來出仕織田信長，派駐成為信長的嫡男信忠的家臣。在1582年的本能寺之變時，他與信忠都在二條御所，由他帶著信忠的嫡男三法師逃出京都。在關原之戰加入西軍陣營，但私下跟家康密通。

細川忠興

生卒年／1563～1645
出身地／山城國（京都府）

他的正室是明智光秀的女兒伽羅奢。因為這層關係，當本能寺之變發生時，光秀曾經希望忠興加盟相助，遭到拒絕。忠興因此得到羽柴秀吉的信任。他在豐臣政權中穩固地盤，後來轉親近德川家康。以文化人的身分受到很高的評價。他是千利休的門生，名列利休七哲之一。以83歲高齡，逝世於肥後八代。

藤堂高虎

生卒年／1556～1630
出身地／近江國（滋賀縣）

經歷戰國時代與江戶時代初期的武將。他因為數次易主而仕的經歷，成為知名的戰國武將。擅長築城，曾經修築宇和島城、今治城、篠山城、津城、伊賀上野城、膳所城。高虎修築的城，特徵是高聳的石垣以及堀的設計，他的設計風格，經常被拿來跟注重石垣曲度的加藤清正作比較。

大谷吉繼

生卒年／1559～1600
出身地／近江國（滋賀縣）

具有軍事才能，據說豐臣秀吉曾經對他說「想將百萬大軍交給你指揮看看」。他初為秀吉的小姓，後來擔任奉行。在1600年的關原之戰爆發時，他答應摯友石田三成的邀請而加入西軍。小早川秀秋倒戈東軍時，他強忍著重病的痛苦，一度抵擋小早川軍的攻勢。

宇喜多秀家

生卒年／1572～1655
出身地／備前國（岡山縣）

豐臣五大老之一。他是當年支持秀吉的宇喜多直家的次男。迎娶秀吉的養女豪姬為妻，跟豐臣家建立姻親關係，可說是前途似錦。但他身為關原之戰的西軍副統帥，戰敗之後流亡薩摩尋求庇護。在島津家與前田家的求情下免於一死，被判流放八丈島，於1655年在島上逝世。

長束正家

生卒年／？～1600
出身地／近江國（滋賀縣）

初仕織田的重臣丹羽長秀麾下，他善於理財的才能受到豐臣秀吉的注目，後來成為秀吉的直臣。擔任秀吉推行的太閤檢地的奉行，負責戰火重生下的博多城市規劃。此外，他在朝鮮之戰，順利執行大規模海運等後勤補給工作。在關原之戰以西軍身分出陣，最後自盡身亡。據說他未曾一戰就撤退回城。

小早川秀秋

生卒年／1582～1602
出身地／近江國（滋賀縣）？

豐臣秀吉的正室北政所的兄長，木下定家的五男。自幼成為秀吉的養子，名為羽柴秀俊。但是隨著秀賴出生，秀吉對他的關注越來越淡薄，他最後成為小早川隆景的養嗣子。他在關原之戰從西軍倒戈到東軍，是豐臣家衰退的原因之一。但在兩年後，他年僅21歲就猝逝。

增田長盛

生卒年／1545～1615
出身地／尾張國（愛知縣）？

從秀吉擔任近江國長濱城主時，就出仕秀吉。奉命負責治理領國的各種雜務，展現才能在奉行眾中佔有一席之地。執行了太閤檢地這項大工作。在1595年受封大和郡山20萬石，興建了郡山城的總壕溝等大規模建設。在大坂之陣，由於他的兒子盛次進入大坂城加入豐臣方，家康命長盛自盡謝罪。

藤堂高虎
小早川秀秋
細川忠興

秀吉的家臣・官僚階層

早川長政

生卒年／？～？
出身地／？

擔任羽柴秀吉的馬迴眾，活躍於小牧長久手之戰與九州征伐。在朝鮮出兵時擔任奉行，任豐後國府內城主。關原之戰參加西軍陣營，兵敗後被沒收領地，後來成為浪人。直到1614年的大坂之陣，他進入大坂城加入豐臣軍。據說在隔年的夏之陣擔任真田幸村的寄騎參戰。

樋口直房

生卒年／1538～1574
出身地／近江國（滋賀縣）？

淺井長政的家臣堀秀村旗下的重臣。輔佐堀秀村治理近江國坂田郡。當織田信長攻打淺井的盟友朝倉時，他選擇歸順織田。後來擔任派駐給羽柴秀吉的寄騎。秀吉任命他為橫山城的城代，但因為他擅自跟一揆勢力交涉，遭到秀吉的處罰而逃亡。最後被秀吉的使者逮捕，他與族人都遭到殺害。

副田甚兵衛

生卒年／？～？
出身地／？

出仕織田信長之後，成為派駐給羽柴秀吉的寄騎。他的妻子是秀吉異父同母的妹妹旭姬。在1582年信長死於本能寺之變後，他擔任葬禮奉行在大德寺負責信長的葬禮。秀吉打算拉攏家康，強迫他離婚並讓旭姬嫁給家康。他拒絕秀吉提出加增五萬石的補償，以陰齋為號，出家隱居在尾張國烏森。

福原長堯

生卒年／？～1600
出身地／播磨國（兵庫縣）？

石田三成的女婿。在豐臣政權下轉任各直轄地的代官。在出兵朝鮮時，擔任奉行渡海前往前線，據說他對三成報喜不報憂，引來前線武將的反彈。在1600年的關原之戰加入西軍，擔任美濃國大垣城守軍的主將。當西軍戰敗之後，遭城內的內應者開城而自盡。

大村由己

生卒年／1536？～1596
出身地／播磨國（兵庫縣）

原本是播磨國青柳山長樂寺的僧侶賴音房。據說年輕的時候曾到京都的相國寺修行。在羽柴秀吉攻打中國地方的時候，還俗並且出仕秀吉。學識豐富，被譽為是當時一流的學者。擔任秀吉的右筆與側近，著有傳記《天正記》，記載秀吉統一天下的過程。

有馬則賴

生卒年／1533～1602
出身地／播磨國（兵庫縣）

出身為播磨國赤松氏的庶流，在羽柴秀吉攻打中國地方時加入秀吉麾下。後來跟隨秀吉參戰，在秀吉晚年擔任御伽眾。他在秀吉死後接近德川家康。在1600的關原之戰，他沒有率兵出戰。但因為他的次男豐氏加入東軍，得以安堵所領。

小堀政次

生卒年／1540～1604
出身地／？

據說他最初出仕淺井長政，當織田信長滅掉淺井之後，改投入織田旗下。在豐臣政權下出仕豐臣秀長，介入紀伊與大和境內的宗教勢力，擔任檢地奉行等職務。

熊谷直盛

生卒年／？～1600
出身地／？

原本是豐臣秀次的家臣，後來成為秀吉的直臣，獲封豐後國安岐城1萬5000石。在朝鮮之戰，擔任軍監數次渡海前往朝鮮。但是受到前線武鬥派武將的彈劾，被判處蟄居。據說一方面也因為他是石田三成的女婿。在1600年的關原之戰，他駐守在美濃大垣城，被家臣背叛遭到殺害。

速水守久

生卒年／？～1615
出身地／？

初仕淺井長政，淺井滅亡之後出仕秀吉，擔任黃母衣眾。不僅武勇過人，據說還在檢地等行政工作上發揮才能。秀吉死後仍然不改忠義之心，在1600年的關原之戰加入西軍陣營。在大坂之陣擔任七手組頭奮戰到最後，據說他為秀賴介錯之後自殺殉主。

石田正繼

生卒年／？～1600
出身地／近江國（滋賀縣）

石田三成的父親，原本是近江國坂田郡石田村的地侍。因為次男石田三成飛黃騰達，他獲得近江3萬石的領地。在1600年關原之戰爆發時，負責防守近江佐和山城。當西軍戰敗後，他跟東軍交涉開城投降失敗，一族都被殺害。據說他是擅長古典教養的文化人。

秀吉的家臣・武官階層

木村重茲

生卒年／？～1595
出身地／？

通稱為常陸守。他是木村隼人佐定重之子，又稱為小隼人。1583年父親去世之後繼承家督，在同年的賤岳之戰加入秀吉陣營參戰。隨後加入秀吉麾下，在1590年的小田原之戰，攻打武藏國岩槻城立下戰功。雖然身為秀吉的直臣，實際上大多奉秀次之命行事，秀次肅清事件遭到連坐處分，被命切腹謝罪。

前野忠康

生卒年／？～？
出身地／？

舞野兵庫助，又稱為舞兵庫。初仕豐臣秀次，以若江八人眾的身分轉戰各地。在1595年秀次涉嫌謀反事件中，直到秀次被命切腹之前，石田三成為了保秀次的性命四處奔走的模樣，感動了忠康。事後忠康改仕三成，他在1600年的關原之戰投身西軍，最後戰死沙場。另有一說認為他並未戰死。

堀秀治

生卒年／1576～1606
出身地／？

堀秀政的長男。他與父親一起參加豐臣秀吉的小田原之戰，因為父親逝世而繼承家督。在朝鮮之戰，他負責留守肥後國名護屋城。後來擔任了伏見城、大和國多聞城的修復工程。秀吉在1598年逝世後，他轉而親近德川家康。在1600年的關原之戰，投身東軍陣營。

宮部繼潤

生卒年／？～1599
出身地／近江國（滋賀縣）

據說他的前身是比叡山的山法師。出仕淺井長政後，接受秀吉的勸誘而歸順織田信長。擔任派駐到秀吉身邊的寄騎，參加中國攻略戰，活躍於山陰戰場。在文祿之役，他希望能渡海前往前線，但遭到否決。晚年擔任秀吉的御伽眾，聽說他不只是秀吉的商談對象，還曾實際參與政務。

青木一重

生卒年／1551～1628
出身地／美濃國（岐阜縣）？

最初出仕德川家康。在姊川之戰，斬殺了朝倉家的猛將真柄十郎。1573年左右投身秀吉麾下，擔任黃母衣眾。當秀吉死後，他以七手組頭身分侍奉秀賴。但在1615年的大坂夏之陣，他身為秀賴的使者會見家康後，就放下使者的身分改仕幕府。

小野木重勝

生卒年／？～1600
出身地／？

豐臣秀吉麾下黃母衣眾的最初成員。詳細生平不詳，在秀吉的麾下累積功勳，後來成為丹波國的福知山城主。在1600年的關原之戰，他身為受秀吉提拔的大名選擇參加西軍。但因為攻打丹波田邊城的細川幽齋，來不及趕赴主戰場參戰。西軍戰敗後，他遭到細川忠興的包圍，在居城中自盡。

片桐且元

生卒年／1556～1615
出身地／近江國（滋賀縣）

賤岳七本槍之一。他隨侍在豐臣秀吉身邊，奉秀吉之命輔佐秀賴。德川家康對且元信任有加，讓他擔任江戶幕府底下近畿地方的國奉行，但他也因此在豐臣家中遭到孤立。在1614年離開大坂城。

田中吉政

生卒年／1548～1609
出身地／近江國（滋賀縣）

初仕宮部繼潤。因為豐臣秀次年幼時曾經是他的養子，他後來因此臣屬於秀次麾下。秀次肅清事件下順利自保，在關原之戰時加入東軍陣營，逮捕了敵將石田三成立下大功。他擅長內政，在近江國八幡、三河國岡崎、筑後國柳川等歷代居城推行良善的城市規劃，影響到現代。

糟屋武則

生卒年／？～？
出身地／播磨國（兵庫縣）

賤岳七本槍之一。據說他其實是以「加須屋」為姓，他的子孫改姓為「糟屋」。他是賤岳七本槍成員中，唯一站穩西軍立場，並且實際帶兵出戰的人，但在關原敗戰之後，他被沒收領地。後來幕府以500石俸祿聘用，他的子孫以旗本的身分延續家名到後世。

加藤光泰

生卒年／1537～1593
出身地／美濃國（岐阜縣）

在秀吉擔任近江國長濱城主時，就跟隨秀吉的老臣。他累積功勳，被提拔為美濃國大垣城主。但是他為了擴充自己手下的家臣團，擅自將秀吉交給他管理的豐臣直轄地，當作自己的封地來支配。憤怒的秀吉曾經沒收他的領地。後來受到赦免並出兵朝鮮，病逝於歸國途中。

秀吉時代的女性們

秀之前

生卒年／？～？
出身地／？

肥前國岸岳城主波多三河守親的正室。秀吉為了出兵朝鮮，在肥前國名護屋城建造前線基地時，她的夫君向秀吉進言，認為此地不適合駐紮大軍。這件事引起秀吉不滿，她的夫君因為在朝鮮戰場上違反軍令而被沒收領地。另有一說認為此事的原因，是因為貌美的她被秀吉召見時，將懷劍暗藏在身上。

阿初

生卒年／1570～1633
出身地／近江國（滋賀縣）

父親是淺井長政，母親是織田信長的妹妹阿市。她是淺井三姊妹的二女，姊姊是淀殿，妹妹是阿江。她受到羽柴秀吉的庇護，被秀吉安排嫁給家道中落的名門京極氏。1600年關原之戰，她跟夫君京極高次一起守在大津城中。在大坂之陣，為了保全豐臣家關係者的性命而四處奔走。

備前殿

生卒年／？～？
出身地／？

閨名為阿福，以美貌而聞名。最初嫁給備前國高田城主三浦貞勝，丈夫戰死之後再嫁宇喜多直家。在直家死後名義上被秀吉收為養女，據說其實是秀吉的側室。有歷史研究者認為，她跟直家的兒子宇喜多秀家能受到秀吉的寵愛，應該要歸功於備前殿。

阿江

生卒年／1573～1626
出身地／近江國（滋賀縣）

父親是淺井長政，母親是織田信長的妹妹阿市。她是淺井三姊妹的小妹。據說最初嫁給佐治一成，但是這個婚姻有許多不明之處。在1584年嫁給秀吉的外甥秀勝，但秀勝戰死在朝鮮之役。最後改嫁給江戶幕府的第2代將軍德川秀忠，同時她也是第3代將軍家光的生母。

孝藏主

生卒年／？～1626
出身地／？

蒲生家的家臣川副勝重的女兒。她是豐臣秀吉的正室北政所身邊的高級女官。在秀吉的晚年，她除了後宮事務之外，據說對政務也有影響力。在1590年小田原之戰，她代表秀吉遞交書信給姍姍來遲的伊達政宗。另一方面她跟德川家康也有交情，後來離開北政所身邊前往江戶。

豪姬

生卒年／1574～1634
出身地／尾張國（愛知縣）

前田利家與正室阿松的4女。誕生之後不久就成為豐臣秀吉的養女。據說秀吉非常寵愛豪姬，即使她出嫁給宇喜多秀家之後仍然受寵。她的夫君秀家，在1600年關原之戰敗戰被流放到八丈島，她返回娘家前田家。據說她後來仍積極援助，被流放到八丈島的夫君。

大藏卿局

生卒年／？～1615
出身地／丹後國（京都府）？

丹後國的地侍大野定長之妻。她的兒子是大野治長、治房、治胤。豐臣秀吉的正室北政所與孝藏主離開大坂之後，她成為大坂城後宮的掌權者。但是她沒有足夠的手腕能協調德川與豐臣的外交折衝，導致雙方關係更加惡化。在大坂夏之陣，大坂城被攻陷時自盡以殉豐臣秀賴、淀殿母子。

阿松

生卒年／1547～1617
出身地／尾張國（愛知縣）

前田利家的正室。她在背後支持夫君利家，在夫君死後為了前田的安泰而盡心努力。1600年，德川家康質疑前田家企圖謀反，阿松自願擔任人質前往江戶，在江戶渡過14年的時光。

皎月院

生卒年／？～？
出身地／近江國（滋賀縣）

近江國的武將宇田賴中的女兒，石田三成的正室。她跟三成之間產下2男1女。閨名不詳，三成似乎稱她為「詩」。生平不詳，幾乎沒留下任何逸聞傳說。皎月院是她死後的法名。據說她在1600年關原之戰，佐和山城被攻陷的時候自盡，另有一說認為她逃到城外，後來自盡而死。

御三

生卒年／？～？
出身地／？

千利休的3女。母親是寶心抄樹。曾經嫁給萬代屋宗安，夫君早逝而成為寡婦。據說她不願意嫁給秀吉，成為後來秀吉跟利休不合的原因。當代的史料《兼見卿記》記載，秀吉對千利休留下的妻兒非常苛刻，從這一點來看，秀吉想要納她為側室的傳說也許不是空穴來風。

近衛前久

與信長交好的漂泊公卿

生卒年 1536～1612年（天文5～慶長17）

出身地 山城國（京都府）

身 分 公家

事 蹟 以現任關白的身份，遊走於諸國之間尋求有力大名的協助。有時調解大名之間的紛爭，也曾數次隨軍參戰。

近衛前久是關白・近衛稙家之子。1536年（天文5）在山城國出生，1554年（天文23）年，年輕的前久繼任關白，成為藤原氏長者※
京都因為應仁之亂而荒廢，
得強化朝廷的存在感才行！
受到應仁之亂的影響，京都變成戰火蹂躪的荒野
朝廷不僅失去了財源，也失去了掌握政治中心的能力
守護大名沒落戰國大名抬頭
前久身為公卿，漂泊於各地，尋求有力戰國大名的協助

1559年（永祿2）越後的長尾景虎（日後的上杉謙信）上洛，向朝廷獻金
長尾景虎（謙信）
隔年前久前往越後，拜訪長尾景虎
我願為將軍盡忠竭力！
景虎大人真是強大
近衛前久期待景虎能夠平定關東。但是景虎跟武田、北條陷入苦戰，平定關東可說難上加難。2年後前久決定返回京都
武田
北条
帰ろう
就連平定關東也不能盡如人意啊……

1568年（永祿11）關白遭到解職。因為足利義昭懷疑，近衛前久跟義昭的兄長・義輝遭暗殺事件有關。
竟然跟殺了兄長的松永久秀來往密切，將他逐出京都！
可惡的義昭…
將軍・足利義昭

※近衛家源自藤原氏，是身分高貴能擔任關白的五攝家之首。氏長者就是統率氏族之人。

歷史小知識

前久與謙信… 1561年的第4次川中島之戰後，前久寫信恭賀謙信戰勝。早在2年前謙信上洛的時候，兩人就意氣相投，交換血書誓言成為盟友。

後來近衛前久跟織田信長，建立起良好關係
信長的才幹足以統御天下…
況且他還有勤王的志向
織田信長
對於信長久攻不下的石山本願寺，前久協助雙方講和交涉
民生因為戰火而凋敝，不如趁此時握手言和吧
……
顯如

但在1582年（天正10）本能寺之變發生後，秀吉認為前久暗中勾結明智光秀。前久投奔家康避禍
因為吾人的居所就在二條御所旁邊，才會被明智軍佔用！
吾人是無辜的！
まぁ まぁ
我來幫你跟秀吉大人解釋清楚
德川家康

直到家康正式臣從於秀吉之下，前久才能夠返回朝廷
公家啊…說不定我反而比較適合生在武家呢

專欄

近衛家與豐臣家

戰國時代可以說是舊體制價值觀崩壞的年代。不只是天皇、朝廷的威信一落千丈。就連許多公家都離開戰火連綿的畿內，前往各地避難，近衛前久也因此輾轉漂泊於各地。但是前久並不只是逃難，他打算糾結各地的有力大名。前久抱著朝廷政要的榮譽感。他的理想是「以關白這個朝廷最高層級官職來治理天下」。

但是歷史對前久開了一個大玩笑。羽柴秀吉挾著天下人的身分，是前久收秀吉為養子，讓秀吉能夠走上就任關白的道路。但是秀吉並非使用近衛家的名份就任關白，而是另創「豐臣」這個姓氏。從結果來看，從底層往上爬的秀吉，反而意外地實現了前久的理想。

歷史小知識

本能寺之變後出家… 前久跟織田信長關係密切，據說兩人都喜歡鷹獵。但是信長在1582年的本能寺之變喪命，對前久來說打擊很大。後來前久落髮出家，自號龍山。

秀吉相關的天皇・公家

九條稙通
生卒年／1507～1594
出身地／山城國（京都府）

經歷戰國時代與安土桃山時代的公卿，同時也是古典學者。身為五攝家之一九條家的當主。他是曾經擔任過關白、內大臣的九條尚經的嫡男，自己也擔任過關白與內大臣。雖然阮囊羞澀，但是不曾向信長與秀吉屈身獻媚。是當代首屈一指的文化人。

後陽成天皇
生卒年／1571～1617
出身地／山城國（京都府）

第107代天皇。他成為祖父正親町天皇的養子，在1586年即位。以天皇嫡孫身分繼承皇位的天皇，就只有他跟文武天皇。成為天下人的秀吉，利用後陽成天皇的權威來誇顯自己的勢力。後陽成天皇在即位隔年行幸聚樂第，秀吉讓先抵達聚樂第的天皇來迎接他。

大炊御門經賴
生卒年／1555～1617
出身地／山城國（京都府）

權大納言中山孝親的次男。他是右大臣大炊御門經名的養子，後來晉升到權大納言。在1588年隨侍後陽成天皇行幸聚樂第。但是他的長男賴國行為不檢，他連帶受到後陽成天皇的處罰，被流放到薩摩國的硫磺島。

持明院基子
生卒年／？～？
出身地／山城國（京都府）？

中納言持明院基孝的女兒。初名為孝子。進入後陽成天皇的後宮，在1602年生下堯然法親王。7年後曾一度被天皇逐出後宮，後來蒙詔成為典侍。但在隔年，她主動辭退，再度離開宮中。出家之後以了性院為號，隱居在京都的鹿谷。

近衛信尹
生卒年／1565～1614
出身地／？

近衛前久的嫡男。年少時經常與父親一起寓居各地，而非留在京畿。因此成為一個具有武家個性的公卿。他曾經請命從軍，希望能出兵朝鮮。為此受到後陽成天皇的斥責，被命流放薩摩國坊津。後來獲得饒恕，最高晉升到關白。

良仁親王
生卒年／？～？
出身地／山城國（京都府）

後陽成天皇的第一皇子。因為秀吉大力斡旋，他獲得「親王宣下」，有資格繼承下一任天皇。但在秀吉逝世後，後陽成天皇不願意讓豐臣色彩強烈的良仁親王繼位，表明要將他從皇位繼承者中排除出去。後來後陽成天皇立第3皇子政仁親王（日後的後水尾天皇）。

智仁親王
生卒年／1579～1629
出身地／山城國（京都府）

正親町天皇的第1皇子誠仁親王膝下的第6皇子。成為秀吉的猶子，創設了八條宮家。通稱為「八條的皇子」。臥病在床的後陽成天皇，曾經考慮讓位給智仁親王，並與德川家康商談此事。因為智仁親王是秀吉猶子的身分，繼承皇位之事最後遭到否決。

萬里小路充房
生卒年／1562～？
出身地／山城國（京都府）

權大納言勸修寺晴右的3男，權中納言萬里小路輔房的養子，自己朝權大納言晉升。他的正室是織田信長的女兒，後來收豐臣秀吉的側室加賀殿為續絃，最後卻離婚收場。1619年因宮中典侍懷了天皇的孩子的「御與津御寮人事件」遭到流放。

鷹司信房
生卒年／1565～1657
出身地／山城國（京都府）

關白左大臣二條晴良之子。在織田信長建議下，重興左大臣鷹司忠冬死後斷絕的鷹司家。他於1606年晉升為內大臣、左大臣，最後成為關白。繼室是佐佐成政的女兒輝子，兩人生下7個兒女。第五個孩子孝子成為江戶幕府第3代將軍的正室，史稱本理院。

冷泉為純
生卒年／1530～1578
出身地／？

歷經戰國時代、安土桃山時代的公卿，和歌家。下冷泉家的冷泉為豐之子。播磨國細川領，是冷泉家歷代莊園的所在地。當羽柴秀吉攻打中國地方的時候，人在莊園的為純助秀吉一臂之力。但他駐守嬉野城的時候，遭到率兵謀反的別所長治攻打而戰死。

聚樂第行幸
後陽成天皇
秀吉

三條實綱
生卒年／1562～1581
出身地／山城國（京都府）？

內大臣三條西實枝之子，初名為三條公宣。三條本家的當主三條公賴為躲避戰火，前往周防國投靠大內義隆，被捲入陶晴賢謀反事件而死，後來實綱以養子的名義繼承三條本家。實綱的妹妹是武田信玄的正室三條夫人。實綱曾照料被信玄放逐後流浪到京都的信虎。

第6章【家康的時代】

打造江戶幕府260年的基業

—家康的時代—

繼承信長霸業的豐臣秀吉病逝之後，德川家康展露出謀取天下的野心。
家康在關原之戰獲勝的三年後，
被任命為征夷大將軍，開創江戶幕府

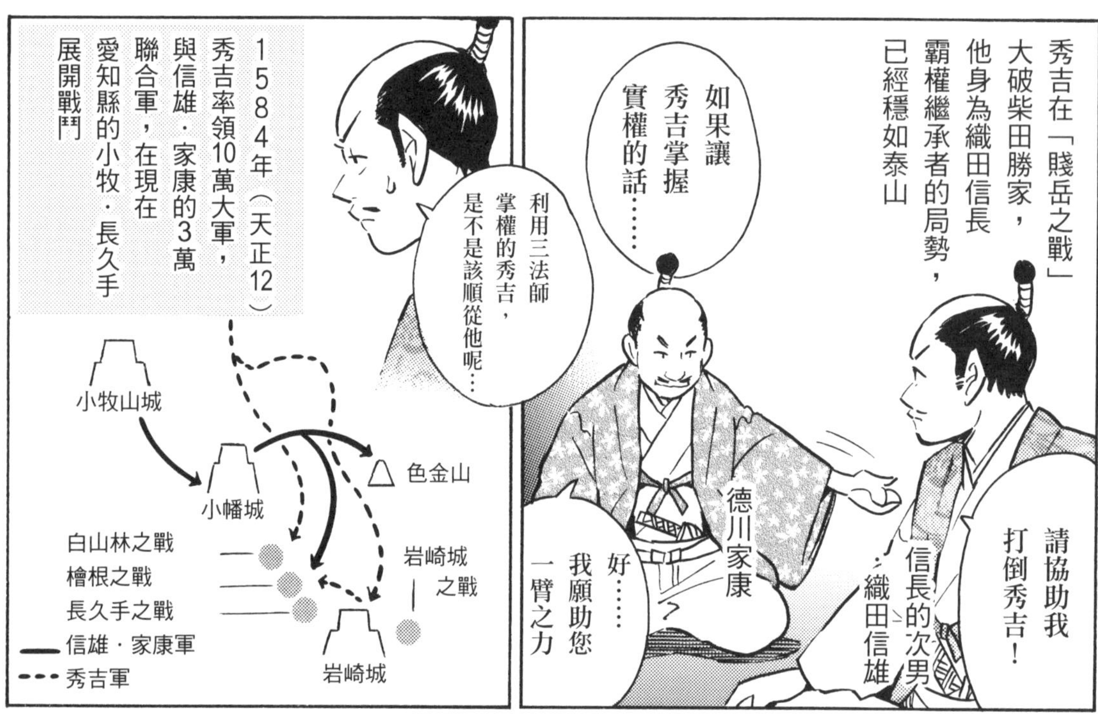

秀吉在「賤岳之戰」大破柴田勝家，他身為織田信長霸權繼承者的局勢，已經穩如泰山
請協助我打倒秀吉！
信長的次男：織田信雄
德川家康
好……我願助您一臂之力
如果讓秀吉掌握實權的話……
利用三法師掌權的秀吉，是不是該順從他呢……
1584年（天正12）秀吉率領10萬大軍，與信雄．家康的3萬聯合軍，在現在愛知縣的小牧．長久手展開戰鬥
小牧山城
小幡城
色金山
白山林之戰
檜根之戰
長久手之戰
岩崎城之戰
岩崎城
信雄．家康軍
秀吉軍

小牧．長久手之戰不只影響了主戰場，而是一場決定了天下局勢的分水嶺。
秀吉軍在開戰之後，率先攻下信雄方的犬山城。但在後來的羽黑之戰，則由家康軍獲得勝利。秀吉軍分兵攻打家康的根據地三河國，卻遭到家康擊潰
森長可
池田恆興
德川家康
織田信雄

數量佔優勢的秀吉軍，直接攻打信雄的根據地伊勢國（三重縣），以戰爭逼迫信雄議和
繼續打下去的話，領地內會發生叛亂……只好議和了……

歷史小知識

如果杜鵑不鳴…　有一首有名的川柳，描述戰國三英傑的個性。上句為「如果杜鵑不鳴」，信長的下句是「那便殺了牠」、秀吉是「逗牠啼叫」、家康則是「等牠啼叫」。

竟然私自跟秀吉議和…
這樣我就失去了跟秀吉作戰的正當理由…

面對屢次拒絕臣服的德川家康。秀吉將自己的妹妹旭姬嫁給家康，讓兩人成為姻親，甚至還把生母・大政所送到德川家當人質
終於來了啊！家康殿下！
您都表示誠意了，家康怎麼能不來呢。

得讓全國的大名，都知道家康向我低頭臣服才行…
母親大人，真抱歉啊
大政所
秀吉

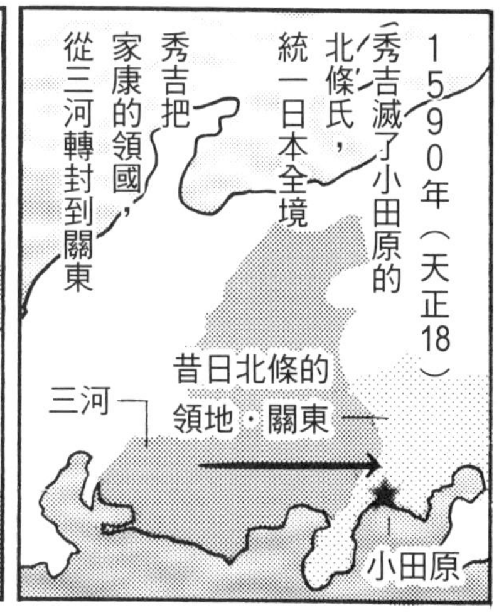
1590年（天正18）秀吉滅了小田原的北條氏，統一日本全境
秀吉把家康的領國，從三河轉封到關東
昔日北條的領地・關東
三河
小田原

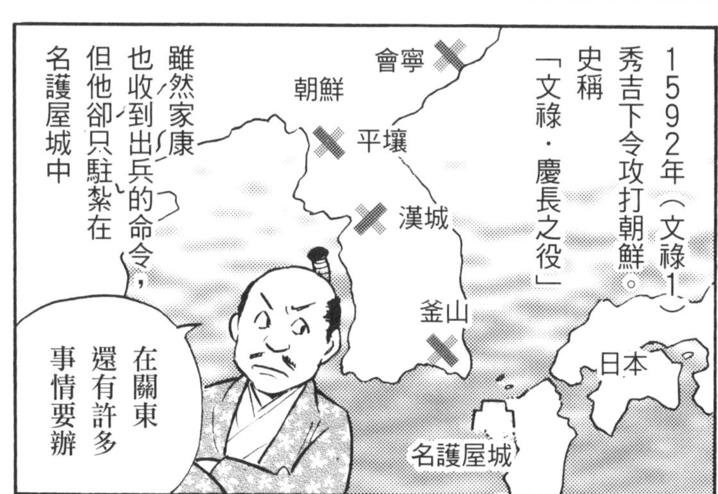
1592年（文祿1）秀吉下令攻打朝鮮。史稱「文祿・慶長之役」
會寧
朝鮮
平壤
漢城
釜山
日本
名護屋城
雖然家康也收到出兵的命令，但他卻只駐紮在名護屋城中
在關東還有許多事情要辦

1598年（慶長3）豐臣秀吉病逝之後，由石田三成主導秀吉死後的豐臣家。家康在關原之戰擊敗石田三成，在1603年（慶長8）成為征夷大將軍，開創江戶幕府
接下來就是我的時代了！

關於戰國的三位天下人，有一首有名的打油詩形容他們
「織田搗餅，羽柴揉餅，德川坐享天下大餅」
家康觀察信長、秀吉的優點與缺點，活用在自己主導的政權。建立了江戶幕府260年的基業
江戶城

歷史小知識

懷柔朝鮮？… 德川家康回絕秀吉要求出兵朝鮮的命令，不打沒有必要的戰爭來保存兵力，累積自己的實力。家康開幕府之後，為了跟李氏朝鮮恢復外交關係做了許多努力。

德川家康

戰國時代最後的勝利者，開創江戶幕府

生卒年 1542～1616年（天文11～元和2）

出身地 三河國（愛知縣）

身分 江戶幕府初代將軍

事蹟 家康與織田信長締結同盟，以戰國大名的身分獨立。在豐臣政權成為五大老首席，在秀吉死後成為下一個天下人。

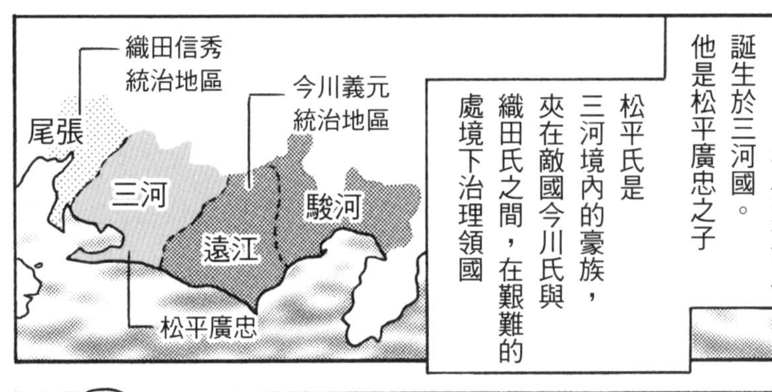

德川家康在1542年（天文11）誕生於三河國。他是松平廣忠之子
松平氏是三河境內的豪族，夾在敵國今川氏與織田氏之間，在艱難的處境下治理領國
織田信秀統治地區
今川義元統治地區
尾張
三河
遠江
駿河
松平廣忠

竹千代（家康的幼名）在3歲與生母分開，6歲的時候作為人質送往今川，卻在途中遭到織田俘虜。在尾張待了2年半之後，藉由交換俘虜又被送到駿河的今川，度過11年的人質生活
廣泛地學習，並且鍛鍊文武兩道
太原雪齋

1560年（永祿3）織田信長斬殺今川義元

後來家康跟隨信長，在「姊川之戰」、「三方原之戰」、「長篠之戰」吸收經驗壯大自己

勝	1570年（元龜1）「姊川之戰」淺井長政、朝倉義景
敗	1572年（元龜3）「三方原之戰」武田信玄
勝	1575年（天正3）「長篠之戰」武田勝賴

信長殿下在桶狹間擊斃義元殿下嗎？

同盟

信長

家康擺脫了長年以來從屬今川的困境，取回岡崎城。隔年獨立自主，以領主的身分跟信長締結同盟

雖然幾度戰敗，但是失敗也是人生重要的經驗

歷史小知識

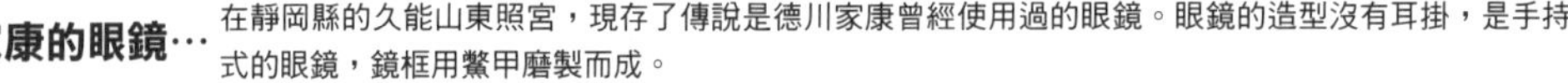
家康的眼鏡… 在靜岡縣的久能山東照宮，現存了傳說是德川家康曾經使用過的眼鏡。眼鏡的造型沒有耳掛，是手持式的眼鏡，鏡框用鱉甲磨製而成。

家康在信長與秀吉過世之後，在「關原之戰」「大坂之陣」大勝，將天下納入掌中

天下屬於我啦！

家康讓經驗豐富的本多正信，輔佐2代將軍秀忠。另外把年輕的家臣帶在身邊指導，讓他們累積經驗

家康能夠執掌天下，原因在於他童年時代培養的忍耐力、以及君臣的信賴關係，讓家臣能發揮最大實力

秀忠，接下來就交給你了！

家康開創的江戶幕府，延續了260年的歷史

家康在1616年（元和2）4月14日逝世。雖然他一生注重健康養生，但是據說他正月吃了鯛魚天婦羅，因食物中毒而死。

快活人生？
簡樸的飲食最好！
喝酒也要適量
淺酌
淺酌
自己調製藥物
任何事情都要適可而止就好♪
早睡早起～
這樣的人生有什麼樂趣啊

專欄

德川家康的影武者

在戰國時代，有許多有名的武將都擁有影武者。其中關於家康的影武者傳說最特別，傳說真的家康在某個大事件就去世，後半段人生其實是由家康的影武者頂替。其中一種影武者傳說，是家康還名為松平元康的時代。在桶狹間之戰結束之後，他就在尾張守山遭到殺害。當時家康才以獨立大名的身分自立門戶，周遭還有織田信長、以及殘存的今川勢力等強敵，家康的嫡男・信康也只是3歲的幼兒。

松平家的家臣團隱瞞家康之死，讓影武者出來頂替家康。這個影武者是名為世良田二郎三郎的流浪僧侶。也就是說開創江戶幕府的家康，其實是真身是來路不明的流浪漢。雖然這個說法的可信度很低，但是許多小說家跟漫畫家都以這個題材進行創作。

歷史小知識

死因並非食物中毒… 俗說認為家康的死因，是因為他吃太多鯛魚天婦羅導致食物中毒而死。但是家康發生食物中毒的三個月才過世。因此有一說認為真正的死因是胃癌。

本多忠勝

協助家康取得天下的德川四天王

1572年（元龜3）「三方原之戰」，織田·德川聯合軍敗給武田軍，被打得潰不成軍

此戰負責斷後的武將，是德川四天王之一的猛將：本多忠勝

聽說家康逃跑的時候，驚嚇過度在馬背上失禁…

不過，那個男人…在家康麾下真是太可惜了

家康擁有兩樣他匹配不上的寶物，一個是唐頭盔、一個是本多平八（忠勝）

武田信玄

武田信玄的近習 小杉左近

※唐頭盔 裝飾氂牛鬃毛的頭盔。當時流行用鬃毛裝飾在頭盔跟長槍。

三方原位在家康的居城濱松城附近。武田軍刻意通過濱松城前，要引誘家康出兵追擊武田軍
從城前通過?! 出兵追擊！
就等你上跳入陷阱
信玄
家康
「三方原之戰」
② 變換方向 靜待德川軍
武田軍
嚴陣以待的武田軍發動猛攻，德川軍敗退
武田信玄 2萬5000人
③ 激戰2小時後敗退
德川軍8000人
織田軍3000人
德川軍
① 追擊武田軍
④ 家康逃往濱松城
⑤ 德川軍發動夜襲

生卒年 1548～1610年（天文17～慶長15）

出身地 三河國（愛知縣）

身　分 武將

事　蹟 少年時代開始侍奉家康，跟家康有關的戰爭幾乎從不缺席。關原之戰後，受封伊勢國桑名藩10萬石。

歷史小知識

好惡分明… 本多忠勝與同為德川四天王的榊原康政關係良好。但他與日後成為江戶幕府老中的本多正信則水火不容。據說忠勝曾說「即使同為本多一族也毫無瓜葛」。

忠勝在戰場使用長達6公尺（一般是4公尺）的長槍作戰
曾有一隻蜻蜓停在槍尖，被槍尖一分為二。從此忠勝的槍被稱為「蜻蜓切」

1584年（天正12）的「小牧・長久手之戰」，忠勝發揮卓越的指揮才能。率領300騎軍隊，迎戰數萬秀吉軍。秀吉身為敵將也不禁誇讚。
雖然是敵人，但是打得漂亮！本多忠勝…
羽柴秀吉

後來在1600年（慶長5）的「關原之戰」，忠勝率領少數部下，斬獲90幾個敵軍首級
真不愧是忠勝殿下！
福島正則
過獎。只是敵人太弱了
忠勝在這場戰爭中，也發揮外交的才能，戰後受封伊勢（三重縣）桑名的領地

忠勝一生中參加過57次戰役，據說從未在戰場上負傷
他立下無數戰功，為家康盡忠。也以領主的身分受到百姓仰慕。關原之戰後，他遠離政治的核心中樞。在1610年（慶長15）逝世

專欄

忠勝的武勇受到名將讚揚

名列德川四天王的本多忠勝，是家康麾下首屈一指的猛將。他的勇猛可以說是敵我皆知，有兩位足以代表戰國時代的名將，曾經讚揚過忠勝。

織田信長是德川家康的盟友，忠勝經常參與信長的戰爭立下許多戰功。信長誇讚他是「名實兼具的勇士」。此外在1584年的小牧・長久手之戰，他率領300兵力，從側面射擊正在變換方向的羽柴秀吉大軍。秀吉佩服忠勝的勇猛，不假思索地命令軍隊不可出兵迎戰。後來成為天下人的秀吉，毫不忌諱地稱讚忠勝是「日本第一，獨步古今的勇士」「天下無雙的大將」。

就連戰國時代的名將，都不吝惜對忠勝表示讚揚。忠勝的確是猛將中的猛將。

歷史小知識

唯一的傷痕… 本多忠勝是歷經許多戰役的勇將。據說他晚年隱居生涯中，曾有一次雕刻佛像時，小刀不慎滑手割傷自己。據說這是「唯一的傷痕」，數周後忠勝就去世了。

酒井忠次

德川四天王筆頭重臣

生卒年 1527～1596年（大永7～慶長1）

出身地 三河國（愛知縣）

身分 武將

事蹟 德川四天王之一，譜代家臣的首席。從家康在岡崎獨立之後，就擔任家康的家老。協助家康征服東海道5國。

酒井忠次名列德川四天王之一，被譽為是家康的左右手。他從家康的父親・松平廣忠的時代就侍奉家康。

松平的領地三河國，夾在今川與織田的領地之間。竹千代（家康的幼名）從小就被送到今川當人質，忠次陪同家康度過有志難伸的時光

今川的家臣笑我「根本不像是猛將清康的孫子」，真令人不悅。

我就在檐廊小便給他們看！

1564年（永祿7）家康統一整個三河國。忠次說服吉田城開城投降，被任命為吉田城主

信長大人，在下有一計

說來聽聽

織田信長

武田信玄死後，忠次在1575年（天正3）的「長篠之戰」，向信長獻策夜襲

「長篠之戰」

織田信長本陣

德川家康

武田勝賴

長篠城

① 長篠城遭受來自後方的襲擊，信玄之弟・信實戰死。武田軍敗退

② 武田軍的名將接連戰死

鳶巢山砦：武田軍據點，勝賴命支隊在此地駐守

酒井忠次率領德川別働隊，帶著500挺鐵炮進攻

歷史小知識

滑稽之人… 酒井忠次擅長表演名為「撈蝦舞」的滑稽舞蹈。據說他經常在外交與軍事會議上表演，緩和緊張的氣氛。據說德川跟北條結盟時，他也曾在席間表演。

信長命令忠次夜襲敵砦。忠次順利繞到武田軍背後，對織田・德川聯合軍的勝利有極大的貢獻

パァン

1579年（天正7）為了慶賀安土城竣工，忠次擔任使者，帶著家康的禮物前去獻給信長…

信長

聽說信康（家康的嫡男）涉嫌謀反…此事當真？

這…這個…這件事…

織田・德川聯合軍靠著3000挺鐵炮，以及忠次的夜襲，順利擊斃許多武田的將士

只要聯手滅了織田與家康，武田願將領地任由信康治理

信康的正室・五德姬是信長的女兒。信長唸起女兒密報的信件（一般通稱為五德姬，德姬的名稱很少見）

如果承認的話，信康殿下涉嫌謀反的事情就難以收拾…

如果否認的話，又變成質疑五德姬的信件是一派胡言

忠次在這個時候，未能替信康辯護開脫，導致信康自盡的悲劇

據說後來忠次曾向家康求情，希望能替兒子・家次加封領地。家康諷刺地回答「你也會疼愛自己的孩子嗎?」

忠次在江戶幕府開設的7年前，於1596年（慶長1）在京都的櫻井宅邸逝世。

專欄

一生的汙點「松平信康切腹事件」

德川家康旗下的首席譜代家臣・酒井忠次，曾有一次難以挽回的汙點。在1579年，當時德川的盟友織田信長，懷疑家康的嫡男・信康暗中勾結武田企圖謀反，最後導致信康切腹自盡。忠次當時應該盡力為信康辯護解釋，但是他卻沒有這樣做，反而承認這個傳聞是事實。

在德川家中，有強硬派的家臣認為應該跟信長解除盟約，全力保護信康。就連擔任信康傅役的平岩親吉，願意交出自己的首級來平息此事。但是德川家康認為，既然忠次身為德川的老臣，當場就全盤承認沒有任何辯解。如果對信長玩小手段，會造成反效果。據說家康含淚要信康切腹自盡。家康的3男秀忠，在關原之戰遲到的時候，據說家康曾惋惜地說「如果信康還在的話…」

歷史小知識

空城計… 德川軍在三方原之戰，慘敗於武田軍。據說酒井忠次迎接家康進入濱松城之後，大開城門並且點燃篝火。武田軍擔心城內有詐，停止追擊並撤軍。

與武功派系家臣

榊原康政

生卒年／1548～1606
出身地／三河國（愛知縣）

德川四天王之一。13歲時成為德川家康的近侍。1563年平定三河的一向一揆立下軍功，獲家康賜予「康」字。1584年的小牧長久手之戰時。兩軍對峙時，康政散發挑釁羽柴秀吉的檄文，成功激怒秀吉，秀吉以10萬石懸賞康政的首級失敗，反而使得康政大大出名。1600年關原之戰後，家康打算賞賜水戶25萬石給康政，他堅決推辭。

井伊直政

生卒年／1561～1602
出身地／遠江國（靜岡縣）

德川四天王之一。其父直親是今川氏的家臣。15歲的直政受到濱松城下放鷹打獵的德川家康發掘，從此跟隨了家康。雖然他只是個新人，卻深受家康信賴。甲斐武田氏滅亡時，直政接收了武田的遺臣，為了保留武田的遺風，將部隊的鎧甲統一換成赤備，日後以「井伊的赤備」之名威震敵人。直政行政能力優秀，1582年本能寺之變發生沒多久，他便奉家康之命與北條氏規達成和議。1600年關原之戰中負傷，2年後病逝。

石川數正

生卒年／？～1592
出身地／三河國（愛知縣）

打從德川家康還是今川氏的人質時，石川數正就擔任近侍陪伴在家康身旁。今川義元死後，在1562年與織田信長進行交涉，為清洲同盟的成立貢獻了一份力。他既是西三河領袖人物也是筆頭家老，卻在1585年突然離開家康投奔秀吉，獲秀吉賜予和泉國的領地。後來參加九州征服、1590年的小田原征伐，在北條氏滅亡後移封到信濃8萬石。數正和其子康長，整備了松本城的天守、城郭和城下町。卒年有異說，其中一種說法是在1593年於京都七條河原舉辦葬禮。

大久保忠世

生卒年／1532～1594
出身地／三河國（愛知縣）

忠世以智勇兼備為人所知。1572年的三方原之戰大敗，全軍撤退之後，他以僅僅100多人果斷地夜襲武田軍，讓信玄感嘆「此敵就算已經擊敗，還是足以讓人心生畏懼」。接著就在3年後的長篠之戰中，他以精采的指揮獲得織田信長的贊賞。此時，信長稱讚忠世就像是「一旦黏上敵人就不給掙脫的膏藥侍」他不只勇武過人，政治能力也很優秀。本多正信曾背叛過家康遭到流放，後來忠世協助他回到德川家。擔任信州奉行時期經營信濃頗有成績，獲賜小田原4萬石。

服部半藏

生卒年／1542～1596
出身地／三河國（愛知縣）

「服部半藏」是戰國時代到江戶時代，德川氏麾下活躍的服部半藏家歷代當主之名。一般認為是伊賀忍者的頭領，但也有一說認為從第2代半藏開始就不再是忍者。最有名的是第二代，從他的父親保長開始就以譜代的身分出仕家康，率領伊賀忍者屢次活躍於戰場上。在被視為家康最大險境的「神君穿越伊賀」半藏擔任嚮導，護衛家康安全抵達白子。後來獲領遠江境內8000石俸祿。家康入關東後，他統率著寄騎30騎與伊賀同心200名。德川十六神將之一。別名「鬼半藏」。

平岩親吉

生卒年／1542～1611
出身地／三河國（愛知縣）

親吉從德川家康還在駿府做人質時就跟隨著他，或許也是因為跟家康同年齡，可說是一起長大的好友。他非常受到家康信任，當家康的嫡長子信康誕生時，被拔擢信康的傅役。晚年時迎入家康的八男仙千代為養子，但是夭折。由於沒有親生兒子，所以平岩家到了親吉一代即斷絕。在擔任上野國廄橋藩藩主時領有3萬3000石，到了尾張國犬山藩藩主時期升至12萬3000石。有一說認為他是《三河後風土記》的作者。親吉似乎對於金錢看得十分淡泊，據說豐臣秀吉曾送金幣給他，作為伏見城完工的賀禮，卻被他退還。

德川四天王

蜂屋貞次

生卒年／1539～1564
出身地／三河國（愛知縣）

當家康還名為松平元康，在今川家當人質的時候，貞次就跟隨在他身邊。今川義元進攻尾張時，他跟隨家康攻打丸根砦。1563年三河爆發一向一揆，貞次離開家康加入一揆。每當他出陣看到家康身影時，就連忙逃走，直到其他武將追上才持槍應戰。據說他被質問原因時，回答「因為看到昔日主君才逃走」。隔年家康鎮壓一揆，大久保忠俊為貞次說情，才獲得家康原諒並回歸德川家臣團。但同一年攻打三河吉田城，據說他遭流彈擊中而死。

大久保忠鄰

生卒年／1553～1628
出身地／三河國（愛知縣）

相模小田原藩的初代藩主。其父是大久保忠世。忠鄰從1563年起出仕德川家康，1568年攻打遠江堀川城是他的初陣。隨後歷經三河一向一揆、姉川之戰、三方原之戰、小牧長久手之戰等戰役，表現活躍。依軍功被拔擢為德川秀忠的家老。秀忠就任江戶幕府第2代將軍之後，忠鄰被稱為武功派影響力最大之人。一說他受到政敵本多正信陷害，遭到改易並被流放。據說家康死後，幕府想赦免他卻被他婉拒，因為忠鄰不願讓家康的判決變成誤判。

米津常春

生卒年／？～1612
出身地／三河國（愛知縣）

德川十六神將之一。常春從家康之父松平廣忠時代開始就出仕松平家。他總是擔任家康的旗本，在1560年桶狹間之戰的前哨戰中，攻打織田方的丸根砦立下戰功。另外為鎮壓三河的一向一揆也做出了貢獻。隨後唯一留下的紀錄，是1564年三河赤坂之戰，他揮舞長槍與渡邊守綱一起奮戰。一說常春享長壽，直到1612年以89歲高齡逝世。他的兒子親勝是有名的能吏，但在擔任堺奉行時，因涉嫌收賄、殺人而被命切腹謝罪。

渡邊守綱

生卒年／1542～1620
出身地／三河國（愛知縣）

別名「半藏」。與德川家康同年出生。21歲的他參加三河八幡之戰，雖然輸了戰爭，但是守綱揮舞長槍英勇奮戰，而得到了「槍之半藏」的異名。據說他與家康麾下的「鬼半藏」服部半藏並稱。守綱是一向宗的信徒，在1563年的三河一向一揆時反叛家康，投入一向一揆。在家康鎮壓一揆之後，獲得原諒回歸德川家。後來參加了許多跟家康有關的主要戰役，身為旗本在姉川之戰拿下一番槍的軍功。三方原之戰或是長篠之戰、小牧長久手之戰則擔任先鋒。

內藤正成

生卒年／1528～1602
出身地／？

正成是從德川家康之父松平廣忠時代，就出仕松平家的譜代家臣。他是知名的弓手，據說他用強弓同時射穿兩套鎧甲，因此受到廣忠聘用。據說他在大高城之戰，他用一支箭射殺了兩個人。1563年鎮壓三河一向一揆時，射穿了敵將的雙膝。另外1574年的高天神城攻防戰中，敵方的武田軍也畏懼他的弓。1590年家康被移封到關東，正成也從三河國幡豆郡700石增加到武藏國5000石。他在1602年病死，德川秀忠親自派醫師為他看診，足見他深受德川家的信任。

高木清秀

生卒年／1526～1610
出身地／三河國（愛知縣）

戰國時代到江戶時代的武將。據說出身三河，但住在尾張。清秀原本是德川家康的伯父水野信元的家臣，曾經一度出仕織田信長的父親信秀。他曾參與過刈屋之戰、石瀨之戰、姉川之戰、長島征伐、長篠之戰等戰役。1575年，水野信元涉嫌暗通甲斐的武田勝賴，遭信長下令殺害，清秀成為了佐久間信盛的寄騎。最後在1582年信長死於本能寺之變後，他與家康成為主從。他參加許多戰役，立下戰功名列德川十六神將。子孫也成為河內國丹南藩主延續到後世。

德川四天王與武功派系家臣

大久保忠政

生卒年／1532～1607
出身地／？

大久保忠次之子，以智勇兼備為人所知的忠世、忠佐是他的堂兄弟。因為成為松平氏家臣阿部定次的養子，改名阿部四郎五郎忠政。1555年，他與忠世、忠佐這群岡崎眾擔任今川軍的先鋒，攻打織田信秀的蟹江城。世人稱讚他們為「蟹江七本槍」。

松平康忠

生卒年／1545～1618
出身地／三河國（愛知縣）

長澤松平氏的當主。他的父親是在桶狹間之戰陣亡的政忠，母親是家康的姑姑，所以輩分上他是家康的表弟。17歲時獲家康賜予「康」字，娶家康的妹妹為妻。康忠跟隨著德川家重臣酒井忠次參與了姉川之戰和長篠之戰。後來成為家康嫡長子信康的家老，在信康切腹後蟄居，後來出仕家康。

奧平信昌

生卒年／1555～1615
出身地／三河國（愛知縣）

信昌原本是武田氏的家臣，在1573年前後與父親貞能一起歸順德川家康。1575年的長篠之戰，他堅守長篠城抵擋住武田軍，因此功績而獲信長賜予「信」字。信昌迎娶家康的長女龜姬為妻。1600年的關原之戰後，被任命為京都所司代，後來獲封美濃加納10萬石。

鳥居元忠

生卒年／1539～1600
出身地／三河國（愛知縣）

元忠侍奉在今川家擔當人質的德川家康，他對家康的忠誠無人能及，豐臣秀吉曾想要給他官位，也被他以「不事二君」為由堅辭。1600年關原之戰前一晚，元忠堅守伏見城，拒絕石田三成的勸降，遭到數量超過20倍以上的敵軍攻擊，最後壯烈犧牲。嫡男忠政後來獲賜山形藩24萬石。

大須賀康高

生卒年／1528～1589
出身地／三河國（愛知縣）

受德川家康賜予「康」字，因此改名康高。1567年與植村正勝、高力清長同列三奉行。1584年的長久手之戰中，和女婿榊原康政一起擊潰羽柴秀次的別働隊立下戰功。1589年去世之後，由於康高沒有兒子可以繼承，就由康政的長男忠政繼承大須賀家。

岡部正綱

生卒年／1542～1583
出身地／駿河國（靜岡縣）

正綱最初出仕駿河的今川義元、氏真父子。此外《武德編年集成》記載了他在少年時代和在駿河當人質的德川家康交好。當武田信玄侵入駿河時，正綱一度抵抗，最後向信玄投降。武田氏滅亡後，他雖臣從家康，然而在本能寺之變後的混亂中，為北條軍所殺。

大久保忠佐

生卒年／1537～1613
出身地／三河國（愛知縣）

德川十六神將之一。忠佐勇武過人，跟隨德川家康參與大小戰事卻毫髮無傷。關原之戰後，他獲封駿河沼津2萬石，但是嫡男忠兼卻先他而逝，大久保家就此斷絕。忠佐是大久保忠世的弟弟。

鳥居忠廣

生卒年／？～1572
出身地／三河國（愛知縣）

鳥居元忠的弟弟。忠廣和兄長一樣都以勇武聞名，在1570年的姉川之戰中擔任德川軍的先鋒。兩年後的三方原之戰，他擔任斥候去偵察敵情，看到雙方壓倒性的兵力差之後，主張停戰卻不被認同。德川軍在三方原之戰大敗撤退時，忠廣擔任殿軍浴血奮戰，最後壯烈身亡。

酒井重忠

生卒年／1549～1615
出身地／三河國（愛知縣）

經歷戰國時代到江戶時代的武將。年輕時就跟著德川家康，跟家康相關的初期主要戰役大多都有參與，立下許多戰功。1590年家康被轉封到關東時，他獲封武藏國川越1萬石，在江戶時代成為川越藩的初代藩主，後來又成為上野國廄橋藩的初代藩主。

大久保彥左衛門忠教

生卒年／1560～1639
出身地／三河國（愛知縣）

忠教以「天下的諫臣」之名為人所知。他的忠義、固執可說是典型的三河武士。就算是對家康，他也會一步不讓地說教。到了江戶時代，忠教感嘆太平之世讓武功派受到冷落，對將軍也直言不諱。為了將武士的處世之道傳達給後世子孫，他寫下了《三河物語》一書。

官僚派系家臣

板倉勝重

生卒年／1545～1624
出身地／三河國（愛知縣）

勝重從幼少時即出家為僧，37歲時因為父親與弟弟戰死，還俗繼任家督。1601年擔任京都所司代，將當時豐臣派勢力還根深蒂固的京都治理得很好。他擁有優秀的行政能力與靈活的決斷力。在眾多事件、訴訟中發揮了其手腕，據說是讓敗訴者也能心服口服的公正裁決。

本多正純

生卒年／1565～1637
出身地／三河國（愛知縣）

歷經安土桃山時代到江戶時代的武將。與父親正信同樣長於謀略，據說大坂冬之陣後填平大坂城的所有城壕，是他策畫的計謀。家康讓秀忠繼任將軍之後，命正純在駿府從旁輔佐推行大御所※政治。正純後來成為幕府的老中，但是在家康死後，在1622年突然遭到罷免，移封到出羽國1000石。

高力清長

生卒年／1530～？
出身地／三河國（愛知縣）

經歷戰國時代到江戶時代的武將。戰國時代時臣從德川家，與天野康景等人並列岡崎三奉行。有一則佚事提到，清長在三河一向一揆終結後，將信徒們留下的佛像和典籍整理後歸還給原屬一揆方的寺院。因其慈悲心而被稱作「佛高力」。後來擔任使者派往豐臣秀吉處，獲賜豐臣姓，並成為聚樂第營造奉行。

大久保長安

生卒年／1545～1613
出身地／？

據說長安是當代的猿樂（能樂）師之子。長安跟隨著行腳各地的猿樂者抵達甲斐國之後，受拔擢成為信玄的猿樂師。後來轉仕家康為官，擔任代官負責礦山開發，發揮他的才能。他導入新技術，使金銀產量增加，充實了幕府的財政。長安死後，被指控假借權勢中飽私囊，七個兒子都被處刑。

彥坂元正

生卒年／？～1634
出身地／？

元正的父親是今川家的家臣光景。今川沒落後他轉仕德川家康，1589年前後擔任奉行，負責推行當時德川統治的三河、遠江、駿河、甲斐、信濃等地的檢地工作。1601年起成為伊豆代官，負責礦山開發。他與大久保長安、伊奈忠次等一同被稱為「三目代」。後來受到農民檢舉非法行為，遭到改易。

青山忠成

生卒年／1551～1613
出身地／三河國（愛知縣）

忠成自幼擔任家康近侍，深受家康信任。1580年拔擢他擔任兒子秀忠的傅役。1600年的關原之戰時，忠成跟著秀忠，因此未及時參與決戰。隨後他在江戶幕府中擔任江戶奉行、關東總奉行，在榊原康政麾下，負責規劃轉封關東之後德川家臣團的領地分配，並盡心盡力推動民政。

本多正信

生卒年／1538～1616
出身地／三河國（愛知縣）

正信自幼出仕德川家康，不過在三河一向一揆爆發時，曾經一度出奔加入一揆軍。據說曾一度出仕了松永久秀。後來獲得赦免回歸德川家之後，作為一名能吏受到家康莫大的信賴。身為家康的側近，他全面參與國政規劃。據說方廣寺鐘銘事件，或大久保忠鄰失勢事件，背後都跟正信有關聯。

內藤清成

生卒年／1555～1608
出身地／三河國（愛知縣）

清成起初是從德川家康的小姓做起，1560年開始成為日後的二代將軍秀忠的傅役。在德川幕藩體制下，清成歷任了江戶奉行和關東總奉行。1606年他獨斷地准許農民在本應禁獵的「鷹場」中設置捕鳥陷阱，因此觸怒家康遭到免職。據說這也是本多正信的計謀。

天野康景

生卒年／1537～1613
出身地／三河國（愛知縣）

康景也是陪伴德川家康渡過人質時代的人之一。1563年發生了三河一向一揆，就連家康的族人也有不少人加入一揆，但是康景依然留在家康身邊效力。1565年與高力清長、本多重次一同擔任三河的三奉行。據說此時，坊間稱他為「不選邊站的天野三郎兵衛」（意指康景為人謹慎）。

土井利勝

生卒年／1573～1644
出身地／遠江國（靜岡縣）？

德川家康的家臣土井利昌的養子。因為利勝自幼就被允准陪侍家康鷹獵，有一說認為他是家康的私生子。在《德川實紀》也記載他是家康私生子的這種說法，因此可信度很高。在擔任秀忠的傅役後，成為幕閣的最高層。後來也擔任了第三代將軍家光的傅役。

※退位下來的前任將軍稱為大御所。

為了爭奪戰國時代最強霸權而戰
－決定天下局勢的關原之戰－

豐臣秀吉死後，德川家康展露出奪取天下的野心。
毅然對抗家康的人，是身為豐臣家五奉行之一的石田三成。
三成號召反德川的大名們，組織了足以對抗家康的戰力。決戰即將揭幕！

豐臣秀吉病逝後，德川家康接二連三地，跟豐臣恩顧的大名締結婚姻關係，逐漸擴大勢力
家康締結姻親關係的將領
●伊達政宗
●福島正則
●蜂須賀家政
違背秀吉大人的遺言，不斷跟其他大名聯姻。家康到底在盤算什麼！
淀殿
秀賴
石田三成

1599年（慶長4）加藤清正等武功派將領，計畫要襲擊石田三成
受到『文祿．慶長之役』的影響，豐臣家臣團分裂成文治派與武功派，再也不是一條心
加藤清正、福島正則等人商討計畫

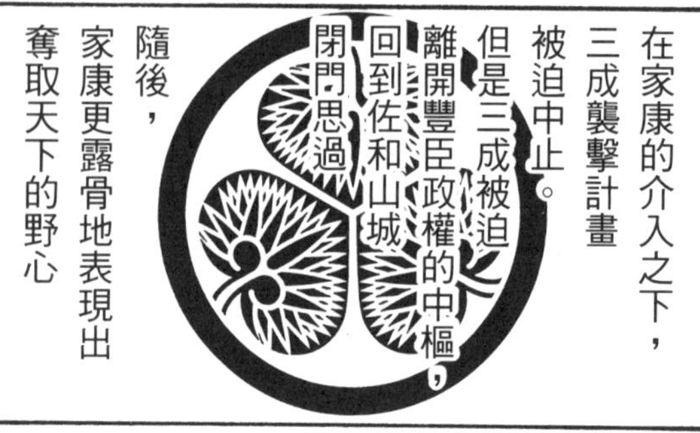

在家康的介入之下，三成襲擊計畫被迫中止。但是三成被迫離開豐臣政權的中樞，回到佐和山城閉門思過
隨後，家康更露骨地表現出奪取天下的野心

1600年（慶長5）6月，因為五大老之一的上杉景勝，拒絕家康提出的上洛要求。家康率領眾大名遠征會津的上杉
要攻打大坂城可不是件簡單的事，如果能引三成出兵的話…
德川家康

三成得知家康遠征之後，立即起兵並推舉毛利輝元為總大將
討伐家康！跟上杉聯手，前後包夾家康！

歷史小知識

900年前也是戰場… 日本的大名分為東西軍，在1600年大戰的關原，在900年前也曾是戰場。在672年的壬申之亂，大海人皇子打敗天智天皇之子．大友皇子，即位成為天武天皇。

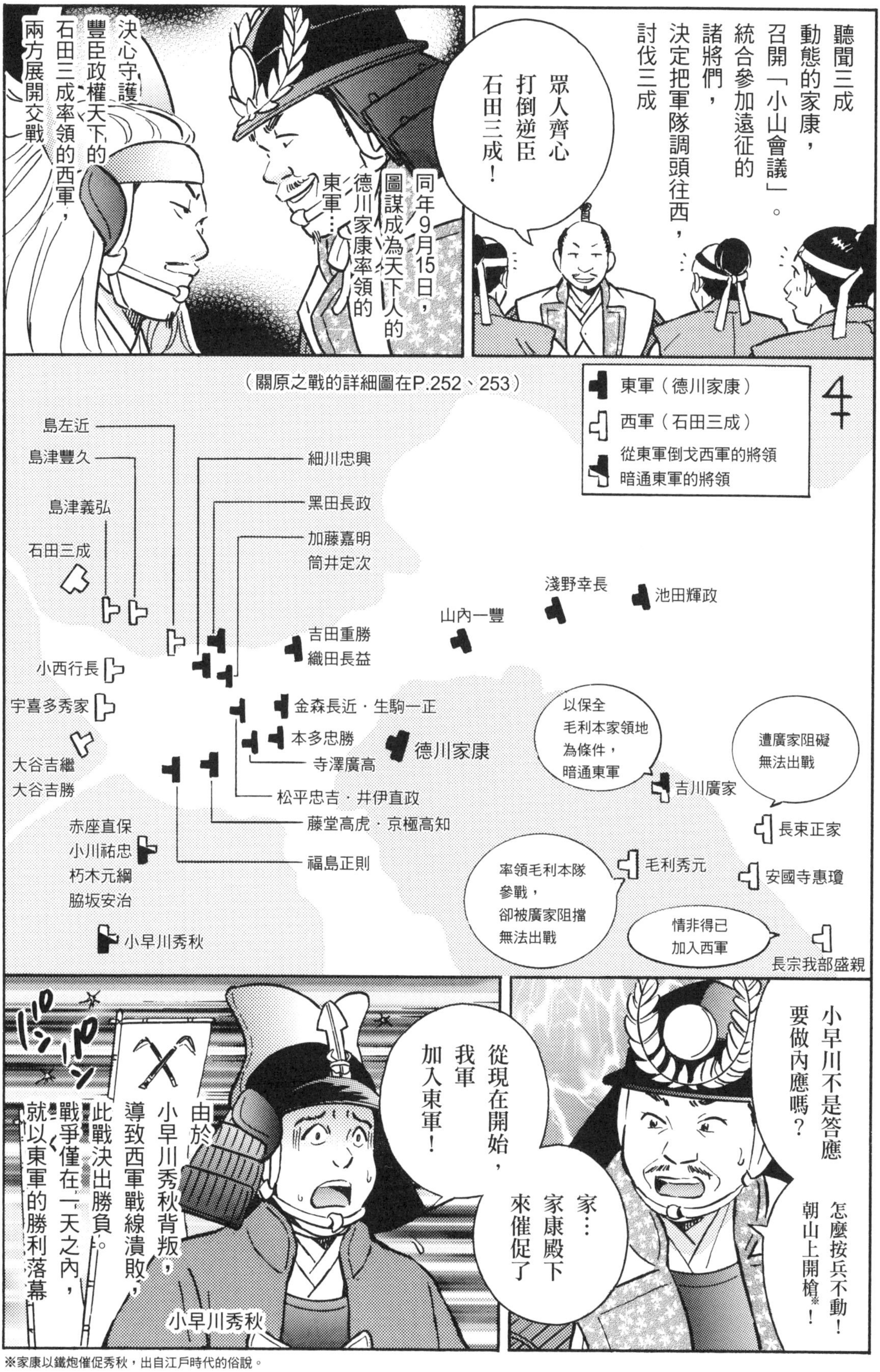

聽聞三成動態的家康，召開「小山會議」。統合參加遠征的諸將們，決定把軍隊調頭往西，討伐三成

眾人齊心打倒逆臣石田三成！

同年9月15日，圖謀成為天下人的德川家康率領的東軍…

決心守護豐臣政權天下的石田三成率領的西軍，兩方展開交戰

（關原之戰的詳細圖在P.252、253）

東軍（德川家康）
西軍（石田三成）
從東軍倒戈西軍的將領
暗通東軍的將領

島左近
島津豐久
島津義弘
石田三成
細川忠興
黑田長政
加藤嘉明
筒井定次
淺野幸長
池田輝政
山內一豐
吉田重勝
織田長益
小西行長
宇喜多秀家
金森長近・生駒一正
本多忠勝
德川家康
寺澤廣高
大谷吉繼
大谷吉勝
松平忠吉・井伊直政
藤堂高虎・京極高知
福島正則
赤座直保
小川祐忠
朽木元綱
脇坂安治
小早川秀秋
以保全毛利本家領地為條件，暗通東軍
吉川廣家
遭廣家阻礙無法出戰
長束正家
毛利秀元
率領毛利本隊參戰，卻被廣家阻擋無法出戰
安國寺惠瓊
情非得已加入西軍
長宗我部盛親

小早川不是答應要做內應嗎？

怎麼按兵不動！朝山上開槍※！

家…家康殿下來催促了

從現在開始，我軍加入東軍！

ドンパン

由於小早川秀秋背叛，導致西軍戰線潰敗，此戰決出勝負。戰爭僅在一天之內，就以東軍的勝利落幕

小早川秀秋

※家康以鐵炮催促秀秋，出自江戶時代的俗說。

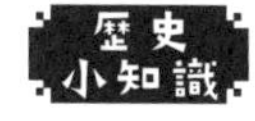
歷史
小知識

三成是身形優雅的男人？… 石田三成兵敗關原之戰後，埋葬在京都的大德寺。1907年大德寺整修時，挖掘出三成的遺骨，據說從復原結果來看，三成的身形像女性般纖細。

石田三成

為秀吉亡故後的豐臣家，鞠躬盡瘁的忠臣

生卒年 1560～1600年（永祿3～慶長5）

出身地 近江國（滋賀縣）

身 分 武將

事 蹟 少年時代受到豐臣秀吉的拔擢，在豐臣政權擔任重要職務。他在秀吉死後撐起豐臣家，在關原之戰向家康挑戰。

在觀音寺擔任寺小姓的石田三成，在16歲那年才幹受到秀吉肯定，被提拔為近侍。
秀吉
這個孩子，年紀輕輕腦筋就這麼靈活！
三成在內政面發揮才能，擔任情資、後勤補給的工作。後來更成為推動太閤檢地的核心人物
秀吉平定九州之後，三成負責與島津的外交工作
（奉命負責調度20萬軍力以及運送兵糧）

擅長內政工作的三成，在1590年（天正18）豐臣秀吉統一天下的大戰・小田原攻略戰中，三成擔任攻打北條方忍城（武藏國）的總大將。然而他雖然指揮大軍，卻無法攻下忍城

2萬軍力竟然打不下只有3000守軍的城！

後來三成擔任「文祿・慶長之役」的軍船奉行，發揮調度的才能。但他與最前線的將領們產生摩擦
加藤清正
福島正則

歷史小知識

缺乏人望的三成… 據說石田三成有個缺點，批判他人缺點的時候毫不留情面給對方。當三成向好朋友大谷吉繼表明，自己決心打倒家康的時候，吉繼曾指出這個缺點來反對。

1598年（慶長3）秀吉死後，三成努力維護以豐臣家為中心的中央極權制度

德川家康

但是家康為了擴大勢力，不斷與其他大名聯姻，違反秀吉留下的遺言

可惡的家康！

就算天下落入家康掌中

為了豐臣家，我還是要討伐家康…

1600年（慶長5）決定天下局勢的大戰「關原之戰」爆發了

但是因為小早川秀秋等眾多將領倒戈，西軍潰敗，三成被捕

受到豐臣照顧的武將們，竟然向家康低頭……

三成感嘆人心難測。對豐臣的忠誠心，竟然比不上利益的誘惑

當三成被問為什麼不自盡的時候，據說他回答「我打算再度舉兵反抗家康…」

三成在京都的六條河原被處刑，年僅41歲

專欄

三成對淀殿有仰慕之情？

石田三成終生為豐臣家盡忠，是為了要報答豐臣秀吉對自己的知遇之恩。但是也有研究者認為，三成為秀吉的側室．淀殿懷有特別的感情。三成的出身是近江國的豪族，也就說三成的生長環境是淺井統治的時代。淀殿又稱為茶茶，是淺井長政的女兒，也許三成對淀殿心懷憧憬也不一定。

但是石田家歷代侍奉京極家。淺井靠著下剋上壓過京極，在三成的少年時代，淺井跟京極還是敵對關係，因此對三成來說，淀殿同時是仇敵的公主。無論三成對淀殿抱持怎樣的感情，目前都沒有史料能夠作為佐證。

歷史
小知識

堅持到最後一刻… 石田三成被押送到刑場的途中，差人曾問他「要不要吃柿子？」，三成以柿子性寒容易腹瀉為由拒絕。面對差人的嘲笑，三成回答「大丈夫直到死前，都應該珍惜有用之軀」。

福島正則

死不得其時的猛將

生卒年 1561～1624年（永祿4～寬永1）

出身地 尾張國（愛知縣）

身　分 武將

事　蹟 以秀吉姻親的身分，成為秀吉的家臣並轉戰各地。在秀吉死後歸順家康，但是晚年被改易。名列賤岳七本槍之一。

福島正則少年時代
就出仕秀吉，
在1583年
（天正11）的
賤岳之戰，
獲得了一番槍的功勞

在賤岳之戰
有功的家臣，
加封3000石。
唯有正則
加封5000石。

秀吉病故後，正則與文治派的石田三成不合。當三成與家康對立的時候，他選擇加入家康陣營

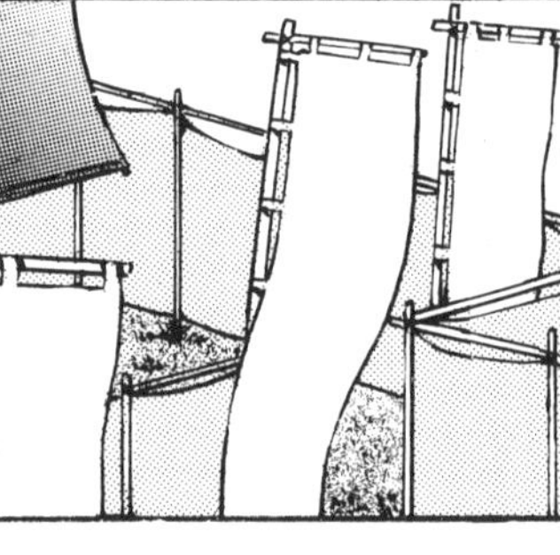

1600年（慶長5）家康得知石田三成舉兵的消息之後，在下野國小山召開軍事會議（小山評定）

在場有好幾人都是受到豐臣恩顧的大名…
他們的妻小也在大坂當人質
如果想加入三成陣營的人，不用顧慮，儘管撤兵也無妨
雖然三成說為了秀賴大人而舉兵。其實只是在假借幼主奪權
在下就算拋妻棄子，也要跟家康殿下同進退
三成才是企圖顛覆豐臣的反賊！

歷史小知識

酒後胡言… 福島正則的酒品不好。據說他在爛醉如泥的時候命令家臣切腹，隔天醒來之後才發現鑄下大錯，據說他抱著家臣的首級哭著道歉。

有一次
黑田家的使者。
母里友信作為使者
拜訪喜歡
飲酒的正則
黑田長政
黑田長政交代
「就算對方主動
拿酒招待，
也不可飲酒」
來得正好，
一起喝一杯！
在下
不能飲酒

如果你喝能乾
這一大碗酒，
想要什麼當彩頭
都可以
那麼…

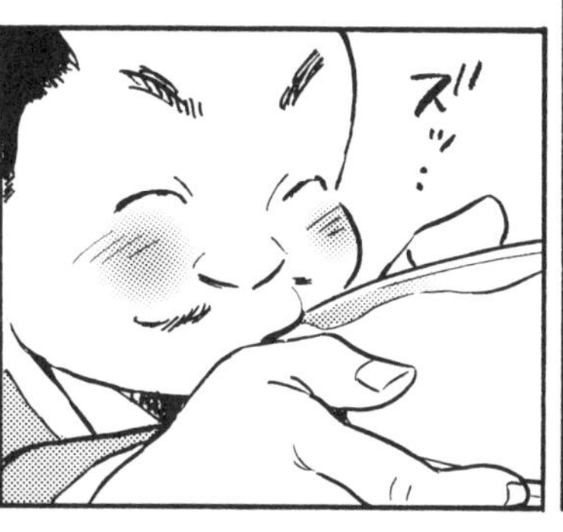

ズッ…
母里友信希望得到名
槍「日本號」，正則
也爽快答應（福岡民
謠．黑田節的由來）

當家康
開幕府之後，
正則在1619
（元和5）未經幕府
許可修繕廣島城，
遭幕府處罰減封。
晚年隱居
並在信濃逝世

為什麼
驍勇善戰的殿下，
落得這般下場…
看看弓箭吧！
面對敵人威脅時，
弓箭是無上之寶。
但是國泰民安
的時候，就被收入
袋中堆放在倉庫。
我等就是弓箭，
儘管在亂世立下功勞，
在太平時代
就只能被擱放在
川中島的倉庫裡

專欄

贈酒給宇喜多秀家

這是在戰亂已經平息，在和平的江戶時代初期發生的事。搭載美酒的船從正則的領國．安藝國出發，要獻給江戶的將軍家。但是船被暴風吹到南方的八丈島附近。當船夫往島上看的時候，看到一個老人在岸邊揮手。船夫掌舵往老人的方向航行，才聽老人自稱是宇喜多秀家。他在關原之戰擔任西軍的副總帥，戰敗之後被流放到八丈島。

福島家的武士同情秀家的遭遇，將一部分的美酒轉贈給秀家。據說後來家臣向正則報告這件事，正則流著眼淚向家臣道謝。

這個故事出自江戶時代中期，江戶聖輪寺住持．增譽所寫的《明良洪範》。從這件事可以看出正則是個重情的人。

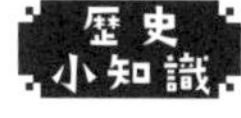

歷史
小知識

懼內之人… 據說正則曾因為男女問題惹怒夫人昌泉院，夫人拿著薙刀追趕正則。在戰場上英勇作戰，不以背後示敵的正則，也只能閉上嘴巴落荒而逃。

從戰前到終戰

關原之戰前後的戰況

豐臣秀吉死後，身為五大老筆頭的德川家康露出了奪取天下的野心。全國各地的大名，分為豐臣派（石田三成）與德川派，在各地展開激烈的戰爭。

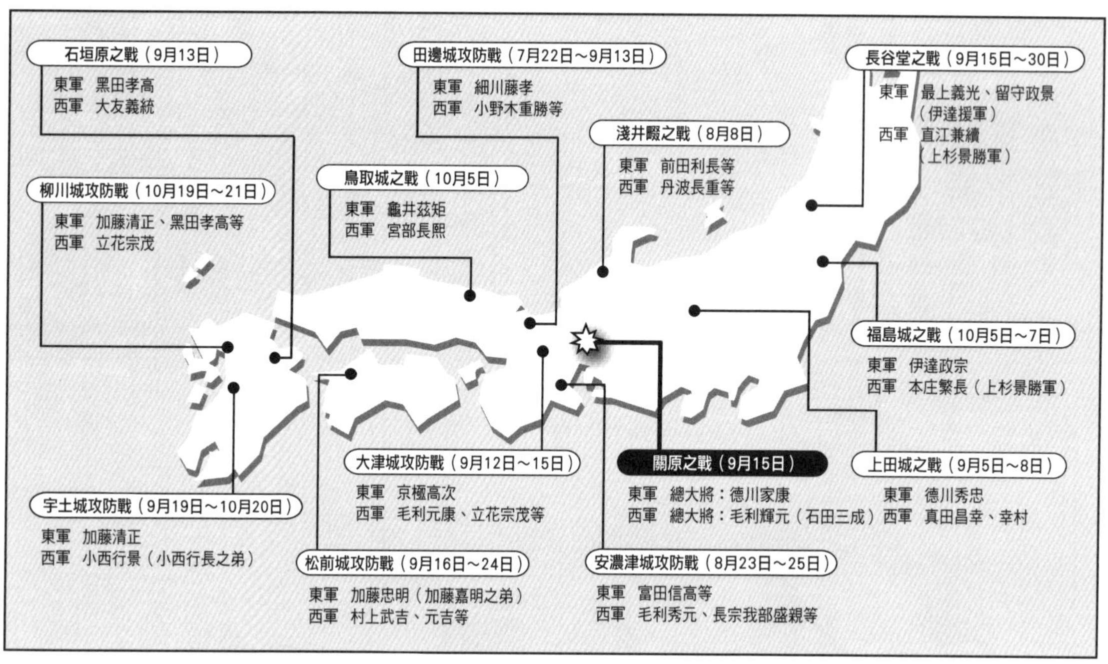

石垣原之戰（9月13日）
東軍　黑田孝高
西軍　大友義統
田邊城攻防戰（7月22日～9月13日）
東軍　細川藤孝
西軍　小野木重勝等
長谷堂之戰（9月15日～30日）
東軍　最上義光、留守政景（伊達援軍）
西軍　直江兼續（上杉景勝軍）
淺井畷之戰（8月8日）
東軍　前田利長等
西軍　丹波長重等
柳川城攻防戰（10月19日～21日）
東軍　加藤清正、黑田孝高等
西軍　立花宗茂
鳥取城之戰（10月5日）
東軍　龜井茲矩
西軍　宮部長熙
福島城之戰（10月5日～7日）
東軍　伊達政宗
西軍　本庄繁長（上杉景勝軍）
大津城攻防戰（9月12日～15日）
東軍　京極高次
西軍　毛利元康、立花宗茂等
關原之戰（9月15日）
東軍　總大將：德川家康
西軍　總大將：毛利輝元（石田三成）
上田城之戰（9月5日～8日）
東軍　德川秀忠
西軍　真田昌幸、幸村
宇土城攻防戰（9月19日～10月20日）
東軍　加藤清正
西軍　小西行景（小西行長之弟）
松前城攻防戰（9月16日～24日）
東軍　加藤忠明（加藤嘉明之弟）
西軍　村上武吉、元吉等
安濃津城攻防戰（8月23日～25日）
東軍　富田信高等
西軍　毛利秀元、長宗我部盛親等

關原主戰場的兩軍佈陣情況

東軍的總大將德川家康，佈陣在關原東側的桃配山。而西軍的石田三成則在笹尾山佈陣。從陣形來看，家康背後被西軍包圍。看似對家康不利，但是吉川廣家已經內通家康。

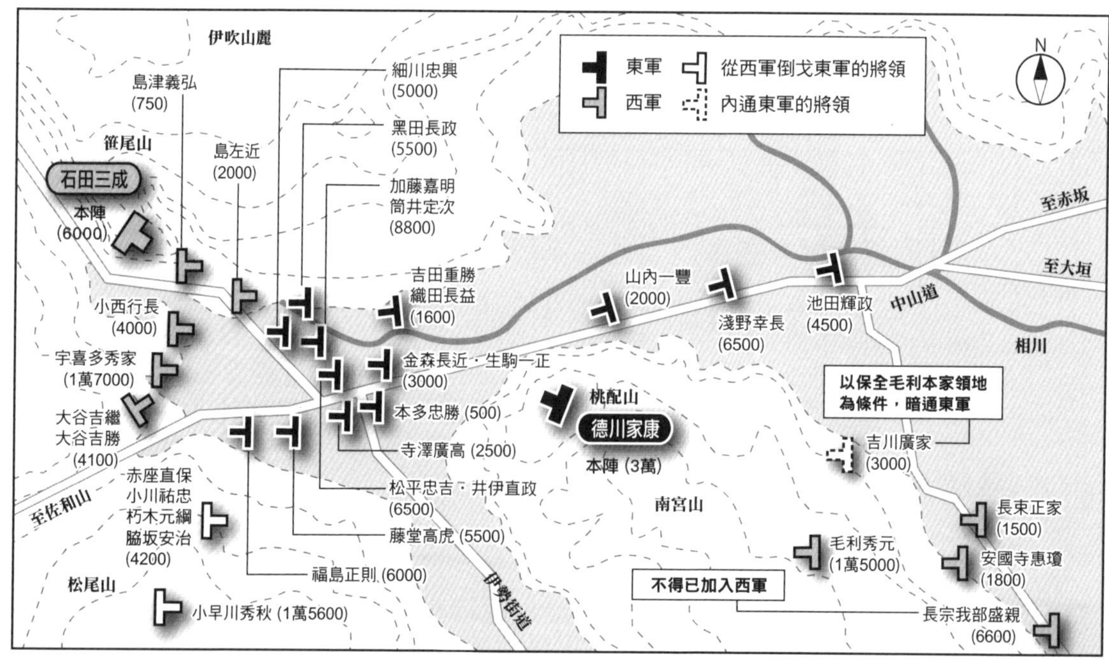

東軍
西軍
從西軍倒戈東軍的將領
內通東軍的將領
N
伊吹山麓
島津義弘 (750)
細川忠興 (5000)
黑田長政 (5500)
笹尾山
石田三成
本陣 (6000)
島左近 (2000)
加藤嘉明
筒井定次 (8800)
吉田重勝
織田長益 (1600)
山內一豐 (2000)
池田輝政 (4500)
淺野幸長 (6500)
中山道
至赤坂
至大垣
相川
小西行長 (4000)
宇喜多秀家 (1萬7000)
大谷吉繼
大谷吉勝 (4100)
金森長近・生駒一正 (3000)
本多忠勝 (500)
寺澤廣高 (2500)
桃配山
德川家康
本陣 (3萬)
以保全毛利本家領地為條件，暗通東軍
吉川廣家 (3000)
赤座直保
小川祐忠
朽木元綱
脇坂安治 (4200)
松平忠吉・井伊直政 (6500)
藤堂高虎 (5500)
南宮山
長束正家 (1500)
至佐和山
毛利秀元 (1萬5000)
安國寺惠瓊 (1800)
福島正則 (6000)
松尾山
小早川秀秋 (1萬5600)
伊勢街道
不得已加入西軍
長宗我部盛親 (6600)

關原之戰的推移圖

關原之戰的激戰情況

東西兩軍合計約20萬人的大戰，在上午8點左右開戰。東軍的加藤、細川軍朝著三成本陣的方向發動突擊。兩軍勢均力敵，開戰之後戰況呈現拉鋸戰。

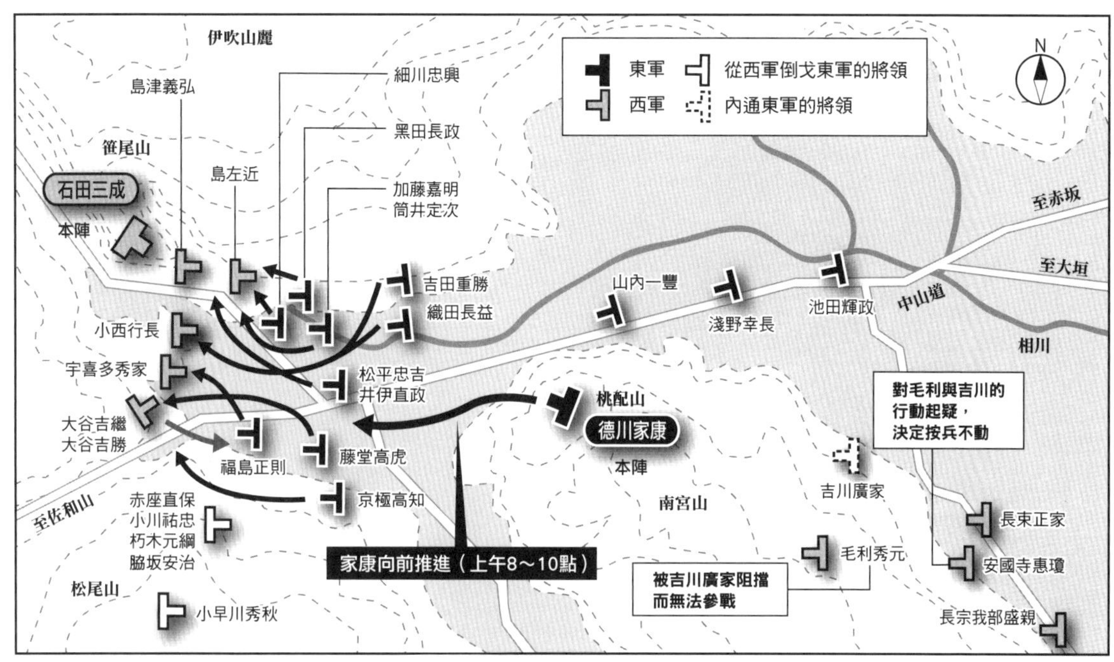

伊吹山麓
東軍
從西軍倒戈東軍的將領
西軍
內通東軍的將領
島津義弘
細川忠興
黑田長政
笹尾山
島左近
加藤嘉明
筒井定次
石田三成
本陣
吉田重勝
織田長益
山內一豐
淺野幸長
池田輝政
至赤坂
至大垣
中山道
相川
小西行長
宇喜多秀家
松平忠吉
井伊直政
桃配山
德川家康
本陣
大谷吉繼
大谷吉勝
福島正則
藤堂高虎
對毛利與吉川的行動起疑，決定按兵不動
京極高知
南宮山
吉川廣家
長束正家
至佐和山
赤座直保
小川祐忠
朽木元綱
脇坂安治
家康向前推進（上午8～10點）
毛利秀元
安國寺惠瓊
松尾山
被吉川廣家阻擋而無法參戰
小早川秀秋
長宗我部盛親

東軍勝利，西軍潰敗

戰局在中午之後產生變化。德川軍向駐兵在松尾山上的西軍，小早川秀秋軍發動威嚇射擊。秀秋決定倒戈東軍，朝著西軍發動突擊。西軍因此大亂而潰敗。東軍的勝利成為定局。

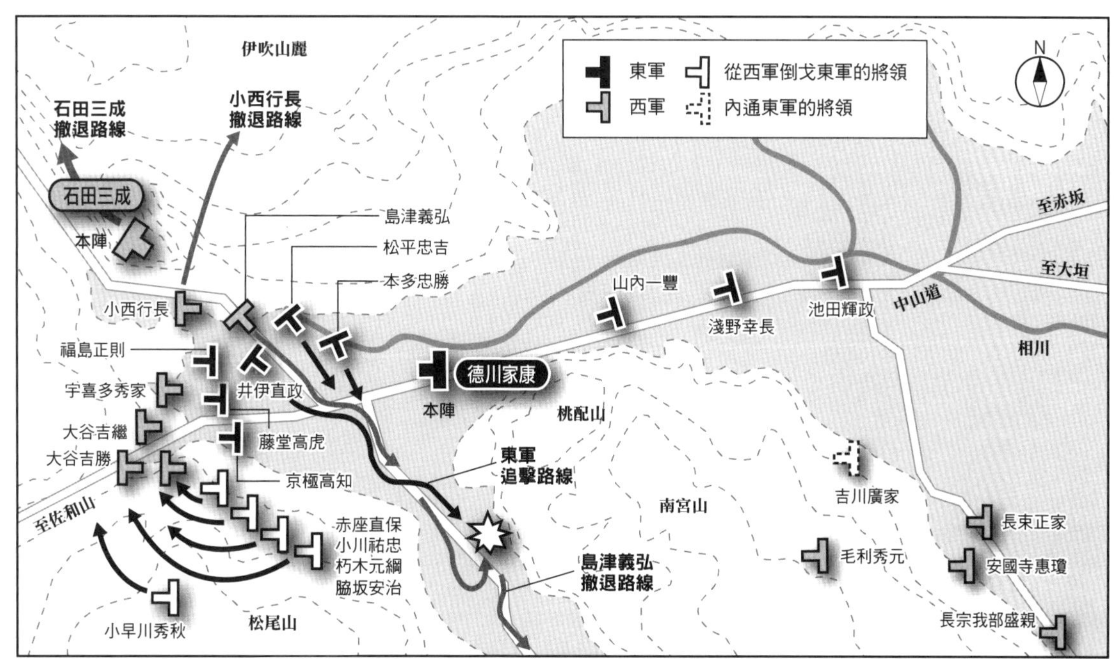

伊吹山麓
東軍
從西軍倒戈東軍的將領
西軍
內通東軍的將領
石田三成撤退路線
小西行長撤退路線
石田三成
本陣
島津義弘
松平忠吉
本多忠勝
至赤坂
至大垣
山內一豐
淺野幸長
池田輝政
中山道
相川
小西行長
福島正則
德川家康
宇喜多秀家
井伊直政
本陣
桃配山
大谷吉繼
藤堂高虎
大谷吉勝
東軍追擊路線
京極高知
吉川廣家
至佐和山
南宮山
長束正家
赤座直保
小川祐忠
朽木元綱
脇坂安治
毛利秀元
島津義弘撤退路線
安國寺惠瓊
小早川秀秋
松尾山
長宗我部盛親

第6章 家康的時代

德川秀忠

成功繼承家康霸業的耿直之人

生卒年 1579～1632年（天正7～寬永9）

出身地 遠江國（靜岡縣）

身　分 江戶幕府第2代將軍

事　蹟 繼承天下人的德川家康，成為第二代將軍。他就任將軍期間制定了武家諸法度，穩住了江戶幕府的黎明期。

德川秀忠是家康的3男。在1579年（天正7）誕生

德川家康

秀忠

西鄉局（於愛夫人）

秀忠正式登上歷史舞台，是1600年（慶長5）的「關原之戰」。他率領3萬8000士兵，從東山道進軍

快馬加鞭！

秀忠行軍路線

宇都宮城

真田父子

上田城

關原

岐阜城

江戶城

家康行軍路線

但秀忠在途中，被加入石田三成西軍的真田昌幸、幸村父子阻撓。等到秀忠抵達關原的時候，戰爭已經結束了

秀忠的失態惹得家康勃然大怒
幸好秀忠的品德受到肯定
1605年（慶長10）秀忠繼承將軍，治理國家卓然有成
正室是淺井長政與阿市的三女．阿江與
孝順又謙虛的個性，正是太平盛世的君主
大久保忠鄰

歷史小知識

懼內的將軍… 據說秀忠非常懼怕大他6歲的正室．阿江與。他雖然身為將軍卻沒有側室，即使跟侍女生下一子，只能偷偷瞞著阿江與，送到保科家當養子。

1614年（慶長19）「大阪冬之陣」開戰前，秀忠寫信給家康與家康的近臣
來看看秀忠寫些什麼。希望在我抵達之前，先暫時不要發動攻勢？
伊達政宗
秀忠殿下的軍隊匆忙而來？
這是討回面子的好機會！
但是秀忠為了想賭一口氣而急行軍。導致行軍時部隊不成陣形
這樣急行軍的話，會讓士兵疲憊不堪！
不要亂了陣形！

1615年（慶長20，元和1）為了統御大名，幕府頒布武家諸法度、公家諸法度
金地院崇傳
禁止建造新城，也不能擅自修整城池。大名之間聯姻要經過幕府許可…

秀忠的個性沉穩篤實，在家康死後穩健地遵守家康的遺命
家光繼承第3代將軍之後，修改武家諸法度，讓參勤交代成為大名須遵守的義務。家康、秀忠、家光祖孫三代，奠定了江戶幕府能維持200多年的基礎

專欄

出人意料之外的猛將？

提到德川秀忠，很少人會認為他是個名將。秀忠在決定天下局勢的關原之戰遲到，受到父親家康的斥責。在這些小故事的影響下，更讓人覺得秀忠對軍事不擅長。但是最近發現了跌破眾人眼鏡的調查結果。

位於東京都港區高輪的增上寺，是德川家的菩提寺。增上寺境內的舊德川家靈廟被戰火燒毀，在1958年執行改葬。當時發現秀忠的遺骨，留有幾處受到彈擊的痕跡。也就是說秀忠上戰場的時候，是在會受到敵人攻擊的前線指揮軍隊。

此外，考證結果推斷秀忠的身高是159公分，比當時平均身高還高，而且是鍛鍊身體的肌肉派男子。也許秀忠的形象跟後世敘述的不同，說不定本人其實是個猛將。

歷史小知識

冷靜沉著… 大坂之陣剛結束不久的時候。秀忠跟弟弟・義直一起欣賞能劇時，突然發生了地震。當時周遭一片驚慌失措，秀忠冷靜地判斷情況，平息現場的混亂。

德川家的人們

松平信康

生卒年／1559～1579
出身地／駿河國（靜岡縣）

德川家康的長男。家康與織田信長締結清洲同盟。後來信康迎娶信長的女兒德姬（五德），作為盟約的象徵。1570年信康正式成為岡崎城主。他具有天生的將才，第一次初陣就立下戰功。1575年的長篠之戰，一說敵將武田勝賴評點他「敏銳地指揮進退，未來恐成大敵」。兩年後的遠江橫須賀之戰中，信康擔任撤退戰的殿軍，據說讓追擊的武田軍無法渡過大井川。然而21歲之時，妻子德姬懷疑信康勾結武田，寫信向信長告狀，使得信康被逼切腹。但是這個事件有各種異說。有的說信康是無罪的，也有俗說認為信長害怕信康的才能而陷害他。信康的父親家康後來似乎非常惋惜他的勇武。

結城秀康

生卒年／1574～1607
出身地／遠江國（靜岡縣）

秀康自出生後受到父親德川家康疏遠。在兄長松平信康的策畫，才在三歲成功與家康會面。據說家康忌諱秀康是雙胞胎。當代有忌諱雙胞胎的風俗。他的性格極為剛強。成為豐臣秀吉養子的時代，因為馬伕態度輕蔑遭到秀康斬殺。他終生對豐臣家抱著親近感，即使回復松平姓之後，也將秀賴當作弟弟一般疼愛。秀康是公認武勇絕倫的大將，據傳他的威嚴與膽量，連家康都對他另眼相看。關原之戰後，秀康獲封越前75萬石，得到僅次於御三家的待遇。

松平忠吉

生卒年／1580～1607
出身地／遠江國（靜岡縣）

德川家康的四男，第二代將軍秀忠的同母弟。東條松平家的家忠病死後，由忠吉繼任了家督。引用祖父廣忠的「忠」字，父親家康的「康」字，改名松平忠康。當家康移封關東時，他成為武藏國忍城主，並在此地元服改名為忠吉。初陣是1600年的關原之戰。忠吉在此戰中與福島正則爭先，他越過福島軍的可兒才藏隊，朝著敵軍開槍，揭開了關原之戰的序幕。據說忠吉是為了要代替無法趕赴戰場的秀忠，宣示此戰是德川的戰役。戰後他獲賜尾張清洲52萬石。但在1607年，他因為關原時受的傷惡化而逝世，得年28歲。一說忠吉是個有德美男子，天下諸侯願守護他。

武田信吉

生卒年／1583～1603
出身地／遠江國（靜岡縣）

德川家康的五男。家康非常敬重武田信玄，為了避免名門武田絕後，讓出身武田一族的穴山信君之嫡子信治繼承武田。信治到了16歲時忽然猝逝。改由家康與信君的養女於都摩夫人之子信吉寄承武田家。家康移封關東之時，信吉以8歲領有下總國小金3萬石，後來移封到下總佐倉10萬石。他生來體弱多病，並未任官職。關原之戰也沒有上陣，只是在後方待命。戰後家康封給他常陸水戶25萬石，希望讓他制衡東北諸大名。但信吉在1603年病逝，得年21歲。信吉膝下無子，武田家就此斷絕。雖然他的正式姓名為松平信吉，但因為藤井松平家中，也有同名同姓的武將，所以多以武田信吉稱之。

松平忠輝

生卒年／1592～1683
出身地／遠江國（靜岡縣）

德川家康的六男。據說生下來就被家康嫌棄。理由是因為他膚色黝黑、容貌醜惡，也有說是因為生母（茶阿局）身分卑微等說法。當時迷信撿到的孩子比較好養，所以家康把忠輝拋棄，讓家臣本多正信撿起，再去尋找收養者，後來由下野櫪木縣城主皆川廣照養育。無論如何，他幼少時代在複雜的環境中成長。他與家康之間的鴻溝，即使到了家康晚年也未能撫平，家康臨終前把其他孩子叫到榻邊，忠輝卻成了例外。家康死後，他遭到第二代將軍秀忠改易。1615年的大坂夏之陣，他雖然負責指揮大和戰場的軍隊，但是無法參與道明寺之戰，表現並不活躍。

家康的妻妾

築山殿

生卒年／1542？～1579
出身地／駿河國（靜岡縣）

她的母親是今川義元的外甥女。嫁給了當時從屬於今川的德川家康。桶狹間之戰後，家康成功獨立，並且開始與築山殿分居。對築山殿而言，家康捨棄今川氏並與織田家結盟讓她感到不滿，也是情有可原。築山殿和親生兒子信康的正室，信長的女兒德姬關係惡劣。由於德姬未能生下子嗣，築山殿曾勸過信康納妾。德姬把信康和築山殿的惡行惡狀寫成書信寄給信長，因此使得信康被逼切腹，築山殿遭到殺害。

阿萬夫人

生卒年／1580～1653
出身地／安房國（千葉縣）

安房里見氏的家臣正木邦時之女，也是北條氏的家臣蔭山氏廣的養女。篤信日蓮宗，據說當本遠寺僧侶日遠將要被處刑時，她拚命死諫家康。她是紀州藩之祖德川賴宣、水戶藩之祖德川賴房的生母。又被稱為蔭山殿。

於萬夫人

生卒年／？～1619
出身地／三河國（愛知縣）

侍奉三河國池鯉鮒明神的基層神職永井吉英之女。她原本是築山殿的侍女，後來遭家康臨幸而懷孕。據說築山殿得知此事大怒，將於萬之方綑綁起來丟到草叢不管。後來受到家康保護，平安產下孩子。那孩子就是後來的結城秀康。

於梶夫人

生卒年／1578～1642
出身地／？

別名於勝。13歲時服侍家康，一度嫁給松平正綱，但據說她對這段婚姻感到不滿，僅僅一個月就回到家康之處。她雖然生下了家康的最後一個孩子市姬，但是早夭。於是家康讓阿萬夫人（蔭山殿）之子賴房，過繼給於梶之方當養子。她出家後號英勝院。

西郡夫人

生卒年／？～1606
出身地／？

今川氏家臣鵜殿長忠的女兒。據說是在濱松城擔任內侍時，受到家康的寵愛。從記錄上來看，她是家康第一個側室。家康24歲時，她生下了家康的次女督姬。1606年於京都伏見病逝，葬在京都御所東方的本禪寺。法名蓮葉院。

阿茶局

生卒年／1555～1637
出身地／？

甲斐武田氏的家臣飯田氏之女。對於政治相當敏銳，在1614年大坂冬之陣，與本多正純一同進入大坂城交涉議和。家康死後受第二代將軍秀忠照料。在1626年陪同德川秀忠、家光上洛。1637年以83歲高齡壽終正寢。

於都摩夫人

生卒年／？～1591
出身地／甲斐國（山梨縣）？

武田氏家臣秋山虎康之女。1582年武田氏滅亡時，她以穴山信君養女的身分擔任家康的內侍。翌年，生下家康的五男萬千代（後來的武田信吉）。據說於都摩夫人後來，定居在穴山氏的舊領地甲斐的下山，因此被稱作下山殿。

西鄉局

生卒年／1562～1589
出身地／？

戶塚忠春的女兒。一說她在第一任丈夫早逝成了寡婦後，嫁給西鄉義勝。義勝戰死後，1578年被家康收為側室。她是第二代將軍秀忠，還有活躍於關原之戰的忠吉的生母。受到家康寵愛，在城內被親密地喚作「於愛夫人」。

茶阿夫人

生卒年／？～1621
出身地／遠江國（靜岡縣）

德川家康的六男忠輝之母。據說她原本是遠江的鑄造師之妻，丈夫死於戰亂。她帶著女兒逃亡時，恰巧被鷹獵的家康看中，成為家康側室。她的女兒嫁給了家康的小姓兼能樂師花井三九郎，三九郎後來成為忠輝的家臣。

於牟須夫人

生卒年／？～1592
出身地／甲斐國（山梨縣）

三井吉正的女兒。出身甲斐國，據說從武田氏滅亡那時開始成為家康側室。秀吉出兵朝鮮時，家康獲准不必渡海到前線，留守名護屋城待命，於牟須夫人也同行，在軍帳產子。因為難產而母子雙亡，後葬於唐津的淨泰寺。

於龜夫人

生卒年／？～1642
出身地／山城國（京都府）

出身石清水八幡宮的神職家系。起初嫁給竹腰正時，丈夫死後成為家康的側室。生下了仙千代，但6歲早夭。後來她又生下五郎太丸，就是日後德川御三家之一尾張德川家之祖的德川義直。家康死後她以相應院為號，定居於名古屋城。

家康的子嗣與女兒

松平松千代

生卒年／1594～1599
出身地／？

德川家康的七男，生母是家康的側室茶阿夫人。松平忠輝是他的是雙胞胎哥哥。由於長澤松平家當主，武藏國深谷藩主松平康直沒有後嗣就過世，松千代1歲時就繼任家督。不過他6歲時就早夭，由同母兄的忠輝繼承。法名榮昌院殿。出生年有異說，《幕府祚胤傳》記載1592年出生。

松平仙千代

生卒年／1595～1600
出身地／山城國（京都府）

德川家康的八男。他是德川御三家之一尾張藩的始祖德川義直的同母兄。

因為家康的譜代重臣，同時也是信康傅役的平岩親吉膝下無子，家康不忍平岩家系斷絕，在1599年讓仙千代成為親吉的養嗣子。但是成為養子的翌年，年僅6歲的仙千代早夭。據傳仙千代從幼年時起就是聰慧的孩子。

德川義直

生卒年／1600～1650
出身地／攝津國（大阪府）？

家康的九男。生母是家康的側室於龜之方。據說1600年誕生於大坂城的西之丸。但也有一說是在京都的伏見城。1619年獲領尾張、美濃61萬9500石。義直一方面統整尾張藩的法制和職制，一方面推行獎勵儒教等藩政。他是德川御三家筆頭的尾張藩始祖。

德川賴房

生卒年／1603～1661
出身地／山城國（京都府）

德川家康的十一男。生母是阿萬夫人（蔭山殿）。3歲時獲封常陸國下妻10萬石，四年後移封水戶25萬石。但因為年幼，待在駿府城的家康身邊直到成人。有一則軼事可以看出他個性剛強，家康曾問他「有想要的東西嗎？」他回答「天下」。17歲時回到領國水戶，整頓了藩政，諸如整備城下町和開發礦山。

督姬

生卒年／1565～1615
出身地／三河國（愛知縣）

德川家康的次女。生母是西郡夫人。松平信康、結城秀康、德川秀忠、松平忠吉、松平忠輝、龜姬、振姬是她異母的兄弟姊妹。後來她成為池田輝政的繼室，輝政因妻而貴，從三河吉田15萬2000石高升播磨姬路52萬石。個性善妒，謠傳她因為溺愛子女，準備毒饅頭殺害輝政與前妻之子。

振姬

生卒年／1580～1617
出身地／？

德川家康的三女。生母是側室穴山氏。她17歲時奉豐臣秀吉之命與蒲生秀行結婚，生下了2男1女。然而1612年秀行急逝，雖然由長男忠鄉繼任家督，但是振姬與家老岡重政起了爭執。結果家康下命讓重政切腹自盡。接著家康又命振姬再嫁給淺野長晟，最後因為產後健康惡化，38歲時病死。

松姬

生卒年／1595～1598
出身地／山城國（京都府）

家康的四女。據傳生母是北條氏的家臣間宮康俊之女。康俊是豐臣秀吉攻打小田原時，突擊秀吉軍營而死的猛將。據說松姬的母親，在北條氏投降秀吉之後，家康負責戰後處理前往關東時，成為了家康的側室。松姬的母親在京都伏見城生下了她。不過松姬年僅4歲即夭折。

市姬

生卒年／1607～1610
出身地／駿河國（靜岡縣）

德川家康67歲時出生的五女。生母是聰明而特別受到家康寵愛的於梶夫人。她誕生後就和伊達政宗的嫡長子伊達忠宗訂下婚約，但是年僅4歲就早逝。死後追號青雲院。據說家康希望她能夠長得跟織田信長的妹妹阿市夫人一樣，被人歌頌為絕世美女，所以取名叫「市姬」。

德川賴宣

生卒年／1602～1671
出身地／山城國（京都府）

德川家康的十男。生母是阿萬夫人（蔭山殿）。曾受封常陸水戶20萬石、駿河府中50萬石，18歲時移封紀伊和歌山。性格豪放受到浪人歡迎，1651年發生由井正雪之亂，傳言是他在幕後操弄。一說他受到幕府質問時，回答「蒙我之名何其榮幸」來嘲弄幕府。德川御三家之一紀州德川家之祖。

家康的養子與養女

松平忠明

生卒年／1583～1644
出身地／？

德川氏重臣奧平信昌的四男。6歲時成為德川家康的養子。1614年大坂冬之陣議和後，擔任填平大坂城內外壕的普請奉行。1615年夏之陣時，從天王寺口進攻，據說斬下多達73具首級。後來擔任大坂城主直到1619年，接著改任姬路城主，並且被任命西海道探題一職。

松平家治

生卒年／1579～1592
出身地／？

知名的長篠城守將奧平信昌的次男，母親是德川家康的長女龜姬。他是松平忠政、松平忠明的同母兄。後來成為外祖父家康的養子，元服之際獲外祖父家康賜予「家」字。當家康移封關東時，家治獲領上野國多胡郡長根7000石，年僅14歲即早逝。家督就由最小的弟弟忠明繼任。

蓮姬

生卒年／1584～1652
出身地／？

長澤松平家第九代當主松平康直的女兒。後來成為德川家康的養女之後，嫁給有馬豐氏為正室。大坂之陣結束後，有馬氏從以往的丹波福知山8萬石大幅增加到筑後久留米21萬石，這般破格的騰達，大概是託蓮姬之福。次男忠賴是久留米藩第二代藩主。

松平忠政

生卒年／1580～1614
出身地／？

在長篠之戰抵擋武田軍入侵的長篠城守將奧平信昌的三男。他與弟弟忠明一起成為德川家康的養子，獲賜松平姓。後來曾一度成為菅沼定利的養子。1602年隨著信昌隱居，忠政成為美濃國加納藩第二代當主。不過由於他生來病弱，即使繼承家督，藩政的實權仍掌握在信昌手上。

國姬

生卒年／1595～1649
出身地／？

她的父親忠政，是知名的德川勇將本多忠勝的嫡子，母親是松平信康的次女熊姬。後來成為德川家康的養女，起初嫁給堀忠俊。但是忠俊遭到改易之後，她成為有馬直純的繼室。因為直純移封到日向國延岡，所以她又被稱作日向御前。國姬的嫡長子大助獲家康賜予一字，改名康純。

阿姬

生卒年／1595～1632
出身地／？

德川家康的異父弟松平定勝的次女。後來成為家康的養女，搬到了京都的伏見城。11歲時嫁給山內一豐的弟弟，土佐國高知藩第二代藩主山內忠義。此時家康賜予豐後國山田鄉作為嫁妝。定勝深獲德川幕府信任，藉由迎娶他的女兒，山內家與德川家的關係更進了一步。

龜姬

生卒年／？～1643
出身地／？

本多忠政的女兒，國姬的同母妹。起初龜姬是松本藩的當主小笠原忠脩的正室，但是忠脩在大坂夏之陣表現不佳，使得家康不悅，他為了雪恥而在天王寺口與敵軍激戰陣亡。龜姬成了寡婦之後，奉家康之命再嫁給忠脩的弟弟忠真。1643年病逝，追贈法名圓照院。

滿天姬

生卒年／1589～1638
出身地／？

德川家康的異父弟松平康元的女兒。滿天姬起初嫁給福島正則的養子正之，生下了直秀。後來正之被指控行為失當，被幽禁而死。她改嫁給津輕信枚。1631年信枚過世，她剃髮出家號葉縱院。然而直秀打算向幕府訴願，希望再興福島家，她為了守護新的婚姻與津輕家，據說毒殺了自己的兒子直秀。

萬姬

生卒年／1592～1666
出身地／？

她的父親是小笠原秀政，母親是松平信康的長女登久姬。1600年成為德川家康的養女，嫁給蜂須賀至鎮。長男忠英日後成為德島藩第二代藩主。長女芳春院嫁給池田忠雄，生下日後的鳥取藩初代藩主池田光仲。萬姬是虔誠的日蓮宗信徒，她把江戶的法詔寺搬到阿波，創建了敬台寺。法名為敬台院。

榮姬

生卒年／？～1635
出身地／信濃國（長野縣）

保科正直的女兒。成為德川家康的養女之後，在1600年關原之戰前夕成為黑田長政的繼室。大坂之陣爆發時，她作為人質被送到江戶，一生就再也沒回過福岡。當福岡藩發生紛爭時，她撐著病軀陪孫子光之，覲見第三代將軍家光。數日後過世。

家康相關的天皇・公家

日野輝資

生卒年／?～1623
出身地／山城國（京都府）

經歷戰國時代到江戶時代的公家。正二位權大納言廣橋兼勝的哥哥。1602年輝資遭到免職，他便逃出京都。5年後出家，拜入千家門下在東大寺鑽研茶道。後來藉由德川家康的安排而回到京都。於是他出仕家康、秀忠從事講學等工作。因為他的法號，所以也被稱作「日野唯心院」。

山科言經

生卒年／1543～1611
出身地／山城國（京都府）

戰國時代到江戶時代初期的公卿。1585年，言經與冷泉為滿、四條隆昌一同遭正親町天皇斥責停職而離開京都，前往攝津。1598年在德川家康支援下回到朝廷。據說言經通曉有職故實與醫藥。他從1576年起，撰寫了30年以上的日記。這部《言經卿記》是研究當代的貴重史料。

豬熊教利

生卒年／?～1609
出身地／山城國（京都府）

安土桃山時代到江戶時代的公家。官拜左近衛少將。據說教利的容姿，彷彿平安時代的歌人在原業平或是《源氏物語》的主角光源氏再世，被稱作「天下無雙」的美男子。1609年，教利涉嫌協助七位公家與五名女官偷情，遭家康下令逮捕處刑而死。

勸修寺光豐

生卒年／1575～1612
出身地／山城國（京都府）

勸修寺晴豐之子。1599年任正四位上參議。1603年，德川家康就任征夷大將軍時，光豐作為敕使前往伏見城。江戶幕府開府後，他擔武家傳奏※，致力於朝廷與幕府關係的融和。光豐所寫的日記《光豐公記》是分析江戶時代初期的貴重史料。

大炊御門賴國

生卒年／1577～1613
出身地／山城國（京都府）

歷經安土桃山時代到江戶時代的公卿。正三位非參議。父親是經賴，弟弟是任左大臣的經孝。賴國是1609年豬熊教利引起的穢亂事件中，被舉發的公家之一。他遭到後陽成天皇問罪免職，眼看就要判處死刑，後來獲得減刑，與中御門宗信一同被流放到薩摩國硫黃島。四年後死於該地。

九條兼孝

生卒年／1553～1636
出身地／山城國（京都府）

安土桃山時代到江戶時代初期的關白，兼九條氏的當主。兼孝雖出身自二條家，成為大叔父九條稙通的養子。1578年成為關白，但在三年後辭職。在德川家康的推舉下，1600年再度復職。自此以後，關白又回復在五攝家之間輪流的慣例。斷絕了秀賴成為關白的機會。

花山院忠長

生卒年／1588～1662
出身地／山城國（京都府）

從四位上左近衛權少將。忠長是1609年豬熊教利引起的穢亂事件中，被舉發的公家之一。他被流放到蝦夷地，在該地受到松前藩厚遇，於松前一地傳授京文化。後來被赦免，定居在武藏國，出家改號「淨屋」。其子公海是天海僧正的弟子，復興了京都山科的毘沙門堂。

三條西實條

生卒年／1575～1640
出身地／山城國（京都府）

安土桃山時代到江戶時代的公卿、歌人。江戶幕府初期，與勸修寺光豐一起擔任武家傳奏。三條西家代代以歌道為家職傳承，據說祖父實枝傳授給細川幽齋的古今傳授，再由幽齋傳授回來給實條。他與春日局多有往來，後來在他的謀劃下，讓春日局以他義妹的身分得以拜謁後水尾天皇。

後水尾天皇

生卒年／1596～1680
出身地／山城國（京都府）

後陽成天皇的第三皇子。1600年獲天皇敕封為親王。雖然他納德川家康的孫女和子為中宮，但是據說他似乎對這樁婚事不滿，甚至一度考慮退位。因為幕府在約束寺院勢力所引發的紫衣事件中，沒有顧及天皇的面子，1629年後水尾天皇突然宣佈讓位。幕府雖然努力慰留但不被接受，只好由和子生下的明正天皇即位。

廣橋兼勝

生卒年／1558～1622
出身地／山城國（京都府）

大坂冬之陣時為了斡旋議和，兼勝與三條西實條一同擔任敕使拜訪家康。據說家康考量到議和失敗，會傷害朝廷的威信而拒絕提議。江戶時代初期他擔任武家傳奏時，權勢強盛被稱為「出頭無雙」。但又被批評向幕府屈服，被罵「奸佞之殘賊」。

※武家傳奏是負責疏通朝廷與武家之人，通常由公卿擔任。

第7章

【安土・桃山時代】

なるほど

茶屋四郎次郎
世界等級的商人
千利休
安土・桃山時代的藝術家
安土・桃山時代的能人異士
世界等級的藝術家
南光坊天海
柳生宗嚴
超越時代的能人異士
顯如
澤庵宗彭
安土・桃山時代的宗教家
堅持信念而殉教的人們
遠渡重洋而來的外國人
戰國時代，
世界與日本的重要大事

歐洲人帶來嶄新的文化衝擊

—安土・桃山時代—

織田信長與豐臣秀吉的主政時代－安土桃山時代，是窮盡豪華壯麗的文化。接收了來自西班牙與葡萄牙的西歐文化為背景，富商與大名們窮盡奢華，孕育出耀眼燦爛的文化。

織田信長與豐臣秀吉主政的時代，史稱安土桃山時代。
這個時代的文化，與過往鎌倉、室町時代的武家文化不同。隨著新興大名與富商的出現，他們接受了葡萄牙商船帶來的西歐文化為背景，讓崇尚豪華絢爛的文化開花結果

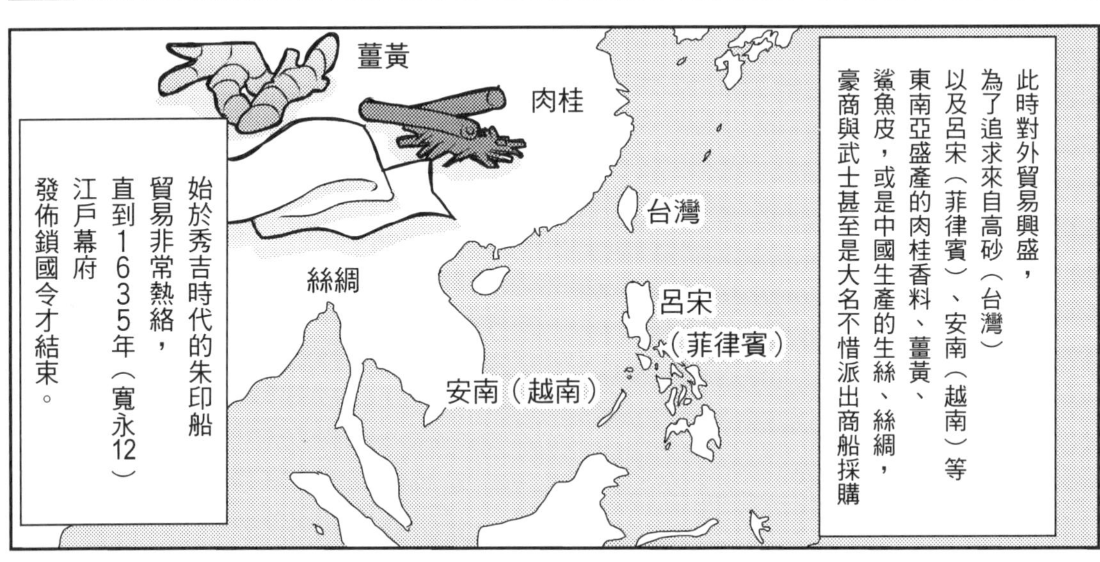

此時對外貿易興盛，為了追求來自高砂（台灣）以及呂宋（菲律賓）、安南（越南）等東南亞盛產的肉桂香料、薑黃、鯊魚皮，或是中國生產的生絲、絲綢，豪商與武士甚至是大名不惜派出商船採購
薑黃
肉桂
台灣
絲綢
呂宋
（菲律賓）
安南（越南）
始於秀吉時代的朱印船貿易非常熱絡，直到1635年（寬永12）江戶幕府發佈鎖國令才結束。

歷史小知識

南蠻人與紅毛人⋯ 西班牙人、葡萄牙人在16世紀末葉來到日本，當時日本人稱他們是「南蠻人」。此外，英國或是荷蘭人則被稱為「紅毛人」。

安土城是代表安土桃山文化的建築物之一。
以往城塞會建在山上，但是信長改以多層的天守閣為中心，四周建造土壘、壕溝作為守備，建造出有別於過往的獨特城池

除此之外，以狩野永德為中心的狩野派繪師，在城內描繪著璀璨的障壁畫
以金漆為底施上顏色的技法稱為「金碧畫」。這個技法流行於町繪師之間，許多名繪師逐漸嶄露頭角
狩野永德

茶道的文化，由出身堺港的千利休在此時定下典範
喜愛茶道的秀吉，在1587年（天正15）10月1日召開北野大茶會，成為當時的熱門話題
豐臣秀吉
千利休

出雲阿國的傾奇舞與人形淨琉璃，是當時流行的庶民娛樂。傾奇舞後來演變成歌舞伎。
出雲阿國

俵屋宗達在建仁寺留下的「風神雷神圖屏風」等作品，
對現代的藝術家帶來許多影響
俵屋宗達

歷史小知識

鬥茶… 在村田珠光、武野紹鷗發展侘茶之前，貴族之間流行名為「鬥茶」的遊戲。藉由飲茶來判斷茶葉的產地，這個遊戲有時會是貴族間一擲千金的豪賭。

茶屋四郎次郎

支援德川家康的豪商

生卒年 1545～1596年（天文14～慶長1）

出身地 三河國（愛知縣）

身分 商人

事蹟 京都的豪商。從很早的時候就擔任德川家的御用商人。

茶屋四郎次郎是京都的豪商，名為清延。他從永祿年間開始擔任德川的御用商人，從畿內調度軍需用品給家康。
同年代
家康
雖然他身為商人，但在1572年（元龜3）的三方原之戰與征伐小田原，曾隨同家康出征
能行商也能打仗的男人
茶屋四郎次郎

1582年（天正10）本能寺之變爆發時
家康大人！信長大人在本能寺被殺了！
此話當真!?
當時家康在畿內觀光，事發當時家康正在堺且毫無防備。四郎次郎立刻將此事稟告家康
本多忠勝等家臣一行人

信長大人都已經亡故的話，
那我也殉死…
家康大人，千萬不可以！
如果連家康大人都犧牲的話…

歷史小知識

害家康提前過世？… 一說認為家康在1616年吃太多炸鯛魚天婦羅而過世，這件事跟清延（四郎次郎）的次男・清次有關。據說是家康聽清次說炸天婦羅很美味才會吃過量。

四郎次郎與服部半藏等人使盡全力，終於讓家康脫離逃出生天
服部半藏
家康一行人從河內穿過伊賀，進入伊勢後從伊勢灣搭船前往三河。終於平安返回岡崎城。

後來四郎次郎成為秀吉的顧問，在1586年（天正14）居中協調家康向秀吉歸順稱臣
家康
豐臣秀吉

茶屋家的歷代當主傳承「四郎次郎」的名號，透過朱印船貿易與安南（越南）進行交易賺取龐大的財富

專欄

朱印船貿易使用什麼船？

從茶屋四郎次郎開始，商人們對於海外貿易充滿興趣。雖然江戶幕府在第3代將軍・德川家光的時代實施鎖國，但在之前日本積極投入海外貿易。因為當時的掌權者會頒發名為「朱印狀」的正式海外出境許可證給商人，因此稱為朱印船貿易。

但是朱印船貿易是用什麼船呢？雖然從有數十幅繪畫，描繪了當時的朱印船，不過都是中國風的戎克船。當時日本的造船技術還不夠發達，所以從中國購買大型船舶來進行朱印船貿易。後來改為以戎克船為主，搭配了融合加利恩帆船與具備日式船櫓的自製船舶。所以可以說朱印船貿易採用了融合日本與西洋的折衷船。

歷史小知識 **身為武人的清延…** 茶屋家以德川家御用商人的身分累積財富。其實初代清延曾經跟隨家康，參加過三方原之戰、長篠之戰等53場戰役立下戰功。與其說是商人，更可以說是個武人。

的商人

角倉了以

生卒年／1554～1614
出身地／山城國（京都府）

活躍於安土桃山時代到江戶時代的富商。「角倉」是商號，本姓是「吉田」。父親宗桂是侍奉室町幕府的醫者，一邊經營著金融業。了以似乎也擅長醫術。1600年前後開始與德川家康往來，獲准派遣名為「角倉船」的貿易船前去安南（越南）進行朱印船貿易。另外了以在土木業也發揮了其才能，1606年他開挖京都的大堰川，開通了富士川和鴨川等水路。他還開鑿了二條到伏見的運河，使得京都以水害知名的高瀨川成為了水運的要道，功績卓著。

住吉屋宗無

生卒年／1534～1603
出身地／？

安土桃山時代的商人、茶人。在攝津的堺從事釀酒業，並跟隨千利休學習茶道。出仕織田信長之後，他以豐臣秀吉的茶頭八人眾身分嶄露頭角。據說他收藏了許多名品茶道具，一說他是陷害千利休的幕後黑手。後來他在堺創建了藥仙寺。有一說他是戰國武將松永久秀的親生兒子。

田中勝介

生卒年／？～？
出身地／？

天主教商人，洗禮名為弗朗西斯貝拉斯科。1610年，前呂宋總督羅德里戈德比韋羅貝拉斯科的船隻遭難，漂流到上總國岩和田。當前呂宋總督要回國時，勝介得到德川家康許可，一起航行到墨西哥，翌年勝介回到日本向家康獻上葡萄酒和紫羅紗。為記錄上最早橫渡太平洋的日本人。

今井宗薰

生卒年／1552～1627
出身地／？

今井宗久之子。宗薰跟隨父親學習茶道，拜古溪宗陳為禪道之師。他出仕豐臣秀吉成為御伽眾，秀吉死後轉而接近德川，從這些地方來看，他擅長掌握時機。雖然一度被懷疑勾結豐臣，受到織田有樂齋協助說情而獲得原諒。大坂之陣時參加德川陣營，獲得1300石所領安堵。子孫以旗本的身分延續到後世。

橘屋又三郎

生卒年／？～？
出身地／？

1543年鐵砲傳到種子島時，又三郎也在島上見證了鐵砲傳入日本。他大約花了2年時間，學會製作鐵砲的核心知識以及射擊技術，將技術帶回堺並開始製作、販售鐵砲。因此堺成為鐵砲的知名產地。鐵砲成為了橘屋的代名詞，讓橘屋大發利市的又三郎，被稱作「鐵砲又」。

納屋助左衛門

生卒年／？～？
出身地／和泉國（大阪府）

通稱「呂宋助左衛門」。據《太閤記》記載，他從天正年間開始進行海外貿易，累積了龐大的財富。他獻上海外的珍品給天下人豐臣秀吉，在秀吉的保護下君臨商界。極其奢華的生活觸怒了秀吉，不過他事前察覺此事，將大部分財產捐給堺的大安寺之後，渡海前往柬埔寨，最後在當地過世。

日比屋了慶

生卒年／？～？
出身地／和泉國（大阪府）

堺的櫛屋町的大商人。起初他對天主教毫不關心，但是與耶穌會傳教士加斯帕爾維雷塔接觸後改變了態度，也在兒子了荷勸說下接受洗禮。他獻出房舍作為傳教士的宿舍，在秀吉破壞堺的耶穌會教堂之後，這裡曾被當作教堂使用。晚年行蹤不明。

小田助四郎

生卒年／？～？
出身地／三河國（愛知縣）

三河浪人，據說是三河國岡崎城主，德川家康之父松平廣忠的間諜。他扮作商人在各地打探，受德川家康之授命祕密渡明，將水銀等材料製造出硃砂的方法帶回日本。1609年在堺設立朱座時，獲得江戶幕府給予製造硃砂的特許權，由他一人獨佔了這事業。

臙脂屋宗陽

生卒年／？～？
出身地／和泉國（大阪府）

堺的大商人，會合眾之一。師承武野紹鷗處學習茶道，是知名的茶人。他曾經參與織田信長曾參加的茶會。《信長公記》記載，信長曾拜訪過臙脂屋的私邸。宗陽擁有名為「宗陽肩衝」的茶器，但因為觸怒豐臣秀吉而逃亡，下落不明。

世界等級

島井宗室

生卒年／1539～1615
出身地／筑前國（福岡縣）

宗室在天正年間（1573～1592）初期，販賣茶器給大友宗麟，得以進出大友氏治理的6國領地。據說他在本能寺之變前夜，接受織田信長招待，事變時帶著空海的真跡逃回博多。後來宗室勸諫豐臣秀吉放棄出兵朝鮮，致使雙方不和。

松江宗安

生卒年／1586～1666
出身地／？

宗安是堺的大商人，他的父親是錢屋宗訥。宗安向明人學習如何低價製造鉛白粉，開始在堺製造。原本市場上以水銀為原料的伊勢白粉因此衰退。他還找來長崎的明人，讓他們製造金襴絹織，這種材質被稱為「錢屋切」廣受好評。

大賀宗九

生卒年／1561～1630
出身地／豐前國（福岡縣）

宗九的遠祖是豐後國的土豪。他的父親甚四郎信好，隨著黑田長政的轉封，從豐後國中津搬到博多。父子一同協助黑田家築城，為博多的發展盡心盡力。宗九與神谷宗湛、島井宗室並稱「博多三傑」。他藉由對明貿易獲得龐大的財富。

末次興善

生卒年／？～？
出身地／筑前國（福岡縣）

博多出身的豪商。1571年興善移居長崎，他投入私財開發興善町，成為長崎頭人來管理城鎮。在部下村山等安的協助下，透過貿易獲得莫大財富。據說在那之後他前往明國，1556年把明將託付的明國王子帶回日本。

松江隆仙

生卒年／？～？
出身地／攝津國（大阪府）？

堺的大商人。1574年織田信長在京都相國寺舉辦茶會，隆仙是被招待的十人之一。他向武野紹鷗學習茶道。《山上宗二記》或《神谷宗湛日記》等當代茶人的日記中也記錄了他的名字。此外他也因為擁有砧青磁的花器為人所知。

天王寺屋道叱

生卒年／？～？
出身地／攝津國（大阪府）？

堺的大商人。「天王寺屋」是商號，本姓是「津田」。茶人身分也頗為知名，曾與織田信長、豐臣秀吉等著名的大名交流過。後來，他下鄉到豐後時，也受到大友宗麟禮遇。《天王寺屋會記》的作者津田宗達是他的哥哥。

泉屋道榮

生卒年／1412～1484
出身地／和泉國（大阪府）

堺的商人，負責堺的自治事務的會合眾之一。道榮是京都南禪寺的聖徒和尚的弟子，與海會寺的季弘大叔交情深厚，季弘大叔的日記《蔗軒日錄》中也出現過他的名字。道榮信仰神佛甚篤，以地方一霸身分，舉辦堺的總社三村宮的祭禮。

能登屋平久

生卒年／？～？
出身地／？

堺的商家能登屋的主人。另一個為人熟知的別名是兵庫。出身或是詳細事蹟不明，《天王寺屋會記》中記載，他和臙脂屋宗陽，都是擁有名品茶道具的茶人。平久雖也是堺的會合眾，據說織田信長要求課徵矢錢時，他強烈抗拒。

神屋宗湛

生卒年／1553～1635
出身地／筑前國（福岡縣）

與島井宗室、大賀宗九並稱「博多三傑」，富商家族，從事對明國的勘合貿易及開發石見銀山。身為秀吉的御用商人，他推動博多市鎮規劃而立功，朝鮮出兵時在籌集兵糧等工作多有貢獻。

錢屋宗訥

生卒年／？～1590
出身地／和泉國（大阪府）

宗訥不但是師承武野紹鷗的茶人，同時也是藉由海外貿易獲得鉅富的大商人。他擁有過去室町幕府第八代將軍足利義政所收藏的名品茶壺「四十石」，不過他將茶壺獻給豐臣秀吉。宗訥似乎是住在堺的市之町中濱。

西川甚五郎

生卒年／1549～1644
出身地／近江國（滋賀縣）

活躍於江戶時代初期的近江商人。商號是「山形屋」。1615年開始在江戶日本橋製造販賣蚊帳，西川家代代承襲甚五郎這名號。從蚊帳到榻榻米套或寢具，觸角廣泛，在商業上獲得莫大成功。他也以現代知名寢具製造商西川產業株式會社的創辦者為人所知。

西宗真

生卒年／？～1646
出身地／肥前國（長崎縣）？

肥前國大村家的家臣西宗源之子。在文祿慶長年間，從事呂宋貿易嶄露頭角。1607年宗真謁見德川家康，過往的海外貿易成績受到認可，得到朱印船貿易的正式許可。他也是天主教徒，教名「路易斯」。

千利休

集茶道大成的茶聖

千利休出生於
和泉國的堺，
十幾歲就拜在
武野紹鷗門下
學習佗茶
千利休

當時有許多武將
熱衷於收集茶具。
1571年（元龜2）
信長收集著名的茶具，
召開茶會並命利休沏茶
織田信長

織田信長用收集的茶具
舉辦茶會的數年後，信長以
3000石聘用利休為茶頭

信長喪命於
本能寺之後，
利休以秀吉的
側近身分活躍於政界

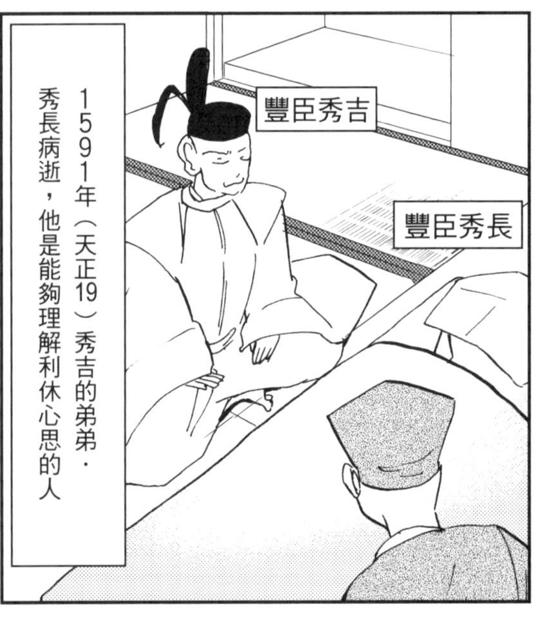
豐臣秀吉
豐臣秀長
1591年（天正19）秀吉的弟弟・
秀長病逝，他是能夠理解利休心思的人

生卒年 1522～1591年（大永2～天正19）

出身地 和泉國（大阪府）

身分 商人

事蹟 出身於堺的商家，除了家業之外專研茶道文化。擔任織田信長的茶頭，信長死後臣從豐臣秀吉。但是因觸怒秀吉被命切腹自盡。

歷史小知識

魁梧的利休… 在表千家的不審庵，藏有相傳利休使用過的鎧甲「紺糸威縫延二枚胴具足」。從鎧甲來推斷利休的身高約180公分，是個非常魁梧的巨漢。

尷尬
秀吉大人有令！
命令千利休切腹謝罪！
遠道而來，真是辛苦了。
這邊請
承蒙您費心款待…
但是真的很抱歉…
好了，接下來就奉命行事吧

在秀長死後，利休惹惱了秀吉
秀吉與利休的關係日漸惡化

大德寺三門（山門）上的利休像，遭到石田三成檢舉
在二樓放利休的木像，不就是要秀吉大人走在利休腳下嗎？
石田三成

秀吉命利休切腹謝罪。前田利家等人試圖為利休求情，遭到利休拒絕。最後利休慨然切腹自盡。

利休奠定下來的「侘之美」，成為日本美學的骨幹

專欄

折服於利休的加藤清正

以猛將素稱的加藤清正，據說從以前就跟千利休處不好。認為利休只是待在秀吉身邊，喜好搬弄是非的狡猾老人。

有一天利休邀請清正飲茶。根據利休提倡的茶道規範，兵器不能帶進茶室。但是清正刻意無視規範，腰間佩刀進入茶室。利休沒有一絲恐懼，神情泰然地沏茶款待。突然茶釜掉進爐中，爐灰瞬間佈滿狹小的茶室，眼前一片昏暗。利休只是淡淡地說「年紀大了不中用了，非常失禮」。然後若無其事地清理茶室，再次為清正沏茶。清正感嘆利休的膽識，據說兩人後來成為肝膽相照的朋友。

歷史小知識

為了摘一朵朝顏花… 某次秀吉參加茶會，利休一早就把庭院中的朝顏花全部剪掉。大惑不解的秀吉進入茶室後，看到瓶中裝飾一朵朝顏花。原來利休為了用朝顏款待客人，刻意剪光庭院的花。

安土・桃山時代的藝術家

古田織部

生卒年／？～1615
出身地／美濃國（岐阜縣）

出生於美濃國，出仕守護大名土岐氏，在信長平定美濃後改仕織田。他在信長死後成為秀吉的御伽眾，秀吉死後隱居在伏見，以茶道為人生樂趣，追求獨特的美學。1615年爆發大坂之陣的時候，他涉嫌內通豐臣家，被懷疑在京都二條城舉兵反德川。但他不做任何解釋，接受命令切腹自盡。

小堀遠州

生卒年／1579～1647
出身地／近江國（滋賀縣）

生於近江國的土豪之家。他的父親政次臣服豐臣秀長、秀吉，小堀遠州在此時向古田織部學習茶道。秀吉死後，他出仕德川家康，擔任伏見奉行領1萬2000石俸祿。他發揮建築的才能，擔任了修建伏見城本丸等許多工程。雖然他出身近江，反而希望得到「遠江守」的名號，因此家康賜予他「遠州」之名。開創了名為遠州流的茶道流派。

俵屋宗達

生卒年／？～？
出身地／山城國（京都府）？

俵屋宗達跟尾形光琳，並譽為代表江戶時代初期的畫家，他留下許多作品，但是生平與經歷有許多不明之處。有一說認為他出身京都的町眾。「俵屋」很有可能是工坊的名稱。從元和年間（1615～24）開始，他過人的設計感受到矚目，不僅是京都町眾，就連宮中都大受好評。根據假名草子《竹齋》的紀錄，俵屋的扇子流行於當代。他的代表作有「風神雷神圖屏風」、醍醐寺的「扇面散貼付屏風」等作品。

狩野永德

生卒年／1543～1590
出身地／山城國（京都府）

狩野派的創始者狩野元信之孫，據說是由元信親自教導他畫技。「永德」是他出家的法號，本名為源四郎。他身為狩野派的統率，為織田信長、豐臣秀吉這些天下人，繪製安土城、聚樂第、大坂城內的「障壁畫」。他的畫風充滿了生命力，採用在金色背景上用濃彩繪圖的金碧畫風格，製作尺寸壯大的作品傳誦於世。代表作有「唐獅子圖屏風」、「洛中洛外圖屏風」，以及在聚光院的「花鳥圖」中的十六幅作品。

長谷川等伯

生卒年／1539～1610
出身地／能登國（石川縣）

出身於能登七尾。家業是染匠，據說他與父親一起向雪舟的弟子等春學畫。初期的畫作署名為「信春」，大約從34歲左右開始使用。年過50之後，他從雪舟的名諱「等楊」擷取一字，自號「等白」。後來再將「白」改為「伯」。他擅長佛畫，最初是以佛繪師的身分活躍。等伯為秀吉之子鶴松的菩提寺祥雲寺繪製障壁畫，秀吉死後也為醍醐寺繪製。這些障壁畫雖然有名，但是等伯最高的傑作是收藏在聚樂第的「松林圖」。

中井正清

生卒年／1565～1619
出身地／大和國（奈良縣）

據說出身是大和國法隆寺的西里村。身為安土桃山時代著名的木工統率，據說是代代擔任法隆寺工匠的工藝世家。豐臣秀吉死後，德川家康用200石的領地聘用他。1600年的關原之戰後，他掌管畿內近江境內的木工，擔任第一代的大工頭，俸祿提高為500石。在1606年破例以木工的身分，名列從五位下。據說大坂之陣開戰前，他奉德川家康的密令繪製了大坂城的結構圖，但是此說真偽不明。

出雲阿國

生卒年／？～？
出身地／出雲國（島根縣）

一說認為她是跟出雲大社有關的鐵匠中村三右衛門之女，後來成為出雲大社的巫女。根據大和國興福寺的塔頭多聞院的紀錄《多聞院日記》，曾有兩位少女在春日大社獻上「稚女舞踊」的紀錄，這是出雲阿國首次出現在史料中。她在1603年於京都的北野展露了「傾奇舞踊」，名所記《京雀》記載此舞成為京都的大話題。在4年後，出雲阿國在江戶城演出了「勸進歌舞伎」之後，就從歷史上消失了蹤影。

安土・桃山時代的能人異士

金地院崇傳

生卒年／1569～1633
出身地／山城國（京都府）

少年進入京都南禪寺，受戒成為臨濟宗僧侶。1605年就任南禪寺第270世住持。3年後受到家康的邀請前往駿府，後來得以參與幕政。強勢左右江戶幕府的宗教政策，參與天主教禁教與寺院諸法度、禁中並公家諸法度的制定。1614年豐臣秀賴重建方廣寺大佛殿時，他刻意刁難豐臣家供奉的梵鐘銘文「國家安康，君臣豐樂」是詛咒德川家。終究引發了大坂之陣，為德川家的治世打下了基礎。1616年家康去世，他跟天海為了家康的神號而對立。崇傳雖然在此局落敗，不過他藉由紫衣事件削弱朝廷的影響力，暗中逼得澤庵宗彭被流放，藉由這些事情穩固了江戶幕府的基礎。

西笑承兌

生卒年／1548～1607
出身地／山城國（京都府）

出身山城國伏見的臨濟宗僧侶。在真如寺剃度，向相國寺的仁如集堯學習詩文。據說他從1584年左右在相國寺掛單，他促使荒廢的相國寺得以重建，被譽為相國寺中興之祖。他是相國寺第92世住持，以豐臣秀吉的政治顧問的身分，在文祿之役後的議和中，為秀吉宣讀明國使節帶來的冊封狀。他在秀吉死後親近德川家康。在關原之戰爆發前，負責德川對會津上杉氏的交涉工作，帶回了後世所稱的「直江狀」。他起草江戶幕府的諸法度以及外交文書，並在興學政策與寺社行政中發揮所長。特別是對明國、朝鮮的外交文書，以及朱印船貿易的朱印狀做出極大的貢獻。據說是個毀譽參半的人物。《慶長日件錄》稱讚他管理寺社的手段高明，但是《當代記》則針砭他中飽私囊的醜態。他出版易學書籍《周易》，被稱為近世的易學之祖。

宮本武藏

生卒年／1584～1645
出身地／？

江戶時代初期的劍術家、武藝者、兵法家。一說認為他的父親是播磨國的田原家貞，是十手的達人。一般認為他出身美作國（岡山縣），不過這是近代小說的虛構設定。根據他撰寫的《五輪書》記載「生國播磨的武士新免武藏守藤原玄信」。同書記載，他自從13歲跟新當流的有馬喜兵衛交手取勝之後，面對了60幾場決鬥皆取得勝利。他最有名的戰鬥是1612年的「巖流島之戰」，在下關的巖流島戰勝了佐佐木小次郎。據說他相貌怪異，身長1丈5尺8寸（約176公分）。顴骨高聳沒有鬍鬚，眼眸淡黃色，把頭髮向後綁成一束垂至肩膀。

當代記錄他鮮少入浴所以發出惡臭。42歲開始撰寫他的代表作《五輪書》。不只是武藝，他也擅長水墨畫。51歲擔任熊本藩細川忠利的食客，著有《兵法三十五箇條》。60歲開始熱衷前往岩戶山靈岩洞坐禪。

方濟・沙勿略

生卒年／1506～1552
出身地／西班牙

天主教會的傳教士，他是第一個到日本傳教的天主教傳教士，在歷史上赫赫有名。他出身西班牙東北部庇里牛斯山麓，納瓦拉王國的貴族。從巴黎大學畢業後，在1534年與依納爵羅耀拉一起創立了耶穌會。他立志傳教到東洋，在1541年從葡萄牙的里斯本出發，前往印度的果阿開始傳教。1547年在馬六甲遇到名為安傑羅（彌次郎）的日本人，聽聞日本的消息後決定前往日本傳教。在1549年抵達薩摩國，歷經平戶、山口、堺前往京都，因為京都陷入戰亂，他嘗試前往當時學問重鎮的比叡山但遭到拒絕。在京都傳教不順，回程路經山口的時候，得到大內義隆的傳教許可。此外他還受到豐後的大友宗麟邀請，前往大友氏的領地傳教。在日本傳教2年半後，他前往廣東外海的上川島打算進入中國。但是遲遲未能得到入國允許，最終病逝異鄉。死後受到天主教會列為聖徒。

藝術家

相阿彌

生卒年／？～1525
出身地／？

他的祖父是能阿彌，父親是藝阿彌。他是室町時代的繪師、連歌師、鑑定家。他擔任第八代將軍足利義政的同朋眾，負責鑑定美術工藝品及監督藝文活動。他奠定名為「書院飾」的傳統裝飾法。他和義政對於東山文化的確立，做出極大的影響。著有《君台觀左右帳記》和《御飾記》等書。

武野紹鷗

生卒年／1502～1555
出身地／大和國（奈良縣）

據說是若狹守護武田氏的一族。一說他的父親信久，在各地流浪時取「武田下野」之意改姓武野。他年輕時拜侘茶的創始者村田珠光和三條西實隆為師。30多歲時出家，法號「紹鷗」。他是讓茶道成為日本文化精粹的推手。

里村昌叱

生卒年／1539～1603
出身地／？

本名里村彌次郎仍景。父親昌休死後，由父親的門人里村紹巴撫養，向紹巴學習和歌和連歌。紹巴教他古今傳授，公卿三條西公條教他源氏物語，他也曾向豐臣秀次等人講解源氏物語。昌叱百首是他與細川幽齋，在1583年一起唱和創作的連歌集，流傳至今。

紙屋宗二

生卒年／？～？
出身地／山城國（京都府）？

據說本阿彌光悅在京都洛北，創設了最早的藝術村。身為紙工的宗二加入了這項計劃。據傳他的主要工作是用布或紙質捲軸的裝裱。書本的裝訂法讓他名聲大噪，光悅把和角倉了以採用雲母刷、燙金等特殊技法，來製作名為「嵯峨本」的活版書籍。這種「京唐紙」技術傳承到現代。

金春禪鳳

生卒年／1454～？
出身地／？

室町時代後期的猿樂師。金春禪竹的孫子，禪竹將世阿彌的能樂透過獨自的編排創立了金春流。禪竹到禪鳳15歲時都還活著，禪鳳受到祖父影響極深。禪鳳接受大和的興福寺眾徒或大內義隆、甚至是管領家細川氏等等的庇護，在奈良或京都舉辦勸進能。主要的作品有《嵐山》、《生田敦盛》等等。

狩野山樂

生卒年／1559～1635
出身地／近江國（滋賀縣）

淺井家家臣木村氏之子。織田信長討滅淺井氏後，他出仕豐臣秀吉，成為秀吉的小姓。據說他的繪畫才能受到認可，拜入狩野永德門下。被允許使用狩野姓，以豐臣御用繪師之姿統領狩野一門。大坂城陷落後，受到江戶幕府第二代將軍德川秀忠重用，成為德川御用繪師。

狩野元信

生卒年／1476～1559
出身地／？

元信的父親正信是狩野派的創始者。他受到室町幕府或朝廷、石山本願寺或有力町眾等當代有力人士的支援，成功將父親創立的狩野派一門組織化。功績包括將大和繪的技法加入漢畫中，拓展了狩野派的畫風。元信將分工系統導入畫坊，也十分擅長行銷，例如將畫有圖案的扇子賣給町眾等等自治團體。

土佐光茂

生卒年／？～？
出身地／？

室町時代中期的畫家。據家系圖《地下家傳》記載，出生於1496年，一般認為是土佐光信之子，也有異說。作為光信的後繼者，他擔任宮廷的美術工房繪所的監製將近50年。確立了融合大和繪與水墨畫的畫風，致力於提升傳統繪畫的技術。代表作有《當麻寺緣起繪卷》、《源氏物語屏風》等等。

雲谷等顏

生卒年／1547～1618
出身地／肥前國（長崎縣）

安土桃山時代到江戶時代的繪師。出身肥前國的武家。起初師從狩野永德，後來因為仰慕雪舟的畫風，出仕中國地方的毛利家和小早川家。成為雪舟的弟子之後，繼承了雪舟的舊居雲谷庵，自認是雪舟的後繼者。特徵是以水墨畫為基調的靜謐畫風，繪有許多山水、人物的水墨畫。在大德寺與東福寺等處留下障壁畫傳世。

世界等級的

山上宗二

生卒年／1544～1590
出身地／攝津國（大阪府）

堺的豪商、茶人。出身堺的納屋眾。拜入千利休門下學習茶道20年以上。根據當代的茶會記錄，他曾隨同利休出席許多茶會。宗二直言不諱的性格，常常惹怒豐臣秀吉。據說他因此被割掉耳鼻，最後落得斬首的下場。著有密傳書《山上宗二記》。

宗長

生卒年／1448～1532
出身地／駿河國（靜岡縣）

以句集《那智籠》聞名的連歌師。宗長起初只是出仕於今川義忠的武士，在義忠死後離開駿河，前往京都大德寺師事一休宗純。向飯尾宗祇學習連歌，一同遊歷諸國還參加了「水無瀨三吟」等活動。宗長所寫句「武士欲速行，遣舟渡湖向京去，不如遠遊瀨田橋」日後成為俚語「欲速則不達」的典故。

北向道陳

生卒年／1504～1562
出身地／攝津國（大阪府）

室町時代的茶人。據說是出身自堺的商家或者是醫師。本姓「荒木」，似乎因為宅邸朝向北方改姓「北向」。室町幕府的同朋眾能阿彌的一小姓出家為僧法號空海，道陳向這位僧侶學習茶道，以鑑定唐物茶器的眼光成名。道陳也是千利休初期學茶的師傅。他將利休介紹給以侘茶知名的武野紹鷗一事也很有名。

秋月等觀

生卒年／？～？
出身地／薩摩國（鹿兒島縣）

薩摩出身。在周防成為雪舟的弟子，1490年獲得雪舟的認可，受雪舟賜與象徵印可的自畫像。後來等觀在故鄉鹿兒島的寺廟擔任住持，為了提升畫技渡海前往明國。作品數雖少，但忠實地繼承了雪舟的水墨畫畫風，評價很高。被認為是渡明後，在北京會同畫的《西湖圖》，現在保存在石川縣立美術館。

池坊專應

生卒年／1482～1543
出身地／山城國（京都府）？

花道家、立花師。專應是居住在京都頂法寺池坊（池房）的禪僧，繼承了上一代專慶，應佐佐木高秀之邀所插的立花技法。專應為天皇及貴人們插花而聞名。專應將佛教的思想導入花道，著有《花一道座敷的裝飾》，即使是現代的池坊流也十分重視。由於他的貢獻，池坊得以成為立花界的主流。

雲峰等悅

生卒年／？～？
出身地／三河國（愛知縣）

活躍於室町時代，建構了雪舟派的畫僧。等悅起初在三河國的實相山擔任書記，後來在周防成為雪舟的直傳弟子。雪舟賜予他，高彥敬所繪《山水圖》摹本，還有雪舟奉為師祖的大巧如拙的《牧牛圖》，還繼承了雪舟的住所雲谷庵。等悅是雪舟10名直傳弟子之一，被視為最優秀的一個。但傳世遺作非常少。

大住院以信

生卒年／1605～1696
出身地／？

江戶時代的日蓮宗僧侶、立花師。他成為池坊第二代專好的學生，盡心鑽研花道。以信在1652年，透過輪王寺宮守澄入道親王的介紹暫留江戶，於江戶的大名宅邸展示立花。其風格被評為自由闊達富躍動感。京都本能寺開山200年祖師忌時，他創作了高2間2尺、橫6間2尺的松之大砂，大受好評。

岩佐又兵衛

生卒年／1578～1650
出身地／攝津國（兵庫縣）

他的父親是反叛織田信長的荒木村重。村重逃出有岡城時，荒木一族幾乎被信長殺光，只有虛歲2歲的又兵衛被乳母救出而倖免於難。隨後受到石山本願寺的保護。其畫風為土佐派，被稱為土佐光信的一支。戲劇性的筆觸為其特徵，也被視為是浮世繪的源流。

海北友松

生卒年／1533～1615
出身地／近江國（滋賀縣）

近江淺井家的家臣海北綱親之子。據說淺井氏滅亡之時，他早已在東福寺出家。他向狩野派學習繪畫，開創了獨自的畫風意境。友松的代表作是在京都建仁寺方丈居室之中的障壁畫《竹林七賢圖》。

名古屋山三郎

生卒年／？～1603
出身地／尾張國（愛知縣）

安土桃山時代的武將。一般認為是加賀的因幡守敦順，與織田信長的遠房姪女養雲院的兒子。山三郎擔任蒲生氏鄉的小姓，在攻打奧州時立下一番槍的戰功。據說當代流行歌謠，曾歌頌山三郎英俊的容貌與華麗的裝扮。雖然史料無法證實，有一說他是出雲阿國的丈夫，同時也被視為歌舞伎的始祖。

南光坊天海

暗中影響政治的黑衣宰相

頭腦派
南光坊天海的出身背景不明。有一說認為他跟明智光秀一族有關係。
明智光秀
他在十幾歲時出家，遊歷下野國粉河寺、比叡山延曆寺、奈良興福寺等寺院，學習天台宗等佛教教義
南光坊天海

當時的天下人織田信長，在1571年（元龜2）燒殺比叡山的時候。
他前往甲斐的武田家避禍

後來家康皈依在天海門下。1607年（慶長12）天海重修比叡山延曆寺
延曆寺

江戶幕府體制下，天海與金地院崇傳這兩個宗教界的智囊，同時也參與施政。
金地院崇傳
人稱他們是「黑衣宰相」

生卒年 1536～1643年（天文5～寬永20）

出身地 陸奧國（福島縣）

身分 僧侶

事蹟 擔任德川家康的政治顧問，主要負責研擬宗教政策的僧侶。家康死後，他提議以「東照大權現」神號供奉家康。

歷史小知識

其實是明智光秀？… 天海的前半生不詳。如果生年是1536年，他在1609年左右出仕家康的時候，已經超過70歲。由於生平不詳，有一說認為他的真實身分其實是明智光秀。

1616年（元和2）他在家康的榻前聆聽遺言
神號就拜託你了…
所謂的神號。是生前朝廷有重大貢獻，死後被供奉為神明時所使用的稱謂

家康死後，他為了爭取「東照大權現」的神號而四處奔走
應該採用「明神」的神號！
秀吉使用「明神」還是滅亡，此案不吉！
應該使用「東照大權現」才好
ポン—
幕府
採用天海的提案！
1617年（元和3）天海發揮政治影響力，讓幕府採用了天海提案的「權現」神號

此外天海還精通陰陽道與風水堪輿
參與了建造江戶的都市計畫

第7章 安土・桃山時代

專欄

寛永寺相當於比叡山

天海身為德川家康的宗教政策智囊，創建了上野的寛永寺。天海在建造寛永寺的時候，腦中浮現出比叡山延曆寺與平安京的關係。

延曆寺為了鎮守平安京，在9世紀初由最澄創建的寺院。從風水的角度來看，東北方是妖魔出入的方向。就像是延曆寺位在京都御所的東北方，天海選擇上野的原因，是認為在江戶城的東北方建造寺院最理想。寺院的山號「東叡山」象徵東方的比叡山。寺名也跟延曆寺一樣，採用當代的年號取名為「寛永寺」。此外天海嘗試將京都與近江的名勝，用象徵的方式納入寛永寺周遭。這種象徵手法還保留到現代，例如在寛永寺的寺域裡面，有象徵京都的清水觀音堂與祇園堂。

歷史小知識

不忍池象徵琵琶湖？… 據說東京都台東區的上野恩賜公園境內的不忍池，是天海在創建寛永寺時一起開闢的地方。據說天海用不忍池象徵琵琶湖，池中的弁天島則象徵竹生島。

柳生宗嚴

以「無刀取」馳名的劍豪

生卒年 1527～1606年（大永7～慶長11）

出身地 大和國（奈良縣）

身分 武術家

事蹟 師承新陰流的上泉信綱，開創柳生新陰流的劍術家。他的兒子柳生宗矩被指名擔任將軍家的劍術指南役。

柳生宗嚴以石舟齋的名號聞名，他從年少時期就具備武藝的才能。
嘿啊！

1563年（永祿6）宗嚴挑戰新陰流的創始者上泉信綱，完全不是信綱對手
上泉信綱
太天真了！
拜入新陰流門下

2年後獲得新陰流的皆傳印可

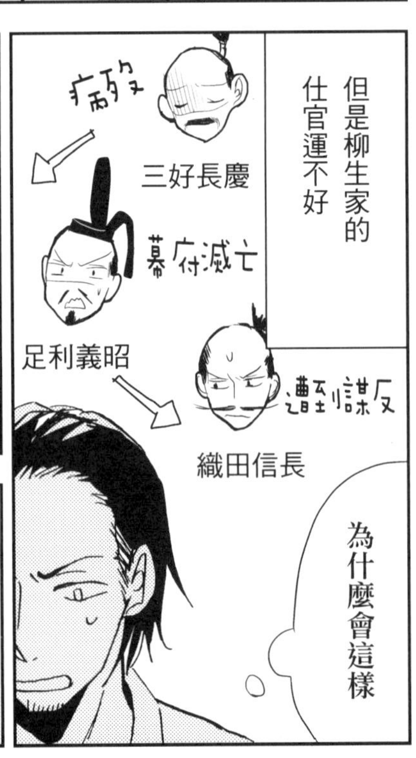
但是柳生家的仕官運不好
病歿
三好長慶
幕府滅亡
足利義昭
遭到謀反
織田信長
為什麼會這樣

在秀吉的時代，柳生庄屬於豐臣秀長的統治地。柳生的「隱田」遭到揭發，領地被沒收
只是一小塊隱田而已…

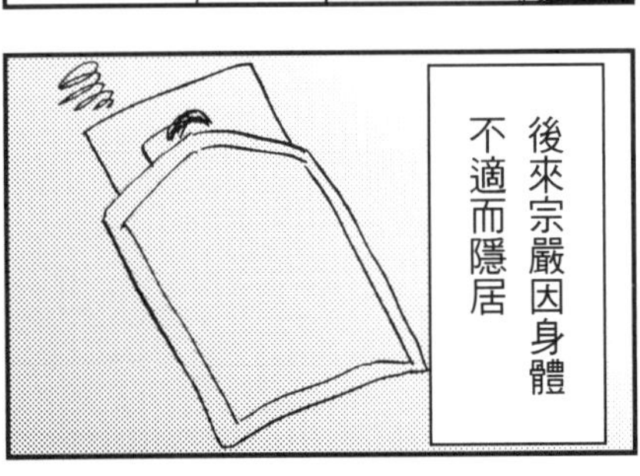
後來宗嚴因身體不適而隱居

歷史小知識

為了易容而使用假牙… 柳生宗嚴的孫子．柳生宗冬的墓中，發現了木造的假牙。根據記載，宗冬在15歲那年拔掉所有牙齒，換上整付假牙。據說是為了方便易容進行諜報。

1594年（文祿3）
柳生家終於時來運轉
什麼!?
家康大人希望
我們演示劍技？
貴人的書信
德川家邀請宗嚴
擔任劍術指南役，
宗嚴以年老為由拒絕。
推舉兒子柳生宗矩
宗矩趁這個機會，
受到江戶幕府的聘用
柳生宗矩

宗矩奉命
指導德川秀忠劍術
德川秀忠
請這樣揮劍！

後來柳生家參加關原之戰，
取回原有的
柳生庄2000石領地。
並且擔任將軍家指南役，
大目付等重要職務

專欄

讓家康驚嘆的「無刀取」

1594年，德川家康聽說柳生宗嚴的劍術高明，邀請宗嚴到京都鷹之峰的陣屋演示武藝。當時宗嚴帶著5男宗矩前往，向家康說明新陰流的奧義「無刀取」，也就是空手奪白刃的技巧。當時家康手拿木刀，由宗矩來演示無刀取。柳生家傳記載「（家康）的尊體向後傾倒」。家康只能眼睜睜地看著木刀被奪，對柳生的劍技讚嘆不已，立刻決定入門接受指導。

修練「無刀取」技巧有什麼意義？宗矩認為重要的是藉由此技，學會掌握敵我的劍距。要施展無刀取的技巧，必須要在敵人的刀即將斬到自己的時候，精準掌握劍距來奪刀。無刀取就是以性命為賭注，學習掌握劍距的技巧。

歷史小知識

獨眼的理由… 柳生宗矩的3男．三嚴又稱為「柳生十兵衛」，在時代劇大多以單眼佩戴眼罩的造型登場。據說他小時候被父親丟擲的小石頭擊中眼睛，因此單目失明。

能人異士

小野忠明

生卒年／?～1628
出身地／上總國（千葉縣）

經歷戰國時代到江戶時代的劍術家。上總國里見家的家臣。他出奔離開里見家，成為伊藤一刀齋的弟子，打倒師兄小野善鬼，繼承為一刀流的第二代傳人。1593年起他與柳生新陰流，並列德川秀忠的劍術指南役，關原之戰時參與攻打上田城。據說忠明個性傲慢，時常與周遭眾人爭吵。

塚原卜傳

生卒年／1490～1572
出身地／常陸國（茨城縣）

戰國時代的兵法家（傳授武藝者），出身鹿島神宮的神官家族，後來成為塚原城主塚原土佐守的養子。據說他從生父那裡學習鹿島古流，從養父那裡學習天真正傳香取神道流，最後開創鹿島新當流劍術。

東鄉重位

生卒年／1561～1643
出身地／薩摩國（鹿兒島縣）

重位出身自薩摩，是戰國時代到江戶時代的劍術家。他師從東權右衛門學習體捨流。1588年跟隨島津義久上洛，向京都天寧寺的善吉和尚學了自顯術。1604年在島津忠恒座前，與東新之丞對決獲得勝利，成為了島津家的劍術師範。薩摩示現流的始祖，後來自稱肥前守。

寶藏院胤榮

生卒年／1521～1607
出身地／大和國（奈良縣）

安土桃山時代的興福寺僧眾、武術家。出身南都興福寺的眾徒家族。胤榮向上泉信綱學習劍術，向大西木春見學習槍術。相對於以往以直槍為主的槍術，胤榮構思在槍穗處增加橫向刀刃的「十文字鐮槍」，創立了寶藏院流槍術。特色是重視實戰。但胤榮並未明確指定後繼者，在他死後胤舜自稱為第二代。

里村紹巴

生卒年／1525～1602
出身地／?

戰國時代的連歌師。師事里村昌休、三條西公條，日後成為連歌界的第一人。據說在本能寺之變前夕，紹巴和明智光秀於愛宕山舉辦連歌會。據傳「里村」姓是後世的稱呼，本姓是「松井」。有一則趣聞敘述他好像懂一些武術，曾於路上遭遇路斬，他反將對方的刀奪下趕跑對方，因而獲得織田信長褒揚。

日置彈正

生卒年／1444～1502
出身地／大和國（奈良縣）

弓術家。他出身自大和，是平氏的後裔。原本是土御門院的「北面武士」，後來因為生病而隱退。他在平氏流的古弓術中，加入部分源氏流弓技。應仁之亂時加入近江的六角佐佐木氏奮戰，勇名大噪。他被視為弓術中興之祖。據說晚年隱居紀州高野山，過著與武道無關的生活。

丸目長惠

生卒年／1540～1629
出身地／肥後國（熊本縣）

長惠以通稱「丸目藏人」廣為人知。戰國時代的兵法家。他師從上泉信綱學習劍術，被稱為信綱門下的四天王。他與信綱在第13代將軍足利義輝座前演示劍術，長惠負責發招攻擊。1567年獲信綱授予新陰流的印可。他拜領肥後的人吉藩俸祿170石，在新陰流的基礎上加入獨自的工夫，開創了體捨流。

夢想權之助

生卒年／?～?
出身地／?

神道夢想流棒術的始祖。姓已佚失，出身可能不是出自武家。據說他在慶長年間（1596～1614），和宮本武藏對決而落敗。後來權之助動念，編排出融合了刀、槍、薙刀的棒術。據說他忌避會殺傷人的刀或槍。後來這套棒術在黑田藩成功推廣開來，成為下士或足輕的武術。

稻富祐直

生卒年／1552～1611
出身地／丹後國（兵庫縣）

戰國時代到江戶時代的砲術家。稻富流砲術的開山祖師。據傳祐直的祖父直時，向鐵砲名人佐佐木輔次郎義國學習砲術，祐直繼承技法。據說他在夢中得到啟發，領悟了火藥的比例以及射擊姿勢的要領。後來祐直出仕細川忠興，因為合戰時都會重疊穿戴兩套具足（甲冑），而得到了「二領具足」的別名。

伊藤一刀齋

生卒年／?～?
出身地／?

戰國時代到江戶時代的劍術家。他前半生的經歷幾乎不明，據說14歲時與伊豆三島的富田一放對決而得勝。此時，三島神社的神主賜予他神刀「瓶割刀」。他在江戶拜入鐘捲自齋門下。被認為是江戶時代知名的一刀流劍術之祖。據說他自取的流派名稱，是源自真刀對決時將對手一刀兩斷而來。

超越時代的

龜屋榮任
生卒年／？～1616
出身地／？

京都大商人，居住在現今的立賣地區。他也是德川家康的側近。1582年本能寺之變爆發後，榮任和茶屋四郎次郎協助陷入險境的家康，偕同家康從河內前往伊賀山中。據說他們在這段「神君穿越伊賀」的途中，防範未然地贈金給當地土豪，讓家康免於遭難。1594年榮任與四郎次郎一同擔任菓子奉行。

後藤德乘
生卒年／1550～1631
出身地／？

安土桃山時代到江戶時代的金工家。從足利義政的家臣後藤祐乘起，連續17代為刀劍裝飾金屬的工藝世家。1581年德乘出仕秀吉，擔任檢測金子純度、製造砝碼的工作，俸祿250石，並負責製作秀吉最早的固定重量金幣「天正大判」，大判表面雕有「拾兩・後藤（花押）」。秀吉死後，在弟弟長乘的勸說下出仕德川家康。

石川五右衛門
生卒年／？～？
出身地／？

生平有許多不明之處。鳩集朋黨擾亂京洛安寧的盜賊團首領。是否真有其人仍是個謎。根據江戶時代初期，居留日本20年左右的西班牙商人阿維拉吉隆所著《日本王國記》記載，京都三條河原曾有盜賊遭處刑以油烹煮。而文字一旁有耶穌會傳教士加上註記，內容提到其名字讀作「Goyemon」。

施藥院全宗
生卒年／？～？
出身地／？

代代為醫師的世家，家族沒落後，他成為僧侶，在比叡山師事橫川檢校。織田信長燒討比叡山後，全宗還俗拜入曲直瀨道三門下，修習漢方醫術。後來他一邊出仕豐臣秀吉，一邊救治病苦庶民。他復興了奈良時代由光明皇后創建的施藥院，功績卓著。另外他也為了再興荒廢已久的比叡山盡心盡力。

藤林長門守
生卒年／？～？
出身地／伊賀國（三重縣）

戰國時代的忍者。藤林家的當主，與服部半藏、百地三太夫並列伊賀上忍家之一。他統治的湯船鄉與伊賀北部的甲賀領地鄰接。據傳他在伊賀、甲賀雙方都具有一定影響力。根據《藤林家由緒書》記載，他曾傳授忍術給出仕武田信玄的傳說軍師山本勘助。但是應該單純是穿鑿附會的臆測。

和氣明親
生卒年／？～1547
出身地／？

戰國時代的醫師。商號是「半井」。明親深受後柏原天皇信任，當明武宗生病時，他奉天皇敕命前往明國，成功治療武宗。據說獲得賞賜驢馬，因此號作「驢庵」。此外還獲賜背面繪有菊花的金色摺扇，並以此做為家紋。順道一提，和氣氏自古以來代代為醫道家，也擔任負責醫療與調劑的典藥頭。

加藤段藏
生卒年／？～？
出身地／常陸國（茨城縣）？

擅長飛撲攻擊技的忍者，別名為「飛加藤」。一說出身自常陸，但細節不明。起初他在春日山城下表演幻術，頗獲好評，於是出仕上杉謙信。可是由於謙信恐其技巧，他在要被謀殺之前逃離上杉家，轉仕武田信玄。雖然他展現了出色的忍術給信玄看，但最終仍然因為引起信玄戒心而遭到暗殺。

本因坊算砂
生卒年／1559～1623
出身地／山城國（京都府）

安土桃山時代的圍棋棋士。他在寂光寺剃度出家，頗受信長寵愛。有一說今日仍在的「名人」頭銜，就是源自信長贊美他的話。法名「日海」。後來改名本因坊算砂，接受江戶幕府的俸祿，成為家元本因坊家的始祖。他也曾與織田信長、豐臣秀吉、德川家康等戰國三英傑皆對弈過。

曲直瀨道三
生卒年／1507～1595
出身地／？

歷經戰國時代到安土桃山時代的醫師。道三幼少時在京都的相國寺進入佛門，22歲進入下野的足利學校學習。當時，他修得了從明國傳來的「李朱醫學」，後來在京都創立了啟迪院。

大橋宗桂
生卒年／1555～1634
出身地／山城國（京都府）

出身京都町眾的將棋棋士。拜入本因坊算砂門下，不僅是圍棋，就連將棋也很擅長。起初名為「宗金」，後來似乎改名「宗慶」。據說出仕織田信長時，因為擅長驅使桂馬而受到讚賞，獲賜「宗桂」一名。他與本因坊對奕的棋譜流傳至今，是日本最早的棋譜。另外，他的著作《象戲圖式》為日本最早的棋書。

顯如

足以跟織田信長互相抗衡的僧侶

顯如是淨土真宗的總本山，本願寺第10世法主·證如的長男。在1554年（天文23）成為第11世法主
這時候的本願寺，是蜂起於日本全國各地的一向一揆總領導，藉由跟公家聯姻，打造教團的全盛期
顯如

1568年（永祿11）成功上洛的信長，向本願寺要求矢錢5000貫作為軍資金
可惡的信長！不斷提出強人所難的要求！
顯如答應信長的要求，但在2年後，信長要求本願寺退出石山（大坂）
因為石山是貿易重地
所以才跟你要啊

1570年（元龜1）顯如號召各地的門徒舉兵，攻打信長陣營
忍無可忍！
不能再讓信長為所欲為！
石山合戰

生卒年 1543～1592年（天文12～文祿1）

出身地 山城國（京都府）？

身分 僧侶

事蹟 本願寺第11世法主。掌握日本全國各地的一向一揆，建造了本願寺教團的全盛期。

歷史小知識

受秀吉之母禮拜的顯如… 某次秀吉的母親·大政所跟顯如會面。雖然大政所是天下人的母親，地位比顯如崇高。但是顯如出現的時候，大政所合掌向顯如禮拜。

顯如與幕府將軍
足利義昭、武田、淺井、
朝倉連合，
組成信長包圍網
淺井長政
武田信玄
朝倉義景
足利義昭
以伊勢長島的
願證寺為中心，
一向一揆攻打尾張的
小木江城

織田信興
信長的弟弟・
信興自盡身亡
可惡的顯如！

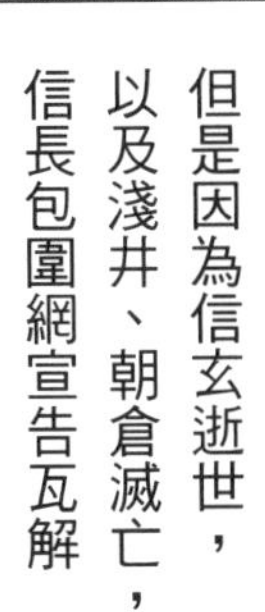
但是因為信玄逝世，
以及淺井、朝倉滅亡，
信長包圍網宣告瓦解

……
到此為止了嗎？

1580年（天正8）
在朝廷的調停之下，
信長與本願寺議和，
顯如拱手讓出石山
已經流太多血了，
就讓戰爭結束吧
長達10年的
石山合戰畫下句點

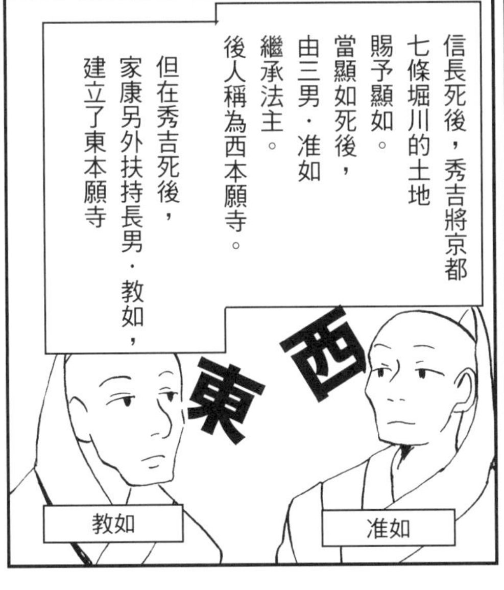
信長死後，秀吉將京都
七條堀川的土地
賜予顯如。
當顯如死後，
由三男・准如
繼承法主。
後人稱為西本願寺。
但在秀吉死後，
家康另外扶持長男・教如，
建立了東本願寺
西
東
教如
准如

專欄

名物茶具是議和的象徵

滅了淺井與朝倉的織田信長，在1573年與本願寺一度議和。顯如將「白天目茶碗」當作友好的象徵，贈送給織田信長。信長在妙覺寺召開茶會，讓這個名物茶碗首度亮相。並讓千利休、津田宗及、今井宗久，這些當代的一流茶人負責沏茶。從這邊可以看出，喜歡茶道的信長有多麼得意洋洋。

但是雙方的和睦無法長久，隔年就破局了。一直要到7年之後，1580年雙方再次全面議和。最後以本願寺投降信長的局面，結束了長達10年的抗爭。這次由信長贈送給本願寺工藝品盆石，以及名物茶器「一文字茶碗」。這個「一文字茶碗」現存於京都的西本願寺。

信長與顯如，兩人曾經互贈名物茶器呢。

歷史小知識

位於山科的本願寺… 本願寺移往石山（大坂）之前，根據地位在京都的山科。這座山科本願寺建造於1478年左右，但在1532年受到六角定賴軍與法華一揆的攻擊，被燒成灰燼。

澤庵宗彭

發明澤庵漬的知名高僧

生卒年 1573～1645年
（天正1～正保2）

出身地 但馬國（兵庫縣）

身分 僧侶

事蹟 室町幕府四職之一的名門．山名家重臣之子，出家成為大德寺第153世。曾經一度被流放到出羽，後來獲赦，在武藏品川開基東海寺。

澤庵宗彭出身於但馬國出石，
師承陽春寺的一凍紹滴禪師。
後來得到印可，
並獲賜「澤庵」的道號
澤庵宗彭

1609年（慶長14）成為
大德寺第153世之後，
僅僅三天就辭退並且離開寺廟
跟我個性不合嘛～
這個三分鐘
熱度的和尚！

官位的晉升，原本是
基於天皇的敕許來實行。
但在1627年
（寬永4）
幕府開始插手干涉
明明公家諸法度
有明言規定，
朝廷竟然濫發敕許。
幕府
1615年（元和1）
之後的敕許，
全部都要作廢！
住職
這樣得花上
好幾年，沒辦法
培養接班者！
公家
幕府怎麼會有權力
取消天皇的敕許！
紫衣事件

當時澤庵擔任
其他寺廟的住持，
曾向幕府提出抗議
在1629年
（寬永6）
遭幕府處罰，
被流放到出羽國上山
抗議不被接受啊……

由於後水尾上皇、
德川家光皈依在
澤庵門下，
後來澤庵
在武藏品川開基東海寺

歷史
小知識

識破偽作… 澤庵受到細川忠興邀請參加茶會，席間展示了鎌倉時代的高僧．大燈國師的字畫，澤庵一眼判斷那是贋品。偽造字畫的大德寺僧侶遭到處罰。

幕府將軍德川家光的劍術指南役．柳生宗矩，經常拜訪東海寺向澤庵求教
要時時刻刻記住「忍耐」二字，所謂「百戰百勝不如一忍」
戰鬥的道路沒有盡頭，因此不戰才是最大的勝利
原來如此
宗矩依照澤庵的教誨，將刀劍這種武器，從殺人刀昇華為活人劍
就算不殺對手也能取得勝利

至今受人喜愛的醬菜「澤庵漬」的起源
有沒有什麼特別的料理？
這裡只有醬菜喔
相傳是家光想吃珍奇食餚時，澤庵端出來的料理
德川家光

美食的由來
嚼
嚼
嚼
澤庵和尚做的醃蘿蔔真好吃！
很下飯呢
ばり ぼり ばり
ぼ ば…
ばり
太好了！推廣到全國吧！
後來就把這種醃蘿蔔叫做「澤庵漬」
會大賣喔～

專欄

江戶時代關於澤庵漬的各種說法

米糠醃菜是日本具有代表性的保久食材，據說在平安時代就開始製作。特別在鎌倉時代．室町時代，禪宗的禪寺大量製作這類醃製物。

關於米糠醃蘿蔔乾被稱為「澤庵漬」的理由，有各種說法。沒有明確的證據可以證明這道料理來自澤庵宗彭。

但在江戶時代刊行的書籍《書言字考節用集》記載「澤庵出身但馬……墓碑為一座圓石。今人利用圓石製肴，故稱澤庵」，也就是說用來壓米糠醃蘿蔔的石頭，形狀像是澤庵宗彭的墓石，所以才取這個名字。

由此可見，澤庵宗彭與米糠醃蘿蔔的關係，其實在江戶時代就流傳各種不同說法。

歷史小知識

與劍豪對峙… 某天澤庵在寺院前與劍客起了爭執，兩人訂下了道場之約。面對空手的澤庵，劍客卻找不到可以進攻的機會。據說這個劍客就是日後將軍家的劍術指南役．柳生宗矩。

安土・桃山時代的宗教家

教如

生卒年／1558～1614
出身地／攝津國（大阪府）

顯如的長男。出生於大坂的石山本願寺，在13歲時受戒於顯如。對於長達11年的石山合戰，他反對議和主張抗戰到底。即使顯如退出大坂前往紀伊國的鷺森，他仍堅守在城內，導致兩人斷絕父子關係。織田信長猝死於本能寺之變後，在後陽成天皇的提案下，顯如同意赦免教如。後來教如奉豐臣秀吉之命隱居，讓弟弟准如繼承本願寺第12世法主。後來德川家康捐出七條烏丸的土地，讓教如興建東本願寺。

准如

生卒年／1577～1630
出身地／攝津國（大阪府）

本願寺第11世法主顯如的3男，教如的弟弟。顯如移動到大坂天滿後，豐臣秀吉在1591年，將京都的七條堀川捐給顯如作為寺領。准如也一起前往京都，隔年顯如病逝，准如在1593年繼承本願寺成為第12代法主。因為家康在1602年捐出七條烏丸給教如，造成本願寺分裂為二。准如繼承位於七條堀川的本願寺，被稱為「西本願寺」。1608年依照敕命，以本願寺住持的身分初任大僧正。建立了江戶別院（東京的築地本願寺），隨後致力於擴張教團影響力。

快川紹喜

生卒年／？～1582
出身地／美濃國（岐阜縣）？

經歷戰國時代與安土桃山時代的臨濟宗僧侶。一說認為他出身美濃的土岐氏。12歲出家，後來擔任京都妙心寺第43世住持，受武田信玄邀請前往惠林寺。擔任武田的外交僧，負責與美濃的齋藤的外交折衝。1581年受到正親町天皇賜予「大通智勝國師」之號。1582年織田信長攻打甲州，武田滅亡。昔日近江的領主六角義弼逃到惠林寺避難。織田軍因此放火燒寺。快川紹喜留下「安禪不必須山水，滅卻心頭火自涼」法語傳世。

慶光院清順

生卒年／？～1566
出身地／紀伊國（和歌山縣）？

戰國時代的臨濟宗尼僧。慶光院第3世住持。一說她出身跟近江源氏的分支山本氏有關，但是《慶光院舊記》記載她出身紀州，出身地為紀伊國的可能性較高。她身為勸進比丘尼，在各國行腳化緣，成功募得資金，在1549年於伊勢國的五十鈴川上搭建宇治橋。後奈良天皇得知此事後，賜予她「慶光院」之號。接下來她立志，要復興停辦已久的伊勢神宮的式年遷宮，再次行腳於各國化緣，在1563年復興了睽違129年，伊勢神宮的外宮遷宮儀式。她更立志要復興內宮的遷宮，但是壯志未酬，在1566年圓寂。

伊東滿所

生卒年／1570？～1612
出身地／日向國（宮崎縣）

出身日向國的大名伊東家。據說跟豐後的大友宗麟有親戚關係。1580年在豐後受洗，往後的人生為了天主教信仰而活。當時的耶穌會巡察使范禮安來到日本，滿所身為有馬的耶穌會小神學校第一屆學生，被指名為「天正遣歐使節團」的正使。此舉是為了替日本傳教活動籌募財源，並且培養日本籍神父。滿所在1582年，以九州天主教大名的代表前往羅馬，在歐洲各地受到熱烈歡迎，8年後返回日本。回到日本以長崎為據點傳教，在1612年病逝。

快川紹喜
惠林寺

堅持信念而殉教的人們

巴鼻庵不干齋

生卒年／?～?
出身地／加賀國（石川縣）?

原本是京都大德寺的修行僧，在1587年加入耶穌會。在肥前加津佐的神學校求學，後來成為傳教士的日語教師。具有語言的才能並通曉拉丁語。入教初期曾經批判佛教、神道教、儒教，但在1620年突然脫離耶穌會。移住到長崎，撰寫了批判天主教的書籍《破提宇子》。

吉田兼右

生卒年／1516～1573
出身地／山城國（京都府）

戰國時代的神道家。吉田家（卜部家）當主，他的祖父是創立唯一宗源神道的吉田兼俱。他繼承祖父的教誨，對全國各地的神社發行宗源宣旨，以及神職的裁許狀，為推廣吉田神道而努力。他向若狹的武田氏、越前的朝倉氏、以及中國地方的大內義隆傳授神道。留下日記《兼右卿記》。

日乘

生卒年／?～1577
出身地／?

1555年在京都三千院出家的日蓮宗僧侶。他得到室町幕府的信任，負責對朝廷與織田信長的交涉工作。以反天主教而聞名。1569年在信長與佛洛伊斯的見證下，他與日籍教徒羅倫佐針辯論宗教的教義。失敗的他遭到信長厭惡。雖然他曾經獲得放逐傳教士的綸旨，因此而被作廢。隨後他被耶穌會視為教敵。

清原宣賢

生卒年／1475～1550
出身地／山城國（京都府）

室町時代的公卿、學者。他是吉田神道創始者吉田俱兼之子，被過繼為明經道的名門清原家的養子。原本在宮中為官講述儒學，在1529年剃髮自號「環翠軒」，專心研究學問。著有《日本書紀神代卷抄》。是日本史上首屈一指擅長儒教與神道的學者，建立了日後國學研究的基礎。

千千石米蓋爾

生卒年／?～?
出身地／肥前國（長崎縣）

江戶時代初期的天主教徒，擔任天正遣歐使節團的正使。他是肥前領主有馬晴信的堂兄弟，大村純忠的侄兒。他在有馬的神學校學習，與伊東滿所等人一起前往羅馬。返回日本後加入耶穌會，但在1602年退會，是遣歐使節團4少年使節中唯一的棄教者。據說棄教後，他反而四處迫害教徒。

羅倫佐

生卒年／1526～1592
出身地／肥前國（長崎縣）

他原本是盲眼的琵琶法師，在1551年遇到來日本傳教的沙勿略，在山口受洗。1563年正式進入耶穌會，成為第一個日籍的修道士。他對耶穌會在日本的傳教貢獻很大。曾在織田信長面前，辯贏天台僧日乘。後來因為豐臣秀吉頒布「伴天連（譯註：傳教士）追放令」而搬到九州。

神龍院梵舜

生卒年／1553～1632
出身地／?

經歷安土桃山時代與江戶時代的學者。他的父親是神道家吉田兼右，哥哥是吉田兼見。他竭盡心思抄錄並校對古代的典籍與神道書，向後陽成天皇獻上《古事記》與《日本書紀》。在1599年接受豐臣秀賴的委託，他與吉田兼見創建了豐國神社。他依照家康遺言，將家康安葬在久能山，因天海反對而又改葬。

彌次郎

生卒年／?～?
出身地／薩摩國（鹿兒島縣）?

紀錄上第一個日本籍的天主教徒。據說出身是武士，佛洛伊斯撰寫的《日本史》則記載他是海賊出身。他在1547年，在麻六甲遇到沙勿略，後來在印度果阿的聖保羅學院學習，並受洗成為天主教徒。他與沙勿略一起前往鹿兒島，並協助沙勿略傳教。據說後來在中國的寧波遭到殺害。

澤彥宗恩

生卒年／?～1587
出身地／但馬國（兵庫縣）

經歷戰國時代、安土桃山時代的臨濟僧。他遊歷各地之後，前往妙心寺的泰秀宗韓門下，並獲得泰秀頒發的印可。據說他在織田信長攻打美濃時，建議信長將稻葉山城改名為「岐阜」。除此之外，據說織田信長使用「天下布武」印鑑，是來自宗恩引用《春秋左氏傳》的典故。

中浦朱利安

生卒年／?～1633
出身地／丹後國（兵庫縣）

江戶時代初期的天主教徒，在有馬的神學校學習時，被選為天正遣歐使節團的副使。從羅馬返回日本後，正式進入耶穌會。在1608年成為司鐸。他無畏江戶幕府發布的《伴天連追放令》，暗中進行傳教活動長達20餘年，在1633年被逮捕而殉教。2008年被羅馬的教宗冊封為真福者。

遠渡重洋而來的外國人

威廉・亞當斯

生卒年／1564～1620
出身地／英國

英國航海士。他搭乘的荷蘭籍商船「慈悲號」在1600年漂流到豐後國。後來他和耶楊子成為德川家康的外交顧問，被授予相模國三浦郡的領地。他的日本名「三浦按針」來自領地名。後半生以英國商館員的身分，推動對日貿易。但在家康死後，幕府的外交方針傾向鎖國，據說他遭到冷落。

胡安・費爾德南斯

生卒年／1526？～1567
出身地／葡萄牙

在1549年隨同沙勿略來到日本的耶穌會教士。他向彌次郎學習日文，擔任傳教時的日文翻譯。沙勿略離開日本之後，他一邊協助日本布教長托雷斯，一邊繼續在山口、豐後、西九州傳教。1562年左右，為大村純忠授洗。在平戶逝世。是天主教在日本傳教的最初期人物。

路易斯・阿爾梅達

生卒年／1525～1583
出身地／葡萄牙

葡萄牙商人、醫師。在1552年以貿易商的身分抵達日本。他在山口結識耶穌會傳教士科斯姆・托雷斯，隨後也參與傳教。就算是托雷斯將傳教困難區域交付給阿爾梅達，也能夠順利達成使命。在大友宗麟的保護下，他在豐後建造了第一座日本的西洋醫院，在九州各地從事醫療活動。

科斯姆・托雷斯

生卒年／1510～1570
出身地／西班牙

他是和沙勿略一同前往日本的耶穌會教士。他在南亞的摩鹿加群島結識沙勿略，前往印度果阿加入耶穌會。他認為應該要適應日本文化，在日本穿著和服並且停止肉食，在尊重日本習俗的前提下傳教。他的另一項功績是橫瀨浦與長崎，成為對葡萄牙貿易港。

路易斯・索特洛

生卒年／1574～1624
出身地／西班牙

西班牙籍的方濟各會傳教士。在1603年帶著菲律賓提督的書信，抵達日本謁見德川家康與秀忠，獲准在日本傳教。他與伊達政宗交情很好，據說江戶幕府發布禁教令的時候，政宗保護他的安全。他與慶長遣歐使節團的成員支倉常長一起前往歐洲。後來再次偷渡到日本，遭到逮捕並被判處火刑而死。

亞力山德羅・范禮安

生卒年／1539～1606
出身地／義大利

義大利貴族出身。擔任耶穌會遠東觀察員，在1579年抵達日本。並在1581年在安土謁見織田信長，得以在信長的領地，建立傳教的基礎。他培養日本籍的司鐸，並將日本宣傳到歐洲諸國。他籌劃天正遣歐使節團。在1603年離開日本，3年後病逝於澳門。

喬・羅德里奎（陸若漢）

生卒年／1561～1634
出身地／葡萄牙

葡萄牙籍的耶穌會司鐸。在15歲前後抵達日本，於1580年加入耶穌會。擅長日語，在神學校擔任傳教士的日語老師，並且擔任過豐臣秀吉與德川家康的翻譯。（譯註：後來被驅逐到澳門，漢名為陸若漢）當時耶穌會有跟他同名的傳教士，據說為了區分兩人，大家稱呼他為「翻譯」。

理查・考克斯

生卒年／1566？～1624
出身地／英國

英國籍貿易商人。在江戶時代初期，擔任平戶的英國商館長，在職期間撰寫了《英國商館長日記》。但是江戶幕府在1616年頒布貿易限制令，商館被迫關閉。他在回國途中逝世。據說三浦按針從琉球帶來番薯，而理查・考克斯是第一個在日本種植番薯的人。

方濟各・莫拉雷斯

生卒年／1567～1622
出身地／西班牙

西班牙籍的道明會司鐸。在1602年抵達日本，設立了羅莎莉亞聖母修道院。江戶幕府在1612年頒布禁教令後，他即使遭到迫害，仍然繼續指導「聖道明會信徒會」等隱匿基督徒，1622年遭到逮捕並在長崎被處死。在1867年，他被羅馬教宗冊封為真福者。

耶楊子

生卒年／？～1623
出身地／荷蘭

他與威廉・亞當斯一起搭乘荷蘭商船「慈悲號」，在1600年漂流到豐後。擔任德川家康的智囊，協助外交政策。他在江戶建造自己的宅邸，並且跟日本女性結婚，日本名自稱為「耶楊子」。據說現在東京車站附近的「八重洲」地名，是來自他日本名的諧音。從事朱印船貿易，但在南海地區觸礁而死。

戰國時代，世界與日本的重要大事

年	世界大事	日本大事
1453	鄂圖曼帝國攻滅東羅馬帝國	
1455	英國爆發玫瑰戰爭	
1457		長祿1　太田道灌築江戶城
1467		應仁1　應仁之亂爆發
1473		文明5　山名宗全與細川勝元逝世。足利義尚成為第9代將軍
1479	西班牙王國成立	
1485	英國進入都鐸王朝時期	文明17　爆發山城國一揆
1492	哥倫布抵達西印度群島（開啟大航海時代）	
1493		明應2　北條早雲大破足利茶茶丸（下剋上之始）
1498	達伽馬開拓歐洲通往印度的航線	
1517	馬丁路德提倡宗教改革	
1522	麥哲倫的部下成功航行地球一周	
1524		大永4　北條氏綱入主江戶城
1526	巴卑爾建立蒙兀兒王朝	
1533	西班牙征服印加帝國	
1543		天文12　鐵炮經葡萄牙人傳入日本
1549		天文18　沙勿略登陸鹿兒島傳教
1558	伊莉莎白一世登基	
1560		永祿3　桶狹間之戰。今川義元敗給織田信長
1561		永祿4　武田信玄與上杉謙信，展開第4次川中島之戰
1568		永祿11　織田信長擁立足利義昭上洛
1573		元龜4　室町幕府滅亡
1581	荷蘭七省宣布脫離西班牙獨立	
1582		天正10　天正少年使節團前往羅馬。本能寺之變爆發
1588	英國擊敗西班牙無敵艦隊	
1590		天正18　豐臣秀吉統一天下
1592		文祿1　出兵朝鮮（文祿之役）
1597		慶長2　再度出兵朝鮮（慶長之役）
1598		慶長3　豐臣秀吉逝世
1600	英國創立英國東印度公司	慶長5　關原之戰
1603	英格蘭女皇．伊莉莎白一世逝世	慶長8　家康開創江戶幕府
1614		慶長19　大坂冬之陣
1615		慶長20（元和1）　大坂夏之陣，豐臣家滅亡
1616		元和2　德川家康逝世

【漫畫家】

天堂まひる（第1章、第2章）
經歷同人誌活動，進入職業漫畫領域。目前廣泛地創作長篇與短篇漫畫。

嶋田尚未
（第3章 P58～63、P68～71、P80～87、P92～93）
經歷同人誌活動，進入職業漫畫領域。目前以女性向漫畫雜誌為中心發表作品。

伊三次ちえ
（第3章 P94～99、P102～103、P106～109、P114～117、P120～123、P126～129、P134～137／第6章）
從四格漫畫發跡。目前主要發表短篇漫畫。

逢川沙伎
（第3章 P142～147、P154～157、P160～163）
漫畫通訊教學講座畢業後，以職業漫畫家身分活動中。

まやひろむ（第4章&似顔絵）
從四格漫畫發跡。現在以短篇漫畫為主要領域發表創作。

麻倉かなめ（第5章&似顔絵）
從同人誌活動發跡，以職業插畫家的身分，為社群遊戲創作。

稲田ショーコ（第7章）
在網路漫畫與商業雜誌，以四格漫畫與長篇漫畫為主發表創作。

こきま大（4コマまんが）
從四格漫畫出道。現在以驚悚漫畫雜誌為中心發表作品。

為了讓讀者了解歷史背景與當代的情況。本書的部分詞句，從今日的觀點來看，帶有歧視、或是不符合現代思維的表現。敬請各位讀者理解與見諒。

TITLE

亂世豪傑1000人 戰國武將&名家

STAFF

出版	瑞昇文化事業股份有限公司
編集	井澤豊一郎
譯者	月翔
總編輯	郭湘齡
責任編輯	張聿雯
文字編輯	蕭妤秦
美術編輯	許菩真
排版	二次方數位設計　翁慧玲
製版	印研科技有限公司
印刷	桂林彩色印刷股份有限公司
	綋億彩色印刷有限公司
法律顧問	立勤國際法律事務所　黃沛聲律師
戶名	瑞昇文化事業股份有限公司
劃撥帳號	19598343
地址	新北市中和區景平路464巷2弄1-4號
電話	(02)2945-3191
傳真	(02)2945-3190
網址	www.rising-books.com.tw
Mail	deepblue@rising-books.com.tw
初版日期	2022年3月
定價	320元

ORIGINAL JAPANESE EDITION STAFF

編集協力	有限会社フロッシュ　青木康洋
デザイン	有限会社中曽根デザイン
	（中曽根孝善、南 剛、熊野朋恵）
校正	株式会社円水社
ＤＴＰ	株式会社明昌堂

國家圖書館出版品預行編目資料

亂世豪傑1000人戰國武將&名家/井澤豊一郎編集；月翔譯. -- 初版. -- 新北市：瑞昇文化事業股份有限公司, 2021.08
288面；18.2x25.7公分
ISBN 978-986-401-510-8(平裝)

1.傳記 2.戰國時代 3.日本

783.12　　110011602